普通高等教育“十一五”国家级规划教材
教育部全国普通高等学校优秀教材（一等奖）
教育部推荐教材

新编21世纪法学系列教材

总主编 曾宪义 王利明

行政法与行政诉讼法

第六版

Administrative Law and Administrative Procedure Law

主 编 张正钊 胡锦光
副主编 李元起

撰稿人（以姓氏笔画为序）
王丛虎 冯 军 李元起 吴德星
张正钊 杨建顺 周望舒 胡锦光
童卫东 霍敬裕

中国人民大学出版社
·北京·

编审委员会

主编简介

主编：张正钊　中国人民大学法学院荣休教授。主要著作：《行政法与行政诉讼法》（主编），《国家赔偿制度研究》（主编），《比较行政法》（主编），《部门行政法研究》（主编）。

胡锦光　法学博士，中国人民大学教授，博士生导师，法学院副院长，公共政策研究院副院长，国家重点学科中国人民大学宪政与行政法治研究中心主任，中国人民大学宪政与行政法治研究中心中国宪法研究所所长。

副主编：李元起　副教授、硕士研究生导师。

全书划分为四编十二章，既概括了行政法与行政诉讼法的主要制度，又使章节结构更为简洁紧凑。本教材以行政主体拥有和行使行政职权的过程为主线展开研究，既介绍行政法与行政诉讼法的一般原理和基本知识，又突出研究重点，努力吸收新的研究成果。

总　序

曾宪义

在人类文明与文化的发展中，中华民族曾作出过伟大的贡献，不仅最早开启了世界东方文明的大门，而且对人类法治、法学及法学教育的生成与发展进行了积极的探索与光辉的实践。

在我们祖先生存繁衍的土地上，自从摆脱动物生活、开始用双手去进行创造性的劳动、用人类特有的灵性去思考以后，我们人类在不断改造客观世界、创造辉煌的物质文明的同时，也在不断地探索人类的主观世界，逐渐形成了哲学思想、伦理道德、宗教信仰、风俗习惯等一系列维系道德人心、维持一定社会秩序的精神规范，更创造了博大精深、义理精微的法律制度。应该说，在人类所创造的诸种精神文化成果中，法律制度是一种极为奇特的社会现象。因为作为一项人类的精神成果，法律制度往往集中而突出地反映了人类在认识自身、调节社会、谋求发展的各个重要进程中的思想和行动。法律是现实社会的调节器，是人民权利的保障书，是通过国家的强制力来确认人的不同社会地位的有力杠杆，它来源于现实生活，而且真实地反映现实的要求。因而透过一个国家、一个民族、一个时代的法律制度，我们可以清楚地观察到当时人们关于人、社会、人与人的关系、社会组织以及哲学、宗教等诸多方面的思想与观点。同时，法律是一种具有国家强制力、约束力的社会规范，它以一种最明确的方式，对当时社会成员的言论或行动作出规范与要求，因而也清楚地反映了人类在各个历史发展阶段中对于不同的人所作出的种种具体要求和限制。因此，从法律制度的发展变迁中，同样可以看到人类自身不断发展、不断完善的历史轨迹。人类社会几千年的国家文明发展历史已经无可争辩地证明，法律制度乃是维系社会、调整各种社会关系、保持社会稳定的重要的工具。同时，法律制度的不断完善，也是人类社会文明进步的显著体现。

由于发展路径的不同、文化背景的差异，东方社会与西方世界对于法律的意义、底蕴的理解、阐释存有很大的差异，但是，在各自的发展过程中，都曾比较注重法律的制定与完善。中国古代虽然被看成是“礼治”的社会、“人治”的世界，被认为是“只有刑，没有法”的时代，但从《法经》到《唐律疏议》、《大清律例》等数十部优秀成文法典的存在，充分说明了成文制定法在中国古代社会中的突出地位，唯这些成文法制所体现出的精神旨趣与现代法律文明有较大不同而已。时至20世纪初叶，随着西风东渐、东西文化交流加快，中国社会开始由古代的、传统的社会体制向近现代文明过渡，建立健全的、符合现代理性精神的法律文明体系方成为现代社会的共识。正因为如此，近代以来的数百年间，在西方、东方各主要国家里，伴随着社会变革的潮起潮落，法律改革运动也一直呈方兴未艾之势。

从历史上看，法律的文明、进步，取决于诸多的社会因素。东西方法律发展的历史均充分证明，推动法律文明进步的动力，是现实的社会生活，是政治、经济和社会文化的变迁；同时，法律内容、法律技术的发展，往往依赖于一大批法律专家以及更多的受过法律教育的社会成员的研究和推动。从这个角度看，法学教育、法学研究的发展，对于法律文明的发展进步，也有着异常重要的意义。正因为如此，法学教育和法学研究在现代国家的国民教育体系和科学研究体系中，开始占有越来越重要的位置。

中国近代意义上的法学教育和法学研究，肇始于19世纪末的晚清时代。清光绪二十一年（公元1895年）开办的天津中西学堂，首次开设法科并招收学生，虽然规模较小，但仍可以视为中国最早的近代法学教育机构（天津中西学堂后改名为北洋大学，又发展为天津大学）。三年后，中国近代著名的思想家、有“维新骄子”之称的梁启超先生即在湖南《湘报》上发表题为《论中国宜讲求法律之学》的文章，用他惯有的富有感染力的激情文字，呼唤国人重视法学，发明法学，讲求法学。梁先生是清代末年一位开风气之先的思想巨子，在他的辉煌的学术生涯中，法学并非其专攻，但他仍以敏锐的眼光，预见到了21世纪中国法学研究和法学教育的发展。数年以后，清廷在内外压力之下，被迫宣布实施“新政”，推动变法修律。以修订法律大臣沈家本为代表的一批有识之士，在近十年的变法修律过程中，在大量翻译西方法学著作，引进西方法律观念，有限度地改造中国传统的法律体制的同时，也开始推动中国早期的法学教育和法学研究。20世纪初，中国最早设立的三所大学——北洋大学、京师大学堂、山西大学堂均设有法科或法律学科目，以期“端正方向，培养通才”。1906年，应修订法律大臣沈家本、伍廷芳等人的奏请，清政府在京师正式设立中国第一所专门的法政教育机构——京师法律学堂。次年，另一所法政学堂——直属清政府学部的京师法政学堂也正式招生。这些大学法科及法律、法政学堂的设立，应该是中国历史上近代意义上的正规专门法学教育的滥觞。

自清末以来，中国的法学教育作为法律事业的一个重要组成部分，随着中国社会的曲折发展，经历了极不平坦的发展历程。在20世纪的大部分时间里，中国社会一直充斥着各种矛盾和斗争。在外敌入侵、民族危亡的沉重压力之下，中国人民为寻找适合中国国情的发展道路而花费了无穷的心力，付出过沉重的代价。从客观上看，长期的社会骚动和频繁的政治变迁曾给中国的法治与法学带来过极大的消极影响。直至70年代末期，以“文化大革命”宣告结束为标志，中国社会从政治阵痛中清醒过来，开始用理性的目光重新审视中国的过去，规划国家和社会的未来，中国由此进入长期稳定、和平发展的大好时期，以这种大的社会环境为背景，中国的法学教育也获得了前所未有的发展机遇。

从宏观上看，实行改革开放以来，经过二十多年的努力，中国的法学教育事业所取得的成就是辉煌的。首先，经过“解放思想，实事求是”思想解放运动的洗礼，在中国法学界迅速清除了极左思潮及苏联法学模式的一些消极影响，根据本国国情建设社会主义法治国家已经成为国家民族的共识，这为中国法学教育和法学研究的发展奠定了稳固的思想基础。其次，随着法学禁区的不断被打破、法学研究的逐步深入，一个较为完善的法学学科体系已经建立起来。理论法学、部门法学各学科基本形成了比较系统和成熟的理论体系和学术框架，一些随着法学研究逐渐深入而出现的法学子学科、法学边缘学科也渐次成型。1997年，国家教育主管部门和教育部高校法学学科教学指导委员会对原有专业目录进行了又一次大幅度调整，决定自1999年起法学类本科只设一个单一的法学专业，按照一个专业招生，从而使法学学科的布局更加科学和合理。同时，在充分论证的基础上，确定了法学专业本科教学的14门核心课程，加上其他必修、选修课程的配合，由此形成了一个传统与更新并重、能够适应国家和社会发展需要的教学体系。法学硕士和博士研究生及法律硕士专业学位研究生的专业设置、课程教学和培养体系也日臻完善。再次，法学教育的规模迅速扩大，层次日趋齐全，结构日臻合理。目前中国有六百余所普通高等院校设置了法律院系或法律本科专业，在校本科学生和研究生已达二十余万人。除本科生外，在一些全国知名的法律院校，法学硕士研究生、法律硕士专业学位研究生、法学博士研究生已经逐步成为培养的重点。

众所周知，法律的进步、法治的完善，是一项综合性的社会工程。一方面，现实社会关系的发展，国家政治、经济和社会生活的变化，为法律的进步、变迁提供动力，提供社会的土壤。另一方面，法学教育、法学研究的发展，直接推动法律进步的进程。同时，全民法律意识、法律素质的提高，则是实现法治国理想的关键的、决定性的因素。在社会发展、法学教育、法学研究等几个攸关法律进步的重要环节中，法学教育无疑处于核心的、基础的地位。中国法学教育过去二十多年所走过的历程令人激动，所取得的成就也足资我们自豪。随着国家的发展、社会的进步，在21世纪，我们面临着更严峻的挑战和更灿烂的前景。"建设世界一流法学教育"，任重道远。

首先，法律是建立在经济基础之上的上层建筑，以法治为研究对象的法学也就成为一门实践性很强的学科。社会生活的发展变化，势必要对法学教育、法学研究不断提出新的要求。经过二十多年的奋斗，中国改革开放的前期目标已顺利实现。但随着改革开放的逐步深入，国家和社会的一些深层次问题，比如说社会主义市场经济秩序的真正建立、国有企业制度的改革、政治体制的完善、全民道德价值的重建、环境保护和自然资源的合理利用等等，也已经开始浮现出来。这些复杂问题的解决，无疑最终都会归结到法律制度的完善上来。建立一套完善、合理的法律制度，构建理想的和谐社会，乃一项持久而庞大的社会工程，需要全民族的智慧和努力。其中的基础性工作，如理论的论证、框架的设计、具体规范的拟订、法律实施中的纠偏等等，则有赖于法学研究的不断深入，以及高素质人才特别是法律人才的养成，而培养法律人才的任务，则是法学教育的直接责任。

其次，21世纪是一个多元化的世纪。20世纪中叶发生的信息技术革命，正在极大地改变着我们的世界。现代科学技术，特别是计算机网络信息技术的发展，使传统的生活方式、思想观念发生了根本的改变，并由此引发许多人类从未面对过的问题。就法学教育而言，在21世纪所要面临的，不仅是教学内容、研究对象的多元化问题，而且还有培养对象、培养目标的多元化、教学方式的多元化等一系列问题，这些问题都需要法学界去思考、去探索。

中国人民大学法学院建立于1950年，是新中国诞生后创办的第一所正规高等法学教育机构。在半个多世纪的岁月中，中国人民大学法学院以其雄厚的学术力量、严谨求实的学风、高水平的教学质量以及丰硕的学术研究成果，在全国法学教育领域处于领先地位，并开始跻身于世界著名法学院之林。据初步统计，中国人民大学法学院已经为国家培养法学专业本科生、硕士生、博士生一万余人，培养各类成人法科学生三十余万人。经过多年的努力，中国人民大学法学院形成了较为明显的学术优势，在现职教师中，既有一批资深望重、在国内外享有盛誉的法学前辈，更有一大批在改革开放后成长起来的优秀中青年法学家。这些老中青法学专家多年来在勤奋研究法学理论的同时，也积极投身于国家的立法、司法实践，对国家法制建设贡献良多。

有鉴于此，中国人民大学法学院与中国人民大学出版社经过研究协商，决定结合中国人民大学法学院的学术优势和中国人民大学出版社的出版力量，出版一套"21世纪法学系列教材”。自1998年开始编写出版本科教材，包括按照国家教育部所确定的法学专业核心课程和其所颁布印发的《全国高等学校法学专业核心课程基本要求》而编写的14门核心课程教材，也包括法学各领域、各新兴学科教材及教学参考书和案例分析在内，到2000年12月3日在人民大会堂大礼堂召开举世瞩目的“21世纪世界百所著名大学法学院院长论坛暨中国人民大学法学院成立五十周年庆祝大会”之时，业已出版了50本作为50周年院庆献礼，到现在总共出版了80本。为了进一步适应高等法学教育发展的形势和教学改革的需要，最近中国人民大学法学院与中国人民大学出版社决定将这套教材扩大为四个系列，即：“本科生用书”、“法学研究生用书”、“法律硕士研究生用书”以及“司法考试用书”，总数将达二百多本。我们设想，本套教材的编写，将更加注意“高水准”与“适用性”的合理结合。首先，本套教材将由中国人民大学法学院具有全国影响的各学科的学术带头人领衔，约请全国高校优秀学者参加，形成学术实力强大的编写阵容。同时，在编写教材时，将注意吸收中国法学研究的最新的学术成果，注意国际学术发展的最新动向，力求使教材内容能够站在21世纪的学术前沿，反映各学科成熟的理论，体现中国法学的水平。其次，本套教材在编写时，将针对新时期学生特点，将思想性、学术性、新颖性、可读性有机结合起来，注意运用典型生动的案例、简明流畅的语言去阐释法律理论与法律制度。

我们期望并且相信，经过组织者、编写者、出版者的共同努力，这套法学教材将以其质量效应、规模效应，力求成为奉献给新世纪的精品教材，我们诚挚地祈望得到方家和广大读者的教正。

2006年7月1日

序　言

王利明

法学教育是高等教育的重要组成部分，是建设社会主义法治国家、构建社会主义和谐社会的重要基础，并居于先导性的战略地位。在我国社会转型的新世纪、新阶段，法学教育不仅要为建设高素质的法律职业共同体服务，而且要面向全社会培养大批治理国家、管理社会、发展经济的高层次法律人才。近年来，法学教育取得了长足的进步，法科数量增长很快，教育质量稳步提高，培养层次日渐完善，目前已经形成了涵盖本科生、第二学士学位生、法学硕士研究生、法律硕士研究生、法学博士研究生的完整的法学人才培养体系，接受法科教育已经成为莘莘学子的优先选择之一。随着中国法治事业的迅速发展，我们有理由相信，中国法学教育的事业大有可为，中国法学教育的前途充满光明。

教育的基本功能在于育人，在于塑造德才兼备的高素质人才。法学教育的宗旨并非培养只会机械适用法律的“工匠”，而承载着培养追求正义、知法懂法、忠于法律、廉洁自律的法律人的任务。要完成法学教育的使命，首先必须认真抓好教材建设。我始终认为，教材是实现教育功能的重要工具和媒介，法学教材不仅仅是法学知识传承的载体，而且是规范教学内容、提高教学质量的关键，对法学教育的发展有着不可估量的作用。

第一，法学教材是传授法学基本知识的工具。初学法律，既要有好的老师，又要有好的教材。正如冯友兰先生所言：“学哲学的目的，是使人作为人能够成为人，而不是成为某种人。其他的学习（不是学哲学）是使人能够成为某种人，即有一定职业的人。”一套好的教材，能够高屋建瓴地展示法律的体系，能够准确简明地阐释法律的逻辑，能够深入浅出地叙述法律的精要，能够生动贴切地表达深奥的法理。所以，法学教材是学生学习法律的向导，是学生步入法律殿堂的阶梯。如果在入门之初教材就有偏颇之处，就可能误人子弟，学生日后还要花费大量时间与精力来修正已经形成的错误观念。

第二，法学教材是传播法律价值理念的载体。好的法学教材不仅要传授法学知识，更要传播法律的精神和法治的理念，例如对公平、正义的追求，尊重权利的观念。本科、研究生阶段的青年学子，正处在人生观、价值观形成的阶段，一套优秀的法学教材，对于他们价值观的塑造和健全人格的培养具有重要意义。

第三，法学教材是形成职业共同体的主要条件。建设社会主义法治国家，有赖于法律职业共同体的生成。一套好的法学教材，向法律研习者传授共同的知识，这对于培养一个接受共同的价值理念、共同的法律思维、共同的话语体系的法律共同体，具有重要的作用。

第四，法学教材是所有法律研习者的良师益友。没有好的教材，一个好的教师或可弥补教材的欠缺和不足，但对那些没有老师指导的自学者而言，教材就是老师，其重要作用是显而易见的。

长期以来，在我们的评价体系中，教材并没有获得应有的注重，对学术成果的形式优先考虑的往往是专著而非教材。在不少人的观念中，教材与创新、与学术精品甚至与学术无缘。其实，要真正写出一部好的教材，其难度之大、工作之艰辛、影响之深远，绝不低于一部优秀的专著，它甚至可以成为在几百年甚至更长的时间内发挥作用的传世之作。以查士丁尼的《法学阶梯》为例，所谓法学阶梯，即法学入门之义，就是一部教材。但它概括了罗马法的精髓，千百年来，一直是人们研习罗马法最基本的著述。日本著名学者我妻荣说过，大学教授有两大任务：一是写出自己熟悉的专业及学术领域的讲义乃至教科书；二是选择自己最有兴趣、最看重的题目，集中精力进行终生的研究。实际上，这两者是相辅相成的。写出一部好教材，必须要对相关领域形成一个完整的知识体系，还要能以深入浅出的语言将问题讲清楚、讲明白。没有编写教材的基本功，实际上也很难写出优秀的专著。当然，也只有对每一个专题都有一定研究，才能形成对这个学术领域的完整把握。

虽然近几年我国法学教育发展迅速，成绩显著，但是法学教育也面临许多挑战。各个学校的师资队伍和教学质量参差不齐，这就更需要推出更多的结构严谨、内容全面、角度各有侧重、能够适应不同需求的法学教材，为提高法学教学和人才培养质量、保障法学教育健康发展提供前提条件。

长期以来，中国人民大学法学院始终高度重视教材建设。作为新中国成立后建立的第一所正规的法学教育机构，中国人民大学法律系最早开设了社会主义法学教学课堂，编写了第一套社会主义法学讲义，培养了新中国第一批法学本科生和各学科的硕士生、博士生，产生了新中国最早的一批法学家和法律工作者。中国人民大学法律系因此被誉为“新中国法学教育的工作母机”。半个多世纪以来，中国人民大学法学院为社会主义法制建设培养了大批优秀的法律人才，并为法学事业的振兴和繁荣作出了卓越贡献，也因此成为引领中国法学教育的重镇、凝聚国内法律人才的平台和沟通中外法学交流的窗口，并在世界知名法学院行列中崭露头角。为了对中国法学教育事业作出更大的贡献，我们有义务也有责任出版一套体现我们最新研究成果的法学教材。

承蒙中国人民大学出版社的大力支持，我们组织编写了本套教材，其中包括本科生用书、法律硕士研究生用书、法学研究生用书和司法考试用书四大系列，分别面向不同层次法科教育需求。编写人员以中国人民大学法学院教师为主，反映了中国人民大学法学院整体的研究实力和学术视野。相信本套教材的出版，一定能够为新时期法学教育的繁荣发展发挥应有的作用。

是为序。

2006年7月10日

第六版修订说明

本教材是中国人民大学出版社新编21世纪法学系列核心课教材之一，在1999年第一版、2005年第二版、2007年第三版、2009年第四版、2011年第五版的基础上，2015年第六版继承了原有的体系编排和部分内容。

本版主要修改之处是：（1）对全书文字表述进行了统一规范，使其更加简洁、准确；（2）对全书参考文献进行了简化，突出了重点；（3）依据最新修改的《中华人民共和国行政诉讼法》及最高人民法院《关于适用〈中华人民共和国行政诉讼法〉若干问题的解释》、《中华人民共和国立法法》等，对全书进行了全面系统的修订。

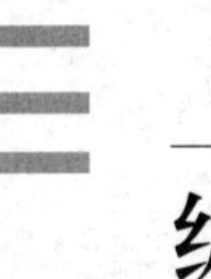

编写说明

行政法与行政诉讼法课程是国家教育部确定的全国法学专业本科教学14门核心课程之一。认真学习这一课程，了解和掌握行政法与行政诉讼法的基本原理和基本知识，对于提高学习者的法律素质和促进我国社会主义法治建设事业的发展，具有非常重要的意义。

本教材在落实教育部确定的《行政法与行政诉讼法学教学指导纲要》和“21世纪法学系列教材”确定的编写要求的基础上，认真安排了体例和内容，力图突出以下几个特点：第一，将全书划分为四编十二章，既概括行政法与行政诉讼法的主要制度，又使章节结构更为简洁紧凑；第二，以行政主体拥有和行使行政职权的过程为主线展开研究，既介绍行政法与行政诉讼法的一般原理和基本知识，又突出研究重点；第三，注意反映行政法和行政诉讼法学研究的发展进程，既借鉴以往教材建设的成功经验，又努力吸收新的研究成果。

本教材的编写者除中国人民大学的教师外，还有来自中国社科院、外交学院、中共中央政策研究室和全国人大法工委等单位的教师和研究人员。具体写作分工如下：

主　编：张正钊

副主编：李元起

撰稿人（以撰写章节先后为序）：

张正钊：第一章第一节；

李元起：第一章第二节～第五节，第三章，第八章第一节；

王丛虎：第二章；

杨建顺：第四章；

吴德星：第五章；

周望舒：第六章；

冯　军：第七章；

童卫东：第八章第二节～第四节；

胡锦光：第九章～第十二章。

本书最后由主编张正钊、副主编李元起统改定稿。

编著者

1999 年 11 月

目　录

第一编　行政法概述

第二编　行政行为与行政程序

第三编　行政救济

第四编　行政诉讼

第一编

行政法概述

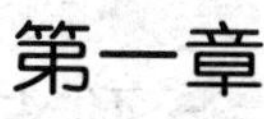

第一章 行政法的概念

教学目标

了解：行政法的地位、作用。

熟悉：行政法的含义、特征和种类；行政法的渊源、行政法律关系。

掌握：行政法的基本原则。

关键术语

知识要点	能力要求	司法考试或公务员录用考试相关知识
行政与行政法的概念和特征	(1) 了解行政的概念 (2) 了解行政法的概念与特征	(1) 行政的概念 (2) 行政法的概念与特征
行政法的渊源与分类	(1) 掌握行政法的渊源 (2) 了解行政法的分类	(1) 行政法渊源的种类 (2) 行政法的分类
行政法的基本原则	(1) 了解我国行政法基本原则的发展 (2) 掌握我国行政法的基本原则的内容	(1) 合法行政 (2) 合理行政 (3) 程序正当 (4) 高效便民 (5) 诚实守信 (6) 权责统一
行政法律关系	(1) 掌握行政法律关系的特征 (2) 了解行政法律关系要素	(1) 行政法律关系的特征 (2) 行政法律关系要素

参考文献

1. 罗豪才主编．现代行政法的平衡理论．北京：北京大学出版社，1997
2. 姜明安主编．行政法与行政诉讼法．3版．北京：法律出版社，2007
3. 宋功德．行政法哲学．北京：法律出版社，2000
4. 张树义．变革与重构——改革背景下的中国行政法理念．北京：中国政法大学出版

社，2002
5. 章剑生．现代行政法基本理论．北京：法律出版社，2008

第一节　行政与行政法

一、行政

顾名思义，行政法就是关于行政的法。因此，要了解行政法是什么，就必须首先弄清决定着行政法的特性、内容和范围等要素的行政是什么。掌握行政的含义、类型及特征等内容，是进一步了解行政法的前提。

（一）关于行政含义的几种观点

关于“行政”一词，人们在日常生活及行政学、宪法学和行政法学等理论研究中有多种不同的解释。不过若以是否把行政与国家联系起来为标准进行考察，则可以将这些形形色色的解释归纳为两大类：

1. 把行政看成是与国家没有必然或特定联系的日常组织和管理活动

按照这种解释，凡有人群生活的地方，就有相应的组织、管理活动，也就应当有行政。如美国学者怀德（Leonard D. White）在《行政学导论》一书中就认为，行政艺术乃是为完成某种目的而对许多人的指挥、协调与控制。这种意义上的行政，人们通常称为一般行政。

2. 把行政看成是与国家有必然或特定联系的组织、管理活动

按照这种解释，与国家无关的一般社会组织和个人的活动不能称为行政，即使是它们的组织、管理活动，也不能称为行政。这种意义上的行政，很早就出现在我国古代的史籍中。如距今两千多年的古籍《左传·襄公二十八年》中就有“行其政事”、“行其政令”的记载，《纲鉴日知录》中也有“召公、周公行政”的记载。然而，古代行政的含义与近代行政的含义有很大的区别，它是泛指国家的一切组织与管理活动，并没有近代分权意义上的行政。近代意义上的行政是资产阶级革命的产物，建立在权力分工的基础之上。近代分权学说由 17 世纪英国的资产阶级启蒙思想家洛克首创，洛克为了反对封建专制和政治上的腐败现象，主张将国家权力分为立法权、行政权和外交权三部分。法国的资产阶级启蒙思想家孟德斯鸠进一步发展了洛克的分权学说，主张把国家权力划分为立法、司法和行政三部分，分别由三个相互独立的国家机关——立法机关、司法机关和行政机关掌握，这三个机关共同行使国家权力，通过相互制约，来实现国家权力运行中的平衡，防止出现权力的独裁。无产阶级革命胜利以后所建立的社会主义国家虽然不实行三权分立制度，但在国家机构的组成上遵循民主集中制原则，国家权力仍有立法、司法和行政这种职能分工，立法机关、司法机关和行政机关在组织上也是分离的，行政只是诸种国家活动中的一种而不是其全部。近代和现代意义上的行政就是这种国家权力分立或国家权力分工意义上的行政，这种与国家有必然或特定联系的行政，也正是行政法学所要研究和探讨的行政。

在近代和现代国家中，国家权力的运行情况极为复杂，尤其是在现代国家，国家权力的运

行出现了传统的立法权、司法权和行政权交叉与混合的状况，因此，要确定与国家有必然或特定联系的行政的确切含义绝非易事。纵观行政法学发展史，国内外学者对这种意义上的行政的理解是众说纷纭、莫衷一是，至今尚未形成统一的学说。在众多的观点中，具有代表性的观点主要有以下几种：

(1) 外交、安全活动说。孟德斯鸠在《论法的精神》一书中指出，行政就是国家媾和或宣战，派遣或接受使节，维护公共安全，防御侵略的活动。① 这种观点由于早已不能适合社会发展的实际情况，对现代行政法已没有实际意义。

(2) 其他权力排除说。这种观点认为，国家活动可以分为立法活动、司法活动和行政活动三部分，行政是除了立法活动和司法活动之外的一切国家活动。如日本行政法学家美浓部达吉认为，行政是除了立法、司法以外的一切国家活动。② 这种观点虽然与资产阶级国家的三权分立原则比较吻合，但有很大的缺陷：它不仅没有明确行政本身的特性，而且在现代国家权力的运行出现传统的立法权、司法权和行政权交叉、混合的状况下，无法把这三种权力截然分开，以排除其他两种权力。

(3) 国家目的实现说。这种观点认为行政是实现国家目的的活动。如德国行政法学家马叶尔（Otto Mayer）等人主张，行政便是实现国家政治目的的一切活动。③ 日本行政法学家田中二郎认为："行政是依据法律，在法律的约束下，现实中为积极实现国家目的进行的、整体上具有统一性的、连续的形成性的国家活动。"④ 这种观点虽然抓住了行政的基本特征，但对行政活动的概括很不全面。很显然，行政活动并不全都为实现国家政治目的而进行，也并不都具有形成性。

(4) 国家意志执行说。这种观点把国家的活动分为两大部分：一部分是表现国家意志的活动，如制定法律和政策等；另一部分是执行国家意志的活动，行政便是执行国家意志的活动。这种观点的代表人物美国学者古德诺（F. J. Goodnow）在《政治与行政》一书中指出，任何政体的国家都只能有两种功能，即表现国家意志和执行国家意志，前者即是政治，后者即是行政。⑤ 这种观点，与各国对行政的实际认识状况相去太远，很难为人们所接受。因为按照这种观点，行政机关制定规范性文件的活动显然不属于是行政，而司法机关的大多数活动将属于行政的范畴。

(5) 国家事务管理说。这种观点认为行政就是对国家事务的管理。如《社会科学大辞典》对行政的解释就是"行政为国家事务的管理"。这种观点固然有其合理之处，但它仍未能把权力分立或权力分工意义上的行政表述清楚，因为无论是行政机关还是立法机关和司法机关，都要在不同程度上对国家事务进行管理。

(6) 行政机关或行政主体职能说。这种观点有几种不同的具体表述，如"行政乃行政机关，本于行政职权，所为之一切行为"⑥，"行政就是国家行政主体依法对国家和社会事务进行组织和管理的活动"⑦，"行政是指国家行政机关对国家与公共事务的决策、组织、管理和调

---

① 参见［法］孟德斯鸠：《论法的精神》（上），155页，北京，商务印书馆，1982。

② 参见张载宇：《行政法要论》，3页，台北，汉林出版社，1977。

③ 转引自胡建淼：《行政法学》，2页，北京，法律出版社，1998。

④ 转引自许崇德主编：《行政管理与行政法》，2页，北京，中国广播电视出版社，1991。

⑤ 参见［美］F.J. 古德诺：《政治与行政》，5～10页，北京，华夏出版社，1987。

⑥ 张载宇：《行政法要论》，3页，台北，汉林出版社，1977。

⑦ 胡建淼：《行政法学》，5页，北京，法律出版社，1998。

控"① 等。这些具体表述分别从实质意义和形式意义两方面比较准确地抓住了行政的特性，能够反映实践的基本情况，但在具体表述中尚略有欠缺，如：行政机关一词不能涵盖行使行政权的所有主体，组织与管理并非行政主体从事行政的全部方法和手段，本于行政职权和依法进行组织、管理实际上把行政主体的越权行政行为和其他违法行政行为排除在行政活动范围之外等。这都有必要进行相应的补充或修改。

（二）行政的含义

近代和现代与国家有必然或特定联系的行政是权力分立或权力分工意义上的行政，因此，行政的含义应当能把行政主体的活动与立法机关和司法机关的活动区别开来。同时，行政也并非是行政主体的一切活动，因此，行政的含义应当能把行政主体的行政活动与其他活动区别开来。基于以上认识，我们可以对行政的含义作如下表述：行政就是国家行政主体对国家事务和社会事务以决策、组织、管理和调控等特定手段发生作用的活动。对行政的这一含义，我们可以从以下几个方面理解：

1. 行政是行政主体的活动。行政主体简而言之就是能依法代表国家，以自己的名义享有并行使行政职权，行使国家行政管理职能的机关或组织。在我国，它主要是国家行政机关。在依法得到授权的情况下，行政机构、企业、事业单位和其他社会组织也可以成为行政主体。行政活动只能由行政主体本身或在行政主体委托的情况下由其他组织或个人以行政主体的名义作出。未经有效授权或委托，任何组织或者个人都不得进行行政活动。

2. 行政是行政主体的特定活动。行政是行政主体的部分活动，而不是其一切活动。它是行政主体以特定手段对国家事务和社会事务发生作用的特定活动，即行政主体对国家事务和社会事务进行决策、组织、管理和调控等活动。行政主体以其他社会身份从事的活动，如借贷、租赁、买卖等，不属于行政。

3. 行政是行政主体对国家事务和社会事务进行决策、组织、管理和调控等活动的总称。行政主体对国家事务和社会事务发生的作用是通过决策、组织、管理和调控等手段来实现的，这些手段随着社会的发展和国家行政工作的实际需要会有所增减，但在某一发展阶段，这些手段却是特定的，通常由国家法律明文规定。行政主体根据不同情况，运用不同手段，对国家事务和社会事务发生作用（为叙述方便，在后续行文中无特殊必要时，仅以"管理"一词代表各种行政手段）。

（三）行政的特征

所谓行政的特征就是指行政自身内在的规定性，使行政与非行政相区别的要素。概括地讲，行政有以下四个方面的特征：

1. 行政具有国家意志性。行政不是一般社会组织和个人的活动，也不是行政主体的民事活动，而是行政主体以国家的名义对国家事务和社会事务进行的决策、组织、管理和调控等活动，具有体现和实现国家意志的特性。

2. 行政具有执行性。行政并不是国家的一切活动，也不是行政主体的一切活动，而是行政主体实施的国家活动。这种活动从总体上讲，是把国家立法机关依人民意志制定的法律、法

---

① 罗豪才主编：《行政法学》，3页，北京，北京大学出版社，1996。

规付诸实施，予以执行。虽然行政中也有一部分行政立法或行政司法活动，但这些活动都必须围绕如何执行国家立法机关的法律、法规而进行，是具有执行性的准立法、准司法活动。我国宪法和法律明文规定，从中央到地方的各级国家行政机关都是国家权力机关的执行机关，它们由权力机关产生，受权力机关监督，对权力机关负责，必须执行国家法律、法规和权力机关的决议与命令。

3. 行政具有法律性。在现代国家，法治原则已成为国家制度的基本原则。这一原则反映在行政领域，就要求行政主体必须依法行政。依法行政是现代行政法的原则和核心，它要求一切行政都应当遵循法律所规定的条件、程序、方式和形式而进行，凡违法行政都应当受到相应的追究，承担相应的法律责任。行政应当受法律约束，不得超越法律，应当合法进行的这种属性，就是行政的法律性。

4. 行政具有国家强制性。既然行政是国家的活动，体现和实现国家意志，那么它的实施也就必然要以国家政权的强制力为后盾。对于行政主体的行政活动，相对人有服从、接受和协助的义务。相对人若不依法履行义务，则行政主体可借助法律手段强制相对人服从和履行行政决定。这种强制是以军队、警察、监狱和法庭等为最终保障的，尽管随着社会的发展和文明程度的提高，行政的强制性会逐渐减弱，但是这种强制性始终与行政相伴随。

（四）行政的类型

行政的类型即按照一定的标准对行政主体的行政活动进行的分类。具有某一方面共同特性的行政活动即构成行政的一种类型。划分行政的类型不仅有利于对行政实践的总结和指导，也有利于对行政的研究，以及为行政法学理论的建立和发展提供依据。在我国的行政理论与实践中，人们对行政主要有以下几种分类：

1. 根据行政主体实施行政活动的领域，将行政划分为组织行政、人事行政、司法行政、民政行政、公安行政、科技行政、教育行政、军事行政、经济行政、外事行政等类型。

2. 根据行政主体实施行政活动的地域范围，将行政划分为中央行政和地方行政、城市行政和农村行政、内部行政和外部行政等。

3. 根据行政主体实施的行政活动有无涉外因素，将行政划分为国内行政和涉外行政。

二、行政法[①]

（一）关于行政法概念的几种观点

行政法是关于行政的法，人们对行政的含义有多种多样的理解，对行政法的理解也就必然多种多样，因此，关于行政法的概念的表述可以说是众说纷纭。在对行政法概念的众多表述中，比较有代表性的主要有以下几种：

1. 行政法是规定主权行使限度与行使方式的法。这种观点以 19 世纪初英国著名法学家奥斯丁（John Austin）为代表。他认为，作为公法部门之一的行政法，“规定主权行使之限度与方式：君主或主权者直接行使其主权，或其所属之高级行政官吏行使主权者授予或委托之部分主权”。

---

① 本专题所引资料除注明出处外，皆转引自胡建森：《行政法学》，10～14 页，北京，法律出版社，1998。

2. 行政法是调整行政机关特定行政内容的法。持这种观点的学者人数较多，但具体表述中涉及的行政机关特定行政内容的范围差异很大。如美国行政法学者古德诺在其1893年出版的《比较行政法》一书中认为："行政法是公法的一部分，它规定行政机关的组织和职权，并规定公民在受到行政行为侵害时的行政救济。"英国法学家威廉·韦德（Willian Wade）在其1979年出版的《宪法与行政法》一书中认为："行政法是公法的一个部门，它是关于政府机构中从事管理活动的各种机构的组织、权力、职责、权利和义务的法。"美国法学家戴维斯（K. C. Davis）在其1978年出版的《行政法教程》一书中认为："行政法是关于行政管理机构的权力和活动程序的法，特别还包括关于对行政行为进行司法审查的法。"我国行政法学家应松年、朱维究则认为："行政法是关于国家行政组织及其行为，以及对行政组织及其行为进行监督的法律规范的总称。"①

3. 行政法是控制政府权力的法。如英国法学家威廉·韦德认为："行政法定义的第一个含义就是它是关于控制政府权力的法。"② 美国法学家埃·弗雷银德在《行政判例》一书中认为："行政法——这是监督行政机关的法律，而不是建立行政机关的法律。"美国法学家伯纳德·施瓦茨（Bernard Schwartz）也认为："行政法是管理政府行政活动的部门法。它规定行政机关可以行使的权力，确定行使这些权力的原则，对受到行政行为损害者给予法律补偿。""我们所说的行政法是管理行政机关的法，而不是由行政机关制定的法。"③

4. 行政法是调整社会关系的法。持这种观点的学者对行政法究竟调整何种社会关系有不同的表述。如日本法学家美浓部达吉在其《行政法概要》一书中认为："行政法是国内公法的一部分，是规定行政权之组织及作为行政主体的国家和公共团体同其所属人民之间关系的法。"我国法学家罗豪才则认为："行政法是国家重要的法律部门之一，是调整行政关系以及在此基础上产生的监督行政关系的法律规范和原则的总称。"④

5. 行政法是行政机关制定的法。这一观点以《布莱克法律词典》的表述为代表："行政法是行政机关制定的以条例、规章、命令和决定形式出现的法的总称。"

6. 行政法是执行机关适用的法。这种观点以日本法学家中村弥三为代表，他在1932年出版的《规范行政法》一书中认为："行政法就是以命令关系即职务上的命令服从为构成原理的执法机关所适用的法规总称。"

（二）行政法的含义

上述关于行政法概念的种种学说，不同程度地反映了行政法的特点和内涵，从不同侧面和角度对什么是行政法进行了阐述，为全面认识行政法提供了条件，也充分反映了行政法调整的内容的错综复杂和瞬息万变，反映了不同国家、不同时期行政法的发展状况。正是由于行政法所调整的社会关系复杂多变，人们才会对行政法的概念作出种种不同的解释。我们认为，对行政法可作如下表述：行政法是法的一个独立部门，是调整因行政主体行使行政职权而产生的特定社会关系的法律规范的总称。这一表述包括以下两层含义：

1. 行政法是调整特定社会关系的一类法律规范的总称

任何法律规范都有自己的调整对象，即某种特定的社会关系，行政法律规范就是调整因行

---

① 应松年、朱维究编著：《行政法总论》，19页，北京，工人出版社，1985。

② ［英］威廉·韦德著，徐炳等译：《行政法》，5页，北京，中国大百科全书出版社，1997。

③ ［美］伯纳德·施瓦茨著，徐炳译：《行政法》，1～3页，北京，群众出版社，1986。

④ 罗豪才主编：《行政法》，7页，北京，北京大学出版社，1998。

政主体行使行政职权而产生的特定社会关系的法律规范。因行政主体行使行政职权而产生的社会关系包括：行政主体为了行使行政职权而进行自身建设时发生的组织行政关系，对相对方进行管理时发生的管理行政关系（含决策、调控等），对违法或不当行政行为进行补救时发生的救济行政关系，为了保障职权的有效行使而由特定的国家机关对行政主体进行监督时产生的监督行政关系。总之，这些社会关系都与行政职权的行使有直接或间接的联系，与行政职权的行使无关的社会关系，即使由具有行政主体身份的行政机关或社会组织为一方当事人，也不是行政法的调整对象。

2. 行政法是法的一个独立部门

行政法调整对象的特定性，决定了它在国家法律体系中的独立地位。行政法不同于宪法，虽然它与宪法有密切联系，以致有人称宪法为“静态的行政法”，称行政法为“动态的宪法”，但行政法与宪法毕竟是两种不同的法，宪法是根本法，行政法是普通部门法。行政法也不同于其他普通部门法，它有自己独立的、为其他普通部门法所不能取代的调整对象。它不依附于任何普通部门法，也不能代替其他普通部门法。

（三）行政法的特征

行政法作为一个独立的法律部门，与其他普通部门法无论是在形式上还是在内容上都有显著的不同。

1. 行政法在内容上的特点

（1）行政法内涵丰富、范围广泛、技术性较强。现代国家的行政活动范围极为广泛，不仅包括传统的国防、外交、公安、民政、工商、税务和司法行政等领域，而且扩展到了社会福利、环境保护及国民经济建设等社会生活的新领域。因此，行政法的内容具有其他普通部门法无可比拟的丰富性。而且行政活动中有许多是面向未来的创设性活动，或者是对特定专业领域进行管理的活动，行政法在规定行政活动的目的、手段和方法时，必须对未来可能发生的情况或有关专业问题进行科学、客观的分析、预测和论证，从而具有较强的专业技术性。

（2）行政法具有很强的命令、服从性。行政法由于以行政关系为调整对象，规定行政主体的优益地位，因而具有强烈的命令与服从性质。行政主体依法具有单方面设定、变更和消灭行政法律关系的权力，对于所依法设定的行政相对人的义务，行政主体有权依法强制相对人履行，相对人不得对抗。

（3）行政法律规范的内容易于变动。行政法所调整的社会关系，在任何国家都是最富于活动性、最易于变动的社会关系。行政活动必须不断顺应客观形势的变化而变化，行政法调整的社会关系也必然要随之变化。因此，与其他部门法相比，行政法律规范的内容更易于变动，尤其是在社会动荡和转变时期，行政法律规范需要经常地通过废、改、立的形式变换内容，行政法律规范的内容易于变动的特点表现得更为突出。

2. 行政法在形式上的特点

（1）行政法律规范数量繁多，表现形式多样，没有统一、完整的法典。行政法调整的社会关系极为复杂、广泛且易于变动，因此，只能以不同的规范性法律文件规定不同的行政法规范，调整不同性质和特点的行政关系，使行政法律规范寓于形式多样的法律文件之中。在我国，法律、行政法规、地方性法规、规章、自治条例和单行条例、有权法律解释、条约与协定等都可以成为行政法的渊源，这些行政法渊源的具体表现文件不仅数量数以万计，且名目极为繁多，如仅规章一项就有规则、规定、办法、细则、通知、公告等名称，而在这些名称之前或之后还可以冠以“临时”、“暂行”、“试行”等字头。规范数量的繁多和表现形式的多样，使行政法典的编纂只能在局部地区或个别领域进行。到目前为止，世界各国都未能制定出普遍适用于全部或绝大部分行政领域的统一、完整的行政法典。

（2）行政法实体性规范与程序性规范相互交织，往往共存于同一法律文件之中。实体性法律规范与程序性法律规范有很大的差别，在刑事法律和民事法律中，程序性法律规范和实体性法律规范早已分离，两者不仅分别规定在不同的法律文件中，且各自成为独立的法律部门。但在行政法中，行政程序极为复杂多样，涉及对行政职权的设定、行使、监督和救济等过程的各个环节，与实体行政权的运行有密切联系，因此，在大多数国家，行政程序性规范不是集中在自成体系的行政程序法文件中，而是散见于以行政实体法规范为主的众多法律文件中。行政实体法规范与行政程序法规范相互交织，共存于一个法律文件中，是行政法在形式上的又一特点。需要指出的是，行政法程序性规范和行政法实体性规范虽然联系极为密切，但并不是说二者根本不能分离。美国、德国、奥地利等许多国家都分别制定了各自的行政程序法典，概括规定行政程序的基本原则和主要制度，为行政法实体性规范和程序性规范的分离及行政法体系的进一步完善作出了有益的探索。在我国，“行政程序法”的制定工作业已纳入国家立法机关的议事日程，这对于行政法体系的完善具有特别重要的意义。

第二节　行政法的渊源与分类

一、行政法的渊源

我国行政法的渊源主要有以下几种：

（一）宪法

宪法是我国的根本大法，规定国家制度和社会制度的基本原则与重大问题。宪法中关于行政法律制度的内容，是行政法的渊源。调整行政活动的宪法规范主要体现在以下几个方面：（1）关于行政活动基本原则的规范；（2）关于中央人民政府和地方各级人民政府的组织与职权的规范；（3）关于公民在行政领域的基本权利和基本义务的规范等。

（二）法律

法律是由全国人民代表大会及其常务委员会制定的规范性法律文件，有基本法律和一般法律之分。前者由全国人民代表大会制定，如《国务院组织法》、《地方各级人民代表大会和地方各级人民政府组织法》等；后者由全国人民代表大会常务委员会制定，如《治安管理处罚法》、《行政强制法》等。凡是规定有与行政主体行使行政职权有关的内容的法律，都是行政法的渊源。

（三）行政法规

行政法规是国务院为了领导和管理国家各项行政工作，根据宪法和法律制定的有关政治、经济、教育、科技、文化、外事等内容的条例、规定和办法的总称，如《行政监察法实施条例》、《民用航空器适航管理条例》等。行政法规作为国务院制定的、用以领导和管理全国各项行政工作的重要规范性法律文件之一，大都直接对国家行政工作进行调整，因而是行政法的重要渊源。

（四）地方性法规

地方性法规是由省、直辖市、自治区以及省、自治区人民政府所在地的市和经国务院批准的较大的市的人民代表大会及其常务委员会，在不同宪法、法律和行政法规相抵触的前提下，根据本地区的实际情况制定的规范性法律文件，如北京市人大常委会制定的《北京市食品安全条例》（2012 年 12 月 27 日修订）、河北省人大常委会制定的《河北省法制宣传教育条例》（2013 年 5 月 30 日发布）等。地方性法规是地方人民政府进行本地区行政工作的法律依据之一，也是行政法的渊源。

（五）自治条例和单行条例

自治条例和单行条例是由自治区、自治州、自治县的人大依据当地民族的政治、经济和文化特点制定的规范性法律文件。自治条例和单行条例是民族自治地方的人民政府进行行政工作的法律依据之一，也是我国行政法的渊源之一。

（六）规章

规章分为部门规章和地方政府规章。部门规章是指国务院各组成部门根据法律和行政法规等在本部门权限范围内制定的规范性法律文件，如国家卫生和计划生育委员会制定的于 2013 年 10 月 1 日起施行的《新食品原料安全性审查管理办法》。地方政府规章是指省、自治区、直辖市以及省、自治区人民政府所在地的市和经国务院批准的较大的市的人民政府，根据法律、行政法规等制定的规范性法律文件，如北京市人民政府制定的《北京市农业植物检疫办法》（2013 年 4 月 26 日发布）、《北京市行政问责办法》（2011 年 6 月 16 日公布）等。从内容上看，规章大都是直接调整行政工作的法律规范，因而也是行政法的渊源。

（七）有权法律解释

有权法律解释是依法享有法律解释权的特定国家机关对有关法律文件进行的具有法律效力的解释。有权法律解释包括以下 4 种：（1）立法解释，即全国人大常委会依法对法律文件所作的解释；（2）司法解释，即最高人民法院和最高人民检察院依法对法律文件进行的解释；（3）行政解释，即国务院及其主管部门依法对法律文件进行的解释；（4）地方解释，即法定的地方人大常委会及人民政府主管部门依法对法律文件进行的解释。各种有权解释中涉及行政主体行使行政职权问题的，也都是行政法的渊源。

（八）条约和协定

条约是指两个或两个以上的国家签订的，规定其相互之间在政治、经济、贸易、法律、文化和军事等方面的权利与义务的各种协议的总称。协定是指两个或两个以上的国家的政府签订的，规定其相互之间在政治、经济、贸易、法律、文化和军事等方面的权利与义务的各种协议的总称。国家或政府一旦与别国或别国政府签订了条约或协定，其所规定的权利和义务就对国内的机关、组织和个人发生法律效力。因此，我们国家、政府签订的条约和协定中有关行政法规范内容的，也是我国行政法的渊源。

二、行政法的分类

依据不同的标准，可将行政法分成不同的种类。常见的行政法分类主要有以下几种：

（一）一般行政法与特别行政法

这是以行政法调整对象的范围为标准对行政法进行的分类。

一般行政法是对一般行政关系进行调整的法律，特别行政法是对特别行政关系进行调整的法律。这里所说的“一般”与“特别”，是一对相互对应、可以从多方面理解的概念。如同属调整行政机构的组织和活动的行政组织法，调整大多数行政机关的组织和活动的《地方各级人民代表大会和地方各级人民政府组织法》是一般法，而调整特定行政机构的组织和活动的《公安机关组织管理条例》则是特别法；适用于全国范围的《地方各级人民代表大会和地方各级人民政府组织法》是一般法，适用于特定地区的《内蒙古自治区各级人民代表大会和各级人民委员会组织条例》则是特别法；又如同属对违法行为进行制裁的行政处罚法，适用于全国范围内各行政领域的《行政处罚法》是一般行政法，只适用于公安行政管理领域的《治安管理处罚法》则是特别行政法；再如同属公安行政法，涉及人民警察全面管理的《人民警察法》是一般行政法，而只涉及人民警察风纪管理的《人民警察警容风纪管理和纠察办法》则是特别行政法。

把行政法划分为一般行政法与特别行政法，有助于分清不同行政法律关系的特点，以便在注意行政法律关系的共性的基础上，照顾特别行政法律关系的特点，使行政法能够得到充分的、适合实际需要的实施。

（二）实体行政法与程序行政法

这是根据行政法的性质和作用对行政法进行的分类。

实体行政法是规范行政法律关系当事人在行政法律关系中的资格、地位、能力和责任等实际性权利、义务的行政法，行政程序法则是规定如何实现行政实体法所规定的权利、义务的行政法。对行政主体来讲，实体行政法规定行政主体的组织原则和组织体系，规定行政行为的内容、效果和责任等；而程序行政法则规定行政主体组织、活动及承担责任的步骤、方式及方法等。在行政实践中，尽管实体行政法与程序行政法总是交织在一起，很难截然分开，但把一些重要的程序制度集中起来加以规定，制定成具有普遍意义的行政程序法典并非不可能。许多国家制定行政程序法典的努力已取得成功。

把行政法划分为实体行政法与程序行政法，有助于加深对行政法的内容及其实现过程的认识，有助于完善行政法律制度。

（三）行政组织法、行政行为法、行政监督法和行政救济法等

这是以行政法的作用为标准对行政法进行的分类。

行政组织法是规范行政主体的设置、编制、职权、职责等内容的行政法；行政行为法是规范行政主体行使行政职权的活动的行政法；行政监督法是规范特定行政主体对于一般行政主体的行为如何进行检查、督促的行政法；行政救济法则是规定如何对违法、不当或其他行政行为造成的后果进行补救的行政法。

这种分类有助于全面把握行政法律规范，使人们能够采用不同的行政法律规范和适当的手段与措施去调整不同领域的社会关系。

（四）经济行政法、军事行政法、民政行政法、公安行政法、司法行政法等

这是以国家行政管理部门或行政管理领域的划分为标准对行政法进行的分类。

经济行政法即国家运用行政手段管理和调控经济生活的行政法；军事行政法即国家用以管理军队编制、军事装备、军事行动及兵役制度等方面的行政法；公安行政法即国家用以管理社会治安公共安全的行政法……按照这种分类方法，国家有多少行政管理部门、管理多少行政领域，就有多少种行政法。

这种划分方法有助于具体研究各个不同部门的行政法，推动行政法在不同行政管理领域中有效地得到贯彻、实施。

除上述主要分类以外，还有的学者根据不同的标准把行政法划分为古代行政法、近代行政法，平时行政法、战时行政法，中央行政法、地方行政法，城市行政法、农村行政法，等等。限于篇幅，不再一一赘述。

第三节　行政法的地位及作用

一、行政法的地位

行政法的地位是指行政法在一国法律体系中所处的地位。行政法在法律体系中的地位可以从以下几个方面加以说明：

（一）从整体上看，行政法是一个独立的法律部门

行政法作为我国法律体系中一个独立的法律部门，主要调整以下几个方面的社会关系：第一，调整在行政主体组织建设的过程中产生的各种行政关系。行政法必须明确行政职权的所有者——行政主体，因为谁可以作为行政职权的享有者，它应当享有什么样的行政职权，这些行政职权应当如何取得和分配等问题，都是依法行使行政职权的前提。第二，调整在行政主体行使行政职权的过程中产生的各种行政关系。行政主体行使行政职权是实现国家职能的重要活动，在这种活动中，行政主体要与公民、法人和其他组织等行政相对人发生各种各样的社会关系，这些关系只有以行政法律规范加以调整，才能保证其按照国家的行政目的有效、有序地展开。这种关系既包括因行政主体管理、调控社会而产生的行政关系，也包括行政主体为保证管理、调控社会职权的实现而行使监督权时发生的行政关系。第三，调整对行政主体行使职权的后果进行救济的过程中发生的各种行政关系。按照现代法治主义的要求，有权力的行使，就应当有相应的救济。一旦行政主体的行政行为侵犯或损害了行政相对人的合法权益，就应当为行政相对人提供救济的途径，使行政相对人能够通过此种途径来维护或恢复受到侵犯或损害的合法权益。

（二）从与宪法的关系上看，行政法是与宪法关系最为密切的法律部门，是宪法最重要的实施法

宪法调整我国根本的社会关系，规定国家制度和社会制度的根本原则与重大问题，具有根本法性质。而刑法、民法、行政法等普通法律部门都是直接实施宪法的法律部门。在实施宪法的诸部门法中，行政法与宪法关系最为密切，是宪法的最重要实施法。正因为如此，有的学者把行政法称为“小宪法”，或者把行政法称为“动态的宪法”。行政法的这种地位，主要由以下原因所决定：

1. 行政法是实施规定国家机关之间关系的宪法规范及规定国家与公民之间关系的宪法规范的部门法，这些宪法规范所调整的社会关系是国家生活和社会生活中最为重要的社会关系，而其他部门法所实施的宪法规范所调整的社会关系相对次要。

2. 行政法是较全面实施宪法规范、贯彻宪法所确定的各项政策和制度的部门法，它所调整的国家生活和社会生活领域极为广泛，几乎涉及宪法调整的所有领域，而其他部门法只调整某个领域或某些方面的社会关系。

（三）从与其他法律部门的关系上看，行政法是最具社会影响的部门法

现代社会的发展，尤其是生产的日益社会化和公共事务的大量增加，迫切需要强有力的国家行政力量的调整。扩大国家对社会生活的干预，加强行政管理职能，是现代国家的普遍选择。行政管理职能的加强，必然导致调整行政关系的行政法的发展。大凡经济比较发达、生产力发展较快的国家，行政法必然在其国家生活中占有重要地位，发挥重要作用。20 世纪以来，世界发达国家社会生产力获得高速发展的事实与其行政法的较为发达密不可分，这也是各国竞相建立和完善其行政法律制度的动因所在。随着我国社会主义现代化建设事业的发展，行政法部门在我国的作用和影响也必将越来越大，成为我国最具社会影响的部门法。

行政法越来越大的社会影响还表现在，其调整范围已逐渐扩至某些传统上被认为应由刑法或民法等法律部门调整的领域或社会关系中。如违反治安管理的行为在传统上被认为应由刑法作为违警罪调整，而我国等少数国家已将其纳入行政法的调整范围，予以治安行政处罚；民事纠纷在传统上被认为应由民法调整，而现在许多国家已设立了行政裁判制度，把一部分民事纠纷纳入了行政法的调整范围。

二、行政法的作用

行政法作为独立的法律部门，在对国家生活和社会生活的调整中，主要发挥着以下两个方面的独特作用：

（一）保障行政主体有效行使行政职权

行政主体行使行政职权，是国家实现政治、经济、文化等建设任务的最重要途径和手段。因此，保障行政主体有效行使行政职权，是实现国家职能、确保国家现代化建设事业得以实现的重要前提。现代国家的行政管理活动，首先是一种法律管理，行政法是行政主体行使行政职权的主要依据，对国家行政管理活动发挥着不可估量的保障作用。这种作用主要通过以下方面体现出来：

1. 确认行政权的相对独立性，赋予行政主体相应的行政职权。西方国家普遍奉行“三权分立”原则，把行政权赋予行政机关独立行使。我国奉行“民主集中制”原则，不主张国家权力分立，在坚持国家权力统一、不可分割的前提下，宪法和法律把国家权力在不同的国家机关之间进行相应分工，明确规定由各级人民政府行使行政权。行政权的这种法定性，使得它具有相对的独立性，只能由行政机关依法享有和行使，其他任何国家机关、社会组织和公民个人未

经法律特别规定，都不得非法侵犯行政机关的行政权。为了把抽象的行政权落到实处，行政法还根据不同的情况和需要，将行政权在不同的行政主体之间进行分工，规定了不同行政主体的不同行政职权，为行政主体开展具体的行政管理活动创造了前提。

2. 明确行政主体与行政相对人的关系。行政主体行使行政职权是通过对行政相对人的管理活动来实现的，只有明确行政主体与行政相对人在行政过程中的相互关系，才能保障行政职权的有效行使。行政法一方面确立了行政主体对行政相对人的优益地位，另一方面又确立了行政相对人对行政主体的监督、制约权利。行政法确立的这种行政主体与行政相对人之间的关系，对于保障行政职权的顺利、有效行使，具有特别重要的意义。

3. 明确行政主体与公务员、被委托组织及个人之间的关系。行政职权的行使，不能由行政主体自身完全实现，它离不开公务员的具体工作，有时也不得不委托其他组织或个人来代为行使。行政法规定了行政主体对其公务员的管理权、对其他组织及个人的行使职权委托权和监督权，也规定了公务员、被委托组织和个人的相应的权利与义务，这对于明确它们之间的相互关系，保障行政职权的有效、合法、及时行使，具有特别重要的意义。在行使职权的过程中，行政主体是行政职权的拥有者，行政职权只能由它或以它的名义行使；公务员、被委托组织或个人是行政职权的具体执行者，只能以行政主体的名义行使行政职权。二者之间的这种关系不能颠倒，也不能混淆。

4. 明确行政主体行使行政职权的手段和程序。行政职权的行使在现代社会既要遵守效率原则，又要遵守科学和民主的原则。因此，行使行政职权的手段和程序都必须法制化。行政法在总结国家行政管理客观规律和正反两方面经验的基础上，根据实际需要赋予行政主体许多相应的管理手段，如命令、制裁、强制执行等，以保证行政职权的有效行使。同时，行政法又根据行政职权行使过程的特点和行政管理规律，对于如何运用管理手段进行管理规定了明确的步骤和方法，如为了规范行政职权的行使，要求行政主体事先说明理由、事中听取陈述和意见、事后告知权利、公开行政依据、公开行政资讯、公开行政决定，以及设立听证、回避制度等，这对于保障行政活动的合理、合法进行意义非常重大。

5. 明确对违法行使行政职权的行为和妨碍行使行政职权的违法行为的制裁。现代行政是一种法治行政，行政主体必须在法定范围内行使职权，不得任意妄为，否则，就应当受到制裁；同时，行政相对人也必须服从行政主体的依法管理，不得妨碍行政职权的依法行使，否则，亦应当受到制裁。行政法既规定了对行政主体违法行使行政职权的行为的制裁措施，也规定了对相对人妨碍行政职权行使的违法行为的制裁措施，这是保障行政主体有效行使行政职权必不可少的内容。

（二）保障公民、法人和其他组织的合法权益

近代行政法是民主制度的产物，自其产生之日起，就一直以防止行政权的滥用，保护公民、法人和其他组织的合法权益为追求的目标之一。资本主义国家的行政法以此相标榜，社会主义国家的行政法也以此为己任。公民、法人和其他组织的合法权益非常广泛，包括为我国宪法和法律所确认的公民、法人和其他组织所享有的政治、经济、文化、教育、人身、信仰等各方面的权益。行政法对公民、法人和其他组织合法权益的保护作用主要通过以下方面体现出来：

1. 建立和逐步完善保证行政主体及其工作人员认真执行国家法律的各种规章制度。法律是反映人民意志和利益的行为规则的总和，在我国，公民、法人和其他组织的基本利益在国家法律中得到了充分体现，行政主体认真贯彻执行国家法律，实现广大人民群众的意志和利益，也就是对公民、法人和其他组织的合法权益的最好保障。为了保证行政主体及其工作人员认真贯

彻执行国家法律，行政法从行政主体的组织、公务员队伍的建设、行政行为的实施、对行政过程的监督，一直到对违法行政行为的追究与救济等方面，都规定了相应的制度，通过这些制度，规范行政主体及其工作人员的行为，使法律所规定的公民、法人和其他组织的权益得到实现。

2. 规定公民、法人和其他组织的行政参与权。“国家的一切权力属于人民”，这是我国宪法所确立的民主原则。人民不仅可以通过各级人民代表大会反映自己的意见和要求，还可以依法通过其他各种途径和形式管理国家事务与社会事务。行政法为了落实宪法的原则性规定，制定了一系列制度以保证公民、法人和其他组织参与国家行政管理。如根据法律规定，公民、法人和其他组织在受行政主体委托的情况下，可以行使行政职权，直接参与行政管理活动；为了保证行政行为的公平与公正，可以通过听证等活动参与行政程序；为了明了行政操作状况，有权了解行政信息等。这些制度的建立和发展，对于公民、法人和其他组织积极参与行政决策、影响行政活动、保证自身的合法权益，具有特别重要的意义。

3. 规定公民、法人和其他组织的行政监督权。国家的一切权力属于人民，就意味着人民是国家的主人，一切国家机关及其工作人员都应当向人民负责、受人民监督。这一宪法原则落实到行政法中，就意味着公民、法人和其他组织应当享有行政监督权。我国行政法以宪法为依据，规定并不断发展着公民、法人和其他组织的行政监督权。如行政法所建立的检举、揭发、控告、申诉和来信来访等制度，就为公民、法人和其他组织监督国家行政管理活动提供了多种法律途径、手段和程序，保证了行政监督权的行使，而公民、法人和其他组织行政监督权的有效实施，对于规范行政主体的行政行为，贯彻落实国家法律，从而保障公民、法人和其他组织的合法权益，有非常重要的意义。

4. 预防、制止和制裁侵犯或损害公民、法人和其他组织合法权益的行为。行政违法和其他违法一样，直接侵犯或损害着公民、法人和其他组织的合法权益，只有预防、制止和制裁行政违法，对行政违法造成的侵犯或损害进行及时补救，才能充分保障公民、法人和其他组织的合法权益。行政法不仅确立了行政主体必须依法行政的基本原则，还规定了种种制度和措施以预防、制止和制裁行政违法，对违法行政造成的侵犯或损害进行补救。如根据行政法在不同的行政环节建立和发展起来的行政监察、审计、听证、暂缓执行、复议、赔偿及行政诉讼等制度，对于规范行政职权的有效、合法行使，保护公民、法人和其他组织合法权益不受非法侵犯，都具有积极的作用。

行政法上述两方面的作用是密切联系、相互依存的对立统一体，对于行政法的发展和完善来说，具有同等重要的意义，过分强调或忽视任何一方面，都会导致行政法律制度的不和谐或影响行政法制的完善。当然，不能否认，不同国家或同一国家的不同发展时期，行政法侧重于发挥某一方面的作用，如有的国家强调行政法对行政职权运行的保障作用，把行政法主要看作是“管理法”；有的国家强调行政法对公民、法人和其他组织合法权益的保护及对行政职权的限制，把行政法主要看作是“限权法”等。

第四节　行政法的基本原则

一、行政法基本原则的含义

行政法作为一个独立的法律部门，是一个由成千上万的行政法律规范组成的有机统一体。

各个行政法律规范之间的有机统一关系的形成，取决于它们赖以制定和实施时所遵循的相同的原理或准则。没有相同的制定或实施原理与准则，不同的行政法律规范就会杂乱无章，形成不了统一、协调的法律部门。

在行政法律规范的制定和实施中，有许多不同层次的原理或准则需要遵循和体现：作为国家统治的工具之一，行政法要遵循国家所奉行的政治原理或准则；作为法的组成部分之一，行政法要遵循法的整体所奉行的一般法律原理或准则；作为一个独立法律部门，行政法要遵循行政法律规范所普遍奉行的部门法原理或准则；作为调整不同行政领域的具体行政法律制度的总和，行政法还要体现不同的行政法律制度所奉行的局部行政法原理或准则，等等。在上述种种原理或准则中，有的为一切统治工具所遵循，有的为一切法律规范所遵循，有的只为部分行政法律规范所遵循，这都不能称为行政法的基本原则。行政法的基本原则应当是行政法部门所遵循的特有的原理或准则。更准确地说，行政法的基本原则是指为行政法部门所特有的，统率、指导一切行政法律规范的制定与实施的法律原理或准则。

由以上对行政法基本原则的表述可以看到，行政法的基本原则不同于一般的政治原则，也不同于行政法的局部原则，它有其自身的特点，主要有以下几个方面：

（一）行政法的基本原则具有法律性

行政法的制定与实施虽然要遵循许多原理与准则，但是行政法的基本原则只能是具有法律意义的原理或准则，不能是为一切统治工具或管理工具都共同遵循的一般政治原则或一般社会原则。所谓“具有法律性”，是指行政法的基本原则应当具有法律规范的基本特性，即应当对具体行政法律规范的制定与实施有法律约束力，任何制定或实施行政法律规范的行为若违反行政法的基本原则，均应导致相应的法律后果，有关责任单位或责任人员应当承担相应的法律责任。不能导致法律后果的原则不能成为行政法的基本原则。

（二）行政法的基本原则具有特殊性

行政法的基本原则应当是行政法这一独立法律部门所特有的原则，不是适用于一切统治工具或管理工具的原则，也不是适用于一切法律规范或一切法律部门的原则。相对于那些也适用于行政法的一般政治原则和一般法律原则而言，行政法的基本原则对行政法部门的统率和指导作用更为直接、具体。前者从整个国家制度或整个法律制度的角度约束着行政法的根本性质、发展道路和发展方向等行政法的“大政方针”；后者则对制定和实施行政法律规范的较为专业化的问题予以规范，不涉及本部门法之外的其他制度。这种一般调整与个别调整的差别，是确立行政法基本原则特殊性的基础。

（三）行政法的基本原则具有普遍性

在行政法部门内部，行政法也要遵循许多不同层次的原则，有些原则只适用于调整某一行政领域的部分行政法律规范，有些原则则适用于调整所有行政领域的一切行政法律规范。而作为部门法的行政法是有关国家行政管理的法律规范的总和，因此，它的基本原则必须能适用于所有行政领域，能统率和指导一切行政法律规范。凡不具备这种普遍性标准、只适用于部分行政法律规范的原则，就不能成为行政法的基本原则，而只能成为某一行政法律制度的原则。由此可见，行政法的基本原则是行政法遵循的种种法律原则中最主要、最具普遍性的原则，是行政法存在的基础，离开了这些原则，行政法就无从谈起。

二、行政法基本原则的内容

由于不同国家、不同时期行政法的地位和作用不同，人们对行政法的认识也就不尽相同。关于行政法基本原则的内容，即行政法的基本原则究竟由那些原则构成的问题，人们的认识也很不一致。

（一）西方主要国家行政法基本原则的内容

西方国家关于行政法基本原则的研究和确立，是伴随着其民主制度的发展而逐步发展起来的。在其发展的过程中，已形成了一些较为定型的观点。

1. 在英国，行政法与宪法的关系极为密切，长期以来人们把行政法看成是动态的宪法。英国的行政法原则以宪法原则为基础，从议会主权和法治两大宪法原则发展出了越权无效和自然公正这两大行政法基本原则。越权无效原则要求行政主体的行政行为必须符合议会制定法赋予的权限，无论是在实体上还是在程序上，都不得超越制定法所规定的权限范围。自然公正原则要求行政主体在处分行政相对人的权利时，应当以必要的程序保证听取相对人的意见，保证相对人能享有防御权利，保证任何人不自己做自己的法官——任何人都不得做与自己有关的行政案件的裁判者。

2. 在美国，从理论上讲，联邦主义、分权主义与法治主义三大原则为其宪法与行政法共同遵奉的基本原则，但法治原则所包含的基本权利原则与正当程序原则更直接地为行政法所遵奉。[①] 基本权利原则要求一切行政法律制度都必须旨在保护而不是摧残人类固有的基本权利；正当程序原则要求一切旨在保护而不是摧残人类固有的基本权利的行政法律制度都必须通过正当的法律程序来实施。而所谓的正当程序则是指行政主体在行使剥夺或限制行政相对人的生命、自由或财产等权力时，必须听取当事人的意见，保证当事人能够享有要求听证的权利。

3. 在法国，行政法治（或称为“行政合法主义”）被认为是行政法的基本原则。它是由行政法院在长期的行政审判过程中通过一系列行政判例形成的。行政法治原则大致包括三个方面的内容：一是行政主体作出行政行为必须有法律依据；二是行政主体作出的行政行为必须符合法律规定的行政要求；三是行政主体必须以自己的行为保证法律的实施。

4. 在德国，行政法的基本原则由行政合法性原则和行政合理性原则构成。合法性原则要求行政主体在行政活动中必须坚持法律至上的原则，其行政行为必须符合法律所规定的要件；合理性原则包括适当原则、必要原则和比例原则三方面的主要内容，中心是要求行政主体的行政行为必须符合正义、理性和立法目的的要求。

5. 在日本，法治行政通常被认为是其行政法的基本原则。这一原则包含着三个方面的内容：一是奉行法律保留原则，主张行政主体作出行政行为的范围应由立法机关以法律规定，要求行政主体不得无法律依据而实施行政行为；二是奉行法律优先原则，主张立法机关制定的法律高于行政机关的决定，要求行政主体必须优先适用立法机关制定的法律；三是奉行司法救济原则，主张一切司法权归属于法院，法院拥有对行政争议的终裁权，相对人在其合法利益受到不法侵害时，有权向法院请求司法救济。

---

① 参见王名扬：《美国行政法》，77～117页，北京，中国法制出版社，1995。

（二）我国行政法基本原则的内容

1. 行政合法性原则

在我国，行政合法性原则是指行政主体的设立、拥有行政职权和行使行政职权都必须依据法律，符合法律，不得与法律相抵触，任何违法行政行为都应当承担相应的法律责任。它主要包括以下几个方面的内容：

(1) 行政主体的设立必须合法。行政主体是能以自己的名义拥有和行使行政职权，并能以自己的名义就行使行政职权的行为产生的后果承担法律责任的机关或组织。行政主体是行政职权的拥有者和行使者，一切行政行为都必须由行政主体直接作出或者由其他行政行为主体以行政主体的名义作出；一切行政行为产生的法律后果也都必须由行政主体直接承担或者由其他行政行为主体以行政主体的名义承担。因此，行政合法性原则要贯彻、实施，首先就必须保证行政主体的合法性。行政主体不合法，其任何“行政行为”都不会具有法律效力。

(2) 行政职权的拥有应当合法。一切行政行为都以行政职权为基础，无职权便无行政。行政主体拥有行政职权，是它进行行政管理的先决条件。然而，行政职权的拥有必须有法律依据，行政主体若无任何法律依据就能拥有行政职权，只能导致行政专制。这是与现代行政法的民主法制精神相背离的。按照行政合法性原则的要求，行政主体必须基于法律而拥有行政职权，不合法拥有的行政职权不能构成合法行政的基础。在我国，行政主体合法拥有行政职权通常有两条途径：一是由宪法、法律和法规设定，二是由有权机关依宪法、法律和法规的规定授予。

(3) 行政职权的行使应当合法。行政主体行使行政职权、作出行政行为，是实现国家行政职能、实现对社会的管理的途径和手段，它既关系到国家权力的行使，又关系到行政相对人的权益保护，必须依法行政。依法行使行政职权，不仅是行政主体的一项权力，也是行政法对行政主体设定的一种义务或职责。对于法定的行政职权，行政主体必须依据法定的实体内容和程序要求，不折不扣地予以实施。无故不行使、拖延行使或不按照法定要求行使职权，都是有悖于行政合法性原则的行为，应当受到法律的追究。行政职权依法只能由行政主体直接行使或由其他行政行为主体以行政主体的名义行使，未依法取得行政行为主体资格的公民、法人和其他组织都不得行使行政职权。在我国，行政机关及公务员通常通过由行政主体分配行政职权的方式取得行政行为主体资格。而公民、法人和普通社会组织则通常通过由行政主体委托行使行政职权的方式取得行政行为主体资格。

(4) 违法行使行政职权应当承担法律责任。行政主体必须合法行使行政职权、作出行政行为，这是行政合法性原则的最基本内涵。任何行政主体或依法以行政主体的名义行使行政职权的组织和个人，违法行使行政职权、作出行政行为，侵犯了公民、法人和其他组织的合法权益，都应当承担相应的法律责任，公民、法人或其他组织有权依法取得行政救济。违法必究，要求违法行使行政职权的行为受到法律追究，使行为人承担相应的法律责任，这是保证行政合法性原则全面贯彻必不可少的一个组成部分。

应当指出的是，行政合法性原则是贯穿于整个行政过程，对具体行政行为和抽象行政行为都有约束力的原则。它所指的法，既包括实体法，也包括程序法；既包括宪法，也包括法律、法规和规章。

2. 行政合理性原则

行政合理性原则是在我国行政法中与行政合法性原则相并列的又一项基本原则，它是指行政主体的设立、拥有行政职权、行使行政职权、追究违法行为和实施行政救济等都必须正当、客观、适度。它主要包括以下几个方面的内容：

(1) 行政主体的设立应当合理。无论是宪法、法律还是法规，关于行政主体设立问题的规定都较为概括，尤其是宪法和组织法，只是规定国家行政机关的组织体系、主要职权及组织活动原则等重要问题，至于行政主体的具体设立问题则要由有关机关在实施中根据具体情况决定。关于行政主体内部的机构设置和人员编制问题，有关机关的自由裁量权发挥作用的余地就更大。因此，行政主体的设立不仅应当合法，也应当合理。在实践中，不注意行政主体设立的合理性，必然导致机构设置的重复、臃肿，或设置不敷实际所用等问题，造成相对人负担过重、行政机关人浮于事或行政职权乏人实施等后果，影响行政管理目标的顺利实现。

(2) 行政职权的拥有应当合理。行政职权作为由具体的行政主体掌握的国家行政权，不仅在宪法、法律和法规予以设定的时候就应当坚持合理性标准，就是在行政主体或其他行政行为主体依法取得的时候，也不能只讲合法性标准而不讲合理性标准，因为无论是宪法、法律和法规所设定的行政职权，还是法律、法规规定的行政职权授予或委托标准，都比较概括、笼统。宪法、法律和法规在明确规定某类行政主体拥有哪些行政职权的同时，往往还要规定“应当由它行使的其他职权”的字样，这都使得行政主体在拥有行政职权时对自己究竟拥有哪些职权，对已拥有的职权应如何授予其他组织、应如何委托给其他组织或个人，应如何在内部进行分配等一系列问题，具有相当大的自由裁量余地。因此，在行政职权的拥有方面必须在坚持合法性原则的同时贯彻合理性原则。忽视合理性原则，就会给一些行政主体以合法的形式包揽职权或推卸职责、不当授予职权或不当委托职权留下可乘之机。

(3) 行政职权的行使必须合理。行政职权的行使合理是行政合理性原则的重心，因为行政职权的行使直接使行政主体与行政相对人发生联系，关系到行政相对人的切身利益。行政主体行使行政职权的行为有羁束行为与裁量行为之分。随着社会的发展，尤其是进入19世纪以来，随着行政权力的不断扩大，行政主体的裁量行为对社会的影响越来越大。由于任何一种裁量权，尤其是自由裁量权，都可能被滥用，人们逐步认识到在对行政行为进行合法性要求的同时，还有必要对之进行合理性要求；行政法不仅应当约束羁束行政行为，还应当约束裁量行政行为，行政合理性原则因此逐步在行政职权行使领域确立下来。要做到行政职权的行使合理，行政主体至少应当遵循以下要求：第一，在法律没有规定限制条件的情况下，行政主体应以不违反立法目的为前提采取必要措施；第二，在法律只规定了概括性标准，而没有具体、明确的范围和方式的情况下，行政主体应根据具体情况和对法律的准确理解采取具体措施；第三，在法律规定了几种明确的范围和方式的情况下，行政主体应根据实际需要选择具体的范围和方式。

(4) 对违法行政行为的追究和救济应当合理。违法必究作为行政法治的重要环节和基本要求，同样应当贯彻行政合理性原则。因为法律对行政违法行为的表现、构成法律责任和救济方式等方面的规定，也不乏概括性和选择性。行政主体在追究违法行政行为的法律责任和采取救济措施的过程中，仍有大量的自由裁量机会，因此，不仅应当要求它们严格遵守合法性原则，还应当要求它们贯彻合理性原则。只有这样，才能更有效地实现行政法的立法目的，实现国家行政目标，切实保护行政相对人的合法权益。

关于合理的标准问题，学术界有不同的观点。有人认为“合理就是按照法令政策办事”[①]。

---

① 龚祥瑞：《比较宪法与行政法》，482页，北京，法律出版社，1985。

有人认为合理就是符合以下标准：1）符合客观规律性；2）符合法律目的性；3）决定的依据充分、客观；4）符合国家和人民的根本利益；5）符合正义。[①]还有人认为，合理就是符合以下标准：1）行政行为符合立法目的；2）行政行为应建立在正当考虑的基础上，不得考虑不相关因素；3）平等适用法律规范，不得对相同事实给予不同对待；4）符合自然规律；5）符合社会道德。[②] 也有人提出合理性原则的判断标准和方法为：1）主观判断法；2）过程判断法；3）结果判断法；4）比例判断法；5）比较判断法。[③]

以上论述从不同角度揭示了行政合理性原则中合理的标准，但在表述上尚欠概括。我们认为，合理的标准应由以下三个方面构成：1）正当性。行政主体制定与实施行政法律规范的一切活动，在主观上都应当出于正当的动机，符合国家和人民的利益需要，符合公平、正义的要求。2）客观性。行政主体制定与实施行政法律规范的一切活动，都应当符合客观规律，建立在只考虑相关因素、不考虑无关因素的基础之上。3）适度性。行政主体制定与实施行政法律规范的一切活动，都应当不偏不倚，在法定范围内选择适当的立足点。

合理性原则要求行政主体作出行政行为时，必须考虑权利与权力、个人利益与公共利益之间的平衡，使它们之间保持一个适度的比例关系。进一步说，行政主体实施行政行为时，应当兼顾行政目标的实现和确保行政相对人的合法权益。如果为了实现行政目标必然会对行政相对人的合法权益造成某种不利影响，则行政主体应该把这种不利影响限制在尽可能小、尽可能合理的范围和限度之内，使实现行政目标所带来的公共利益与由此给行政相对人造成的不利影响二者之间处于一个适度的比例，使行政手段和行政行为目的之间保持一种均衡关系。有些学者把行政合理性原则的这种要求，归结为比例原则，我们认为这并不矛盾，比例原则实质上属于合理性原则的范畴。[④] 我国《行政处罚法》第 4 条第 2 款规定：设定和实施行政处罚必须以事实为依据，与违法行为的事实、性质、情节以及社会危害程度相当。《荷兰行政法通则》第三章第 4 条规定，某个行政命令对一个或更多的利害关系人产生不利后果时，这一不利后果须与命令的目的相当。这些法律规定都体现了行政合理性原则的要求。

3. 行政合法性与行政合理性原则的关系

我国行政法的合法性原则与合理性原则是既相互联系又相互区别的两大基本原则，掌握它们之间的关系，对于全面理解和贯彻我国行政法有极为重要的意义。从它们在我国行政法律体系中的地位与作用来看，二者主要有以下几个方面的关系：

（1）二者并存于行政法之中，缺一不可。行政合法性与行政合理性是现代法制社会对行政主体制定、实施行政法律规范提出的基本要求，行政主体的行政行为必须既合法又合理。合法与合理两个方面不可有所偏废，任何只合法不合理或只合理不合法的行为都应当予以纠正。

（2）二者互为前提、互为补充，共同为完善行政法治发挥作用。从行政的使命和目的来看，任何行政法律规范的制定和实施，都应当以符合客观规律，符合正义、公平的理性原则，符合国家和人民的根本利益为目的。“恶法”不应当制定，也不应当以其为依据而实施。因此，合理性原则应当是行政追求的最高原则，是行政合法性的前提。同时，客观规律，正义、公平

① 参见胡建淼：《行政法学》，79 页，北京，法律出版社，1998。

② 参见罗豪才主编：《行政法学》，34 页，北京，北京大学出版社，1996。

③ 参见朱新力等：《行政法学》，66～67 页，北京，清华大学出版社，2005。

④ 对此，学术界存在一些分歧，参见何景春：《行政比例与合理性原则的比较研究》，载《行政法学研究》，2004（2）；赵娟：《合理性原则与比例原则的比较研究》，载《南京大学学报》（哲学·人文科学·社会科学），2002（1）。

的理性原则，国家和人民的根本利益等，只有通过制定成行政法律规范，并为行政主体所实施，才能得到真正的实现。严格依合理的行政法律规范办事，是使行政符合理性要求的根本途径。因此，又可以说行政合法性原则是行政合理性原则的补充。从行政行为的实际行使看，无论是制定行政法律规范的行为，还是实施行政法律规范的行为，都必须以明确可循的法律规范为行使标准。若舍弃明确的法定标准，而去依据界限、内涵都比较模糊的合理性标准，只能导致行政职权行使中的混乱，实现不了行政目标。因此，行政合法性原则应当是实际遵守的最高原则。只有在坚持行政合法的前提下，才能去探讨行政合理的问题。但是，确定的法律规范往往确实会不符合客观规律和公平、正义的要求，不符合国家、人民的利益，而许多行政法律规范本身又留有供行政主体进行裁量的余地，因此，行政行为的行使又必须贯彻合理性原则以作为合法性原则的补充。总之，行政合法性与行政合理性两个原则互为前提、互为补充，既有利于促进行政法律规范的废、改、立，消除其不合理因素，又有利于保证行政主体适当行使裁量权，实现合理行政。

三、行政法基本原则的功能

行政法的基本原则作为直接调整行政法律规范的最主要、最具普遍价值的法律原则，贯穿于行政法律关系之中。行政法的基本原则对于发展和完善行政法治具有特别重要的作用。

（一）有助于行政法体系的统一、协调与稳定

行政管理领域和行政活动的广泛性、多样性和复杂性的特点，决定了行政法律规范的广泛性、多样性和复杂性。但是，由于调整相同性质的社会关系的法律规范同属一个法律部门，这些广泛、多样和复杂的法律规范必然要体现统一的基本精神，彼此之间要相互协调。同时，虽然行政活动的特点决定了具体行政法律规范易于变动，但从总体上讲，行政法又要维持相对的稳定性，不能朝令夕改。行政法的基本原则正是体现行政法的基本精神，能够统一、协调不同的行政法律规范，使行政法体系相对稳定的标准与准则。它的这种作用是通过统率、指导行政法律规范的制定、修改及废止工作，保证不同层次的各种行政法律渊源的协调、一致来实现的。

（二）有助于行政法实施的统一与协调

行政法律规范和行政法律关系主体的广泛性与复杂性，决定了行政法实施的复杂性。成千上万的行政法律关系主体实施成千上万的行政法律规范，若没有行政法基本原则的统率和指导，其混乱无序状况必不可设想。行政法的基本原则对行政法的实施的统一与协调作用，主要通过以下几个方面表现出来：

1. 规范行政法律关系主体的行为，保证它们能够按照统一的标准和要求适用或遵守行政法律规范，实现行政法的调整目标。

2. 为准确地理解、适用和遵守行政法律规范提供依据。由于立法技术上的原因或其他原因，人们对行政法律规范的理解往往会有很大的差异。如何保证人们对行政法律规范的准确理解，是保证准确适用和遵守行政法律规范的前提。行政法基本原则作为贯穿于行政法律体系，对行政法律规范的制定和实施起统率、指导作用的基本原理或准则，有助于人们认识行政法的实质，准确理解行政法律规范，从而保证适用与遵守行政法律规范的准确和统一。

3. 有助于发现并及时纠正行政法体系中的不协调现象，防止发生有悖于行政法整体调整目标实现的事件。由于主、客观方面的种种原因，往往出现行政法律规范之间的不协调现象。一旦出现了与其他行政法律规范不协调的行政法律规范，其实施就必然会破坏行政法制的统一，背离行政法的整体调整目标。在行政法实施中认真贯彻行政法的基本原则，就会及时发现并纠正这些不协调现象，从而保证行政法实施目标上的协调一致，排除不协调因素。

（三）有助于弥补行政法律规范的不足与疏漏，保证社会关系得到及时、必要的调整

由于人们认识上的局限性和社会情况的不断发展等主、客观原因，任何国家的行政法律体系都难免存在疏漏与不足，使一些有必要由行政法律规范调整的社会关系得不到及时必要的调整。这种疏漏或不足如不及时弥补，往往会给国家带来意想不到的麻烦，影响社会关系的稳定和有序发展。在调整这些社会关系的新的行政法律规范没有或不可能马上制定出来的情况下，行政法的基本原则则可以弥补这种疏漏或不足，供行政法律关系主体适用或遵守，以保证既能发挥行政法律关系主体在这些领域的主观能动性，又能防止发生有悖于行政法整体调整目标的事件，从而维护行政法制的统一与协调。

第五节　行政法律关系

一、行政法律关系的含义

行政法律关系是法律关系的一种，是由行政法律规范调整的，因行政主体行使行政职权而形成的行政关系——行政主体与行政主体之间、行政主体与其组成机构及公务员之间、行政主体与行政相对人之间，因行政主体行使行政职权而形成的权利义务关系。由此可见，行政法律关系的定义至少包括以下几层含义：

（一）行政法律关系的产生以行政法律规范的存在为前提

行政法律关系，是以行政法律规范调整人们在行政职权行使过程中形成的各种行政关系而产生的一种特殊的法律关系。这就是说，行政法律关系能否产生，有赖于是否有调整行政关系的行政法律规范的存在。任何组织与个人之间因行使行政职权而发生的行政关系，若未经行政法律规范调整，就只能是一般社会关系。行政法律关系的形成以行政法律规范的存在为前提，这正是行政法的创造性之体现。

（二）行政法律关系以特定的行政关系为调整对象

行政法律关系不是一般的法律关系，而是由行政法律规范调整在行政职权行使的过程中产生的行政关系而形成的一种特殊法律关系。这就是说，行政关系是行政法律关系产生的基础，行政法律关系是行政法律规范调整行政关系之后形成的产物，没有行政关系供行政法律规范调整，就不会有行政法律关系产生。行政关系与行政法律关系有严格的区别，不能混为一谈，前者属于物质社会关系而后者属于思想社会关系。应当指出的是，行政法律规范调整的行政关系，只是行政关系的主要部分，还有一小部分行政关系无须或无法以行政法律规范进行调整。

（三）行政法律关系双方主体中必有一方是行使行政职权的行政主体

行政法律关系是行政主体在行使行政职权的过程中，与行政相对人等形成的相互之间的关系。因此，在行政法律关系双方主体中，行使行政职权的行政主体是任何一个具体行政法律关系都不可或缺的，根据法律、法规的规定，它们在行政法律关系中居于支配、指挥的地位，具有固定性和不可替代性。离开了行使行政职权的行政主体，行政法律关系就不可能形成。而行政相对人在行政法律关系中居于从属、被支配地位，可以是任何公民、法人或其他组织。行政主体的这种固定性和不可替代性，正是行政法律关系区别于其他法律关系的重要因素之一。

（四）在行政法律关系的形成中行政主体的意志和行为具有单一性

行政法律关系的产生、变更和消灭，主要是以行政主体的单方意思表示为根据的。具体地说，行政主体可以在不征得相对人同意，甚至违反相对人意志的情况下，单方面创设行政法律关系。如在一般情况下，行政主体所作出的决定与命令等必须全面和立即执行，行政主体可以对公民采取限制其人身自由的强制措施，剥夺行政相对人的财产等。没有合法或合理的理由，行政行为不能中止，也不能以任何其他方式替代。行政主体在行政法律关系中的这种主导和决定作用，是行政国家意志性特点的体现，对于保障行政管理的顺利进行具有重要意义。

（五）行政法律关系是由国家强制力保证实现的社会关系

行政法律关系是由行政法律规范调整的社会关系，以行政法上的权利、义务为内容。既然行政法律规范是统治阶级共同意志和利益的体现，那么行政法律关系的参加者如果违反行政法律规范规定的权利和义务，必然要破坏有利于统治阶级的社会关系和社会秩序，影响统治阶级意志的实现，因此，国家必然要以其强制力对违反行政法律规范的行为予以纠正和制裁，从而使行政法律关系的参加者能够按照行政法律规范的规定履行相互之间的法定义务，实现相互之间的法定权利。

二、行政法律关系的主体

任何行政法律关系都包括行政法律关系主体、行政法律关系客体和行政法律关系内容三个不可缺少的组成部分，即构成行政法律关系的三要素。行政法律关系主体即参加行政法律关系的当事人，也就是行政法律关系中的权利享有者和义务承担者。尽管行政法律关系的参加者非常广泛，但根据行政法律关系的性质，可将其划分为行政主体和行政相对人（或称“行政相对方”）两个组成部分。

（一）行政主体

行政主体就是能够以自己的名义依法拥有和行使行政职权，并能够对其行使行政职权的行为造成的后果承担法律责任的机关和组织，也就是说，行政主体是在行政法律关系中行使行政管理职权、处于支配地位的机关和组织。关于行政主体的问题将在本书第二章中详细讨论，本章不再赘述。

（二）行政相对人

1. 行政相对人的含义

行政相对人简称“相对人”，是在行政法律关系中与行政主体相对应，处于被管理和被支配地位的机关、组织或个人。行政相对人在行政法理论上具有重要意义，它表明行政管理活动中处于被管理地位的当事人绝不是单纯的被支配对象，而是既享有权利又承担义务的行政法律关系主体。行政相对人的这一定义包含着以下几层含义：

（1）行政相对人是在行政法律关系中与行政主体相对应的当事人。行政相对人与行政主体一样，是参加行政法律关系的当事人之一，它与行政主体一起构成行政法律关系主体。二者相互对应，互为前提，缺一不可。

（2）行政相对人在行政法律关系中是被管理的一方当事人，处于被支配的地位，不能行使行政职权。它在依法承担服从国家行政管理的义务的同时，又可根据法律的规定享有相应的权利。

（3）机关、组织或个人的行政相对人身份是相对的而不是固定的。当事人在某一具体行政法律关系中处于行政相对人地位并不意味着它在一切行政法律关系中均处于行政相对人地位。某一行政法律关系中的行政相对人可能成为另一行政法律关系中的行政主体，反之亦然。

2. 行政相对人的种类

根据我国现行法律的规定，在具体的行政法律关系中可以成为行政相对人的组织和个人主要有以下种类：

（1）公民。公民是与外国人相对应的一个法律概念。在我国，公民即根据法律的规定具有我国国籍的自然人。根据我国宪法和法律的规定，公民有依法参加各种法律活动的权利。在行政法上，公民有依法参与行政管理活动、行使程序性权利、取得行政救济等各项权利，同时也负有遵守法律、服从行政管理的义务。因此，在行政法律关系主体中，我国公民是十分重要的行政相对人。

（2）法人。法人是指具有相对独立的财产，并能独立地享有法律上的权利和承担法律上的义务的社会组合体。它包括机关法人、事业法人、企业法人和社团法人等。

机关法人就是指具有法人资格的各级各类国家机关，既包括各级行政机关，也包括各级权力机关、司法机关和军事机关等国家机关。它们在从事非国家职权性活动、接受行政主体的具体管理时，处于行政相对人的地位。

事业法人是指依靠国家预算拨款从事经济活动以外的其他业务活动的各类组织，如为实现社会福利、卫生、文化、教育和科学研究等事业性目的而依法成立的社会福利院、学校和科学研究院等。它们在从事其业务活动的过程中处于行政主体的管理范围时，可以成为行政相对人。

企业法人是指实行独立经济核算，进行生产经营，以扩大社会积累、创造财富为目的的各类经济组织，如工厂、公司、商场等。它们在从事生产经营的过程中处于行政主体的管理范围时，可以成为行政相对人。

社团法人是指由具有相同兴趣、爱好和目的的一定数量的成员组成的具有独立地位的社会团体，如工会、妇联、法学会等。它们在开展活动处于行政主体的管理范围时，也可以成为行政相对人。

（3）其他组织。其他组织是指法人之外的不具备法人资格的社会组合体，它们在一定条件下也可以成为行政相对人。

（4）外国组织和个人。这里所说的外国组织和个人是指在我国行政管理范围之内的外国组织和个人，包括外国的国家组织、经济组织、政治团体、文化团体等组织和外国公民及无国籍人。根据我国法律的规定，在我国境内的外国组织和个人，必须遵守我国法律；我国保护外国组织和个人在我国的合法权利和利益。因此，在我国境内的外国组织和个人应当接受我国行政主体的管理，此时它们处于行政相对人的地位。

三、行政法律关系的内容

行政法律关系的内容即行政法律关系主体所享有的权利和所承担的义务的总和。每个行政法律关系主体在具体的行政法律关系中都是权利的享有者和义务的承担者。由于行政法律关系主体被分为行政主体与行政相对人，行政法律关系的内容也被分为行政主体的权力、义务（职权和职责）和行政相对人的权利、义务。

在行政法律关系中，享有权利的一方当事人称为“权利主体”，负有义务的一方当事人称为“义务主体”，但没有绝对的权利主体与绝对的义务主体。由于当事人的权利、义务是相对的，当事人在行政法律关系中往往既是权利主体又是义务主体。

在行政法律关系主体的权利中，行政主体的权力具有特殊性，通常被称为“职权”，它既是权力又是义务。因此，行政主体对自己所享有的行政职权不能放弃，必须依法行使，若有失职或违法，便要承担相应的法律责任。

行政法律关系中的权利和义务不是由双方主体自由协商确定的，而是由法律事先明确规定的。当一定的行政法律事实成立后，即在双方主体之间形成具有权利、义务内容的行政法律关系。从总体上讲，行政主体有依法行使行政职权、不得非法行政、应当接受行政相对人监督等职权和职责，行政相对人有要求行政主体依法行使行政职权、监督行政主体依法行政等权利以及服从行政主体的行政管理等义务。至于行政法律关系双方主体在具体行政法律关系中的权利和义务，则需要根据具体情况依法确定。

四、行政法律关系的客体

行政法律关系的客体即行政法律关系主体的权利、义务所指向的对象。行政法律关系主体的权利、义务若没有指向具体的对象，就会因没有目标而不能落实，从而也就丧失了其存在的意义。

作为权利和义务所指向的对象，行政法律关系的客体包括人身、行为和财物等事项。人身就是指行政法律关系主体的身体和身份，无论是公民的身体还是公民、法人或其他组织的身份，都可以成为行政法律关系的客体。行为就是指行政法律关系主体所作出的活动，包括行政主体和行政相对人的作为与不作为。财物就是指具有价值和使用价值的物质资料，可以是物品形式，也可以是货币形式；可以是生产资料，也可以是消费资料；可以是物质财富，也可以是精神财富。

行政法律关系的客体是行政法律关系主体的权利、义务的表现形式，缺少客体就像缺少主体与内容一样，行政法律关系就不能成立。

五、行政法律关系的产生、变更和消灭

行政法律关系的产生、变更和消灭是以相应的行政法律规范的存在为前提条件，以特定的法律事实的出现为直接原因的。相应行政法律规范的存在为行政法律关系的产生、变更和消灭提供了可能，而特定行政法律事实的出现则使行政法律关系的产生、变更和消灭成为现实。

（一）行政法律事实

行政法律事实即由行政法律规范规定的，能够引起行政法律关系产生、变更或消灭的客观现象。它可以划分为法律事件和法律行为两种事实，前者是指能够导致行政法律关系产生、变更或消灭的、不以人们的意志为转移的客观现象；后者是指能够引起行政法律关系产生、变更或消灭的人们的有意识的活动。没有行政法律规范调整的事实，或者不能引起行政法律关系产生、变更或消灭的任何事实，都不能成为行政法律事实。

（二）行政法律关系的产生

行政法律关系的产生是指行政主体与行政相对人之间实际形成一定的权利义务关系，即把行政法律规范中规定的权利、义务转变为现实中的由行政法律关系主体实际享有的权利和实际承担的义务。在已有行政法律规范的前提下，无论是法律事件的出现还是法律行为的发生，都会引起行政法律关系的产生。

（三）行政法律关系的变更

行政法律关系的变更是指具体的行政法律关系自产生后至消灭前，其一方主体或部分内容发生变化。可见，行政法律关系的变更包括两种情形：(1) 行政法律关系的内容不变，但一方当事人发生变化；(2) 行政法律关系的当事人不变，但内容发生部分变化。若行政法律关系的双方当事人都进行了更换或内容全部发生了变化，则意味着该行政法律关系的消灭而不是变更。

（四）行政法律关系的消灭

行政法律关系的消灭是指原当事人之间的权利义务关系完全消失或不复存在。行政法律关系的消灭包括两种情形：(1) 行政法律关系的一方或双方当事人不复存在；(2) 行政法律关系的全部内容因被撤销或履行完毕不复存在。行政法律关系的消灭也同样以行政法律规范的存在为前提，以行政法律事件的出现或行政法律行为的发生为条件。

问题与思考

1. 2002 年起，“全国牙防组”为多家牙膏厂家进行认证。2005 年 6 月，媒体曝出牙膏认证市场混乱，指出“全国牙防组”缺乏必备人员和办公条件，而且标准不公开、不透明。2005 年 9 月，清华大学法学博士李刚持在超市购买的、包装上有“全国牙防组”认证标志的乐天木糖醇口香糖，将“全国牙防组”的上级主管单位——卫生部告上法院，同时也将制造和销售木糖醇口香糖的企业列为被告。法院经审理认为：“全国牙防组”系接受乐天公司的委托进行认

证，因此，决定采用该“认证标志”并通过流通领域将带有该“认证标志”的产品出售给消费者均系乐天公司所为，“全国牙防组”与原告之间并不存在直接民事权利义务关系。因此，原告以其消费者权益被侵犯为由要求卫生部承担责任缺乏依据。至于其主张的“全国牙防组”进行违法认证、卫生部未尽管理义务等，属行政管理范畴，可以其他途径解决。因此，法院裁定驳回了李刚的诉讼请求。

问题：(1) 什么是“行政法”上的行政?

(2) 行政法律关系与民事法律关系有什么联系和区别?

(3) 如何确定行政法律关系中行政主体的地位?

2. “麻木”是武汉人对三轮摩托车的俗称。武汉城区有有证“麻木”1.8万余辆、无证“麻木”1.7万余辆。长期以来，“麻木”满街跑一直是武汉三镇一大怪。它不仅污染环境，危害交通安全，而且严重影响城市形象。仅1998年以来，全市因“麻木”违章引发的交通事故就近三千起，造成154人丧生，一千四百余人受伤。武汉市民早就强烈呼吁取缔“麻木”。由于“麻木”车主大多是残疾人或下岗失业职工，每次取缔都引起车主大规模上访、闹事，有的在酝酿阶段就先期“流产”，有的正式发文通告后半途而废，多年来屡治屡败。2011年武汉市下决心妥善解决“麻木”问题，并将之写入了《政府工作报告》，明确作为2011年政府工作一项必须完成的任务。武汉市政府首先依靠的是法律武器：武汉市人大常委会1998年颁布、实施的《武汉市城市道路交通管理若干规定》，明确了对无证三轮摩托车的管理规定和处理手段，但没有说明有证三轮摩托车可不可以营运。同时，在特定历史时期，踩“麻木”作为就业出路，政府曾发证给车主们，这就认可了其是合法经营，交管部门只有在其违章的情况下，才能进行处罚和规范，而无权禁止其上路行驶。为了解决这一障碍，避免行政规章同地方性法规相冲突，武汉市政府邀请法学专家进行专题研究，并吸取历年来人大代表、政协委员的建议、意见，拟订出《武汉市城市道路交通管理若干规定》修正稿和配套措施。此后，武汉市人大常委会审议通过，湖北省人大常委会也批准了修正案，并向社会公布、广泛宣传。武汉还对有证车主推出“一揽子”保障政策、安置措施。政府筹资1.5亿元，除对三轮车折价回收外，对自觉交车者奖励1 200元，发放过渡期生活补贴420元，对自谋职业者给予一次性补贴4 000元。在实际操作中，市政府有关部门深入进行调查摸底，摸清车辆类别及车主的家庭构成、收入等详细情况，做到一车一表，并进行归类分析。每一步都有具体方案，都制定了工作流程图。市“禁麻”工作领导小组每天碰头，先后召开了21次协调会，不断总结经验教训，研究解决办法。

问题：(1) 上述事件体现了哪些行政法的原则?

(2) 怎样认识行政合法性和行政合理性原则之间的关系?

相关司法考试真题

1. 权责一致是社会主义法治理念的要求，也是行政法的基本原则。下列哪些做法是权责一致的直接体现?(　　)(2011年)

A. 某建设局发现所作出的行政决定违法后，主动纠正错误并赔偿当事人损失

B. 某镇政府定期向公众公布本镇公款接待费用情况

C. 某国土资源局局长因违规征地受到行政记过处分

D. 某政府召开座谈会听取群众对政府的意见

2. 高效便民是社会主义法治理念的要求，也是行政法的基本原则。关于高效便民，下列哪些说法是正确的？（　　）（2011 年）

A. 是依法行政的重要补充

B. 要求行政机关积极履行法定职责

C. 要求行政机关提高办事效率

D. 要求行政机关在实施行政管理时排除不相关因素的干扰

3. 依法行政是法治国家对政府行政活动提出的基本要求，而合法行政则是依法行政的根本。下列哪些做法违反合法行政的要求？（　　）（2011 年）

A. 因蔬菜价格上涨销路看好，某镇政府要求村民拔掉麦子改种蔬菜

B. 为解决残疾人就业难，某市政府发布《促进残疾人就业指导意见》，对录用残疾人达一定数量的企业予以奖励

C. 孙某受他人胁迫而殴打他人致轻微伤，某公安局决定对孙某从轻处罚

D. 某市政府发布文件规定，外地物流公司到本地运输货物，应事前得到当地交通管理部门的准许，并缴纳道路特别通行费

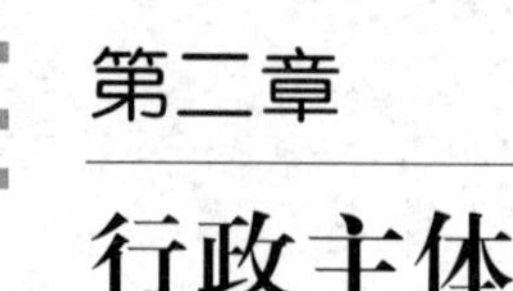

第二章 行政主体

教学目标

了解：行政主体的基本理论。

熟悉：行政主体与行政主体之间的职务关系，中央与地方行政机关体系。

掌握：行政主体的特征及类型；行政主体与行政机关的区别和联系；行政相对人在行政法律关系中的地位；行政主体的职责和权限；公务员的权利与义务。

关键术语

知识要点	能力要求	司法考试或公务员录用考试相关知识
行政主体的概念与特征	(1) 了解行政主体的概念 (2) 掌握行政主体的特征	(1) 行政主体的概念 (2) 行政主体的特征
行政主体的类型	(1) 了解行政主体的类型 (2) 掌握行政主体类型的划分	(1) 行政主体的类型 (2) 行政主体类型的划分
行政主体和行政机关	(1) 了解行政机关的含义 (2) 掌握行政主体和行政机关的联系与区别	(1) 行政机关的含义 (2) 行政主体和行政机关的联系与区别
中央国家行政机关与地方国家行政机关	(1) 掌握中央国家行政机关体系 (2) 掌握地方国家行政机关体系	(1) 中央国家行政机关体系 (2) 地方国家行政机关体系
行政主体与行政主体之间的职务关系	(1) 掌握被授权组织的含义与范围 (2) 掌握被委托组织的含义与范围	(1) 法律、法规授权的组织 (2) 行政机关委托的组织
公务员	(1) 了解公务员的范围 (2) 掌握公务员的权利与义务	(1) 公务员的范围 (2) 公务员的基本管理制度

参考文献

1. 王成栋．政府责任论．北京：中国政法大学出版社，1999
2. 王丛虎．行政主体问题研究．北京：北京大学出版社，2007
3. ［日］盐野宏．行政组织法．杨建顺译．北京：北京大学出版社，2008
4. 应松年．行政组织法研究．北京：法律出版社，2002
5. 林弋．公务员立法研究．北京：中国人事出版社，2006

第一节 行政主体的含义与类型

一、行政主体的含义

行政主体是指依法拥有行政职权，能以自己的名义行使行政职权，并能独立地对自己行使行政职权的行为产生的后果承担相应法律责任的机关或组织。可以从以下几个方面来理解行政主体的含义：

（一）行政主体是一种国家机关或社会组织

行政主体必然是一种国家机关或社会组织。对此可以从两个方面来理解：其一，行政主体只能由国家机关或社会组织构成，尽管国家机关或社会组织并不都能成为行政主体，但行政主体却必然在它们中间产生；其二，任何个人都不能成为行政主体，不论其是公民还是国家公务员。

（二）行政主体是参加行政法律关系的国家机关或社会组织

行政法律关系是因实施国家行政职权而产生，并由行政法律规范确认和调整的行政关系。依法享有权利并承担义务的行政法律关系参加者通常包括双方当事人，即行政法律关系主体，其中居于行政管理者地位的一方称为“行政主体”，而居于被管理者地位的一方称为“行政相对人”。所以，国家机关或社会组织参加行政法律关系，是其成为行政主体的前提，不参加行政法律关系，国家机关或社会组织就不可能成为行政主体。国家机关或社会组织不参加行政法律关系而参加其他法律关系也不能成为行政主体，而只能成为其他法律关系主体，如其参加民事法律关系只能成为民事法律关系主体。

（三）行政主体是依法拥有行政职权的国家机关或社会组织

并非一切国家机关或社会组织都能成为行政主体，只有依法拥有行政职权的国家机关或社会组织才能成为行政主体，不拥有行政职权的国家立法机关、审判机关和检察机关以及不拥有行政职权的社会组织都不能成为行政主体。应当指出的是，尽管行政主体是依法拥有行政职权的国家机关或社会组织，但依法拥有行政职权的国家机关或社会组织并非总是行政主体，只有参与到具体行政法律关系中去，才成为行政主体。

（四）行政主体是能够以自己的名义行使行政职权的国家机关或社会组织

所谓能以自己的名义行使行政职权，是指有关国家机关或社会组织能在法律规定的范围内依照自己的判断作出决定，发布命令，独立作出行政行为，以自己的职责保障这些决定和命令的实施等。是否能够以自己的名义行使行政职权，是判断国家机关或社会组织能否成为行政主体的主要标准。

（五）行政主体是能独立对自己行使行政职权的行为产生的后果承担相应法律责任的国家机关或社会组织

能否独立承担法律责任，也是判断国家机关或社会组织能否成为行政主体的另一个关键性条件。某一国家机关或社会组织仅仅行使行政职权，实施行政管理活动，但并不承担因行政职权的行使而产生的法律责任，则不是行政主体。国家机关或社会组织要成为行政主体，必须拥有行政职权，能以自己的名义独立实施行政职权，还能够独立地参加行政复议和行政诉讼等活动，并能独立地承担因实施行政职权而产生的法律责任。依据这一条件，行政机关或社会组织的内部机构在通常情况下不能成为行政主体；受委托的组织在行使被委托的行政职权时，也不能成为行政主体。

二、行政主体的类型

对行政主体作分类研究，有助于了解行政主体各自的地位和特点。在行政法学的研究中，学者根据不同的标准，对行政主体作出了不同的分类。

（一）外部行政主体与内部行政主体

根据行政主体实施行政职权的范围，行政主体被划分为两大类型：外部行政主体和内部行政主体。外部行政主体是指依法对本行政主体之外的行政相对人实施行政管理权的行政主体；内部行政主体是指依法对本行政主体的组成机构、公务员或隶属于本行政主体的其他组织实施行政管理权的行政主体。二者的划分的依据是法律、法规规定的，尤其是组织法规定的行政主体的职权和权限。在实际行政管理活动中，有的行政主体具有内部与外部主体的双重身份。

应该说，不管是内部行政主体，还是外部行政主体，它们都是一种或然状态，而只有行政机关、行政机构、社会组织等才是一种实然状态。也就是说，行政机关、行政机构或社会组织并不是在任何情况下都是内部行政主体或外部行政主体，只有具备行政主体的资格并参加到某一具体行政法律关系中时，才会真正成为内部或外部行政主体。

在我国，外部行政主体可以分为 9 种类型：国务院、国务院各部委、国务院各直属机构、国务院各办事机构、国务院各部委管理的国家局、地方各级人民政府、地方各级人民政府的职能部门、地方各级人民政府的派出机关、被授权的组织。也有的学者将这九大类概括为三种类型，即行政机关、行政机构、得到授权的组织。①

---

① 参见罗豪才主编：《行政法学》，78 页，北京，中国政法大学出版社，1996。

在我国，内部行政主体主要包括以下种类：

1. 行政机关。包括中央行政机关（即国务院、国务院各部委、国务院各直属机构、国务院各办事机构、国务院各部委管理的国家局）和地方行政机关（即地方各级人民政府及其职能部门）。

2. 领导机构。各级行政机关均设有内部领导机构，其表现形式不尽相同，通常称为“会议”或“委员会”等。行政机关的这些领导机构虽然实质上是内外行政活动的最高决策和指挥核心，但在行使外部行政职权时，只能以该机关的名义而不能以领导机构的名义。

3. 办公机构。各级人民政府的领导机构都设有相应的协助其执行日常工作的机构即办公机构，如国务院办公厅、省政府办公厅、市政府办公室、县政府办公室等。这些办公机构可以用自己的名义管理行政机关的内部各机构，但当它们代行政府的公共行政管理职能时，则只能以政府的名义，而不能用自己的名义。

4. 内部事务管理机构。许多政府机关内部设置了专门用以处理机关后勤事务的机构，这些机构则为内部事务管理机构，如国务院机关事务管理局、省政府机关事务管理局等。这些内部事务管理机构对内部后勤事务享有管理职权，但对机关以外的事务无管辖权。

将行政主体分为内部行政主体与外部行政主体，对于保证行政主体依法行使行政职权，保证行政相对人对行政主体行使行政职权的活动进行有效监督具有非常重要的意义。因为根据行政法的基本原理，除了同时具有内部行政主体和外部行政主体双重身份的行政主体之外，内部行政主体不得行使外部行政职权，外部行政主体不得行使内部行政职权。而只有分清了内部行政主体和外部行政主体，不同的行政主体才能依法各行其权，行政相对人才能对之进行分别、有效的监督。

（二）中央行政主体与地方行政主体

依据行政主体的职权范围的不同，行政主体可分为中央行政主体和地方行政主体。中央行政主体是指行使行政职权的范围及于全国，行使的职权具有全国性功效的机关或组织，如国务院、国务院各部委、国务院各部委管理的国家局、国务院直属机构等。地方行政主体是指行使行政职权的范围仅限于本行政区的机关或组织，如地方各级人民政府、各级政府的职能部门，等等。

将行政主体分为中央行政主体与地方行政主体有其一定的理论价值和实践意义。从理论上看，便于寻找研究两个不同类型行政主体的着眼点和侧重点，进而依据其各自的特点深入研究；从实践上看，明确各类行政主体的管辖范围，有助于依法有效实施其行政行为。明确中央行政主体和地方行政主体的关系，有助于协调全国的行政工作，调动中央和地方两方面的积极性。

（三）职权行政主体与授权行政主体

根据行政主体职权的性质与法律来源的不同，可把行政主体分为职权行政主体与授权行政主体。职权行政主体是指行使宪法、法律和法规赋予的固有行政职权的行政主体；授权行政主体则是指行使法律、法规规定的或有权机关依法转予的非固有职权的行政主体。前者如中央和地方各级人民政府及其职能部门，而后者如行政机关职能部门的派出机构、经授权的事业单位或其他社会团体。

职权行政主体与授权行政主体同为行政主体，但两者有明显的区别：第一，行政职权的性质不同。职权行政主体拥有的行政职权是固有职权，而授权行政主体拥有的行政职权是非固有职权。第二，行政职权的来源不同。职权行政主体的行政职权来自于宪法、法律和法规的明确规定，尤其是宪法和组织法的明确规定；授权行政主体的行政职权则来自于法律、法规的规定或有权机关的依法转授。第三，取得主体资格的时间不同。职权行政主体自该成立之日就取得了行政主体资格；而授权行政主体常在成立之后，经法律、法规的特别授权才有行政主体的资格。第四，行政主体的性质不同。职权行政主体为国家正式的行政机关，授权行政主体则为行政机构或社会组织。

把行政主体划分为职权行政主体与授权行政主体，对于保证行政主体依法行政，防止越权具有重要意义。对于职权行政主体，可以通过核实产生职权的宪法、组织法的内容，监督并保证其依法行政；对于授权行政主体，则可以通过核实其有无授权依据及具体授权的内容，监督并保证其依法行政。此外，职权行政主体与授权行政主体的划分还具有行政诉讼的意义：因为职权行政主体与授权行政主体的权力来源方式不同，法院对其进行司法审查时，审查的侧重点也有所不同。对授权行政主体行政行为合法性的审查应侧重于授权关系是否成立、是否在授权范围内行使职权等。

（四）地域性行政主体与公务性行政主体

根据行政主体管辖的对象不同，可以把行政主体分为地域性行政主体和公务性行政主体。所谓地域性行政主体是指以行政地域为基础，其行使行政职权的范围及对象与行政主体所处的行政地域紧密联系的组织，如我国的各级人民政府及其职能部门。而公务性行政主体是指依法从事一定公务活动，不以地域为设立标准，独立享有行政法上的权利与义务的行政主体，如我国的海关。总体来说，我国公务性行政主体很少。

地域性行政主体与公务性行政主体的分类是借鉴西方行政法研究的成果，对我国的行政实践具有指导意义。随着现代行政的发展，行政管理范围向广度发展，我国需要加强公务性行政主体的设立及职能，以便充分调动各种积极因素，保证现代行政的发展进程。

第二节　行政主体的资格、地位与职务关系

一、行政主体的资格

行政主体资格是行政机关和有关组织以独立法律地位与管理者的身份参加行政法律关系时所应具备的条件。行政主体资格的这一定义包含着三层具体含义：

第一，行政主体资格是行政机关和组织参加行政法律关系时应具备的条件。行政主体是行政法律关系主体的重要组成部分，其存在以参加行政法律关系为目的，也是以行政法律关系为表现的载体，离开了行政法律关系，行政主体就没有存在的必要。因此，行政机关和有关组织为了独立参加行政法律关系需要取得行政主体资格。并非一切行政机关和组织参加行政法律关系都必须取得行政主体资格，只有当它们要以自己的名义独立参加行政法律关系时才有必要取得行政主体资格；并非一切行政机关和组织参加行政法律关系时都能够取得行政主体资格，只有特定的行政机关和组织才能够取得行政主体资格，一般的行政机构和未经授权的组织以及个人参加行政法律关系时，都不具有行政主体资格。哪些行政机关和组织参加行政法律关系时应该和能够取得行政主体资格，应根据法律、法规的具体规定来确定。

第二，行政主体资格是行政机关和有关组织以行政管理者的身份参加行政法律关系时应具备的条件。行政法律关系的双方当事人，根据其在法律关系中的性质和地位，可分为管理者和被管理者。行政机关和有关组织参加行政法律关系既可能处于管理者的地位，也可能处于被管理者的地位。它们是以管理者的身份出现还是以被管理者的身份出现，只能依据它们参加行政法律关系时的实际情况来定。行政机关和有关组织在行政法律关系中，如果处于行使行政职权的优越地位，则它是以管理者的身份出现；相反，行政机关和有关组织虽然也参加了行政法律关系，却处于服从的劣势地位，则它是以被管理者的身份出现。只有以管理者身份出现的行政机关和有关组织，在行政法律关系中才有必要具备行政主体资格。行政机关和有关组织以被管理者的身份参加行政法律关系只能以法人或其他组织的身份出现，其行为与其行使行政职权的行为具有不同的性质，因此，此时其不能被视为行政主体，而且，此时是否具备行政主体的资格对法律关系并无任何影响。

第三，行政主体资格是行政机关和有关组织以独立法律地位参加行政法律关系的条件。以管理者的身份参加行政法律关系的行政机关和有关组织，并非都有必要和都能够取得行政主体资格，只有其中特定的机关和组织才能取得行政主体资格。根据有关法律、法规的规定，这种特定的要求就是行政机关和有关组织应当具有独立的法律地位，这种独立的法律地位表现为：拥有特定的行政职权，能以自己的名义行使职权，并能对自己行使职权的行为产生的后果承担相应的法律责任。未经授权的行政机构、公务员和受委托组织虽然也能以管理者的身份参加行政法律关系，但由于它们不具备独立的法律地位，因而不具有行政主体资格。

（一）行政主体资格的取得①

行政主体的类型不同，其取得行政主体资格的要求也不尽相同。下面仅就职权行政主体和授权行政主体的资格取得作一介绍。

1. 职权行政主体资格的取得

职权行政主体是行政主体的重要组成部分，一般情况下只能由各级人民政府及其各职能部门充任。它们是行政职权的主要行使者，在行政法律关系中具有决定性的地位。因而，职权行政主体的资格取得的要求也相对严格些。根据有关法律的规定，职权行政主体资格的取得，至少应具备以下条件：

（1）依法成立。职权行政主体是相对于授权行政主体而言的。在我国，职权行政主体多表现为行政机关，而行政机关的设立要依据宪法和有关组织法。如果没有宪法、组织法的规定，职权行政主体便没有法定的设定依据。所以，我国宪法、国务院组织法地方各级人民政府组织法不仅概括地规定了我国行政机关的组织体系和组织原则，还具体地规定了各级行政机关的组织结构和应该设立的职能部门，从而为我国职权行政主体的设立和资格的取得提供了明确的法律根据。

职权行政主体的设立，不仅需要法定的设立依据，在行政实践中，有权机关的批准也是一个重要条件。这种有权机关一般是级别较高的国家权力机关或行政机关，它们有权依照法定职权和程序，就是否设立某行政机关或某职能部门作出决定。未获批准的行政机关或职能部门不得自行设立并行使职权。哪些机关有权批准设立行政机关或其职能部门、批准的权限范围如何

---

① 本部分参考了胡锦光、杨建顺、李元起：《行政法专题研究》，114～124页，北京，中国人民大学出版社，1998。

界定，往往由宪法和有关组织法确定。

（2）拥有法定职权。拥有行政职权是行政主体参加行政法律关系，并管理社会公共事务的最基本前提。如果没有法律规定的行政职权，不管是行政机关还是有关组织，都无法作出行政行为，当然也就谈不上实施行政管理权，更不能充当行政主体。没有法定职权的机关和组织如果参加了行政法律关系，也只能以行政管理相对人的身份出现。在现代法治国家里，行政机关的职责、权限应当由法律规定，并且主要由宪法和行政组织法规定。我国宪法、国务院组织法、地方各级人民政府组织法都规定了各级人民政府及其职能部门的职责、权限，为其取得职权行政主体资格提供了法律依据。

（3）具有法定的机构编制和人员编制。行政机关应当由相应的机构和工作人员组成，这是行政工作得以展开的基本要求。没有应有的机构和人员，行政机关的行政职权就难以实施，行政管理就要落空。在要求有机构和人员的同时，还要求其机构和人员的编制要合理，否则，行政管理活动就不能有效、正常地运作。因此，对于机构设立和人员编制的问题必须高度重视，并把它作为行政机关能否具有行政主体资格的要件之一。

（4）拥有独立的行政经费。行政经费是行政主体行使行政权、管理社会公共事务并承担相应行政责任的物质基础和物质保障，没有必要的行政经费，行政机关就无法开展行政工作；没有必要的行政经费，行政机关就不能以独立的法律身份承担行政赔偿责任。职权行政主体作为承担着国家主要行政管理职能的行政主体，无论是在行使行政职权时还是在承担行政责任时，都有许多必须由其独立支付费用的事项，因此，职权行政主体必须拥有自己独立的行政经费，其行政经费主要来源于国家的财政拨款。

（5）拥有必要的办公条件。办公场所和办公设备是行政主体行使行政职权的必备条件，没有必要的办公场所和办公设备，行政主体无法开展工作，也更谈不上维护其形象和权威。尤其是行政主体中的各级人民政府，它们代表国家，执行国家的法律和方针政策，每天要处理大量的文书，没有适当的办公场所和办公设备，显然是不可能进行正常的工作的。

（6）经过必要的公告程序。随着现代法制的发展，公告程序已广泛应用于行政领域。在大多数国家，经有关公报公告，已成为行政主体取得行政主体资格的重要条件。在我国，公告包括权力机关公告和行政机关公告，公告的内容主要有：机关成立的时间，机关名称和首长姓名，机关的性质、级别、任务、职权，机关的印章，机关的办公场所及通信地址等。

2. 授权行政主体资格的取得

授权行政主体是行政主体的有机组成部分，是相对职权行政主体而言的。虽然不同的授权行政主体因其被授予的职权不同，资格的取得要求也各有差异，但从总体上看，以下几个条件为授权行政主体资格所必备：

（1）有特别授权。授权行政主体行使的行政职权是一种非固有的职权，即按照宪法、有关组织法的规定本不应该由它们来行使的职权，因此，行政机关、行政机构或有关组织欲取得行政主体资格，行使这种非固有职权，就必须获得特别的、有效的授权，这种有效的授权通常包括两种形式：1）由有关法律、法规直接授权。如《消费者权益保护法》第 37 条规定："消费者协会履行下列公益性职能……（三）参与有关行政部门对商品和服务的监督、检查……（五）受理消费者的投诉，并对投诉事项进行调查、调解……"2）由有权机关合法授权。这种形式又具体分为两种：其一，由有权制定法律、法规的国家机关依法定职权和法定程序直接授权，如全国人民代表大会常务委员会 1983 年通过的《关于授权国务院对职工退休退职办法进行部分修改和补充的决定》、2013 年通过的《关于授权国务院在中国（上海）自由贸易实验区暂时调整有关法律规定的行政审批的决定》，全国人民代表大会1985年通过的《关于授权国务院在经济体制改革和对外开放方面可以制定暂行的规定或者条例的决定》三个决定，直接授权国务院在上述三个方面行使不应由它行使的职权。其二，由法律、法规规定的有权机关依法授权。无论何种形式的授权，只要其授权有法定依据，即可成为行政机关、行政机构或者有关组织取得行政主体资格的依据。

（2）具有相应的组织形式。具有职权行政主体资格的行政机关同时取得授权行政主体资格，其在组织形式上必须达到职权行政主体所需求的各种条件，而且法律通常对这种条件有明确的规定，在职权行政主体的资格取得中我们已作了概括性探讨，故不再赘述。不具有职权行政主体资格的行政机构和组织欲取得授权行政主体资格时，在组织形式方面应当符合什么条件呢？对此有关法律虽然没有明确、系统的规定，但根据法律原则要求和实施行政职权实践的要求，其条件还是能够基本确定的，即它们也应当拥有一定的机构和人员编制，拥有一定的行政活动经费，拥有一定的办公场所和办公条件等。这些条件的完善程度虽不能保证它们完全以独立的地位从事其所从事的一切活动，但应当保证它们能以独立的地位从事其所被授予的行政职权。若达不到这一要求，有关行政机构或组织就不能取得被授权行政主体的资格。为了保证授权的权威性和严肃性，保证行政职权的有效行使，法律、法规应对被授权组织所应具备的组织形式作出相应概括性规定。

（3）符合法定程序要求。授权行政主体资格的取得，不仅要有法定授权依据，还要严格遵守法定程序。除了法律、法规直接授权的情况外，被授权机关或组织可依法定程序取得。这种法定程序既包括形式授权，还应包括实质授权。也就是说，只有法律、法规的原则性授权规定的形式授权是不够的，还必须有经有权机关依法定程序给予具体授权的实质授权。例如，有权机关的授权书面决定、有权机关的公报或有关新闻媒介的公告等，已成为必不可少的实质授权要件。

（二）行政主体资格的变更

1. 行政主体资格变更的含义

行政主体资格的变更是指由行政主体的合并或分解而引起的行政主体资格在原行政主体与新行政主体之间的转移。这一定义包含着以下两层含义：

（1）行政主体资格的变更是行政主体资格的转移。行政主体资格的变更是在行政主体自身分解为几个行政主体或与其他行政主体合并为一个行政主体的情况下，因其已不能再以原主体资格继续行使行政职权，而将其主体资格转移给新的行政主体，由新的行政主体继续行使其原有的行政职权。由此可见，行政主体资格的变更，并不意味着原行政主体资格归于灭失，而只是原行政主体与新行政主体之间存在着一种主体资格上的继承与被继承的关系。

（2）行政主体资格的变更是因行政主体合并或分解而产生的新旧主体之间的资格转移。并非在任何情况下，行政主体资格都能变更，只有在新旧主体之间存在一种主体上的继承与被继承关系时，行政主体资格才能转移。行政主体间继承与被继承关系有两种表现形式，即合并与分解。所谓行政主体的合并是指两个或两个以上的行政主体组成一个新的行政主体，由新的行政主体统一行使以前分别由各行政主体行使的职权的方式；行政主体的分解则是指一个行政主体分解成两个或两个以上新的行政主体，由各个新的行政主体分别行使原行政主体所拥有的行政职权的方式。没有行政主体的分解与合并，就不会有新旧主体之间的资格转移。至于在行政主体没有分解或合并的情况下，其职权范围或组织机构发生的变化，只意味着其法律地位的量的变动，并不能使其主体资格发生转移性的质的变更。

2. 行政主体资格变更的条件及对法律效果的承担原则

（1）行政主体资格变更的条件。行政主体资格的变更，意味着原行政主体资格为新行政主体所取代，新行政主体从没有主体资格或没有某方面的主体资格变成了拥有行政主体资格或增加了某方面的行政主体资格。这是一项相当重要的事项，因此，对于行政主体资格的变更必须有严格的条件限制。可将其条件归结以下几个方面：第一，法定依据。无论是行政主体的合并还是行政主体的分解，都应当有法定的依据，即或应当根据法律、法规的规定作出，或应当根据有权机关的决定作出，任何人都不得任意妄为。第二，法定程序。行政主体资格变更时，必须经过法定的程序。这是其应具有的形式要件，也就是说，有关机关的变更决定应当严格依法进行，不得随意变更，更不得超越法律、法规的明确规定。

（2）对法律效果的承担原则。因行政主体的合并与分解而发生的主体资格的变更，有两个明显的特征：一是行政主体在其资格变更之前的行政行为具有后效力，二是新旧主体之间存在着资格上的继承与被继承的关系。基于上述特点，无论在哪种形式下发生的行政主体资格变更，对原行政主体的行政行为产生的法律效果的承担原则是：原行政主体在主体资格变更前实施的行为仍然有约束力，其所产生的权利和义务由继承其行政主体资格的新行政主体承受。如原行政主体已作出向某公民行政赔偿的决定，但在履行赔偿义务前被合并到另一个行政主体，只要该决定未被依法变更或撤销，新行政主体就应当履行赔偿义务，按赔偿决定支付赔偿金。

（三）行政主体资格的消灭

1. 行政主体资格消灭的含义

行政主体资格的消灭是指因行政主体被撤销或授权收回、授权期限届满等原因而引起的行政主体资格的灭失。具体含义如下：

（1）行政主体资格消灭是行政主体资格的不复存在。行政主体资格消灭与行政主体资格变更不同。行政主体资格消灭以后，其主体资格便不再存在，也没有新的行政主体作为其资格的继承者继续行使其行政职权。因此，行政主体资格的消灭，意味着行政主体资格的灭失或不存在。但应当注意，资格的消灭并不必然意味着承受该资格的行政机构或社会组织的灭失。例如，某国有企业计划生育办公室曾被授权从事婚姻登记的行政职权，则该计划生育办公室便有了行政主体的资格。后来，发现该计划生育办公室在从事婚姻登记时存在着许多问题，有权机关撤销其行政主体资格，进而该资格消灭。但该计划生育办公室仍然可以作为企业内部的职能机构存在。

（2）行政主体资格的灭失是法定的原因引起的。行政主体资格的消灭是关系到某种行政职权能否得到实施的重大问题，所以，非经法定程序不得随意取消行政主体资格。引起行政主体资格灭失的原因通常有以下两种情形：一是行政主体的撤销或解散，即有权机关依法以决定或命令的方式解散或撤销行政主体。二是授权被收回或授权期限届满。收回授权是在授权期限届满之前根据法律、法规的新规定或有权机关的决定而撤回原授权；授权期限届满则是授权法律关系因时间终了而结束。

2. 行政主体资格消灭的条件及对法律效果的承担原则

（1）行政主体资格消灭的条件。行政主体资格的消灭，意味着某一行政机关或有关组织再也不能独立行使行政职权，甚至再也不能行使行政职权，因此，必须对其作出严格的条件限制。行政主体资格消灭的条件有两个方面：第一，必须有法律、法规的明确规定。因为行政主体资格的取得要有法定的依据，同样，行政主体资格的消灭也要有法定的依据，即有明确的法律、法规的规定。第二，必须有法定的程序。同行政主体资格的取得一样，行政主体资格的消灭也要经过法定的程序，否则，行政主体资格的消灭是无效的。

(2) 行政主体资格消灭后法律效果的承担原则。无论以何种方式消灭行政主体资格，行政主体资格的消灭都有以下两个特征：第一，行政主体在其资格消灭之前的主体资格不被否认；第二，原行政主体资格消灭之后，不再有继承其主体资格的新行政主体存在（当然，并不是说从此以后不能再有相同资格的行政主体产生，只是说这种新产生的行政主体与原行政主体之间不存在资格上的继承与被继承关系）。因此，行政主体资格消灭后，对原行政主体行使职权的行政行为承担法律效果的原则应当是：原行政主体依法实施的行政行为仍然有效，其所产生的法律效果，依法律、法规的规定消灭的，由法定机关或其主管机关承受；依有权机关的决定消灭的，由决定其消灭的有权机关承受。

（四）行政主体资格的确认

1. 行政主体资格确认的含义

行政主体资格的确认是指有权机关依据法定的标准和程序，对相关的行政组织或其他组织是否具有行政主体资格进行辨别与认定的过程。可以从以下几个方面理解行政主体资格确认的含义：

(1) 行政主体资格的确认只能由有权机关进行。所谓有权机关是有权对某一具体行政机关或其他组织是否具有行政主体资格进行确认并作出裁决的组织。某一行政机关是否具有行政主体资格，一般由其上级主管机关确认；而某一组织是否具有行政主体资格，原则上由设立该组织或向该组织授权的机关确认。当然，行政主体资格也可以在行政救济中得以确认。行政主体本身和行政相对人不能，也无权确认行政主体是否具有行政主体资格。

(2) 行政主体资格的确认必须有法定依据。行政主体资格的取得、转移与消灭必须有法定的依据，而对行政主体是否具有资格也当然要寻找法律依据。虽然不同的行政主体类型取得行政主体资格的条件不尽相同，但是法定的依据是其共同点，所以，确认行政主体是否具有行政主体资格的唯一依据是法律、法规的明确规定。

(3) 行政主体资格的确认必须依法定的程序。行政主体资格的确认从某种程度上看也是一种行政行为，所以，在进行确认时要遵循一定的程序。尽管目前我国尚没有确认行政主体资格的具体规定和程序法，但从现代法制发展进程来看，确认行政主体资格需要依法定程序是一种必然要求。

2. 确认行政主体资格的意义

行政主体资格的确认在行政法上具有重要的理论意义和实践意义：

(1) 确认行政主体资格有助于深化对行政主体的理论研究。我国行政法研究之初，还没有能够建立起完整的行政主体的概念，当然，更谈不上行政主体资格的问题。只有正式建立了行政主体的概念，建立了行政主体资格的理论，建立了行政主体资格确认的体系，才能进一步推动行政法学界对行政主体的深入研究，也进一步推动行政法研究的发展。

(2) 确认行政主体资格有助于行政机关依法行政。行政机关能否以行政主体的名义行使职权，首先取决于其是否具有行政主体的资格。也就是说，只有确认了行政主体资格，才能确认行政主体的地位。这样，对行政机关而言，也就明确了自己能否行使行政职权、在什么范围内行使行政职权。所以，确认行政主体资格有助于行政机关依法行政。

(3) 确认行政主体资格有助于对行政相对人合法权益的保护。我国行政复议、行政诉讼都要求行政主体为被告，因此，只有确认了行政主体资格，才能确认行政复议、行政诉讼的被告。就行政相对人而言，也只有确认了行政机关是否具有资格，才能在自己的合法权益受到侵害时，明白是否能够提起行政诉讼或行政复议、被申请人或被告又是哪个机关，从而获得救济，保护自己的合法权益。

3. 行政主体资格确认的方法

行政主体资格的确认，其根本目的在于划清行政主体与非行政主体之间的界限。一个组织要具备行政主体资格必须具有必要的形式要件和实质要件，这是行政法治的必然要求。但是，因为不同的组织具备行政主体资格的要求不同，所以，在确认行政主体资格时采用的方法和程序也不尽相同。总体来看，确认的方法可以分为以下几个方面：

（1）事前确认、事中确认、事后确认。这是按确认的时间来分类的方法。事前确认是指有权机关根据有关法律、法规的明确规定来判定某一组织是否具有行政主体资格、是否能行使某种行政职权；事中确认是指在某一组织行使职权的过程中，有权机关对其是否具有行政主体资格的确认；事后确认则是指某一行政行为实施终了，有权机关对实施该行政行为的组织是否具有行政主体资格的确认。应采取事前、事中确认还是事后确认，要根据不同的情况而定。

（2）职权确认与性质确认。是否享有行政职权是确认是否具备行政主体资格的重要标准。通过确认某一组织是否具有行政职权来判定其是否具有行政主体资格的方法就是职权确认法。职权确认法的本质就是确认职权的来源问题，对于职权主体，应核实产生其职权的法律的内容；对于授权行政主体，应该审查授权的合法性。职权确认法是一种直接确认法，它能够从本质上认定行政组织是否具有行政主体资格。行政机关从事不同的活动，往往具有不同的身份，并不是参加所有的社会关系都是以行政主体身份进行的。行政主体从事民事活动时，不能称其为行政主体，只能称为机关法人；行政主体只有从事行政活动，实施行政职权时，才具有行政主体资格，属于行政主体。所以，通过确认行政机关的行为性质，进而确认行政机关的行政主体资格，也是一种资格确认的途径，即性质确认法。

（3）主体确认与行为确认。所谓主体确认是指从行政机关或其他组织本身着手，从行政主体资格应具有的要件角度考察行政机关或其他组织是否应具有行政主体资格。这种确认方法可在任何时候进行，不管行政机关或其他组织是实施了行政行为还是没有实施行政行为，都可以对行政机关或其他组织进行确认。行为确认则是通过行政机关或其他组织实施了某种行政行为而分析、判定该行为是否应该由该行政机关或其他组织实施，进而分析、确认其行政主体资格。行为确认实际上是以行为来定资格，它只能在行为实施过程中或者行为实施完毕后进行。

二、行政主体的地位

（一）行政主体的地位的含义

行政主体的地位是指由依法享有的行政职权和依法履行的行政职责确定的行政主体在行政法律关系中所处的位置。可从三方面理解此含义：

1. 行政主体的法律地位是指其在行政法律关系中的地位

行政主体的法律地位是指行政主体独立地行使行政职权，作为管理方当事人参加行政法律关系时所具有的地位，即它在行政管理过程中所处的地位。至于行政机关或被授权组织参加其他法律关系时所具有的法律地位，与行政主体的身份无关，不属于行政法研究的范畴，因此不能称之为行政主体的法律地位。行政主体的法律地位对于行政主体具有极为重要的意义。它与行政主体能够拥有什么样的行政职权、履行什么样的行政职责、承担什么样的法律责任等问题相关。行政主体的法律地位是行政主体参加行政法律关系、实施法定行政职权、实现国家行政管理职能的重要身份标志和身份保证。明确了行政主体的法律地位，有利于将行政主体与行政行为主体区分开来，有利于将此行政主体与彼行政主体区分开来，从而保障行政职权的有序行使。

2. 行政主体的法律地位取决于其行政职权和职责

行政主体的法律地位是在行政主体参加行政法律关系、享有行政职权、履行行政职责的过程中体现出来的。行政主体与参加行政法律关系的非行政主体，尤其行政相对人的身份与地位存在明显差别，这种差别形成的根本原因在于行政主体能够依法独立享有行政职权、履行行政职责。因此，行政主体的法律地位只能依照其行政职权和行政职责确定。

3. 行政主体的法律地位通过具体的权利和义务来表现

法律地位是一个静态的概念，它是无形的，且自己不能外现于法律关系中。行政主体的法律地位只能通过参加到行政法律关系中，并在具体的行政法律关系之中享有权利、承担相应的义务来体现。这样，才表现出其应有的行政主体的地位。相反，如果行政主体不参加具体行政法律关系，则不能称其为行政主体；或者虽参加到了行政法律关系中，但不享有行政职权、承担相应的义务，也不能成为具有行政主体法律地位的行政主体。

（二）行政主体资格、行政主体地位与行政主体

1. 行政主体资格、行政主体地位与行政主体本身三者之间的关系

行政主体资格、行政主体地位与行政主体三者是不同的概念，但是，这三者又是紧密联系的。行政主体资格是一种或然状态，或者说它只是行政主体的可能状态。具备了行政主体资格的行政机关或其他组织并不必然具有行政主体地位，即并不必然是行政主体。因为，若某一行政机关或其他组织虽然具备了行政主体资格，但它并没有参加到某一具体行政法律关系中，则它只能是行政机关或其他组织本身，而不能称为行政主体，或者说它只是具有了行政主体资格的行政机关或其他组织，而不能称为行政主体，至多称为准行政主体。

具有行政主体资格，并参加到行政法律关系中，在具体的行政法律关系中享有行政职权、承担相应行政责任，这样才称为具有行政主体的法律地位，而只有在这时的行政机关和其他组织才称得上完整意义上的行政主体。行政主体要求行政机关或其他组织首先要具有行政主体的资格，然后还要求其参加到行政法律关系中来。所以，能够称得上行政主体的，从表层意义上看，至少得有两个步骤：其一是取得行政主体资格，其二是参加行政法律关系。如果按照逻辑顺序将三者排列起来，可作如下表示：行政主体资格—行政主体地位—行政主体本身。

2. 行政主体法律地位的双重性

行政主体法律地位是行政主体的外在表现，该表现的前提条件是其具有行政主体资格，而在具体的表现过程中，行政主体显示着双重身份性。具体可以这样理解：

（1）行政主体代表着国家参加行政法律关系。在行政法律关系主体中，行政主体区别于其他法律关系参加者的最根本特征，就是它代表着国家，并以国家的名义行使行政职权，贯彻着国家意志。行政权的享有主体是国家，归属于人民。行政权从根本上讲与国家是不可分割的，但由于权力运行的需要，则可设置不同的国家机关，由它们代表抽象的国家实施具体的权力，从而实现国家职能。行政主体之所以能够享有行政管理资格，对相对人实施管理，是因为它得

到了国家的授权，能依法代表国家行使行政权。作为国家的代表者，行政主体在参加行政法律关系、进行行政管理的过程中，一方面享有国家赋予的行政优益权，另一方面又有义务履行法定职责，遵守法定权限，接受国家监督。

（2）行政主体在行政法律关系中居于管理者的地位。正由于行政主体具有国家代表者的地位、享有国家赋予的行政职权，它才具有行政管理资格，能够在行政法律关系中居于管理者地位，对行政相对人实施管理。作为管理者，行政主体在行政法律关系中有权采取各种法定措施和手段，要求或强制行政相对人服从或协助其行使职权，行政相对人也有权监督行政主体依法行政，并有权在其合法权益受到行政主体及其工作人员的不法侵害时申请救济。

三、行政主体间的职务关系

（一）行政主体间的职务关系的概念

所谓行政主体间的职务关系是指行政主体作为管理者在享有和行使行政职权的过程中形成的相互之间的关系。可以从以下几个方面理解这一含义：

1. 行政主体间的职务关系是行政主体相互之间的关系

行政主体作为特定的行政机关或社会组织，在实际生活中需要与多方面发生各种关系，它们可以与其他国家机关发生关系，可以与社会组织发生关系，可以与公民个人发生关系，也可以与外国组织或外国自然人发生关系，但所有这些关系都不是行政主体间的职务关系。在此，行政主体间的职务关系仅指行政主体与行政主体之间在行使其行政职权的活动中形成的关系。行政主体间的职务关系通过法律、法规的明确界定，对于了解一个国家的行政组织体制和行政管理的运作机制，了解不同的行政主体在行政管理过程中所享有的职权和职责等，具有重大意义。

2. 行政主体间的职务关系是行政主体在行政管理过程中形成的关系

行政主体与行政主体之间在实际生活中也可以形成多种关系，这是由行政主体作为行政机关或社会组织可以同时拥有几种不同的角色决定的，如它们可以以机关法人的身份进行民事活动，形成买卖、借贷、租赁等关系；也可以以普通社会组成单位的身份参加日常社会活动，形成友好睦邻关系、生活互助关系等，但这些关系都不在行政主体间的职务关系之列，行政主体间的职务关系仅指行政主体之间在行政过程中形成的与其职务活动有关的关系。行政法并不主要研究行政主体的各种活动与各种关系，而是侧重于研究在行使行政职权过程中所形成的关系。所以，只有探讨了行政主体间的行政职权关系，才抓住了研究的问题，为行政主体更好地行使行政职权，完成行政目标寻求最佳的途径。

3. 行政主体间的职务关系是行政主体在行政过程中作为管理者而形成的关系

具有行政主体资格的行政机关或社会组织参加行政法律关系时，其身份并非绝对不变。在具体的行政法律关系中，具有行政主体身份的行政机关或社会组织，可能以行政主体的身份出现，也可能以行政相对人的身份出现。如某公安机关在进行治安管理活动时可以以行政主体的身份出现，与行政相对人形成行政法律关系；但当市容管理机关因该公安机关卫生责任区内出现脏、乱、差现象而对其进行处罚时，则该公安机关只能是行政相对人中的一员。因此，在行政管理过程中，行政主体与行政主体之间也就可以以两种形式出现：其一，是管理者与管理者之间的关系；其二，是管理者与行政管理相对人之间的关系。虽然这两种关系都与行政主体的职务活动有关，但在第二种情况下，实际上只有具有管理者身份的行政机关或社会组织是以行政主体的身份行使职权，而处于被管理者地位的行政机关或社会组织只是一般的行政相对人，并没有显示出行政主体的身份。

（二）行政主体间职务关系的类型

行政主体在以管理者身份参加行政管理的过程中形成的关系，实际上也是内部行政关系。根据行政主体之间有无隶属关系或隶属的紧密程度，可将行政主体之间的职务关系分为三种类型：领导与被领导关系、指导与被指导关系和公务协助关系。前两者是发生在彼此有隶属关系的行政主体之间的关系，后者是发生在彼此无隶属关系的行政主体之间的关系。

1. 领导与被领导关系

领导与被领导关系也称为“领导关系”，它是在有直接隶属关系的行政主体之间形成的一种职务关系。在这种关系中，作为领导方的行政主体享有对被领导方行政主体的命令权、指挥权和监督权，可以直接改变或者撤销被领导方行政主体的行政行为。反之，被领导方行政主体必须接受、服从领导方行政主体的命令、指挥或监督，否则，就要承担违法失职的法律责任。例如，我国宪法对国务院的职权规定，国务院规定各部和各委员会的任务和职责，统一领导各部和各委员会的工作，并且领导不属于各部和各委员会的全国性的行政工作，领导和管理教育、科学、文化、卫生、体育和计划生育工作，等等。我国属于单一制国家，这一国家结构形式也就决定了上下级人民政府之间、行政机关内部的领导机构与其他行政机构之间，都存在着领导关系。上下级人民政府的对应职能部门之间有一部分也存在着这种领导关系。

根据有关组织法和行政实践，行政主体之间的职务领导关系又可细分为两种情况：一是单一的领导关系；二是双重领导关系，即行政主体要同时接受两个上级行政主体的领导关系。单一的领导关系，如上下级人民政府之间这种有隶属关系的行政主体间的职务关系；双重领导关系，如各级人民政府的职能部门有些是这种关系，公安部门就是既受本级人民政府的直接领导，又同时受上级公安部门的直接领导。

2. 指导与被指导关系

指导与被指导关系通常简称为“指导关系”，它是在有间接隶属关系的行政主体之间形成的一种职务关系。在指导关系中作为指导方的行政主体享有对被指导方行政主体的行政指导权，但没有命令、指挥权，它无权直接改变或者撤销被指导方行政主体的行政行为，这是指导关系与领导关系的最根本区别。指导方行政主体只能借助间接的措施和手段，如采取提供建议、劝告、权威影响等方法，鼓励甚至迫使被指导者接受自己的指导。反之，被指导方行政主体应当依法尽可能地接受指导方行政主体的指导，并按照指导方具有全局性、统筹性的指导行使行政职权。但若被指导方行政主体因某种原因而拒绝接受指导方行政主体的指导，一般也不会引起直接的法律责任。在我国，上下级人民政府对应职能部门之间大多存在着这种行政指导关系。

行政主体之间的指导与被指导关系是否都必须改变成领导与被领导关系，或者是一种恒定的指导与被指导关系，并不能一概而论，必须结合实际情况，可以适时改变，以便适应变化的形势。也就是说，如果出现了变更这种行政主体之间的指导与被指导关系的形势，就应该改变，否则，固守一种关系，对理论的进步和实践的作用都将是有害的。

3. 公务协助关系

公务协助关系是在彼此无隶属关系的行政主体之间形成的一种职务关系。两个没有隶属关系的行政主体，无论是否处于同一行政级别，只要在它们之间因管理社会、行使行政职权而发生职务上的关系，这种关系就是公务协助关系。没有相互隶属关系的行政主体之间之所以能形成公务协助关系，是因为尽管这些行政主体互不相属，但它们都是一国行政组织体系的组成部分，都是执行已被制定为法律的统治阶级意志的国家机器，它们的根本任务和目标是一致的。因此，当一方行政主体行使职权、执行公务需要另一方行政主体协助时，另一方行政主体应当予以协助。这种公务协助关系是公务委托存在和发展的法律基础。

关于公务协助关系，在不少国家的行政程序法中都有明文规定。如 1976 年制定的联邦德国《行政程序法》明确规定："经其他行政机关要求，任何行政机关都有为其他行政机关提供补充性协助的义务。"（第 4 条第 1 款）具备下列情形之一的行政机关可以请求其他相应行政机关的协助："1. 由于法律原因而致公务行为不能由自己完成的；2. 由于事实上的原因，尤其是缺乏完成该公务行为所必需的公务人员或设备，而致公务行为不能由自己完成的；3. 任务的实施取决于对事实的了解，由于其不了解甚至不能查明事实的；4. 任务的实施所需之证明文书或其他证明材料被请求之行政机关拥有的；5. 公务行为的完成所需之费用较大，唯被请求的行政机关提供的。"（第 5 条第 1 款）英国 1972 年制定的《地方政府法》中也有类似的明确规定。①

我国尚未有统一的行政程序法或其他行政基本法系统地规定行政主体之间的公务协助关系。但无论在理论上还是在实践中，行政主体之间的这种公务协助关系都被普遍承认和运用。而实际上，这种公务协助关系在某些法律、法规或规章中也涉及了。现代行政法制必然要求将这种行政主体之间的公务协助关系固定化、规范化、系统化，所以，我国也应该将这种行政主体间的协助关系纳入行政法制建设的日程中来。

（三）行政主体间的职务纠纷及其处理原则

1. 行政主体间的职务纠纷

行政主体之间的职务关系属于行政关系，它们之间的职务纠纷属于行政纠纷。确切地讲，行政主体间的职务纠纷是指行政主体之间因行使职权、执行公务而在职权领域内发生的各种行政职务争议。这种争议的实质在于如何分配行政职权、划定行政权限。它包括两种基本类型：一种是积极的权限争议，其表现为两个或多个行政主体都认为自己对某事拥有管辖权，并都希望实施或正在实施各自的行政职权，从而引起权限冲突和重叠；另一种是消极的权限争议，其表现为两个或多个行政主体都认为自己对某事没有管辖权，并都不去实施各自的行政职权，从而出现管辖上的漏洞。无论出现哪种情况，对于行政主体实施行政职权，实现行政目标，都将发生相应的负面效应，更谈不上依法行政。所以，对于这两种情况都必须及时地采取相应措施予以适当处理。

2. 行政主体间职务纠纷的处理原则

行政主体间的职务纠纷属于内部行政争议，其处理方式应有别于外部行政争议的处理方式。对于行政主体间职务纠纷的处理，各国行政法理论与实践所普遍主张和坚持的原则是：按行政程序由行政系统解决，不受司法机关管辖。采用这一处理原则的理由是：这种纠纷基于内部行政关系而发生，不直接涉及行政相对人，因此，对它们的处理也纯属内部行政事务，自应

---

① 转引自胡建淼主编：《行政法教程》，54 页，北京，法律出版社，1996。

由行政系统本身依行政程序解决。若由司法机关解决，则意味着司法机关干预了行政机关的内部事务，这是有悖于权力分立及权力分工的原则的。我国的国体决定了国家的一切权力都属于人民，我们的人民代表大会制度虽然不以分权理论作为国家机关行使不同职权的理论基础，但我们主张国家权力应当在统一的前提下，由不同的国家机关分工行使，各国家机关相对独立地行使自己的法定职权，不容许其他国家机关任意干预。为维护国家权力的合理分工，保证行政效率，体现对行政机关的尊重，我国也同样主张和坚持由行政机关按行政程序来处理行政主体之间的职务纠纷。我国《行政诉讼法》和其他有关法律、法规把内部行政行为排除在司法审查之外的规定，均反映了对这一原则的确认。

3. 我国处理行政主体间职务纠纷的主要规则

根据我国有关法律、法规的规定，我国按行政程序处理行政主体间职务纠纷的规则主要体现为以下三个方面：

（1）领导关系中的职务纠纷。在领导行政关系中发生的职务纠纷，实际上是一种最邻近的上下级之间的关系。如果不赋予职务纠纷双方向它们的共同上级提请解决的权利，显然不利于纠纷的解决。所以，被领导行政主体应有权越级向其领导行政主体的上一级行政主体请求处理，但在其领导行政主体的原决定被撤销之前，必须服从、执行其领导行政主体的原决定。当然，领导行政主体主动向其上一级行政主体请示解决是一种更为有效的途径。应该说职务纠纷双方都有权提请纠纷的解决。

（2）指导关系中的职务纠纷。指导行政关系中的职务纠纷不同于领导行政关系中的职务纠纷，因为它们不属于同一种行政隶属关系。所以，指导行政关系中争议双方行政主体都应分别向各自所属的领导行政主体报告，首先由双方的领导行政主体协商处理。如果双方领导行政主体意见有分歧，仍然不能解决，则按处理领导关系中的职务纠纷的规则处理，即一直追到与它们有隶属关系的共同上级领导行政主体。

（3）公务协助关系中的职务纠纷。这种职务纠纷相比较而言，距离更远，也更难以解决。一般原则是首先争议双方主体分别向各自的领导行政主体报告，然后再由双方领导行政主体的共同上级领导行政主体裁决。

第三节　行政主体与相关组织或个人的联系和区别

一、行政主体与行政机关

（一）行政机关的含义

行政机关，是指按照宪法和有关组织法的规定而设立的依法享有国家行政职权、对国家各项行政事务进行组织和管理的国家机关。依照这一定义，可总结出如下几层含义：（1）行政机关是国家机关，它由国家设立，代表国家，享有国家行政职权，管理国家行政事务。（2）行政机关是实施国家行政职能的国家机关，国家在依法设立行政机关时，也赋予了该机关相应的行政职权，同时也界定了其职权范围。行政机关行使的职能是一个国家的内政外交事务职能、执行法律的职能、管理公共事务的职能等。（3）行政机关是依据宪法或组织法的规定而设置的独立行使行政职权的国家机关。也就是说，行政机关是一个具有独立法律地位的机关法人，是一个完整的国家机关。

（二）行政机关的特征

行政机关具有以下特点：

1. 行政机关从其成立之日起就具有行政主体资格

行政机关是依据我国宪法和相应组织法而设立的，其设立的目的就是要行使行政职权，进行行政管理，维护国家和社会秩序。所以，行政机关作为国家特别设立的专门执行行政职能的组织，依据宪法和法律的规定，在其成立时就具备了行政主体资格。行政机关在行使国家赋予的行政职权时，也就参加了行政法律关系，取得了行政主体的法律地位，从而成为行政主体。

2. 行政机关从其成立之日起就具有相应的优益性

行政机关的优益性来源于其代表的国家意志。行政职权是国家行政权的转化形式，是行政机关实施国家行政管理活动的资格和权能，具有优先性、受益性和公定力。享有行政职权的行政机关，其行政职权的优益性，决定了其本身也具有优益性。

3. 行政机关有较为稳定的组织机构和公务员编制

行政机关在成立时，为完成专门的行政职责和行政任务，都要设置相应的机构编制和公务员配置，具有相应的办公条件和行政经费预算。这也是行政机关区别于其他组织的一个显著特征。

（三）我国行政机关体系

根据我国《宪法》、《国务院组织法》、《地方各级人民代表大会和地方各级人民政府组织法》以及其他法律、法规等规范性文件的规定，可以将我国行政机关的体系归纳如下：

1. 中央行政机关

我国的中央行政机关由国务院和国务院的各工作部门组成。

国务院也就是中央人民政府，是我国的最高权力机关的执行机关、最高国家行政机关。国务院，作为重要的中央国家机关，其组织原则、组织机构、活动准则等一系列具体问题均由我国《宪法》和《国务院组织法》加以规定。依据《宪法》和《国务院组织法》的规定，国务院由全国人民代表大会产生，向全国人民代表大会汇报工作，对全国人民代表大会负责，受全国人民代表大会及其常务委员会监督；同时，我国《宪法》第89条明确规定国务院享有18项行政管理权。

依据现行《宪法》，国务院由总理、副总理若干人、国务委员若干人、各部部长、各委员会主任、审计长和秘书长组成，实行总理负责制。国务院设有常务会议和全体会议两种会议形式，由总理召集和主持，常务会议由总理、副总理、国务委员、秘书长组成，全体会议由国务院全体成员组成。国务院工作中的重大问题，必须经国务院全体会议或者常务会议讨论决定。国务院对外发布的决定、命令、行政法规，向全国人民代表大会及其常务委员会提出的议案，任免国务院各部门领导人，都由国务院总理签署。

根据国务院机构改革方案，除国务院办公厅外，国务院的其他工作部门包括：

（1）国务院各部、委员会。国务院各部、委是国务院的组成部分，也是广义上的国务院，它们是国务院的工作部门或职能机关。根据《宪法》和《国务院组织法》的规定，国务院各部、委对国务院所管辖的某一方面或某一类行政事务享有全国范围的管理权限。各部、委的设立经国务院总理提出，由全国人民代表大会或全国人民代表大会常务委员会决定。各部、委实行部长、委员会主任负责制。国务院各部、委所拥有的行政职能归纳起来有以下几个方面：第一，制定行政规章权；第二，行使属于本部门的管理权；第三，行使有关争议的裁决权。

国务院设置组成部门25个：外交部、国防部、国家发展和改革委员会、教育部、科学技术部、工业和信息化部、国家民族事务委员会、公安部、国家安全部、监察部、民政部、司法部、财政部、人力资源和社会保障部、国土资源部、环境保护部、住房和城乡建设部、交通运输部、水利部、农业部、商务部、文化部、国家卫生和计划生育委员会、中国人民银行、审计署。

(2) 国务院直属特设机构。这是十届全国人大一次会议新设立的一类机构，目前只有国务院国有资产监督管理委员会（以下简称国资委）被确定为国务院直属的正部级特设机构。因为国资委不是面向全社会的公共管理机构，只对国有企业管理，所以不是行政单位。但是国资委又不是一般的事业单位，严格说来有些管理职能，比如监督、派驻董事会等，是行政命令式的。不是行政部门，又不是事业单位，所以称为特设机构。

国资委的成立是为了解决国有企业出资人不到位的问题。国资委主要归并了原来三个部委的职能：一是中央企业工委的全部职能；二是国家经贸委指导国有企业改革重组等几个职能；三是财政部的一部分职能，例如，财政部负责的国有资产的登记处置等。国资委的监管范围为中央所属企业（不含金融类企业）的国有资产。地方所属企业的国有资产，由改革后设立的省、市（地）两级地方政府国有资产管理机构负责监管。其他国有资产，依照相关的法律、法规进行管理。

(3) 国务院的直属机构。国务院的直属机构是国务院根据工作需要设立，由国务院直接领导的行政机关。它们负责领导和管理全国某一方面的行政事务，其业务具有独立性和专门性，可以在其权限内规定行政措施，发布全国遵循的规范性文件。

国务院设立的直属机构目前有：海关总署、国家税务总局、国家工商行政管理总局、国家质量监督检验检疫总局、国家新闻出版广电总局、国家食品药品监督管理总局、国家体育总局、国家统计局、国家林业局、国家安全生产监督管理总局、国家知识产权局、国家旅游局、国家宗教事务局、国务院参事室、国务院机关事务管理局。

(4) 国务院部、委管理的国家局。国务院部、委管理的国家局是国务院根据国家行政事务的需要而设立的，由主管部、委管理，主管特定业务，行使行政管理职能的行政管理机关。国务院各主管部、委主要通过部长（主任）或部长（主任）召开会议的形式，对国家局工作中的重大方针政策、工作部署等事项实施管理，并由主管部、委的部长（主任）对国务院负责。

国务院部、委管理的国家局目前主要有：国家信访局，由国务院办公厅管理；国家能源局、国家粮食局、国家烟草专卖局，由国家发展和改革委员会管理；国家外国专家局，由人力资源和社会保障部管理；国家海洋局、国家测绘地理信息局，由国土资源部管理；国家邮政局，由工业和信息化部管理；国家文物局，由文化部管理；国家中医药管理局，由卫生和计划生育委员会管理；国家外汇管理局，由中国人民银行管理；国家铁路局、中国民用航空局由交通运输部管理；国家煤矿安全监察局，由国家安全生产监督管理总局管理。此外，国家档案局与中央档案馆、国家密码管理局与中央密码工作领导小组办公室、国家保密局与中央保密委员会办公室，是一个机构、两块牌子，列入中共中央直属机关的下属机构。

(5) 国务院办事机构。国务院办事机构是由国务院根据工作需要并遵循精简的原则自行决定，无须经全国人民代表大会或全国人民代表大会常务委员会批准而成立的协助国务院总理办理专门事项，不具有独立的行政管理职能的机构。目前已设立的国务院办事机构包括：国务院侨务办公室、国务院港澳事务办公室、国务院法制办公室、国务院研究室。

（6）国务院直属事业单位。目前国务院直属事业单位包括：新华通讯社、中国科学院、中国社会科学院、中国工程院、国务院发展研究中心、国家行政学院、中国地震局、中国气象局、中国银行业监督管理委员会、中国证券监督管理委员会、中国保险监督管理委员会、全国社会保障基金理事会、国家自然科学基金委员会。此外，国务院台湾事务办公室与中共中央台湾工作办公室、国务院新闻办公室与中共中央对外宣传办公室、国务院防范和处理邪教问题办公室与中央处理法轮功问题领导小组办公室，都是一个机构、两块牌子，列入中共中央直属机构序列。

（7）国务院议事协调机构和临时机构。国务院议事协调机构承担跨国务院行政机构的重要业务工作的组织、协调任务。国务院议事协调机构议定的事项，经国务院同意，由有关的行政机构按照各自的职责负责办理。在特殊或者紧急的情况下，经国务院同意，国务院议事协调机构可以规定临时性的行政管理措施。

国务院议事协调机构和临时机构包括：国家国防动员委员会，具体工作由国家发展和改革委员会、总参谋部、部政治部、总后勤部承担；国家边海防委员会，具体工作由总参谋部承担；国务院中央军委空中交通管制委员会，具体工作由总参谋部承担；全国爱国卫生运动委员会，具体工作由卫生和计划生育委员会承担；全国绿化委员会，具体工作由国家林业局承担；国务院学位委员会，在教育部单设办事机构；国家防汛抗旱总指挥部，在水利部单设办事机构；国务院妇女儿童工作委员会，具体工作由中华全国妇女联合会承担；全国拥军优属拥政爱民工作领导小组，具体工作由民政部、总政治部承担；国务院三峡工程建设委员会，单设办事机构；国务院残疾人工作委员会，具体工作由中国残疾人联合会承担；国务院扶贫开发领导小组，单设办事机构；国务院关税税则委员会，具体工作由财政部承担；国家减灾委员会，具体工作由民政部承担；国家科技教育领导小组，办公室设在国务院办公厅；国务院军队转业干部安置工作小组，具体工作由人力资源和社会保障部承担；国家禁毒委员会，具体工作由公安部承担；全国老龄工作委员会，办公室设在民政部；国务院西部地区开发领导小组，在国家发展和改革委员会单设办事机构；国家信息化领导小组，具体工作由工业和信息化部承担；国务院振兴东北地区等老工业基地领导小组，具体工作由国家发展和改革委员会承担；国家应对气候变化及节能减排工作领导小组（也称“国家应对气候变化领导小组”或“国务院节能减排工作领导小组”），具体工作由国家发展和改革委员会承担；国家能源委员会，具体工作由国家能源局承担；国务院安全生产委员会，具体工作由国家安全生产监督管理总局承担；国务院防治艾滋病工作委员会，具体工作由国家卫生和计划生育委员会承担；国务院反垄断委员会，在商务部反垄断局加挂国务院反垄断委员会办公室牌子；国家森林防火指挥部，具体工作由国家林业局承担；国务院南水北调工程建设委员会，单设办事机构；国务院汶川地震灾后恢复重建工作协调小组，具体工作由国家发展和改革委员会承担；国务院深化医药卫生体制改革领导小组，具体工作由国家发展和改革委员会承担；国务院促进中小企业发展工作领导小组，具体工作由工业和信息化部承担；国务院食品安全委员会，具体工作由国家食品药品监督管理总局承担；国务院农民工工作领导小组，具体工作由人力资源和社会保障部承担；推进“一带一路”建设工作领导小组，具体工作由国家发展和改革委员会承担；此外，国务院纠正行业不正之风办公室保留名义，具体工作由监察部承担。

2. 地方行政机关

我国地方行政机关包括一般地方行政机关、民族自治地方行政机关和特别行政区的行政机关。民族自治地方行政机关是指自治区、自治州、自治县的人民政府，属于民族自治地方的自治机关，其组织机构设置与一般地方行政机关相同，只是自治地方人民政府的正职行政首长必须由实行区域自治的民族的公民担任。特别行政区的行政机关依照其基本法而设置，与前两类大为不同。

一般地方行政机关的机构设置主要有：

（1）地方各级人民政府。地方各级人民政府是地方各级国家权力机关的执行机关，也是地方各级国家行政机关，负责组织和管理本行政区域内的一切行政事务。地方各级人民政府实行首长负责制，地方行政首长负责召集并主持本级人民政府的全体会议和常务会议。根据《地方各级人民代表大会和地方各级人民政府组织法》，我国地方各级人民政府有如下几类职权：第一，执行权；第二，具体行政管理权；第三，规章的制定权、行政措施的规定权和决议命令的发布权。我国地方各级人民政府分为省、自治区、直辖市，设区（县）的市、自治州，县、自治县、市辖区及不设区的市，乡、民族乡和镇四级。地方各级人民政府具有双重性：一方面，各级人民政府是国务院统一领导下的国家行政机关，都要服从国务院的统一领导；另一方面，地方各级人民政府又是地方国家权力机关的执行机关，对地方国家权力机关负责。

（2）地方各级人民政府的职能部门。地方各级人民政府的职能部门是根据《地方各级人民代表大会和地方各级人民政府组织法》和工作的需要设立的，它受本级人民政府的统一领导，并且受上级人民政府主管部门的领导或业务指导。这种职能部门一般在省、自治区称厅、委员会，在直辖市、自治州、市称局、委员会，在县、自治县、市（县级市）称局。省、自治区、直辖市人民政府的职能部门的设立、增加、减少或合并，由本级人民政府报请国务院批准；自治州、县、自治县、市、市辖区的人民政府的职能部门的设立、增加、减少或合并，由本级人民政府报请上一级人民政府批准。

（3）地方各级人民政府的派出机关。有三类人民政府派出机关：第一，省、自治区人民政府的派出机关，即行政公署；第二，县、自治县人民政府的派出机关，即区公所；第三，市辖区、不设区的市人民政府的派出机关，即街道办事处。地方各级人民政府的派出机关不是一级人民政府，但在实践中行使着一定区域所有行政事务的组织和管理的职权，并且能够以自己的名义作出外部行政行为。

（四）行政主体与行政机关的关系

行政主体只能是国家行政机关和接受授权的组织，因为，只有国家行政机关和接受授权的组织才享有国家行政权力，并能以自己的名义从事行政管理活动，且独立承担因此而产生的法律责任。行政主体与行政机关之间存在着一种不完全的包含关系，其表现是：（1）行政主体主要由行政机关构成，但行政机关之外的社会组织和行政机关内部的行政机构在特定的条件下也可以成为行政主体。经过法律的特别授权，行政机关以外的社会组织和某些行政机关内部的行政机构也可以行使一定的行政职能，参加行政法律关系，具有行政主体的地位。（2）行政机关虽然都可以成为行政主体，但并非在任何场合都是行政主体，行政机关只有参加到行政法律关系中行使行政管理职能时，才能成为行政主体。当行政机关参加民事法律关系时，其法律地位只能是机关法人，是一般的民事主体；当行政机关非行使行政职权而被另一个行政主体管理时，其法律地位是行政相对人。

二、行政主体与被授权的组织

（一）被授权的组织的含义

被授权组织是指行政机关以外的组织，它是指依据法律、法规、规章的特别授权而取得行政主体的资格，并能行使行政职权的非国家行政机关。具体理解如下：

1. 法律、法规、规章授权的组织是非国家行政机关。法律、法规、规章授权的组织不是国家行政机关，它一般包括行政机构和其他组织。根据性质，其并不具有行政主体资格。

2. 被授权组织是经过宪法和组织法以外的法律、法规、规章授权。行政机关的设立是依据宪法和有关组织法，从成立之日起具有行政主体的资格。被授权组织则不是，它是依据宪法和组织法以外的法律、法规、规章的特别授权，进而获得行政主体资格。也就是说，行政机关和法律、法规、规章授权的组织获得行政主体资格所依据的法律是不同的。

3. 被授权组织行使的职权一般比较单一。行政机关行使的行政职权一般是某一方面或某一类的事项，相对而言，其行使管理权的事项比较全面；而被授权组织所行使的职权比较单一、比较狭窄，或者只是某一项行政职权。

（二）被授权组织的范围

被授权组织的范围比较广泛，而且不是固定不变的。随着现代行政法制的发展和国家行政管理的客观需要，法律、法规、规章授权的组织也是要经常发生变化的。归纳起来，被授权组织有以下几类：

1. 行政机构

行政机构是行政机关的组成部分，其是作为行政机关的内部机构而存在的。行政机构本身不具有行政主体资格，不能以自己的名义独立地对外行使行政职权，也不能独立地承担自己行使行政职权而产生的法律后果。但是，行政机构可以根据法律、法规、规章的特别授权而具有行政主体资格。我国现行的法律、法规、规章授权的具有行政主体资格的行政机构主要有二类：一是地方政府职能部门的派出机构。地方政府职能部门根据工作需要依法所设立的派出机构只是其内部组成部分，一般不具有行政主体资格，如公安派出所、税务所、工商，等等，但只要这些派出机构获得法律、法规、规章的特别授权，不管这种授权是以列举的方式，还是以概括的方式，其在行使所授予的行政职权时，便取得行政主体的法律地位。例如，工商管理所是依照《工商行政管理所条例》的规定而取得行政主体资格的；公安派出所是通过《治安管理处罚法》第 91 条关于“警告、五百元以下的罚款可以由公安派出所决定”的规定而取得行政主体资格的。二是行政机关的某些内部机构。行政机关的内部机构不同于政府职能部门的派出机构，它是行政机关的不可分离的组成部分，也不像派出机构那样是从地域的管辖上分离开的。例如，《商标法》第 2 条第 2 款规定：“国务院工商行政管理部门设立商标评审委员会，负责处理商标争议事宜。”这里的商标评审委员会是行政机关的内部机构，通过授权取得了行政主体资格，并行使有关商标争议处理的行政职权。还有《专利法》、《消防法》、《价格法》等法律的特别授权，使得相关行政机关的内部行政机构具有行政主体资格。

2. 社会组织、人民团体

社会组织、人民团体虽然不是行政机关，不具有行政职能，但是，在我国往往通过法律、法规、规章以特别授权的形式赋予它们某些行政职权，并以自己的名义行使行政管理职能。如各种行业协会，它们依据法律、法规、规章的授权管理本行业的行政事务。

3. 企业单位

企业单位主要指行政性公司，也就是说，是以公司的形式成立或由原来的行政机关改变成为企业单位的，从事经济活动，同时又承担某一方面或某一部分行政职能的组织。例如，烟草公司、自来水公司、煤炭公司、煤气公司、电力公司，等等。

4. 事业单位

这里的事业单位主要是指一些具有专门性知识、专门技能的单位，例如，《计量法》授权的县级以上的计量部门、《国境卫生检疫法》授权的国境卫生检疫单位等，它们都是经过法律的特别授权而取得行政主体资格的。

（三）行政主体与被授权组织的关系

被授权组织即法律、法规、规章授权的组织在依法行使被授予的行政职权时，成为行政主体的组成部分。没有经过法律、法规、规章的特别授权的行政机关内部机构或其他组织，即使它们在行使着行政职权，也只能以委托人的名义进行，仍然不具有行政主体的资格，也不可能成为行政主体。被授权组织在从事行政职权以外的其他活动时，也不能成为行政主体，只是本来性质的组织。

三、行政主体与行政机关委托的组织

（一）行政机关委托的组织的含义

所谓行政机关委托的组织是指受行政主体的委托，按照委托范围，以委托行政主体的名义行使被委托的行政职权的组织。其具体含义可从以下几个方面理解：

1. 行政机关委托的组织的范围较广泛。行政机关委托的组织是基于行政委托而产生的。所谓行政委托，是指行政主体将其职权的一部分，依法委托给其他组织行使的法律行为。所以，行政委托的对象可以是另一个行政机关，也可以是其他社会组织，甚至在某些特定的情况下也可以是某些个人。

2. 行政机关委托的组织必须因委托行为而产生。被委托的组织不同于法律、法规授权的组织，它不是依据法律、法规的明确授权而产生，而是依据行政机关的行政委托行为而产生。因此，被委托的组织在行使行政职权时，只能以委托机关的名义行使职权，而不能以自己的名义。当然，被委托的组织行使行政职权过程中所产生的法律后果也由委托行政机关承担，而被委托的组织不承担任何责任。

3. 行政机关委托的组织行使的行政职权要受严格的限制。被委托的组织行使的职权只是一种委托的职权，不是依法所享有的，这就决定了其行使的行政职权只能是一定的行政职权或某一定时间内的某项行政职权。而对行政机关来说，也并不是任何行政职权都能委托给其他组织，而是要有严格的限制的。一般而言，行政机关的委托行为需要上级主管机关的批示，也要遵循一定的行政程序。《行政强制法》第 17 条规定：行政强制措施由法律、法规规定的行政机关在法定职权范围内实施；行政强制措施权不得委托；行政强制措施应当由行政机关具备资格的行政执法人员实施，其他人员不得实施。

（二）行政机关委托组织的范围

行政实践中，委托组织行使行政职权的现象大量存在，不仅包括行政机关、事业单位、企业单位、社会组织、人民团体，还可以包括某些个人或某些私人组织。如中央爱国卫生运动委员会和铁道部联合发布的《关于禁止在旅客列车上随地吐痰、乱扔脏物和在不吸烟车厢内吸烟的规定》第3条明确规定，各次列车的列车员同时是卫生监督员，对违反本规定者有权予以批评教育和罚款。

（三）行政主体与行政机关委托的组织的关系

行政机关委托的组织，即被委托的组织不具有行政主体的资格，即使被委托的组织行使行政职权，并参加到行政法律关系中去，也不具有行政主体的法律地位。也就是说，行政机关委托的组织不是行政主体的组成部分，而是以委托行政机关的名义代理委托行政机关行使行政职权，因此，它不直接承担因此而产生的法律后果。

四、行政主体与公务员

（一）公务员的含义

公务员在不同的国家有不同的含义。2006年1月1日施行的《公务员法》第2条规定："本法所称公务员，是指依法履行公职、纳入国家行政编制、由国家财政负担工资福利的工作人员。"因此，我国国家公务员的范围包括在国家权力机关、行政机关、审判机关、检察机关、党的机关、人民政协以及人民团体等中任职的，除工勤人员以外的工作人员。其中，国家行政机关的公务员是公务员中最主要的组成部分，也是《公务员法》的主要适用对象。公务员的具体含义如下：

1. 公务员担任国家公职。这是为有效地实施对国家和社会的管理而设置在各种国家机关和社会组织中具有法定权利和义务的国家公职。这种公职由国家通过法律、法规授予具体个人，于是，也就产生了国家公务员。公务员担任着国家的公职，必然与国家形成了一种公务关系，具体表现为：国家赋予公务员以一定的职权，使其可以以国家的名义行使职权；公务员必须忠实地履行其法定职责，同时享有国家赋予的优益权。

2. 公务员职位的产生与变更必须经过法定的程序并具有法定的理由。公民担任一定的公职，与国家形成职务法律关系，成为国家公务员，或者被免去国家公务员的职位，都必须依据《公务员法》的规定。一般而言，公务员的产生主要经4种途径：选任、委任、调任和聘任；公务员职位的变更主要发生在下列情况：罢免、撤职、辞职、免职、降职、转职、升职、调职；公务员职务关系的灭失主要发生以下几种情况：离休、退休、退职、辞职、职退、死亡、丧失国籍、开除公职、被判刑。

3. 公务员具有双重身份。公务员的原身是公民，公民经过法定程序进入公务员行列以后，其公民的身份不变。也就是说，国家公务员仍然是一个公民，可以享有公民的法律地位。同时，公务员又与国家形成了另一种法律关系，即公务关系。与公务员的双重身份相对应，公务员的行为也具有双重性。公务员以个人的名义进行的活动是其个人行为，而以国家代表人的身份进行的活动是公务行为。

（二）公务员的权利与义务

1. 公务员的权利

公务员的权利从内容构成分析，基本上可以归纳为三个方面：一是政治权利，二是物质经济保障权利，三是文化教育权利。

公务员的政治权利，是指法律规定公务员参与国家政治生活的民主权利和政治上表达个人见解与意愿的自由。它是公民政治权利的延伸，包括结社自由、言论自由、批评建议权、申诉控告权等。

公务员的物质经济保障权利，是指公务员依法享有物质经济利益方面的权利，主要有领取法定劳动报酬，享受法定保险、福利待遇，法定休假权利等。

公务员的文化教育权利，是指公务员参加政治理论和业务知识培训的权利。这是提高公务员自身政治素质和业务素质以及工作能力的需要。

公务员的权利的具体内容如下：（1）获得履行职责应当具有的工作条件。（2）非因法定事由、非经法定程序，不被免职、降职、辞退或者处分。国家要求公务员尽职尽责，做好本职工作，则应赋予公务员相应的能力。（3）获得工资报酬，享受福利、保险待遇。按劳分配是社会主义分配制度的一项重要原则。公务员为国家服务，付出了一定的劳动，应得到相应的劳动报酬。（4）参加培训。要求国家公务员在政治上追求进步，通过培训来提高其政治素质和理论水平是我国公务员制度的一个重要特色。（5）对机关工作和领导人员提出批评和建议。公务员对国家行政机关及其领导人的工作提出的批评和建议，与其他公民对国家行政机关及其领导人的工作的批评和建议比较，更具针对性和建设性。（6）提出申诉和控告的权利。申诉和控告既是公务员的一项重要权利，又是公务员实现自身权利的保障机制。当公务员对涉及本人的人事处理决定不服时，可以向原处理机关申请复核，或向同级人民政府人事部门申诉。（7）依法辞职。法律尊重和保障国家公务员由于主观或客观原因不愿继续从事国家公务员职业而辞职的权利。由于公务员的工作性质和职业特点的特殊性，国家对公务员的辞职规定了法律程序和限制性条款。[①]（8）宪法和法律规定的其他权利。公务员除享有上述权利外，还享有我国宪法和法律规定的其他权利。

2. 公务员的义务

我国公务员的义务大体包括两个方面：一是政治要求；二是服务纪律。

公务员的义务的具体内容如下：（1）模范遵守宪法和法律。（2）按照规定的权限和程序认真履行职责，努力提高工作效率。（3）全心全意为人民服务，接受人民监督。（4）维护国家的安全、荣誉和利益。国家公务员是国家或政府的代表，必须把国家利益奉为最高准则。（5）忠于职守，勤勉尽责，服从和执行上级依法作出的决定和命令。政府机关的工作效率取决于全体国家公务员的兢兢业业，共同努力；取决于政令畅通，指挥有力，落实得力。（6）保守国家秘密和工作秘密。保守国家秘密是我国公民的一项基本义务。所谓“国家秘密”，是指关系到国家的安全和人民的根本利益，尚未公开或不准公开的政治、经济、军事、外交、科学技术等重大事项。（7）遵守纪律，恪守职业道德，模范遵守社会公德。（8）清正廉洁，公道正派。建立国家公务员制度的一个重要目的就是建立廉政机制，保证国家公务员廉洁奉公。国家公务员代

① 参见《公务员法》第80、81条。

表国家执行公务，其行为是否公正廉洁，关系到人民群众对政府的评价。因此，广大公务员应该遵守廉政规范，秉公尽责，不奢侈浪费，不以权谋私，不损公肥私，不受贿、行贿、索贿，不贪赃枉法。(9) 法律规定的其他义务。公务员除了应当履行上述义务之外，还应履行宪法和法律规定的公民应承担的义务。

我国《公务员法》增加了责令辞职与引咎辞职的制度设定，将领导成员应当承担的政治责任法定化。这是深化政治体制改革的时代要求，是建立责任政府的需要。

引咎辞职是世界上许多国家的政治官员承担政治责任的一种常见形式，这种方式要求选任制官员与政治任命官员的行为不仅要合法，而且要具有合理性、合目的性，其政策必须符合选民的意志与利益。如果决策失误或领导无方，造成严重后果，虽然官员本人并没有违法，也不受法律追究，却要承担政治责任。这种政治责任是宽泛的、不特定的，在某种程度上，较法律责任更能对政治官员产生压力和制约，使之尽职尽责。对业务类公务员的责任追究多不适用引咎辞职的方式。引咎辞职在表现形式上的特征是非正式性、不成文的规定。在国外的立法上，如法国《公务员总章程》(1978 年)、联邦德国《官员法》(1980 年)、美国《文官制度改革法》(1978 年) 都只规定了公务员的辞职、辞退制度，没有规定与引咎辞职相关的条款。从国外的实践来看，也没有任何一个国家从法律、法规上把引咎辞职作为一种正式制度加以规定和明确。

(三) 行政主体与公务员的关系

公务员与行政主体有法律上的职务隶属关系，他们是行政主体享有的行政职权的具体实施者，但只能以其所属行政主体的名义行使行政职权、作出行政行为，其行为结果归属于所隶属的行政主体。任何行政主体和公务员之间都存在着这样一种法定关系，不是当事人能协商而定的。具体可以从以下两个方面加以理解：

1. 行政主体的职权、职责、权限和优先权涉及公务员，即行政主体的职权、职责也当然成为公务员的职权、职责。而行政主体的优先权同时也成为公务员的当然权利，反过来，对行政主体的监督、制约，同样对公务员产生约束力。

2. 公务员实施行政管理活动，必须以行政主体的名义，并依据行政主体的意志办事。在符合形式要件和实质要件的前提下，公务员的行为所引起的法律后果都归属于行政主体。行政主体在对公务员的过错行为承担责任、作出行政赔偿之后，可根据公务员的故意或过错程度决定是否行使行政求偿权、是否追究公务员个人的责任。

问题与思考

1. 2007 年 10 月 27 日下午，陈某参加高等自学教育考试法律文书写作课程的考试。进入考场后，考试刚开始，陈某发现自己手机忘关机，即向监考老师主动说明情况，并交出手机。2007 年 11 月 25 日，浙江省教育考试院考务处以陈某在参加高等教育自学考试法律文书写作课程的考试过程中使用通信设备为由，根据《国家教育考试违规处理办法》第 7 条和第 9 条，作出陈某本次考试各科成绩无效的处理决定。陈某向法院提起诉讼，诉称：自己进入考场后发现手机未上缴后，马上通知监考老师。自己既没有作弊的故意，又主动联系了监考老师，而且陈述申辩权告知的网上公告也是在处理决定作出后才看到。陈某要求撤销浙江省教育考试院作出的处理决定。浙江省教育考试院辩称：陈某携带手机进入考场并使手机处于使用状态，违反考场纪律，符合《国家教育考试违规处理办法》第6条第4项“在考试过程中使用通讯设备”的情形，要求维持作出的处理决定。浙江省杭州市西湖区人民法院依法定程序审理了本案。后经多次协调，浙江省教育考试院恢复了陈某当次其中的一门课程的考试成绩，陈某向浙江省杭州市西湖区人民法院申请撤回起诉。同日，浙江省杭州市西湖区人民法院经审查认为，陈某的撤诉申请符合法律规定，遂裁定终结诉讼。

问题：(1) 浙江省教育考试院考务处是否是适格的行政主体？

(2) 行政主体资格取得需要哪些条件？

(3) 本案的处理结果是否有更加适当的方式？

2. 2008年4月2日下午6时，深圳福田派出所副所长李徐武在下班途中经过福田区福华路维也纳酒店门店时，无意中发现了3名被派出所跟踪多日的盗窃嫌疑人，其中一人还是团伙“头目”。出于职业敏感，李徐武停车下来，穿便装向3人走去，同时亮出自己的警察证准备进行盘查。没想到“头目”抢先一步，狠狠地将李徐武推倒在地并转身就跑。李徐武起身就追，并抱住对方与其搏斗，并将其擒获。由于当时正在下雨，李徐武身上多处受伤：他的牙齿重重磕到地上，门牙松动；左手和地面剧烈摩擦，磨掉皮的地方露出了骨头，右脸和右膝也有擦伤。李徐武下班抓贼的事迹经过媒体报道后，得到深圳市见义勇为基金会的高度重视。深圳市见义勇为基金会向其颁发了奖励证书和8 000元奖金。深圳市见义勇为基金会理事长张振方说：虽然李徐武是一名警察，但是他在下班的时候抓获盗窃嫌疑人并不是职务行为，这种精神也需要弘扬，希望深圳的公安干警在业余时间都能为维护社会治安作出贡献。

问题：(1) 公务员的职务行为和个人行为如何区分？

(2) 李徐武的行为属于职务行为还是个人行为呢？

相关司法考试真题

1. 对具有职位特殊性的公务员需要单独管理的，可以增设《公务员法》明确规定的职位之外的职位类别。下列哪一机关享有此增设权？(　　)(2011年)

A. 全国人大常委会

B. 国务院

C. 中央公务员主管部门

D. 省级公务员主管部门

2. 国家禁毒委员会为国务院议事协调机构。关于该机构，下列哪一说法是正确的？(　　)(2011年)

A. 撤销由国务院机构编制管理机关决定

B. 可以规定行政措施

C. 议定事项经国务院同意，由有关的行政机构按各自的职责负责办理

D. 可以设立司、处两级内设机构

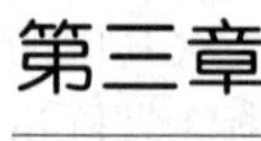

第三章 行政职权

教学目标

了解：行政职权的概念、本质、分类。

熟悉：行政职权的分配。

掌握：行政职权的设定、授予和委托。

教学要求

知识要点	能力要求	司法考试或公务员录用考试相关知识
行政职权的含义与特征	(1) 了解行政职权的概念 (2) 掌握行政职权的特征	(1) 行政职权的概念 (2) 掌握行政职权的特征
行政职权的设定与授予	(1) 掌握行政职权的设定 (2) 掌握行政职权的授予	(1) 行政职权的设定 (2) 行政职权的授予
行政职权的分配、委托和行政协助	(1) 了解行政职权的分配 (2) 掌握行政职权的委托 (3) 了解行政协助	(1) 行政职权的分配 (2) 行政职权的委托 (3) 行政协助
行政职权与行政职责、行政权限	(1) 掌握行政职责的含义与特征 (2) 掌握行政权限的特征与类型 (3) 了解行政权限的设置原则	(1) 行政职责 (2) 行政权限

参考文献

1. 黎军．行业组织的行政法问题研究．北京：北京大学出版社，2002

2. 杨建顺．论政府职能转变的目标及其制度支撑．中国法学，2006 (5)

3. 莫于川．全民法治实践的参与权利与责任——依法治理主体问题研究．河南省政法管理干部学院学报，2003 (9)

第一节　行政职权的含义、特征与类型

一、行政职权的含义

行政法是调整行政关系的法律规范的总和，而行政法律关系的产生、变更和消灭无一不与行政职权紧密相连：在行政机关的组织建设中，赋予行政机关以行政职权，是成立行政机关的最起码要求；在行政管理活动中，拥有行政职权，是行政机关和有关组织能以行政主体的身份作出行政行为的最基本前提；在行政救济中，行政职权被违法或不当行使，是提起行政复议、行政诉讼或行政赔偿等救济途径的最一般条件。总之，行政职权是行政法的核心内容之一，离开了行政职权，行政法将无从谈起。要更好地了解行政法，就必须了解行政职权。

对于行政职权与行政权的关系问题，我国学术界在认识上尚有一定的分歧，有的学者对行政职权与行政权不加分别[①]，有的学者将行政职权与行政权加以区别，因此，学者们对行政职权的表述也不尽一致。我们认为，对行政职权与行政权应当加以区别，行政权是国家行政主体管理国家事务和社会事务时拥有并行使的国家权力的总称，而行政职权是指行政主体依法管理国家事务和社会事务时拥有并行使的具体的国家行政权，即依法定位到具体行政主体身上的国家行政权。因此，行政职权应当包括以下几层含义：

（一）行政职权是具体化的国家行政权

在实行“三权分立”原则的西方资本主义国家，国家权力被划分为立法权、司法权和行政权三个部分，分别由三个不同的国家机关掌握、行使，行政权是国家权力的三个独立组成部分之一。在行使国家权力的过程中，三机关相互独立，相互制衡。我国实行民主集中制原则，在坚持国家权力统一、不可分割的前提下，把国家权力划分为立法权、审判权、检察权和行政权等，在不同的国家机关之间进行分工，以国家权力机关为中心，各机关相互协作，统一行使国家权力。行政权是我国国家权力的有机组成部分之一，行政权作为国家组织、管理和协调国家事务与公共事务的权力，是一种必须付诸实施的权力，它不能停留在抽象的层面上，而必须为具体的机关或组织所拥有和行使，从而由抽象的权力变成可实际操作的权力，这种由具体的机关或组织所拥有和行使的国家行政权就是行政职权。正由于行政职权是行政权的具体表现形式，而行政权又是国家权力的组成部分之一，行政职权也就必然具有国家权力的基本特征。

（二）行政职权是行政主体拥有和行使的国家行政权

行政职权作为国家行政权的具体表现形式，是一种体现国家意志和强制力的权力，对它的拥有和行使必须予以严格限定。因此，行政职权在具体归属上应当具有专属性，不能为人们随意拥有和行使。在任何国家，能够拥有和行使行政职权的，都只能是特定的机关或组织。在我国，能够拥有和行使行政职权的只能是具有行政主体身份的行政机关和社会组织，即依据宪

---

① 参见王重高、贾金香编著：《行政法总论》，67～116页，北京，中国政法大学出版社，1992。

法、法律和法规的规定能够以独立的法律地位参加行政法律关系，进行国家行政管理的机关和组织，作为行政相对人的任何机关、组织和个人在具体的行政法律关系中都不能拥有和行使行政职权。行政主体拥有和行使行政职权的方式有两种：一是由行政主体直接拥有和行使，二是由有关机关、组织或个人以行政主体的名义拥有和行使。有关机关、组织或个人以行政主体的名义拥有和行使行政职权时，必须以有行政主体依法作出的有效职权委托或职权分配为前提和依据，其行使行政职权的行为产生的法律后果依法也要由它们的委托行政主体或所属行政主体承担。

（三）行政职权是法定的国家行政权

行政合法性原则是现代行政法的基本原则之一，这一原则要求一切行政主体的组织和活动都必须有法律依据并依法进行。拥有行政职权是行政主体组织和活动的基础与前提，而行使行政职权又是行政主体行政行为的内容，因此，要保证行政主体的组织和活动有法律依据并依法进行，就必然要求行政职权法定化，即要求任何行政主体拥有和行使行政职权都必须有法律依据。在我国，行政主体拥有和行使行政职权的法律依据主要有两种形式：一是宪法、法律和法规的直接设定和授予，二是有权机关的依法授予。任何机关、组织或个人无法律依据而拥有和行使行政职权都是不允许的。行政职权法定化由于职责、权限明确，既有利于行政主体遵守执行，也有利于对行政主体进行监督；既是保证国家行政管理权有效行使的需要，也是维护行政相对人合法权益的需要，对于实现依法治国、建设法治国家的基本治国方略具有重要意义。

二、行政职权的特征

行政职权作为具体行政主体拥有和行使的国家行政权，主要具有以下几个方面的特征：

（一）国家强制性

行政职权是具体的行政权，属于国家权力的范畴，因此，它必然体现国家意志，以国家机器为贯彻、实施后盾，具有国家强制力。行政主体代表国家行使行政权，依法进行行政管理活动，在其职权管辖范围内，一切公民、法人和其他组织都必须受其约束，不得抗拒或妨碍其行使职权，否则，必将受到国家法律的制裁。不仅如此，公民、法人和其他组织还依法负有协助行政主体及其工作人员依法实施行政职权的义务，拒绝履行或妨碍他人履行法定协助义务，也要受到国家法律的制裁。尽管随着文明程度的提高，尤其是社会主义制度的发展和逐步完善，行政主体与行政相对人的关系会更加协调，行政职权的强制性会逐步减弱，但只要行政职权存在，其体现国家意志的强制性就不会消失。

（二）不可处分性

行政职权作为具体的国家行政权，体现着人民的共同意志。行政主体行使行政职权不仅要保护公民个人的合法权益，更要维护国家、社会和集体的公共利益。因此，作为人民意志执行者的行政主体拥有和行使的行政职权，就不仅应当是一种权利，同时也应当是一种义务。行政职权不仅是一种维护公共利益的国家权力，也是一种法定的国家权力。它由国家法律定位于具体的行政主体，为具体的行政主体所专有。行政主体必须依法定要求拥有和行使行政职权，忠实地履行自己的职责，不得对自己的行政职权任意处分。任何行政主体不按法定依据和法定程序都不得放弃或转让行政职权，也不得越权或失职，否则，有关责任人员就应当受到法律的制裁。

（三）单方性

行政职权是行政主体代表国家管理日常行政事务的权力，具有国家意志性。为了维护国家、社会和集体等公共利益，行政主体在行使行政职权的过程中，通常以命令—服从关系为其处理与行政相对人关系时基本方式。在绝大多数情况下，行政职权的行使都是行政主体的单方行为。行政主体行使行政职权，不必征得行政相对人的同意，其效力的发生也不以行政相对人的意志为转移。随着行政民主化的发展和行政相对人行政参与权的增加，在个别情况下，虽然行政相对人也可能在某种程度上对行政主体行使行政职权的过程施加法定影响，使之具有某些双方行为的性质，但这种情况不仅极为少见，而且即使在这种情况下，行政主体也大都居于明显的优势地位。

（四）优益性

行政职权作为具体体现的国家行政权，是行政主体管理社会公共事务、维护公共利益的一种权力，体现国家意志和国家强制力。因此，为了使国家、社会、集体和大多数公民的利益能得到合法、适当和及时的保护，排除不必要的延误、干扰和妨害，就有必要赋予行政职权一种优益性，使行政主体在行使行政职权时能够在地位上优于行政相对人，得以维护其权威和形象，保障国家行政管理目标的实现。行政职权的优益性是通过与之相伴随的行政优益权来体现的。行政优益权由行政优先权和行政受益权构成，前者是行政主体行使行政职权时依法享有的职务上的优先条件，如获得社会协助权，优先通过、使用权，公务人员的特别人身保护权等；后者是行政主体行使行政职权时依法享有的物质上的优益条件，如国家向行政主体提供行政经费、办公条件和交通工具等。由行政优益权相伴随，体现出优益性，是行政职权的特点之一。

三、行政职权的类型

按照不同的标准，可以对行政职权进行多种不同的分类，它有以下几种主要的分类：

（一）按照行政职权与行政机关或有关组织的关系进行的分类

按照这一标准可以把行政职权划分为固有行政职权和非固有行政职权。

固有行政职权是指行政机关“先天应有”的职权，即由行政机关的职能、分工和级别等因素所决定的，由宪法、法律和法规等规范性法律文件所设定的，决定该行政机关的行政主体身份特征的行政职权。非固有行政职权是指按照行政机关及有关组织的职能、分工和级别等因素本不应由其拥有，但由于客观需要等原因，根据法律、法规特别规定或有权机关依法决定，而由某一行政机关或有关组织以行政主体的身份拥有和行使的行政职权。非固有行政职权通常又称为“授予行政职权”。

固有职权与非固有职权有三个主要区别：

1. 与行政机关或有关组织原有身份的关系不同

固有职权实际上只能为专门行使国家行政管理职能的行政机关所拥有，它与行政机关的身份密切相关，是行政机关“先天应有”的职权，决定着行政机关的身份特征。没有这些行政职权，某行政机关就失去了原有的身份特征，就不再是行政机关或不再是原行政机关了。非固有职权与行政机关或有关组织的原有身份没有必然联系，这些行政职权是出于某种需要后天赋予某行政机关或有关组织的，失去了这些行政职权，某行政机关或有关组织的原有身份并不受影响。

2. 法律来源不尽相同

固有行政职权为专门进行国家行政管理的行政机关所拥有和行使，是行政职权的主体部分，在国家行政管理活动中发挥着最主要的作用，因此，国家通常要以较高层次的法律规范对之加以规定；而非固有行政职权则次之。从我国的实际情况来看，固有行政职权主要来自于宪法、法律和法规的规定，尤其是宪法和组织法的规定；而非固有行政职权则主要来自于单行法律、法规的规定和有权机关的依法决定。

3. 与行政机关或有关组织的存续时间不尽一致

作为“先天应有”的行政职权，固有行政职权尽管在个别情况下可能与行政机关的存续时间不一致，但在总体上随着行政机关的产生而产生，随着行政机关的消灭而消灭，与行政机关的存续时间同步；作为“后天赋予”的行政职权，非固有行政职权尽管在个别情况下可能与有关组织的存续时间一致，但在总体上并不随着有关组织的产生而产生，随其消灭而消灭，与有关组织的存续时间并不一致。

（二）按照行政职权的法律约束程度进行的分类

按照这一标准可将行政职权划分为羁束行政职权和自由裁量行政职权。

羁束行政职权是指内容与实施要求由法律严格规定，未给行政主体留有行使选择余地的行政职权。自由裁量行政职权是指内容和实施要求法律无明确规定，或虽有明确规定，但为行政主体留有一定裁量空间的行政职权。

羁束行政职权和自由裁量行政职权的这种差别，不仅使行政主体在合法行使职权时所要受到的法律约束程度不同，也使行政主体在不法行使职权时所要承担的法律后果不尽相同。行政主体作出的违反羁束行政职权行使要求的行为属于违法行政行为，要承担违法责任后果。而行政主体作出的违反自由裁量行政职权行使要求的行为原则上属于不当行政行为，要承担不当责任后果；只有超越自由裁量权限和滥用自由裁量权的行为才能作为违法行政行为处理。

（三）按照行政职权的内容进行的分类

按照这一标准可将行政职权划分为行政规范制定权、行政决定权、行政命令权、行政措施实施权、行政确认权、行政裁判权、行政制裁权和行政救济权，等等。

行政规范制定权即制定行政法规、规章，规定行政措施，编制计划、规划和预算等行政规范性文件的职权。行政决定权即通过赋予、限制或剥夺等方式处理行政相对人的具体权利和义务的职权。行政命令权即依法要求行政相对人为一定行为或不为一定行为的职权。行政措施实施权即依法采取人身约束措施、查封财产措施、强制执行措施等行政措施的职权。行政确认权即对已经存在的行政法律关系依法予以确认的职权。行政裁判权即调处、裁决行政纠纷和部分民事纠纷的职权。行政制裁权即依法对行政公务人员的违法行政行为和行政相对人违反行政法的行为进行处分或处罚的职权。行政救济权即依法变更、撤销违法或不当行政行为，对行政相对人的合法权益受到的损害或损失进行补救的职权。

上述职权只是行政主体的一些主要职权，实际上按照这一标准划分出的行政职权还有许多，在此难以一一详述。

第二节　行政职权的设定与授予

一、行政职权的设定

行政职权的设定是指国家依法以宪法、法律和法规等特定规范性法律文件赋予行政机关以固有行政职权的创制性活动。它包含着以下几层含义：

（一）行政职权的设定是国家依法制定规范性法律文件的活动

按照现代行政法依法行政的最基本要求，一切行政机关的行政行为都必须依法进行，而行政职权的合法性是保证行政行为依法进行的前提。因此，行政机关的行政职权必须源自于法定，行政职权的设定作为国家直接赋予行政主体以行政职权的活动，实际上也就只能是国家有权机关依法制定规范性法律文件的活动。以非规范性法律文件设定行政机关的行政职权是有悖于民主法治原则的行为，不应为现代民主法治国家所采用。

（二）行政职权的设定是国家依法制定特定规范性法律文件的活动

行政职权是行政机关代表国家拥有和行使的依法管理国家生活和社会生活的特定权力，不仅不应以非法律文件设定，也不应任意以层次较低的规范性法律文件设定，而只应以层次较高的规范性法律文件设定，否则，不足以体现国家法律的严肃性和权威性，也不足以体现行政职权的重要性和特定性。那么，哪一些规范性法律文件能够设定行政职权？有的学者认为应当是法律、法规①，我们认为，应当是宪法、法律和法规。因为：其一，宪法是国家根本大法，行政主体的行政职权只有以宪法作出规定才足以体现其重要性，而实际上我国宪法业已有大量的条文明确规定了各级行政机关的行政职权；其二，法规以下的规范性法律文件的制定主体比较复杂，且多为地方国家行政机关，若允许它们直接赋予行政主体固有行政职权的话，势必造成主体设置和职权赋予方面的混乱，从而影响法制的统一。因此，行政职权的设定在我国实际上应当是国家制定或修改宪法、法律和法规的活动。

（三）行政职权的设定是国家依法赋予行政机关以行政职权的创制性活动

所谓设定，不能理解为一般的规定，而应该理解为一种对某一规范进行的前所未有的创制。行政职权的设定就是指国家有权机关依据法定权限和法定程序为行政主体创制行政职权的活动，即国家有权机关设定行政职权，是在有效的规范性法律文件中直接地、第一次赋予某一行政主体以某种行政职权，而不是在已有有效规范性法律文件规定的基础上对该文件的规定予以落实或具体化。设定行政职权需要把规范性法律文件的范围严格限定为宪法、法律和法规，而把宪法、法律和法规设定的行政职权予以落实或具体化的行政职权规定权应为一切规范性法律文件所拥有。

---

① 参见胡建淼：《行政法学》，237页，北京，法律出版社，1998。

（四）行政职权的设定是国家依法赋予行政主体固有行政职权的活动

行政主体的行政职权有固有职权和非固有职权之分，其内容与特征我们已在行政职权的类型中予以说明。固有行政职权是“先天应有”并基本固定、为以行使行政职权为本职工作的行政机关在通常情况下所拥有的，而非固有行政职权是“后天赋予”且比较易变、为有关行政机关和其他组织在特殊情况下所拥有的，因此，国家依法设定的行政职权只能是行政机关从事其本职工作时应有的固有行政职权。这就是说，行政职权的设定只与以行使行政职权为本职工作的行政机关有关。一般社会组织“先天”不应拥有或行使行政职权，因此，国家也不应为它们去设定什么行政职权，只能在特殊情况下授予它们某种非固有行政职权。至于有关行政机关在特殊情况下行使的其本职工作以外的非固有行政职权，也应当由国家依法授予。

二、行政职权的授予

行政职权的授予是指国家以法律、法规或有权机关的决定赋予有关行政机关或其他组织以非固有行政职权的活动。它有以下几个方面的特征：

（一）行政职权的授予是国家制定法律、法规和有关决定的活动

根据有关法律的规定，行政职权的授予有两种主要方式：其一，由法律、法规直接授予；其二，由有权机关依法律、法规的规定决定授予。因此，行政职权的授予首先表现为国家有关机关制定法律、法规的活动。根据我国宪法和有关法律的规定，全国人大及其常委会有权制定法律；国务院有权制定行政法规；省、自治区、直辖市人大，省、自治区人民政府所在地的市的人大，以及较大的市的人大有权制定地方性法规。这些法律、法规都可以直接授予行政机关或有关组织以某种行政职权。此外，由法律和法规规定的有权机关和其他有权机关还可依照法律、法规规定的条件和要求作出决定，把自己拥有的某项行政职权授予另外的行政机关或有关组织。没有法律、法规的直接授予或有权机关的依法决定授予，任何规范性法律文件或其他文件，任何机关、组织或个人，都不能授予他人行政职权，即使是拥有行政职权的行政主体也不能无法律依据地把自己拥有的职权随意授予他人。

（二）行政职权的授予是国家赋予行政机关或有关组织行政职权的活动

行政职权的授予是国家赋权被授权人以行政主体的身份行使被授予的行政职权的活动，被授权人只能是行政机关或有关组织，不能是个人。因为拥有和行使行政职权是国家实行统治、管理社会事务或公共事务的活动，被授权主体需要有较高的权威性和较强的组织、管理能力。在实际生活中，行政机关或有关组织能够符合这种条件要求，因此可以以自己的名义拥有并行使行政职权，独立地为行使行政职权的行为带来的效果承担法律责任，从而成为被授权人。

（三）行政职权的授予是国家赋予行政机关或有关组织非固有职权的活动

在通常情况下，国家行政职权应当由以进行行政管理为本职工作的国家行政机关来行使。行政机关的这种固有行政职权，通常由国家以宪法、法律和法规按照行政机关的职能分工设定给行政机关。但在特殊情况下，某些国家行政职权还需要由某些行政机关在其职能分工之外行使，或需要由某些在通常情况下根本不能行使行政职权的有关组织来行使。这些职权对该行政

机关或该有关组织来讲是其非固有职权，具有不确定性和易变性，不能通过行政职权的设定这一正常途径来赋予，而只能通过行政职权的授予这一特殊途径来赋予。

三、行政职权设定与行政职权授予的区别

行政职权的设定和行政职权的授予虽然都是国家赋予行政机关或有关组织以行政职权的活动，但二者之间存在着很大的区别，其主要区别有以下几个方面：

（一）二者的法律来源及行为性质不尽相同

行政职权的设定主要源于宪法、法律和法规的规定，其中宪法和法律中的组织法是行政职权设定的主要形式，法规以下的规范性法律文件不能设定行政职权；行政职权设定从性质上讲属于国家制定规范性法律文件的行为。行政职权的授予源于法律、法规的直接规定或有权机关的依法决定，宪法通常只规定行政职权的设定而不规定行政职权的授予；行政职权的授予从性质上讲既包括国家制定规范性法律文件的行为，也包括有权机关依法作出具体决定的行为。

（二）二者适用的对象和赋予的职权不尽相同

行政职权的设定是国家为“本职性”或“恒定性”行政主体创制“先天应有”行政职权的活动，因此，它实际上是国家以有关规范性法律文件为行政机关创制固有行政职权。行政机关“先天应有”的固有行政职权是不应以“授予”的形式赋予的。行政职权的授予是国家为“兼职性”或“临时性”行政主体赋予其先天本不应有、后天因特殊情况需要拥有的行政职权的活动，因此，它实际上是国家以有关规范性法律文件或有权机关的决定向有关机关或组织赋予非固有行政职权。非固有行政职权是不应以“设定”的形式赋予的。

（三）二者的法律效果不尽相同

行政职权的设定与行政职权的授予是两种不同的法律活动，适用对象和所赋予职权的差异性，使它们能够产生的法律效果也不尽相同：行政职权的设定适用于以行使行政职权为本职工作的行政机关，赋予它们以固有行政职权，因而它导致的法律效果必然是产生职权行政主体；行政职权的授予适用于在特定情况下需要行使其本职工作以外的行政职权的行政机关或有关组织，赋予它们以非固有行政职权，因而它导致的法律效果必然是产生授权行政主体。

第三节　行政职权的分配、委托和行政协助

一、行政职权的分配

（一）行政职权分配的含义与特征

行政职权的分配是指行政主体为了有效地行使行政职权，而对自己拥有的行政职权的行使权在其内部组成机构和公务员之间进行分工的活动。它有以下几个方面的特征：

1. 行政职权分配的主体是行政主体

行政职权分配的主体不同于行政职权设定的主体，也不同于行政职权授予的主体。行政职权设定的主体是拥有宪法修改权和法律、法规制定、修改权的特定国家机关，其中既有国家立法机关，也有国家行政机关；行政职权授予的主体是拥有法律、法规制定、修改权的特定国家机关和法律、法规规定的能够作出行政职权授予决定的有权机关，其中既有立法机关，又有行政机关；而行政职权分配的主体是行政主体，包括行政机关和有关组织，不包括立法机关。

2. 行政职权分配的客体是行政职权的行使权

行政职权分配的客体不同于行政职权设定的客体，也不同于行政职权授予的客体，后两者所要解决的是行政职权的拥有权问题，其中行政职权设定所要解决的是固有行政职权的拥有权，行政职权授予所要解决的是非固有行政职权的拥有权。行政职权分配是行政主体已经拥有行政职权以后，对于如何行使该行政职权而进行的一种内部分工，所要解决的是行政职权的行使权问题。

3. 行政职权分配的对象是行政主体的内部组成机构和公务员

行政职权分配的对象不同于行政职权设定的对象，也不同于行政职权授予的对象。行政职权设定和行政职权授予的对象都是行政主体，其中行政职权设定的对象是行政主体中的行政机关，行政职权授予的对象是行政主体中的部分行政机关或有关组织。个人既不能作为行政职权设定的对象，也不能作为行政职权授予的对象。行政职权分配的对象不是行政主体本身，而是行政主体内部的组成机构和公务员。

4. 行政职权分配的性质是内部行政行为

行政职权设定和行政职权授予在性质上都既包括立法行为又包括行政行为，而行政职权分配由于只涉及行政主体与其内部组成机构和公务员的关系，所以它只是一种内部行政行为。也正因为如此，行政职权分配与行政职权设定和行政职权授予的法律效果便大不相同，如行政职权分配不能产生行政主体，而后两者则能产生行政主体；行政职权分配对外不具有约束力，而后两者对外具有约束力等。

（二）行政职权分配的意义

由上所述可见，行政职权的分配既不影响行政主体的行为的对外效力，也不能使受分配者的行为具有对外效力。行政职权分配的意义主要表现在以下两个方面：

1. 有利于保证行政职权的有效行使

行政主体是由行政机构和公务员组成的有机统一体，其行使行政职权离不开组成机构和所属公务员的共同努力及相互配合。没有组成机构和所属公务员的具体操作，任何行政职权都无法实施，更谈不上有效行使。因此，行政主体必须对自己拥有的行政职权在组成机构和公务员之间进行适当的行使权分配，使它（他）们能够按照统一要求，相互协调、相互配合，共同为行政主体行政职权的行使作出努力。

2. 有利于清晰分工和明确责任

分工清晰、责任明确，是保证组成机构和所属公务员各司其职，发挥积极性、主动性，有效行使行政主体行政职权的基本要求。通过行政职权的分配，行政主体可以按照法律的规定或内部的统一规则，根据客观实际需要，在组成机构和所属公务员之间进行分工，设置一定的措施把它（他）们完成任务的好坏与它（他）们的奖惩黜陟等切身利益挂钩，从而保证行政主体组成机构和所属公务员能够各司其职、各负其责。

二、行政职权的委托

（一）行政职权委托的含义与特征

行政职权的委托简称“行政委托”，是指行政主体为了实现行政目标，在自己不能亲自行使某行政职权的特殊情况下，委托其他行政机关、有关组织或个人以该行政主体的名义行使该行政职权，行为的法律效果由委托行政主体承担的活动。行政职权的委托与行政职权的设定、行政职权的授予有很大的区别。它有以下几个法律特征：

1. 行政职权的委托人只能是行政主体

行政职权委托是某一行政主体把自己拥有并本应由自己行使的行政职权，按照一定的程序交由其他行政机关、有关组织和个人以该行政主体的名义行使的活动。在行政委托法律关系中，行政职权的委托人只能是拥有行政职权的行政主体，不拥有行政职权的任何机关、组织和个人都不能把不属于自己的行政职权委托给他人。

2. 行政职权的被委托人可以是行政主体，也可以是非行政主体

行政职权委托的是行政职权的行使权而不是行政职权的拥有权，被委托人只是行政行为主体，只要具有行使行政职权的能力即可。因此，被委托人可以是行政主体，也可以是非行政主体；可以是行政机关，也可以是有关组织或个人。

3. 行政职权委托的法律效果由委托行政主体承担

在行政委托法律关系中，被委托人只被赋予了行政职权的行使权而并未被赋予行政职权的拥有权，只能以委托行政主体的名义行使行政职权，因此，行政委托所产生的法律后果便不应由被委托人承担，而只能由委托行政主体承担。

4. 行政职权委托的目的是实现行政管理目标

行使行政职权是行政主体不可推卸的职责，没有特殊情况任何行政主体都应当亲自行使国家设定或授予自己的行政职权。只有在自己确实无法行使行政职权，因而影响到行政管理目标实现的情况下，行政主体才能把自己的行政职权委托给其他机关、组织或个人去行使。

（二）行政职权委托的条件

行政职权的委托关系到什么人能够行使国家行政权的问题，因此不能任意委托，必须具备一定条件。

1. 行政职权委托的依据条件

在法治国家，行政职权的委托必须依法进行。但是行政职权的委托是否也应当像行政职权的设定、行政职权的授予一样，必须以法律、法规甚至宪法的明确赋予为依据？有人认为行政职权的委托不需要有明文的法律依据，有人认为需要有明文的法律依据。① 我们认为，行政职权的委托关系到行政职权由谁行使的问题，因此，必须有明文的法律依据，但法律依据的范围不能像行政职权的设定或行政职权的授予一样严格限定为法律、法规甚至宪法的规定。除了有些特殊的行政职权委托需要有特殊的法律依据之外，行政职权委托的法律依据范围应当是一切

---

① 参见胡建淼：《行政法学》，250～252页，北京，法律出版社，1998。

规范性法律文件的规定。

2. 被委托人的资格条件

行政职权委托的被委托人从总体上说，既包括行政机关、有关组织，也包括个人，但有些具体的行政职权，根据法律的规定只能委托给行政机关或有关组织，如我国《行政处罚法》规定的行政处罚权的委托。①

由于被委托行政职权的内容和性质不尽相同，对行政职权被委托人的具体条件要求也就必然存在着差异，概括地讲，行政职权被委托人应当具备的资格条件是，具有与被委托的行政职权的行使相适应的行为能力。

三、行政协助

（一）行政协助的含义与特征

行政协助是指在行政职权的行使过程中，行政主体之间基于自身条件或公务需要，相互配合，共同行使本应由某一行政主体独立行使的某一行政职权的活动。它有以下几个法律特征：

1. 行政协助是发生于行政主体之间的活动

行政协助是在行政职权的行使过程中，行政主体之间为了实现行政管理目标，行使同一行政职权，相互配合，共同作出行政行为的活动。它是一种公务协助，不是公民、法人和其他组织对行政主体行使行政职权进行的非公务协助。前者是一种行政行为，后者则不是行政行为。

2. 行政协助是两个以上行政主体行使同一行政职权的活动

行政协助是在一个行政主体因某种原因不能独立行使其行政职权时，由有关行政主体配合其行使该行政职权，共同完成同一行政任务的活动。二者行使行政职权时，可以以共同行政主体的名义出现，也可以以各自独立的名义出现，无论以何种名义出现，被要求协助行使行政职权的行政主体的行政行为与要求协助行使行政职权的行政主体的行政行为之间都存在着一种相互配合、相互补充、不可分割的关联关系。行政主体之间为实现共同的行政目标而实施没有关联关系的行政行为，不是行政协助。

3. 行政协助的效果由有关行政主体承担

在行政协助法律关系中，有关行政主体为完成同一行政任务、行使同一行政职权，作出相互关联的行政行为，因此，它们对行政协助的效果都应当承担法律责任。当它们以共同行政主体的名义行使行政职权时，应共同承担法律责任；当它们分别以自己的名义行使行政职权时，则分别为自己作出的行政行为承担法律责任。

（二）行政协助的事项

关于行政协助的事项问题，在我国尚无系统、明确的法律规定。根据行政工作的实际需要和行政法的基本要求，可以从以下几个方面加以说明：

1. 可以请求行政协助的事项

法律规定行政主体可以请求行政协助的；由于缺乏执行公务所必需的机构、人员或其他条

---

① 参见《行政处罚法》第19条。

件，行政主体无法自行执行公务的；行政主体执行公务需要一定的事实材料，而该事实材料不能由其自行调查取得的；行政主体自行执行公务付出的费用显然要比请求其他行政主体协助执行付出的费用更高。

2. 不得予以行政协助的事项

根据法律规定无权作出的事项；协助执行将导致国家或公共利益受损的事项；根据法律规定应当保密的事项等。

3. 给予或不给予协助两可的事项

被请求行政主体以外的其他行政主体完全能够以更简单的手续或更低廉的费用完成该委托事项的；被请求行政主体必须付出巨额费用才能完成委托事项的；被请求行政主体若执行该委托事项，其本职工作的完成将受重大危害的事项等。

第四节 行政职权与行政职责、行政权限

一、行政职权与行政职责

（一）行政职责的含义与特征

在现代社会，按照法治的基本要求，任何机关、组织和个人，在享有权利的时候都必须履行义务，履行义务时也应当享有权利，权利和义务不能分离。权利和义务的这种统一反映在行政主体的行政活动中，就必然要求行政主体在拥有行政职权的同时，也必须履行行政职责。行政职责就是行政主体在行使行政职权的过程中依照法律规定所必须承担的义务。它有以下几个特点：

1. 不可推卸性

行政职责是行政主体在行使行政职权的过程中必须承担的义务，而义务是一种强制性的要求，故行政主体不能放弃。行政职责的这种不可推卸性是现代社会“公民在法律面前一律平等”和“权利、义务一致”等法治观念的体现。只有在法治社会，行政主体拥有、行使行政职权与履行行政职责的一致性才能够真正实现，行政职责才能够真正成为行政主体不可推卸的义务。行政职责的这种不可推卸性表明，在现代法治国家，任何行政主体若不履行行政职责，就必然要承担相应的法律责任。

2. 法定性与合理性

依法行政与合理行政都是现代行政法的基本原则，二者不仅要求行政主体要依法、合理地行使行政职权，也要求行政主体依法、合理地履行行政职责。行政主体对于法定职责必须严格按照法定标准履行，或在法定幅度内适当履行，不得违背法定标准或社会公认的适当标准；任何组织或个人也不得要求行政主体违背法定标准或社会公认标准履行职责。在现代法治国家，行政主体的职责大都由法律在规定其行政职权的同时予以明确规定。只有在个别法律没有明确规定而行政主体根据实际需要又应当行使职权的情况下，行政主体才能按照社会公认的合理性标准履行职责。

3. 与行政职权的并存性

行政职责是行政主体在行使行政职权的过程中必须承担的义务，它是行政职权的伴生物，与行政职权不可分离。任何行政主体在享有行政职权的同时，必须履行行政职责；在履行行政职责的同时，也应当享有行政职权。没有无职责相伴的职权，也没有无职权相伴的职责。行政职责随着行政职权的产生、变更和消灭而相应地产生、变更和消灭。

（二）行政职责的基本内容

不同的行政主体有不同的行政职责，某一个行政主体负有什么样的行政职责，取决于该行政主体拥有的具体行政职权。行政职责的具体内容极为丰富多样，从概括的角度，可将行政职责的主要内容总结为以下几个方面：

1. 忠实履行职责，不得无故失职

行政主体拥有的行政职权，是国家权力在行政领域的具体运用形式，是行政主体代表国家管理国家生活和社会生活的一种资格和责任，因此，从根本上说，它来自于国家按照统治阶级整体意志的依法赋予和要求，是实现统治阶级意志、维护社会秩序、管理社会公共事务的一种重要手段。对于主权者赋予的这种资格和责任，行政主体只能按照法律规定忠实执行，不能任意取舍改废，否则，就会违背国家、社会和人民的整体利益，违背主权者的意志。

2. 严格遵守权限，不得擅自越权

没有约束的权力是有害的权力，这是在政治和行政领域为人们所普遍接受的原理。因此，行政主体所拥有的行政职权必须有一定的权限范围。权限范围明确，有利于行政主体各司其职，避免行政主体与行政主体之间，行政主体的组成机构、组成人员之间，在行使行政职权时发生纠纷和冲突；有利于划清行政主体与其他国家机关之间行使职权的界限，避免引起整个国家权力行使领域的纷争和冲突；有利于外界对行政主体行使行政职权的行为进行有效的监督。

3. 符合法定目的，不得滥用职权

行政主体行使行政职权，必须按照法定目的依法行使职权。因为任何出于不正当动机而背离法定目的的滥用职权行为，都有可能违背社会公共利益，侵害公民、法人和其他组织的合法权益，阻碍行政管理目标的顺利实现。而要做到符合法定目的，不滥用行政职权，就不仅要求行政主体要严守职权范围，更要求行政主体在职权范围内行使职权时，既要形式上合法，又要实质上合法，准确体现法律意图。

4. 严格遵守程序，不得随意行政

行政程序是行政主体在行使行政职权的过程中所应遵循的方式、方法和步骤的总称。完善的行政程序是监督、控制行政主体行使行政职权，以提高行政效率，实现行政目标的重要手段，也是保证行政主体公正、有效地保障公民、法人和其他组织的合法权益的重要手段。严格遵守程序，是现代行政法对行政主体的基本要求，行政主体只有遵守行政程序，才能保证行政行为的合法、有效，而违背程序要求随意行政，将导致行政行为的违法、无效。目前，我国行政程序立法尚不完善，但单行法律、法规已有一些基本规定，行政主体行使行政职权时必须遵守这些程序规定。

5. 遵循合理原则，避免不当行政

行政主体行使行政职权，必须遵循合理性原则，违反合理性原则的行政行为属于行政不当。尽管行政不当尚在行政合法的范围之内，但行政不当必然影响行政目标的实现，影响法定目的的贯彻，影响对公民、法人和其他组织合法权益的保护，因此，必须尽可能予以避免。行政主体作出行政行为应当做到既合法又合理，充分贯彻立法目的、实现行政目标，保障公民、法人和其他组织的合法权益。

6. 尊重事实证据，不得主观臆断

现代法治要求行政主体行使行政职权，必须以事实为根据、以法律为准绳。只有以事实为根据，才能真实反映客观实际情况，根据实际需要行使行政职权，不违背客观规律；只有以法律为准绳，才能做到公正、合理、合法，切实贯彻法定目的、实现行政目标。违背事实真相，不注意收集、运用证据，仅凭行政行为实施者的主观愿望或主观好恶确定事实真相，收集、运用证据，行使行政职权，必将损害公民、法人和其他组织的合法权益。

7. 正确适用法律，不得错误适法

行政主体在作出任何决定时都必须具有法律依据，既是该行政主体拥有对该事项管辖权的法律根据，也是该行政主体对行政相对人的行为进行处理的管理根据。行政主体在作出决定时没有法律依据或者适用法律依据错误，都会使其决定违法。不同的法律具有不同的调整范围和调整方法，不同的法律条款针对不同的事实和情节，因此，行政主体在适用法律的过程中，必须适用正确的法律、适用正确的法律条款，不能把此法当做彼法、把此条款当做彼条款，也不能把无效当做有效、把有效当做无效。

二、行政职权与行政权限

（一）行政权限的含义和特征

行政权限就是行政主体行使行政职权的范围或界限。它有以下几个主要特征：

1. 法定性

从法理上讲，按照现代行政法依法行政的原则，没有不受法律约束的行政职权，不仅行政职权和行政行为要依法确定，行政权限也应当依法确定。从实际情况看，既然行政权限关系到行政主体行使行政职权的范围，为行政主体行使行政职权划定不可逾越的界限；也关系到行政主体履行行政职责的内容，为判断行政主体履行行政职责的程度提供标准，那么它也必须是法定的。行政权限只有法定，才能为行政主体所掌握和了解，行政主体行使行政职权才能不失职、不越权，社会公众才能对行政主体行使行政职权进行有效监督。

2. 义务性

行政权限是国家为行政主体行使行政职权设置的不可逾越的范围或界限，不得超越行政权限是行政主体履行行政职责的基本要求之一，因此，行政权限属于义务的范畴。作为一种义务，行政权限由法律设置，为行政主体所遵守。没有法定原因，行政主体超越权限范围行使行政职权，其行政行为无效，并必须对由此产生的一切后果承担法律责任。

3. 对行政职权的依附性

行政权限作为行政主体必须承担的一种义务，与行政主体拥有的行政职权密不可分。它依附于行政职权，随着行政职权的产生而产生，随着行政职权的变更而变更，随着行政职权的消灭而消灭。没有行政职权也就无所谓行政权限，行政权限不能脱离行政职权而独立存在。但是，行政权限对行政职权的依附性并不意味着行政权限可有可无。在现代法治社会中，行政职权与行政权限不可分离，有行政职权就必须有行政权限，没有任何范围或界限限制的行政职权是不允许存在的。

（二）行政权限的类型

按照不同的标准可以对行政权限进行不同的类型划分，常见的行政权限类型主要有以下几种：

1. 纵向权限和横向权限

这是根据一定范围内行政主体之间有无上下级隶属关系而对行政权限所作的一种划分，凡有上下级隶属关系的行政主体之间的职权范围划分就是纵向权限，凡无上下级隶属关系的行政主体之间的职权范围划分就是横向权限。

纵向权限划分的目的在于分清中央与地方、上级与下级行政主体之间的行政职权行使范围，使具有上下级隶属关系的各行政主体之间分工明确、责任清晰。如此既能够保证在中央和上级行政主体的统一领导下协调地完成行政管理任务，实现行政管理总体目标；又能够保证地方和下级行政主体充分发挥其积极性、主动性，完成其各自的行政管理任务；还能够保证各行政主体各行其权、各司其职，避免以上代下或以下代上的职权行使混乱现象发生。

横向权限划分的目的在于分清互不相属的行政主体之间的行政职权行使范围，使没有上下级隶属关系的各行政主体能够各守其土、各管其事，在法律赋予自己的职权范围内，分头完成各自的行政管理任务，避免各行政主体因分工不明在地域或事务管辖范围上发生不必要的纠纷。

2. 地域权限和公务权限

这是根据行政主体行政职权的确定方式而对行政权限进行的一种划分。凡是以行政主体的管辖地域来确定的行政职权行使范围就是地域权限，凡是以行政主体管辖的事务来确定的行政职权行使范围就是公务权限。

地域权限划分的目的是分清不同的行政主体行使行政职权的行政区域界限，使各行政主体能各守其土，不跨行政管界越权行使行政职权，以维护行政区域划分的严肃性和特定行政机关在某行政区域的权威性，保证行政职权行使的有序性。公务权限划分的目的在于分清不同的行政主体行使行政职权的事务界限，使各行政主体能各管其事，不跨事务分工界限管不该管的事务，从而维护行政主体之间职能分工和层级分工的权威性和有序性。

有的学者认为，地域权限和公务权限的划分只适用于无隶属关系的行政主体之间的行政权限。① 我们认为，无论是有隶属关系的行政主体之间的还是无隶属关系的行政主体之间的行政职权划分，实际上都可以包括地域权限和公务权限，但二者在内容上存在着差别：

（1）有隶属关系的行政主体之间的地域权限划分，以中央或上级行政主体的管辖地域涵盖地方或下级行政主体的管辖地域为特点；而没有隶属关系的行政主体之间的地域权限划分，则以各行政主体的管辖地域没有涵盖关系为特点。

（2）有隶属关系的行政主体之间的公务权限划分，通常以公务事务的重要性、影响力或有无涉外因素等为标准进行划分；而没有隶属关系的行政主体之间的公务权限通常以公务事务的种类为标准进行划分。

（三）行政权限的设置原则

根据行政职权实际运行过程和社会生活的实际需要，设置行政权限至少应当遵从以下几个

---

① 参见胡建淼主编：《行政法教程》，82页，北京，法律出版社，1996。

原则：

1. 与行政职权相适应原则

行政权限是行政职权的行使范围或界限，是对行政主体行使行政职权进行的地域或事务限制，因此，行政权限的设置必须与行政职权相适应。设置行政权限时，不仅要考虑与之相对应的行政职权由哪一级、哪一地、哪一类行政主体行使，还应当考虑行政职权的影响力或重要性等各种因素，通过对该职权的全面了解而确定其适当的行使范围。若行政权限与行政职权不相适应，必将导致行政职权无法有效行使或行政职权被滥用的后果，影响行政管理目标的实现。

2. 避免交叉与疏漏原则

行政权限有交叉或疏漏，不是意味着有的地域或事务受到行政主体的重复管辖，就是意味着有的地域或事务没有得到应有管辖；不是意味着有的行政职权受到多重限制或保护，就是意味着有的行政职权得不到应有的限制或保护。因此，若在行政权限的设置上出现交叉和疏漏，就必将导致妨碍行政职权正常、有效行使，或社会关系得不到应有调整的后果发生。无论是对于实现国家权力，还是对于维护公民、法人和其他组织的合法权益来讲，这都是不能允许其存在的瑕疵，必须尽可能避免。这就要求在设置行政权限时，必须一权一限、专权专限，权限相应，不重不漏，使行政权限成为一个协调、周密的统一体系。

3. 发挥中央和地方、上级和下级两个积极性原则

行政权限不仅关系到行政主体行使行政职权的具体范围，也因这种范围的确定而影响着行政主体的实际利益，在纵向行政权限的划分中，这种利益关系表现得尤为突出。尽管从根本上说，在我国无论是中央还是地方、上级还是下级行政主体，其相互之间的利益应当是一致的，但是在具体的情况下，不同的行政主体又有其不同的特殊利益。行政权限设置不当，必然影响有关行政主体行使行政职权的积极性。因此，在设置行政权限时，必须充分考虑中央与地方、上级与下级行政主体的不同利益，在不危害根本利益或整体利益的前提下，应当充分照顾地方和下级行政主体的实际需要，使各级行政主体都能得到一定的利益。只有这样，才能调动中央和地方、上级和下级两方面的积极性，使各级行政主体都能够主动依法行使职权、履行职责、遵守权限，完成行政管理目标。

问题与思考

1. 长春亚泰足球队在 2001 年 10 月 6 日的第 22 轮与浙江绿城足球队比赛中，净胜 6 球，在整个赛季中排名甲级队 B 组第二。按照中国足协发布的《全国足球队甲级联赛规则》第 9 条关于“获得全国足球甲级队 B 组联赛前两名的队，次年参加全国足球甲级 A 组联赛”的规定，长春亚泰足球队应升入甲 A 足球队之列。但是，中国足协在联赛后的 2001 年 10 月 16 日，作出足纪字（2001）14 号“关于对四川绵阳、成都五牛、长春亚泰、江苏舜天和浙江绿城俱乐部足球队处理的决定”。该决定取消了长春亚泰足球队升入甲 A 的资格和 2002 年、2003 年甲、乙级足球联赛引进国内球员的资格，并限长春亚泰足球队在 3 个月内进行内部整顿，同时对教练员和球员作出停止转会资格的处罚。这是中国足协为严肃足球联赛纪律，打击“假球”、“黑哨”现象而采取的重要措施。而长春亚泰足球俱乐部因不服中国足协的处理决定，于 2002 年 1 月 7 日向北京市第二中级人民法院提起行政诉讼。法院在 2002 年 1 月 23 日作出书面答复，明确作出了不予受理的裁定，认为本案不符合我国《行政诉讼法》规定的受理条件。

问题：(1) 行政职权的含义和特征是什么？

(2) 在本案中中国足协是否在行使行政职权？

(3) 如果中国足协是在行使行政职权，其权力来源何处？

2. 2007 年一种新型城管形式——城市管理公司的出现，在湖北省武汉市引起不小争议。法律界人士称，这与我国城市管理法律制度长期缺乏统一规范不无关系。武汉城管公司的全称是国营吴家山农场城市管理服务公司。公司负责人说，这家公司没有工商登记手续。在公司院内悬挂有“依法行政，执法为民”、“城管执法”之类的标语，而在公司协管员的制服上，赫然可见标有“执法”二字的臂章。城管公司所在地——武汉市东西湖区城管局办公室副主任刘波对记者表示，区城管部门没有那么多编制和经费，所以采取了这种管理模式，“但是，凡是涉及处罚的工作，必须有城管局的执法人员到场”。

问题：(1) 成立“城管公司”是否合法？

(2)“城管公司”是否具有行政职权？

(3) 思考公共服务外包的界限问题。

相关司法考试真题

1. 某县政府与甲开发公司签订《某地区改造项目协议书》，对某地区旧城改造范围、拆迁补偿费及支付方式和期限等事宜加以约定。乙公司持有经某市政府批准取得的国有土地使用证的第 15 号地块，位于某地区改造范围。甲开发公司获得改造范围内新建的房屋预售许可证，并向社会公开预售。乙公司认为某县政府以协议形式规划、管理和利用项目改造的行为违法，向法院起诉，法院受理。下列哪一选项是正确的？(　　)(2008 年)

A. 某县政府与甲开发公司签订的《某地区改造项目协议书》属内部协议

B. 某县政府应当依职权先行收回乙公司持有的第 15 号地块国有土地使用证

C. 因乙公司不是《某地区改造项目协议书》的当事人，法院应驳回起诉

D. 若法院经审理查明，某县政府以协议形式规划、管理和利用项目改造的行为违法，应当判决确认某县政府的行为违法，并责令采取补救措施

2. 关于行政机构编制的说法，下列哪一选项是正确的？(　　)(2008 年四川延考)

A. 地方政府行政机构原则上应使用行政编制，但必要时可以使用一定的事业编制

B. 地方各级政府的行政编制总额，应由国务院机构编制管理机关提出，报国务院批准

C. 地方各级政府根据职责调整的需要，可以在行政编制总额内调整本级政府有关部门的行政编制

D. 地方政府议事协调机构可以确定自己单独的编制

第二编

行政行为与行政程序

第四章 行政行为

教学目标

了解：行政行为的含义与特征。

熟悉：具体行政行为与抽象行政行为的划分。

掌握：行政行为的效力与分类；行政立法行为的特征及种类；行政许可的特征、种类、作用及原则；行政征收的原则；行政征用的救济；行政确认的特征；行政给付的特征及种类；行政奖励的特征及基本原则；行政强制的种类及特征；行政强制执行的原则；行政强制措施的种类；行政裁决的种类；行政调解的特征；行政处罚的特征、程序及原则；行政指导的特征及法律救济；行政合同的特征及种类。

教学要求

知识要点	能力要求	司法考试或公务员录用考试相关知识
行政行为的含义与特征	(1) 了解行政行为的含义 (2) 掌握行政行为的特征	(1) 行政行为的含义 (2) 行政行为的特征
具体行政行为与抽象行政行为	(1) 掌握具体行政行为与抽象行政行为的含义和特征 (2) 了解具体行政行为与抽象行政行为的区分	(1) 抽象行政行为 (2) 具体行政行为
行政行为的效力	(1) 了解行政行为的构成要件与生效要件 (2) 掌握行政行为的法律效力	(1) 行政行为的构成要件与生效要件 (2) 行政行为的法律效力
行政许可	掌握行政许可的特征、种类、作用及原则	(1) 行政许可 (2) 行政许可的设定 (3) 行政许可的实施机关 (4) 行政许可的实施程序

续前表

知识要点	能力要求	司法考试或公务员录用考试相关知识
行政征收与行政征用	(1) 掌握行政征收的含义及特征 (2) 掌握行政征用的含义及特征 (3) 了解行政征收与行政征用的区别	(1) 行政征收 (2) 行政征用
行政给付	(1) 掌握行政给付的特征 (2) 了解行政给付的种类	(1) 行政给付的特征 (2) 行政给付的种类
行政强制	(1) 掌握行政强制的种类及特征 (2) 掌握行政强制执行的原则 (3) 掌握行政强制措施的种类	(1) 行政强制 (2) 行政强制执行 (3) 行政强制措施
行政调解	(1) 熟悉行政调解的含义 (2) 掌握行政调解的特征	(1) 行政调解的含义 (2) 行政调解的特征
行政处罚	(1) 了解行政处罚的特征 (2) 掌握行政处罚的程序及原则 (3) 了解行政处罚的种类及设定	(1) 行政处罚的基本原则 (2) 行政处罚的种类 (3) 行政处罚的设定 (4) 行政处罚的决定程序 (5) 治安管理处罚
行政指导	(1) 掌握行政指导的特征 (2) 掌握行政指导的法律救济	(1) 行政指导的特征 (2) 行政指导的法律救济
行政合同	(1) 掌握行政合同的特征 (2) 熟悉行政合同的种类 (3) 掌握缔结行政合同的原则	(1) 行政合同的特征 (2) 行政合同的种类 (3) 行政合同与民事合同的区分

参考文献

1. 叶必丰．行政行为的效力研究．北京：中国人民大学出版社，2002
2. 刘莘．行政立法研究．北京：法律出版社，2003
3. 胡建淼．行政强制法研究．北京：法律出版社，2003
4. 朱新力主编．外国行政强制法律制度．北京：法律出版社，2003
5. 沈开举主编．行政征收研究．北京：人民出版社，2001
6. 傅红伟．行政奖励研究．北京：北京大学出版社，2003
7. 金伟锋，姜裕富主编．行政征收征用制度研究．北京：中国金融出版社，2007

第一节　行政行为概述

一、行政行为的含义

在我国，《行政诉讼法》首次以立法的形式采用“具体行政行为”的概念，使“行政行为”一词不仅是行政法学上的学术概念，而且成为制定法上的法律术语。

（一）关于行政行为含义的学说

关于行政行为的含义，学界尚未达成一致，主要有以下几种见解：

1. 行政行为是指一切与国家管理有关的行为，既包括国家行政机关的行为和公务人员的行为，又包括公民、法人和其他组织等引起行政法律关系产生、变更和消灭的行为。这是在我国行政法学研究初期，为了区别于民事行为，行政法学界的一种认识。

2. 行政机关所作出的一切行为都是行政行为。该学说在主体方面作出一定的限定，从机关角度将行政行为区别于其他国家机关的行为，表明对行政行为含义的认识较前进了一步。

3. 行政行为是指行政机关进行的行政管理活动行为的总称。该学说虽然排除了行政机关非行政方面的行为，但实际上包括了其进行行政管理的各种活动。

4. 行政行为是行政主体（主要是国家行政机关）为实现行政管理目标而行使行政权力，对外部作出的具有法律意义、产生法律效果的行为。这是目前我国行政法学界的通说。

5. 行政行为是指行政主体依法行使国家行政权，针对具体事项或特定的人，对外部采取的能产生直接法律效果，使具体事实规则化的行为。该学说着眼于确立“行政行为”概念的基础，试图揭示这部分行为特有的共同性质及所适用的特殊法规，并服务于行政诉讼制度，基本上和通说中“具体行政行为”的范畴相一致。在目前我国学术界，该学说的支持者正在逐渐增多，不仅出现了以此观点为基础而构架的行政法学体系性论著，而且在司法制度上有相应的体现。

从理论研究的发展趋势和司法制度构建的实践来看，应当支持第五种学说。但是，基于本书的内容和体系安排，这里宜采取第四种学说。

不过，需要注意的是，持第四种观点的论者所表述的概念中并未强调“对外部作出的”，故他们在探讨行政行为的分类时也主张“内部行政行为和外部行政行为”之别。在这里对这种较为通用的观点加以些许修正，予以“对外部作出的”之限定，目的在于使该学说更具有可支持性。这一限定是绝对不可省略的，否则，其后述一系列问题的探讨将失去基本的科学对应性。如后所述，这样限定之后，所谓“内部行政行为”的概念就不能成立了。

（二）行政行为概念的构成要素

根据上述第四种学说对行政行为的定义，行政行为包含如下几层含义：

1. 行政行为是行政主体的行为（主体要素）

行政行为只能由行政主体作出，无论是行政主体直接作出，还是通过公务员或其他工作人员或依法委托其他社会组织作出，均不影响行政行为的性质。

2. 行政行为是行使行政职权的行为（职权、职责要素）

行政职权是行政权的转化形式，是行政行为的核心，是行政行为的权力渊源。行政行为基于行政职权而产生，是行政职权的具体运用方式和方法。无行政职权的存在，即无行政行为。

3. 行政行为是具有行政法律意义，对外产生行政法律效果的行为（法律要素）

行政主体的行为并不全部都是行政行为，只有那些能对外产生行政法律效果的行为才是行政行为。不能产生行政法律效果的单纯的报告、通知、调查及其他事实行为，都不是行政行为。有的行政行为不仅产生行政法律效果，也同时或附带地产生其他法律效果，但是，仅产生其他法律效果的行为不是行政行为。行政行为的法律要素，在于强调行政主体要为自己的行为承担法律责任，至于这种行为是否合法，并不影响行政行为的存在。

4. 行政行为的目的在于实现国家行政管理目标（目的要素）

行政行为是实现国家行政管理目标的主要方式之一，其表现形式、内容和程序都必须符合国家行政管理的要求。当然，行政主体的某种行为是否真正基于实现国家行政管理目标的需要而作出，是该行为的合法性和合理性要件，并不因此而直接影响行政行为的成立。

二、行政行为的特征①

（一）从属法律性

行政行为是执行法律的行为，因而，任何行政行为都必须有法律根据，依法行政是法治的基本要求。权力机关的立法行为是创制法律规范，行政行为是执行法律规范。行政主体虽然也可以进行行政立法，创制行政性规范，但行政主体的法律地位决定了行政性规范只是一种准立法行为，是从属性的立法行为，是为执行法律规范而制定的规范。

（二）裁量性

由于立法技术的局限性和现代国家行政管理的专业性、技术性及适应性、多变性等原因，立法机关在立法时应该（事实上也是这样做的）留给行政主体相当广泛的裁量余地，以确保行政主体有效地实施国家行政管理，更好地保护和创造国家与社会的利益。行政行为具有一定裁量性，是由其权力因素的特点所决定的。

行政行为主要是针对未来，无论是许可、批准，还是禁止、免除，其效力通常都涉及行政相对人未来的权利和义务。特别是行政主体制定行政法规、规章，发布行政规范性文件，就未来的事项作出预见性规定，都具有较强的裁量因素。

行政行为的裁量性和从属法律性，二者并不是截然对立的，而是矛盾的对立统一。裁量性并不是毫无限制的自由裁量，而是在法律范围内的裁量；从属法律性也不是机械地执行法律、适用法律，而是充分发挥行政主体的主观能动性，紧紧把握相应法律的立法目的，积极、灵活地执行法律、适用法律，实现立法目的。

（三）单方意志性

行政主体实施行政行为，只要是在行政组织法或法律、法规授权范围之内，就无须与行政相对人协商，不必征得行政相对人的同意，而是根据法律规定的标准和条件，自行决定是否作出某种行为，并可以直接实施该行为。行政行为的单方性不仅表现在行政主体依职权进行的行为，而且体现在依行政相对人的申请而实施的行为。即使在行政合同行为中，也不乏行政主体单方意志性的因素，呈现出许多不同于民事合同的特点。

（四）效力先定性

行政行为一经作出，在没有被有权机关宣布撤销或变更之前，对行政主体和行政相对人以及其他国家机关都具有拘束力，任何个人或团体都必须遵守和服从。要否定行政行为的效力，

---

① 参见罗豪才主编：《行政法学》，107～110页，北京，北京大学出版社，1996。

需要经过有权机关依职权和法定程序审查认定。

（五）强制性

行政行为是行政主体代表国家、以国家名义实施的行为，故以国家强制力作为其实施保障。根据行政法的原则，行政主体行使其管理职能，可以运用其行政权力和手段，或依法借助其他国家机关的强制手段，保障行政行为的实现。

行政行为的强制性与单方意志性是紧密联系的，如行政相对人拒不履行行政主体的行政命令或行政处理措施，行政主体可以依法强制其履行或者依法申请人民法院强制执行。行政行为的强制性是行政行为的单方意志性的结果，行政行为的单方意志性是行政行为的强制性的前提。

（六）无偿性

行政行为以无偿为原则，以有偿为例外。行政主体所追求的是国家和社会公共利益，其对公共利益的集合、维护和分配，应当都是无偿的。就总体而言，行政相对人无偿地分担了公共负担（如纳税），自然应该无偿地享受公共服务。因此，行政主体行使公权力，履行法定的职责，提供普遍性公共服务，一般是无偿的。当然，当特定行政相对人承担了特别公共负担，或者分享了特殊公共利益时，应该是有偿的。这就是公平负担和利益者负担的问题。

三、行政行为与相关概念的区别

（一）国家行为和行政行为

所谓国家行为，亦称统治行为，或称政治行为，是指具有高度政治性，因而排除在司法审查对象之外的、最高国家机关的行为。国家行为和行政行为的根本性区别在于，国家行为因具有高度政治性只能通过承担政治责任的方式加以监督，而行政行为具有法律性，可以用直接承担行政责任的方式进行监督。

（二）内部行为和外部行为①

行政行为是行政主体对外部行使行政职权，产生法律效果的行为。行政相对人对于具体行政行为造成的权益损害和不利影响，可以通过行政复议或行政诉讼的方式，请求行政复议机关或人民法院予以救济。

行政机关的内部行为，是指行政机关对其所属机构及工作人员所实施的，不直接涉及行政相对人权益的有关组织、指挥、协调、监督等行为。通常该类行为只涉及行政机关的内部事务，只影响行政机关内部，而不会对外部产生直接法律效果，即不会对行政相对人的权利、义务产生直接影响。它的得失，通常采取承担内部法律责任的方式加以解决，不可以通过行政复议或行政诉讼的方式来解决。根据我国《行政诉讼法》第 13 条第 3 项，行政机关对行政机关

① 许多学者将其理解为内部行政行为和外部行政行为，视为行政行为的一种分类。（参见罗豪才主编：《行政法学》，115～116 页，北京，北京大学出版社，1996。）如前所述，所谓“内部行政行为”的概念是不能成立的，行政行为只能是外部行为，而不能是内部行为。

工作人员的奖惩、任免等决定，不属于行政诉讼的受案范围。至于人事性质以外的内部行为，虽然《行政诉讼法》未明确将其排除在受案范围之外，但实践中一般认为此类行为也不属于行政诉讼的受案范围。

外部行为并非全部都是行政行为，而内部行为绝对不是行政行为。

（三）个人行为与职务行为

公务员具有三重身份：作为行政职务关系中的一方主体的公务员、作为国家行政权的具体实施者的公务员和公民。

公务员以行政职务关系中的一方主体的资格从事活动的话，其行为属于内部行为，当然不是行政行为。公务员以公民的身份行使私人权利的行为，称为个人行为，个人行为与公务员在行政活动中享有的行政职权无关，因而，个人行为不是行政行为。

公务员代表国家行政机关，实质上代表国家实施的行为，称为职务行为。职务行为对外部产生法律效果，因而只有公务员的职务行为，才是行政行为。公务员享有的行政职权，是以他们与国家之间的行政职务关系为基础的，而与他们享有的公民基本权利无关。他们是基于国家的委托而从事行政活动的，因此，公务员的职务行为损害行政相对人的合法权益时，应当由行政机关即国家承担相应的行政责任。

与职务行为不同，个人行为造成损害所引起的法律责任由个人承担，而不能由行政机关承担。但是，公务员假借国家名义，从事谋取私人利益的行为，如果在形式上构成行政行为的要件，并产生了相应的法律效果，则行政机关也应该承担相应的法律责任，然后再行使求偿权，追究其公务员的过错责任。

四、行政行为的分类

（一）行政立法行为、行政执法行为和行政司法行为

行政机关实施管理行为时，通过制定普遍性规则的方式，使其与管理对象形成一对众的单向对应关系。行政机关制定普遍性规则、规范的行为，称为行政立法行为。行政立法行为只能由特定层次的行政机关行使。[①]

当行政机关执行公务与特定公民、法人和其他组织之间形成单一的对应关系时，称为行政执法行为。行政执法行为是将具有普遍约束力的命令、决定等适用于具体个人和组织的行为，该行为必然会对公民、法人和其他组织产生一定的约束力，是一种产生直接、现实影响的行为。

行政机关作为第三人，依照法律、法规和规章，解决行政机关与公民、法人和其他组织之间，以及公民、法人和其他组织相互间的各种纠纷的行为，称为行政司法行为。

这种分类法，有利于研究行政立法、行政执法和行政司法各自的运行原则与程序，所以曾一度得到我国理论界和实务部门多数人的赞同。但是，近年来学术界已基本放弃了这种分类方法。

---

① 在我国，较大的市以下政府制定具有普遍约束力的规范性文件的活动，是否可称为行政立法行为，尚待探讨。学术界一般持否定态度。所谓较大的市，是指省、自治区的人民政府所在地的市，深圳、珠海、厦门、汕头等经济特区所在地的市和经国务院批准的较大的市。参见《立法法》第72条第4款、第82条等。

（二）抽象行政行为和具体行政行为

抽象行政行为，又称制定行政法律规范的行为，是特定的国家行政机关在行使行政权过程中，制定和发布普遍性行为规则的行为，包括制定法规、规章和发布决定、命令等行为。抽象行政行为具有普遍的法律效力，是对未来发生约束力的、可以反复适用的行为，它起到拘束具体行政行为的作用。[①]

具体行政行为，是行政机关在行使行政权过程中，针对特定人或特定事件作出影响相对方权益的具体决定和措施的行为。具体行政行为具有使行政法律关系主体双方的权利、义务内容具体化的作用，是现实上产生后果的一次性行为。在已经制定有行政法律规范的情况下，采取具体的行政行为，必须遵循法定规则。

（三）单方行政行为与双方（多方）行政行为[②]

根据行政法律关系当事人的意思表示的作用，人们将行政行为分为单方行政行为和双方（多方）行政行为。

单方行政行为，是指不需要行政相对人的同意，以行政主体的单方面意思表示即可产生法律效果的行政行为。单方行政行为中既有抽象行政行为，又有具体行政行为。

双方行政行为，是指行政主体为实现行政管理的目的，与行政相对人协商，在双方意思表示达成一致后，才产生法律效果的行政行为，例如，行政合同行为。不过，在双方行政行为中，行政主体行使行政权力的意思表示不同于民事法律关系中平等当事人之间的意思表示。[③]

多方行政行为，又称为行政协定或行政协议，是指行政法律关系的多方当事人为了一定的目的，经协商达成意思表示的一致而成立的行政行为，如行政主体与基层群众自治组织和农民签订的造林协议、与企事业单位和公民共同投资修建地方铁路等。多方行政行为和双方行政行为在性质上没有什么区别，都是基于当事人意思表示的一致而产生法律效果的行政行为。

（四）羁束行政行为与裁量行政行为[④]

羁束行政行为，是指行政法律规范已经规定得非常具体，行政主体在处理行政事项作出裁断时，只能严格依法规定，而毫无裁量余地的行政行为。

裁量行政行为，包括法规裁量行政行为和自由裁量行政行为两种情形。法规裁量行政行为，是指行政法律规范只对某种行政行为的内容、方式和程序作了一定范围和幅度的规定，允许行政主体在处理具体行政事项时，在法定的范围和幅度内，凭借自身的判断进行裁量的行政行为。自由裁量行政行为，是指行政法律规范只规定了原则，授权行政主体在符合立法目的和

---

① 故有人称其为普遍行政行为。参见杨海坤主编：《行政法与行政诉讼法》，49页，北京，法律出版社，1992；王连昌主编：《行政法学》，166页，成都，四川人民出版社，1993。

② 值得注意的是，关于行政合同等行为是否属于行政行为的范畴，在学术界尚存在争议。

③ 参照本章第三节第十二目“行政合同”的有关内容。

④ 许多学者习惯于使用“自由裁量行政行为”和“羁束行政行为”相对应。这种理解值得商榷。实际上，“自由裁量”不过是“裁量”的一部分而已。参见杨建顺：《论行政裁量与司法审查——兼及行政自我拘束原则的理论根据》，载《法商研究》，2003（1）。

法原则的前提下，自主采取相应的措施，作出裁断的行政行为。这里的“裁量”，是相对“羁束”而言的，无论是法规裁量，还是自由裁量，都并非毫无限制的自由裁断。

（五）要式行政行为与不要式行政行为

要式行政行为，是指必须具备行政法律规范所要求的特定形式或必须遵守特定程序，才能产生法律效果的行政行为，例如，法律规定用书面形式，由主管机关或担任特定职务的公务员签署的行为等。[①]

不要式行政行为，是指不需要具备特定形式或遵守特定程序，只需行政主体自由选择适当的方式将意思表示公布于外部即可产生法律效果的行政行为，例如，公安机关对醉酒的人采取强制约束的行为，消防机关为扑灭火灾而对毗连火场的建筑物进行部分拆除的行为。

要式行政行为和不要式行政行为的区别在于行政法律规范是否要求必须具备特定形式和遵守特定程序，并不在于有无行政行为的形式。换言之，任何行政行为，都具有一定的形式。要式行政行为由行政法律规范即法律、法规、规章明确规定形式和程序；不要式行政行为由行政主体在其职权范围内自行决定采取适当的形式和程序。

（六）无附加条件行政行为与有附加条件行政行为

无附加条件行政行为，是指不附带任何限制，一经行政主体作出即发生法律效果的行政行为。

有附加条件行政行为，是指附带某些限制，并且依据该限制条件而发生法律效果的行政行为。

（七）依职权行政行为和依申请行政行为

依职权行政行为，是指行政主体依据法律赋予的职权，无须相对人请求而主动实施的行政行为，如征收税款、对违法行为的处罚等。行政行为大部分是依职权行政行为。

依申请行政行为，是指行政主体必须基于相对人的申请才能实施的行政行为，如颁发营业执照、排污许可证等。相对人的申请是行政行为开始的先行程序和必要条件，非经相对人提出申请，行政主体不能主动作出该类行政行为。

依职权行政行为和依申请行政行为均可能发生不作为的违法。行政相对人对如下情形可提起行政诉讼：在依职权行政行为的场合，行政主体不履行法定职责，漠不关心，不当延迟；在依申请行政行为的场合，行政主体对相对人的申请不予答复、不予履行或者不充分履行。对这两类行为，当事人提起行政诉讼的请求不同，构成诉讼的类型不同，法院进行审查、判断的标准不同，最终法院作出的判决往往也不同。

（八）行政行为的其他分类

除了上述分类外，还有许多种分类方法。例如，根据行政行为是否对相对人的权利、义务直接作出处理决定，可分为实体性行政行为和程序性行政行为；根据行政行为是否授予相对人以权利和利益，可分为授益行政行为和侵益行政行为；根据行政行为适用的时间和环境，可分

---

① 参见《行政处罚法》第39条的规定。

为平时行政行为和紧急行政行为；根据行政职权的来源不同，可分为自为的行政行为、授权的行政行为和委托的行政行为。

五、行政行为的功能

行政行为的功能，是指某种行政行为对行政相对人的权利、义务所产生的具体影响。① 不同的行政行为，其内容不同、功能不一，所产生的法律效果当然也不一样。但是，行政行为的功能大致可归纳为如下几个方面：

（一）赋予权益和剥夺权益

赋予权益，是指行政主体依法赋予行政相对人某种新的法律上的权益，包括法律上的权能、权利和利益。② 具有赋予行政相对人以权利和能力的效能的行政行为，称为授益行政行为。行政相对人在从事某种社会经济活动中，必须具备某种资格，或者说只有具备某种资格才能在社会经济活动中得到有效的保护。特定的行政相对人要得到从事法律一般禁止行为的权利和能力，需要提出申请，经审查，符合法定条件者将获准得到进行仍对社会一般禁止的行为的权利和能力。

剥夺权益，是指行政主体依法剥夺行政相对人已有的某种权益，包括法律上的权能、权利和利益。③ 剥夺权益的行政行为，亦称侵益行政行为。一般说来，这种权益的剥夺，只能针对行政相对人的行政违法行为而进行，是一种剥夺性行政制裁。但也不排除随着政治、经济形势的变化，国家主动剥夺已无意义的某些组织存在的资格。为了切实保障相对人的权利和利益不受违法或不当行政行为的侵害，法治主义原理在该领域的贯彻执行尤为重要。

（二）设定义务和免除义务

设定义务，是指通过行政行为使相对人承担某种作为或不作为的义务。④ 一般说来，设定作为义务的行政行为称“命令”，设定不作为义务的行政行为称“禁令”。如设定行政相对人应履行纳税义务或应履行向社会提供义务劳工等，都是对作为义务的设定；禁止从事法律不允许的行为，是对相对人设定不作为义务。

免除义务，是指由于某种情况的出现而将行政相对人原来承担的或本应承担的义务予以解除。一般说来，设定义务是针对一般情况而言，而免除义务是针对特殊情况而为。社会经济活动的复杂性和多样性，决定了若要求全社会在任何情况下都必须履行仅凭一般情况而设定的义务，反而会走向反面，不利于良性社会经济秩序的建立和维持。因此，必须针对一些特殊情

---

① 有人认为这部分应作为“行政行为的内容”来理解。参见罗豪才主编：《行政法学》，110～112页，北京，北京大学出版社，1996。

② 所谓权能，是指能够从事某种活动或行为的资格，如医师资格。所谓权利，是指能够从事某种活动或要求他人不为某种行为，或者基于某种权利所得到的利益。在很多情况下，这种权利的取得具有持久性，可以重复行使，但也有一些表现为一次性行为后即告结束的，如依法发给奖金或抚恤金的行为等。

③ 例如，吊销执照，既是对权利的剥夺，也是对权能的剥夺；扣留执照，就是对权利的暂时剥夺；对奖金的收回，既是对权利的剥夺，也是对利益的剥夺。

④ 设定义务，具体包括单纯作为的义务，如接受审计监督；也包括财产义务，如纳税决定行为；还包括人身义务，如拘留决定。

况，对一般义务予以部分的免除。[①]

（三）确认法律事实和确认法律地位[②]

确认法律事实，是指依法确认对某种行政法律关系有重大影响的事实是否存在的活动。[③]确认法律地位，是指依法确认某种法律关系中当事人的权利、义务是否存在及存在范围的活动。[④]

确认法律事实和法律地位本身并不直接引起某种法律效果，但基于该确认，行政主体将进一步采取某些特定的行政行为，进而产生某些法律效果。可见，法律事实和法律地位的确认行为，实质上是采取行政行为的一个重要环节，直接影响行政行为的效力。

确认法律事实必然影响确认法律关系，但确认法律事实并不等于确认法律关系。当事人之间是否存在某种法律关系，在事实认定中并不能完全确认。[⑤] 确认法律关系是以法律事实的确认为前提的，在某些法律关系的确认中，也同时包含着对法律事实的确认。[⑥] 但有些法律关系的确认和法律事实的确认，在法律上要求予以区分，不能相互取代或交错在一起。[⑦]

对于某一行政行为来说，上述各项功能并非相互排斥，有时可能同时具有几项或产生多种效果。[⑧]

六、行政行为的构成要件和生效要件

行政行为的成立或存在，是该行政行为生效的前提条件，也是行政相对人请求对行政行为的权益救济以及有关机关对行政行为实施法律审查的基础。

行政行为的一般成立要件，包括以下四点：（1）存在行政主体；（2）存在行政相对人即公民、法人或其他组织；（3）存在有关具体事实的法律规制即行政目的；（4）存在基于法律的优越的意思表示或精神作用。欠缺其中的任何一个要件，行政行为都不能成立。这种场合，称为行政行为的不存在。

关于行政行为的有效要件，很早以前就有人主张需要有法律、法规的规定。但法律、法规的规定，都是通过理论的发展而加以完善的，在有关行政行为要件的理论研究尚未展开的阶段，要求完善有关法令规定，显然是不可能的。各国有关行政程序的规定，仅仅是大量行政程

---

① 例如，不得拥有枪支是每个公民应承担的一项法定义务，但若治安保卫人员等也不拥有枪支，就难以有效地履行其职责，所以免除其不得拥有枪支的义务（《枪支管理法》第5条、第6条列举了可以配备、配置枪支的人员）。又如，依法纳税是每个公民、法人和其他组织普遍应该履行的义务，但如果出现自然灾害等特定情况，为使其能够积累资金得以更好地发展，免除其纳税义务便成为必要。

② 严格地说，这不应该算作行政行为的功能，因为行政行为是“具有法律意义的行为”，而确认法律事实和法律地位只是为作出行政行为做准备而已。

③ 例如，医疗事故鉴定结论，就是对医疗事故的事实加以确认，其结果将影响医疗单位与被医疗人员之间的责任承担关系。

④ 例如，土地管理部门或人民政府对土地所有权或使用权的确认等。

⑤ 例如，对交通事故中受伤者伤残等级的确认，并不能确认责任关系如何。

⑥ 例如，土地确权行为。

⑦ 例如，1991年国务院发布的《道路交通事故处理办法》（已失效）乃至2004年施行的《中华人民共和国道路交通安全法》有关“交通事故处理”的规定，就是此类情形的典型。

⑧ 例如，罚款行为就包含着剥夺财产权利和增加财产给付义务。

序的一部分，这一事实便是一个很好的例证。

已成立或存在的行政行为要在现实中产生效力，必须具备的要件，称为行政行为的效力要件。行政行为的效力要件一般包括以下四点：(1) 行政主体无瑕疵，即行政主体拥有作出行政行为的权限；(2) 相对人无瑕疵，即相对人必须具有接受该行政行为的法律效果的合适资格；(3) 目的和内容无瑕疵，即关于具体事实的法律规制必须是可能的、可以确定的、合法的及适当的；(4) 程序和形式无瑕疵，即关于意思表示或精神作用，必须做到意思形成过程无瑕疵、意思决定无瑕疵、意思表示形式无瑕疵。①

七、行政行为的生效时间

一般说来，具备以上要件的行政行为便可发生预定的法律效力。但是，并非所有行政行为具备了以上要件便立即生效。行政行为要在现实中产生效力，仅在行政主体内部达成意思表示的一致还不够，还必须在与外部的关系上将该意思表示置于相对人能够知悉的状态。

(一) 即时生效

这是指行政行为一经作出便立即发生法律效力，例如收容审查、即时强制、戒严令等。即时生效，一般适用于紧急情况下所作出的需要立即执行的行为。

(二) 告知生效

这是指一经向相对人通报有关内容，行政行为即刻发生法律效力。这种生效方式主要用于针对不特定相对人或居所不明的相对人。因此，必须采用切实可行的方式向外部宣告，使相对人知悉、了解行政行为的具体内容，如通过电台、电视台、报刊等发布公告。因为公告、通告等都附有生效时间，故又属于后述附条件生效。

(三) 受领生效

有些行政行为，需经特定的相对人受领后才发生法律效力。受领不等于本人同意，而只意味着行政相对人已知悉、了解行政行为的内容。对于相对人拒绝受领的，送达机关或公务员可采取留置的方法予以处理。留置的行政行为，视为相对人已经受领。

(四) 附条件生效

又称为“延迟生效”，是指附有条件的行政行为，只有当所附加的条件、期限和负担等得以满足以后，该行政行为才发生法律效力。

八、行政行为的法律效力

(一) 拘束力

行政行为的拘束力，是指行政行为具有法律规定的或行政机关决定的法律效果，当事人即

① 关于各项的详细内容，可参见罗豪才主编：《行政法学》，127～132 页，北京，北京大学出版社，1996。

行政机关和行政相对人都必须尊重并遵守之。首先，在行政行为未被依法撤销或变更之前，作出行政行为的行政机关负有执行该行政行为的义务，任何机关或担任任何职务的公务员，都不能干预这种执行，都应受该行政行为的拘束。其次，行政相对人有义务服从合法成立并已生效的行政行为，必须积极地履行行政行为所规定的义务，而不能以这样或那样的借口予以推诿、拖延，或予以代替或转移。但是，法律规定可以代替或转移的，必须严格按照有关规定履行相应的手续予以代替或转移，如以金钱缴纳代替实物缴纳。

（二）公定力

行政行为的公定力，是指行政行为在作出之后、有权机关予以撤销或变更之前，被推定为合法并具有效力。行政相对人及其他人即使认为该行政行为是违法的，也必须尊重行政行为的效力并予以执行。也就是说，只要行政相对人没有向复议机关申请复议，由有权行政机关作出撤销、变更行政行为的决定[①]；也没有向人民法院提起诉讼，由人民法院作出撤销判决或部分撤销判决[②]，那么，行政行为即使违法，在事实上也依然具有效力。

（三）执行力

行政行为的执行力，是指行政行为生效后，行政主体依法有权采取一定手段，使行政行为的内容得以实现的效力。当行政相对人不履行其应该履行的法定义务时，行政机关可依法强制其实现该义务的履行。这种行政强制执行是由行政机关依职权所作的执法行为的一种，不需要事先得到法院的判决。这种效力也称为行政行为的“自行执行力”[③]。现行法上，即使在行政复议期间或行政诉讼期间，也承认了行政行为的执行力，容许进行强制执行。[④] 当法律有明文规定时，可以停止或延缓行政行为的执行。[⑤]

理解行政行为的执行力，必须注意如下几点：（1）并非所有行政行为都必须强制执行。[⑥]（2）并非行政行为在任何情况下都必须强制执行。换言之，强制执行的前提是行政相对人拒不履行其应履行的义务。（3）并不是行政行为成立后就必须予以执行，除了行政行为成立、生效后应立即执行的一般情况外，也存在一些例外情况。[⑦]（4）有些行政主体不具有强制执行手段，其行政行为需要申请人民法院强制执行。

（四）不可争力[⑧]

行政行为的不可争力，即拒绝争议的效力，指一旦超过对行政行为提起行政复议和行政诉

---

① 参见《行政复议法》第28条第1款第3项。

② 参见《行政诉讼法》第70条。

③ 当然，有时法律规定行政机关应申请人民法院强制执行。这实质上是对行政行为自行执行力的限制，同时也是行政行为自行执行力的延伸。关于这种情况下强制执行的属性问题，学术界存在争议。

④ 参见《行政复议法》第21条，《行政诉讼法》第56条。

⑤ 参见《行政复议法》第21条但书，《行政诉讼法》第56条但书。

⑥ 如行政处罚中的警告、行政许可行为等，都与强制执行无关。

⑦ 有些行政行为本身就是执行，如收容审查；有些行政行为先由行政相对人自己执行，如纳税行为；还有些行政行为成立后，可以暂时不予执行，如当事人对土地确权裁决不服，在进行行政复议或行政诉讼期间，就暂缓执行。

⑧ 我国许多学者把不可争力和不可变更力合称为确定力。参见罗豪才主编：《行政法学》，112～113页，北京，北京大学出版社，1996。

讼的期限[①]，行政相对人等便不得就该行政行为提起争议。这种效力是以争讼期限的超过为前提的，而不是行政行为成立之初便具有的。并且，这种效力是对行政相对人通过提起争讼请求撤销或变更行政行为的拒绝，并不是对行政机关依职权进行撤销或变更行政行为的拒绝。

（五）不可变更力

行政行为的不可变更力，亦称"自缚力"，指有权行政机关一旦作出判断，自己便不能推翻该判断的效力。有时，根据行为的性质，如"法律规定由行政机关最终裁决的具体行政行为"[②]，行政机关不能依职权撤销或变更。

行政行为，通常是以实现公共利益为目的的国家作用，必须为创造合法的、合乎公共利益的状态而不断地努力。行政机关如果作出错误的行政行为，自应予以撤销或变更。不过，有的行政行为是作为纷争裁断作用而进行的，为了避免争讼中的法律关系的不安定，只要当事人无异议，即使事后判明该裁断是错误的，也不允许裁断人自己推翻已经作出的裁决。

九、行政行为的无效、撤销、变更与消灭

（一）行政行为的无效

行政行为必须合法、适当，符合公共利益。无论是欠缺法律规定的要件，还是违反公共利益，行政行为都不能完全产生预期的效力。如果行政行为的瑕疵达到一定程度，该行政行为就是无效行政行为。对于无效的行政行为，相对人没有必须服从的义务，并且，请求权利救济，可不受时效限制。我国目前尚未制定统一的行政程序法，对无效行政行为的条件和法律后果尚无统一的法律规定。从理论上说，在如下几种情形下行政行为无效：(1) 行政行为具有特别重大的违法情形或具有明显的违法情形时；(2) 行政主体不明确或明显超越相应行政主体职权的行政行为；(3) 行政主体受胁迫作出的行政行为；(4) 行政行为的实施将导致犯罪；(5) 没有实施可能的行政行为。

（二）行政行为的撤销

根据行政行为的公定力原理，有瑕疵的行政行为具有被行政机关或法院撤销或变更的可能性，但在行政机关作出撤销或变更决定、法院作出撤销或变更判决之前，仍然作为合法而有效的行为具有事实上的约束力。

以行为成立当初存在瑕疵为理由，取消该行政行为的效力，使其从成立时起就丧失效力，从而恢复到其未作出之前状态的法律制度，称为行政行为的撤销。撤销的效力以溯及既往为原则。撤销又分为争讼撤销和依职权撤销两种。

争讼撤销，只有具备一定资格（请求行政复议资格、原告资格）者在争讼期限内，才能提出请求；并且，只有存在这种请求，才能进行争讼撤销。这种请求被作为权利予以保障，只要撤销理由（违法性、不当性）存在，那么，复议机关及法院就可以作出撤销决定或判决，有义

① 参见《行政复议法》第 9 条、第 19 条，《行政诉讼法》第 39 条、第 40 条。

② 《行政诉讼法》第 13 条第 4 项。

务撤销该有瑕疵的行政行为。

依职权撤销，必须衡量、比较撤销有瑕疵的行政行为与因撤销而蒙受损害的相对人、第三人的权利、利益保护的必要性的轻重。不能一概地适用撤销方式，而只能采用限制撤销或变更的方式加以解决。

总而言之，有瑕疵的行政行为，尤其是侵益行政行为，无论是否超过争讼期限和有无明文规定，行政机关均可依职权予以撤销。这种撤销可以纠正行政行为的瑕疵，又不损害相对人的权利利益，符合行政合法性原则。而有瑕疵的授益行政行为，原则上是可以撤销的，但出于对受益者的保护的考虑，对撤销权的行使必须加以限制。

（三）行政行为的变更

行政行为的变更，是指对已对实施的、有瑕疵的行政行为的内容予以改变，使其具有新的效力。变更的意义在于其只向后失去效力，而不向前失去效力，即不具备溯及力。但是，由于相对人的原因造成有瑕疵的行政行为成立的，即使相对人已经获得利益，也应予以撤销，而不能变更，并且还应追究相对人的相应的民事责任和刑事责任。

（四）行政行为的废止

行政行为的废止，也称为行政行为的撤回，是指行政机关根据事后情况变化，面向未来解除成立时并无瑕疵的行政行为的效力。

行政法律关系必须根据情况的变化，经常地与公共利益保持一致。即使是合法地作出的行政行为，当日后情况发生变化，或者由于新的事态的出现，使其存在已不符合公共利益时，为了维护公共利益，也应该废止行政行为。

行政行为的废止与撤销的根本区别在于：后者以行政行为的原始瑕疵为理由，前者以事后的情况变化为基础；后者的效果溯及既往，前者原则上只面向未来生效。一般说来，无论法律上有无明文规定，只要公共利益上有必要，原则上可以自由地撤回行政行为（撤回自由的原则）。但是，行政行为一经作出，便因此而形成新的法律关系和法律秩序，若无限制地承认撤回自由的原则，便有破坏既成法律秩序的可能。所以，为了维护既成法律秩序，不能不对撤回权加以一定的限制。并且，为了保护行政相对人的利益，确保撤回的公正性，有必要设定公开听证、提供辩论的机会、听取特定机关的意见等程序。有时，可以通过采取作出与原行政行为相抵触的行政行为或变更原行政行为的方式，撤回原行政行为的全部或一部分。

（五）行政行为的消灭

行政行为的消灭，是指行政行为效力的自然丧失。从广义上讲，由于事后情况变化而导致行政行为面向未来失去效力的情形（行政行为的撤回），也属于行政行为的消灭的范畴。狭义上的行政行为的消灭，仅指行政行为的内容和目的已充分实现，即行政上的义务主体，按照行政行为的规定，在适当的时间、适当的地点，以适当的方法和方式完成了一定的作为或不作为义务，行政行为便告自然消灭。

第二节 抽象行政行为

一、抽象行政行为的含义、特征和种类

（一）抽象行政行为的含义

从动态方面看，抽象行政行为是指国家行政机关针对不特定的人和事制定具有普遍约束力的行为规则的行为。从静态方面看，抽象行政行为是指国家行政机关针对不特定的人和事制定的具有普遍约束力的行为规范，包括行政法规、规章和其他具有普遍约束力的决定、命令等。

（二）抽象行政行为的特征

与具体行政行为相比较，抽象行政行为的特征可以归纳为如下几点：

1. 行为规范性。抽象行政行为是行政主体制定的行为规范，不仅约束行政相对人，而且约束行政主体。行政主体实施具体行政行为时，不仅要依据法律，而且要依据行政法规、规章和其他规范性文件。层次较低的抽象行政行为，要以层次较高的抽象行政行为为依据，低层级的抽象行政行为不得与高层级的抽象行政行为相抵触。

2. 对象的普遍性（非特定性）。抽象行政行为以普遍的、不特定的人或事为规范对象，而不是针对特定的人或事。例如，行政机关制定行政法规或规章，该法规或规章适用于所有符合相应条件的某一类人或某一类事。

3. 效力的普遍性和持续性。首先，抽象行政行为具有普遍的效力，对符合相应条件的某一类人或事均具有约束力。其次，抽象行政行为具有后及力，不仅适用于当时的行为或事件，而且适用于以后发生的同类行为或事件。

4. 准立法性。抽象行政行为在性质上属于行政行为，但它具有普遍性、规范性和强制性的法律特征，并须经过起草、征求意见、审查、审议、通过、签署、发布等一系列程序。

5. 不可诉性。根据《行政诉讼法》第13条第2项的规定，抽象行政行为不能成为行政诉讼的直接对象。[①] 如果行政相对人对抽象行政行为有异议，只有认为它侵犯了自己的具体的合法权益而向人民法院起诉时，才可一并向人民法院起诉。

（三）抽象行政行为的种类

对于抽象行政行为，可以从各种不同角度进行分类。根据制定依据、内容和目的，可以分为制定执行性、补充性、创制性（实验性）行为规则的几种类型；以权力来源为标准，可以分为依授权制定行为规范的行为和依职权制定行为规范的行为；以规范程度与效力等级为标准，可以分为行政立法行为和除立法行为以外的其他抽象行政行为。目前我国许多学者倾向于根据

---

① 这种特征是针对我国目前的法律制度而言的。在建立起违宪审查制的国家，抽象行政行为不具有这一特征。

最后一种分类方法来展开论述。

第一，行政立法行为，包括行政机关制定行政法规和规章的行为。此类抽象行政行为比较明确，比较好把握。行政法规即指国务院以条例、规定和办法三种名称发布的规范性文件；规章指国务院各部委、直属机构、省级人民政府及较大的市的人民政府，根据法律、行政法规发布的规范性文件。

第二，其他抽象行政行为，指行政机关制定、发布具有普遍约束力的决定、命令的行为。此类抽象行政行为不是很明确，在实践中有时难于把握，因为“决定”“命令”既可以是抽象行政行为，也可以是具体行政行为。区别二者的关键在于看其是否具有“普遍约束力”。而“普遍”是一个不完全确定的概念，多大范围为“普遍”、多少相对人为“普遍”，法官有时需要根据个案的具体情况来确定某一决定、命令是否具有普遍约束力，从而确定该案是否为法院受理。

二、行政立法行为

（一）行政立法的含义

行政立法是指特定的国家行政机关依照法定权限和程序，制定、修改和废止有关行政管理方面的行政法规和规章等规范性文件的活动。[①]

（二）行政立法行为的特征

与权力机关的立法活动及具体行政行为相比，行政立法行为具有如下特征：

1. 行政立法的主体是特定的国家行政机关。权力机关的立法主体是享有立法权的人民代表大会及其常委会，而行政立法的主体是行政机关，并且只能是特定的行政机关。其他行政机关作为权力机关的执行机关，为了有效地执行法律、法规和规章，也可以以规范性文件的形式作出执行性解释，这种解释也具有法律上的约束力，但该行政机关并不能成为行政立法主体。

2. 行政立法是从属性立法。行政机关与权力机关之间存在隶属关系，行政机关进行的行政立法必然地从属于权力机关的立法，是权力机关立法的延伸和具体化。行政立法的从属性，决定了权力机关制定的法律、地方性法规，其效力分别高于国务院的行政法规、部门规章和地方政府规章。

3. 行政立法具有很强的适应性和针对性。通过制定行政规范和规则的活动，为作出具体行政行为提供依据，是行政立法的主要任务之所在。因此，针对社会经济生活中的一般事务的行政立法，对于其效力范围内的人和事具有普遍约束力，对于同一类型的人和事可以多次、反复适用。

行政立法不同于权力机关制定的法律，其显著特点是周期短，节奏快，数量大，总是随着形势的变化而不断地经历着立、改、废的过程。行政立法既包括根据权力机关的立法进行的执行性立法和补充性立法，又包括根据宪法和组织法赋予的一般权限，针对现实中出现的新情况

---

① 这是狭义上的行政立法概念。从广义上说，行政立法是指国家权力机关和行政机关依法定权限和程序，制定有关国家行政管理的一切规范性文件的活动。

和新问题进行的自主性立法和探索性立法。对于复杂多样、连续不断且瞬息万变的国家行政管理活动，适时的、有针对性的行政立法发挥着越来越重要的作用。

4. 行政立法具有多样性和灵活性。国家行政管理事务的广泛、多样性，决定了行政立法的灵活、多样性。国家行政机关可以在其职权范围内或基于权力机关的授权，根据国家行政管理的需要，采取灵活、多样的形式制定行政法规或规章。

行政立法主体的多层次性，决定了行政立法在形式上具有多样性。行政立法可以采用多样的发布形式，如国务院发布，国务院批准主管部门发布，主管部门直接发布或联合发布等。同时，行政立法在名称上也是多种多样的，如条例、规定、办法等。

此外，行政立法的特点之一是总是随着形势的变化而不断地经历着立、改、废的过程。这本身就是其灵活性的最好写照。

（三）行政立法的种类

1. 职权立法和授权立法①

职权立法是指行政机关依照宪法和组织法规定的职权进行的立法活动。例如，我国《宪法》第 89 条第 1 项规定，国务院有权“根据宪法和法律，规定行政措施，制定行政法规，发布决定和命令”。《立法法》第 65 条第 1 款对此予以确认性规定，“国务院根据宪法和法律，制定行政法规”。从而，国务院就拥有了行政立法权。《宪法》第 90 条第 2 款规定，国务院“各部、各委员会根据法律和国务院的行政法规、决定、命令，在本部门的权限内，发布命令、指示和规章”。《立法法》第 80 条进一步明确规定：“国务院各部、委员会、中国人民银行、审计署和具有行政管理职能的直属机构，可以根据法律和国务院的行政法规、决定、命令，在本部门的权限范围内，制定规章。”《地方各级人民代表大会和地方各级人民政府组织法》第 60 条第 1 款规定：“省、自治区、直辖市的人民政府可以根据法律、行政法规和本省、自治区、直辖市的地方性法规，制定规章……省、自治区的人民政府所在地的市和经国务院批准的较大的市的人民政府，可以根据法律、行政法规和本省、自治区的地方性法规，制定规章……”《立法法》第 82 条进而规定：“省、自治区、直辖市和设区的市、自治州的人民政府，可以根据法律、行政法规和本省、自治区、直辖市的地方性法规，制定规章。”

授权立法是指行政机关依照法律、法规授权或者依照国家权力机关或上级行政机关的专门授权决议而进行的立法活动。授权立法有如下三种形式：

（1）权力机关通过法律条款明确授权行政机关制定某法的实施办法或实施细则，如全国人大常委会通过的《道路交通安全法》第 98 条第 2 款规定，“依照前款缴纳的罚款全部纳入道路交通事故社会救助基金。具体办法由国务院规定”；《国境卫生检疫法》第 27 条规定：“国务院卫生行政部门根据本法制定实施细则，报国务院批准后施行。”

（2）上级行政机关对下级行政机关的授权（法规授权或行政授权）。

（3）权力机关通过专门授权决议授予行政机关本应由其自身行使的一定的立法权，如 1985 年 4 月 10 日第六届全国人大第三次会议通过了《关于授权国务院在经济体制改革和对外开放方面可以制定暂行的规定或者条例的决定》。②

---

① 有人主张分为一般授权立法和特别授权立法，认为没有“根据”就不能进行行政立法活动，在我国不存在职权立法。参见罗豪才主编：《行政法学》，145～147 页，北京，北京大学出版社，1996。

② 有人称这种情形为特别授权立法。参见张尚鷟主编：《行政法学》，191 页，北京，北京大学出版社，1991。

2. 执行性立法、补充性立法和自主性立法[①]

执行性立法是指以执行法律、法规或者上级机关发布的规范性文件而进行的立法活动。执行性立法并不创设新的法律规范，而只是将法律、法规或者上级的规范性文件加以具体化，以便于执行和实施。执行性立法一般采用实施细则、实施办法、法律解释等表现形式。

补充性立法是指为补充现有法律规范或其他规范性文件的内容而进行的行政立法。它对于在制定法律规范时不能预见或不便详细规定的事项具有补充规定和解释性规定的作用。补充性立法一般需创设新的法律规则，必须基于有权机关的授权，在不违背已有法律规范宗旨的范围内进行。

自主性立法也称为创制性立法，是行政机关为履行法律赋予的行政职权而对管理内容创制一定行为规则的行政立法活动。自主性立法，既不是对现有法律规范的实施性解释，也不是对现有法律规范的补充性规定，而是基于法律赋予的职权，对法律、法规未规定的事项独立自主地创制规范。自主性立法必须经法律或有权机关授权才能进行，如宪法对国务院、国务院各部委的授权，全国人大常委会通过授权决定的形式授予国务院以自主性立法权。

3. 中央行政立法和地方行政立法

中央行政立法是指国务院及其所属部、委、直属机构制定行政法规、规章和其他规范性文件的活动。中央行政立法调整全国范围内的普遍性问题和由中央作出统一规定的重大问题，如全国性治安管理问题、资源问题、环境保护问题、国家安全问题等。根据宪法和组织法，国务院享有制定行政法规的权力，国务院各部委享有制定行政规章的权力。宪法和组织法并没有授权国务院直属机构制定规章权，但国务院直属机构实际上行使着广泛的规章制定权，只是其所制定的规章一般需要经国务院批准。[②]《立法法》明确授予“中国人民银行、审计署和具有行政管理职能的直属机构……在本部门的权限范围内，制定规章”的权力。

地方行政立法是指拥有行政立法权的地方人民政府依法制定本行政区域范围内有效的地方政府规章和其他规范性文件的活动。地方行政立法既要根据本地方的实际情况，将中央行政立法的规定具体化，确定实施细则和实施办法，又要对有关地方特殊问题作出具体规定，调整区域性的特殊社会关系。

中央行政立法与地方行政立法不仅在效力层级上存在差异，而且在效力地域上也有所不同，原则上，中央行政立法在全国领域内均有效力，而地方行政立法只能在其行政区域管辖范围内有效。

（四）行政立法的主体

1. 国务院

国务院是我国最高国家权力机关的执行机关，是我国最高行政机关及中央人民政府，依照宪法和法律的授权以及最高权力机关的特别授权，拥有广泛的行政立法权，是最重要的行政立法主体。其行政立法权的内容主要包括以下几个方面：

（1）制定行政法规。行政法规是国务院为领导和管理国家各项行政工作，根据宪法和法律

---

① 有人主张分为执行性立法、补充性立法和实验性立法。参见罗豪才主编：《行政法学》，149页，北京，北京大学出版社，1996。

② 有人称其为不完全规章制定权或事实上的规章制定权。参见王周户主编：《行政法学》，202页，西安，陕西人民教育出版社，1992；王连昌主编：《行政法学》，194页，成都，四川人民出版社，1993。

授权，按照法定的程序，制定的政治、经济、教育、科技、文化、外事等各类法规的总称。行政法规必须由国务院制定或批准，其法律效力低于宪法和法律、高于地方性法规和地方性规章。

（2）依照最高权力机关授权，制定某些具有法律效力的暂行规定和条例。例如，1983 年 9 月全国人大常委会通过《关于授权国务院对职工退休退职办法进行部分修改和补充的决定》，1984 年 9 月 18 日全国人大通过《关于授权国务院改革工商税制发布有关税收条例草案试行的决定》，1985 年 4 月 10 日第六届全国人大第三次会议通过《关于授权国务院在经济体制改革和对外开放方面可以制定暂行的规定或者条例的决定》等，依据这些授权决定，国务院所制定的暂行规定或条例便具有法律效力。

（3）对部门规章的批准权和撤销权。部门规章是国务院各部委制定的规范性文件，所有应该经国务院批准的规章，必须经国务院审议批准之后才能公布实施。应该经国务院批准的规章，包括由国务院批转的各部、委制定的规章，国务院所属部、委、直属机构报请国务院批准的规章，由国务院办公厅转发的各类具有规范性的法律文件。如果规章中有同法律和行政法规相抵触的，或者与国家政策相违背的以及其他不适当情形，国务院有权予以撤销。

2. 国务院各部委、直属机构

根据《宪法》第 90 条第 2 款的规定，国务院各部委有根据法律和行政法规等，在本部门的权限内制定规章的权力。《国务院组织法》第 10 条规定，国务院主管部委可以“根据法律和国务院的决定……在本部门的权限内发布命令、指示和规章。”因此，国务院各部委是享有行政立法权的主体。

目前，我国宪法和国务院组织法没有授予国务院直属机构行政立法权，但是，依据其他法律，国务院直属机构也有可能成为行政立法主体。如《森林法》第 47 条规定：“国务院林业主管部门根据本法制定实施办法，报国务院批准施行。”《行政处罚法》第 12 条第 3 款规定：国务院可以授权具有行政处罚权的直属机构依照有关规定来规定行政处罚。尤其值得注意的是，《立法法》第 80 条第 1 款明确规定了“中国人民银行、审计署和具有行政管理职能的直属机构”的行政立法权，换言之，根据该规定，国务院具有行政管理职能的直属机构便享有了一般行政立法权。

3. 特定的地方人民政府

省、自治区、直辖市人民政府和较大的市的人民政府，有权根据法律和法规制定地方政府规章，即享有行政立法权，是行政立法主体。

（五）行政立法的基本原则

行政立法的基本原则，是贯穿于行政立法的始终，通过各种行政法律规范所体现的一种基本准则。我国行政立法应该贯彻如下基本原则：

1. 依法立法的原则

首先，必须依据宪法、各类组织法及立法法规定的权限立法。只有宪法、各类组织法及立法法赋予了行政立法权的行政机关才能进行行政立法，而且享有行政立法权的机关只能就其职权管辖范围内的事务立法。其次，必须依据法律、法规关于相应问题的规定立法。要查找有关法律、法规有无相应问题的规定，行政立法的内容必须符合有关法律、法规的规定，不能与法律、法规有关相应问题的规定相抵触。最后，必须依据法律、法规规定的程序立法。例如，国务院制定行政法规必须遵循《行政法规制定程序条例》规定的程序规则。[①]

2. 民主立法的原则

民主立法原则是指行政机关依照法律规定进行行政立法时，应尽可能通过各种方式听取和尊重各方面的意见，保证民众广泛地参与行政立法。为保障这一原则的贯彻、实施，需要确立如下一系列行之有效的制度：

（1）公开制度。行政机关应该主动地或应相对人申请公开与行政立法有关的信息、资料以及对行政立法计划的解释、说明等。最起码行政立法草案应提前公布，并附以立法说明，包括立法目的、立法机关、立法时间等内容，以便让人民有充分的时间发表意见。要正式公布已通过的行政立法文件，对直接涉及公民权利、义务的行政立法，应特别规定实施时间。

（2）咨询制度。咨询制度包括两层含义：其一，设置专门的行政立法咨询机构和咨询程序，特别重大的行政立法进行专门咨询，并作为必经程序。行政立法机关在整个行政立法过程中，应始终尊重咨询机构的建议、劝告等，以确保科学决策。其二，公民有权就立法所涉及的有关问题甚至立法行为本身请求行政立法机关予以说明和答复。

（3）征求意见和听证制度。立法应当体现人民的意志，发扬民主，保障人民通过多种途径参与立法活动。应将听取意见作为立法的必经环节和法定程序。听取意见可以采取座谈会、论证会、听证会等多种形式，并且要向人民公布对立法意见的处理结果。尤其是涉及利害关系人权益的重大立法事项，应该举行正式的公开听证会。

违反民主立法原则的行政立法原则上应当视为无效。[②]

3. 效率原则

此原则要求行政立法机关必须在切实保障行政相对人的基本人权和公平行政的前提下，尽可能地以最低的成本制定出最高质量的行政法律规范。为了确保这一原则的贯彻、实施，应建立如下保障制度：

（1）时效制度。如果行政立法机关在法定时限内不作为，待法定时限届满后即产生相应的不利后果。

（2）成本、效益分析制度。行政立法机关在立法之前，对拟制定的行政立法必须实施成本及效益分析，以求降低成本、提高效益。

4. 加强管理与增进权益相协调的原则

行政立法的目的是有层次的。具体行政立法的直接目的可能是加强或改善某一领域内行政事务的管理；更深层次的目的可能是改革、开放、搞活，促进社会主义现代化建设；行政立法的终极目的是实现和增进公民的权益，保护人民的幸福。行政立法要正确处理好维护行政权力和保障公民权益的关系，在社会协调与发展、稳定与繁荣、社会公平与行政效率之间取得平衡。行政立法应当从实际出发，科学、合理地规定公民、法人和其他组织的权利与义务、行政主体的权力与责任。

（六）行政立法的程序

行政立法程序是指享有行政立法权的行政机关依照宪法、法律或其他上位法的规定，制

---

① 有人主张行政紧急立法权的行使必须符合宪法所设定的紧急状态条件。实质上，对于所谓行政紧急立法权本身是否能成立，是有疑问的。

② 对此不应一概而论。对于并不影响行政立法的科学性、技术性的程序性违反，不应一概视为无效，能够补救的，应命令有关部门予以补救。只有对于严重违反上述程序规定的，才应当视为无效。

定、修改和废止行政法规、规章的方式和步骤。

目前我国虽没有统一的行政立法程序法，但根据《立法法》《行政法规制定程序条例》《规章制定程序条例》和《法规规章备案条例》以及我国的行政立法实践，行政立法程序大体如下：

1. 立项

（1）报请立项。国务院于每年年初编制本年度的立法工作计划，国务院有关部门认为需要制定行政法规的，应当于每年年初编制国务院年度立法工作计划前，向国务院报请立项。

国务院部门内设机构或者其他机构认为需要制定部门规章的，应当向该部门报请立项。

省、自治区、直辖市或者较大的市的人民政府所属工作部门或者下级人民政府认为需要制定地方政府规章的，应当向该省、自治区、直辖市或者较大的市的人民政府报请立项。

（2）汇总、审批。国务院法制机构应当根据国家总体工作部署对国务院有关部门报送的行政法规立项申请汇总、研究，突出重点、统筹兼顾，拟订国务院年度立法工作计划，报国务院审批。国务院年度立法工作计划在执行中可以根据实际情况予以调整。

国务院部门法制机构，省、自治区、直辖市或较大的市的人民政府法制机构，应当对制定规章的立项申请进行汇总、研究，拟订本部门、本级人民政府年度规章制订工作计划，报本部门、本级人民政府批准后执行。年度规章制订工作计划在执行中，可以根据实际情况予以调整，对拟增加的规章项目应当进行补充论证。

对于已经批准的立项，承担起草工作的部门应积极工作，按照要求报送主管机关。

2. 起草

（1）组织起草。行政法规由国务院组织起草。国务院年度立法工作计划可以确定行政法规由国务院的一个部门或者几个部门具体负责起草工作，也可以确定由国务院法制机构起草或者组织起草。

部门规章由国务院部门组织起草，地方政府规章由省、自治区、直辖市或较大的市的人民政府组织起草。国务院部门可以确定规章由其一个或者几个内设机构或者其他机构具体负责起草工作，也可以确定由其法制机构起草或者组织起草。省、自治区、直辖市或较大的市的人民政府可以确定规章由其一个部门或者几个部门具体负责起草工作，也可以确定由其法制机构起草或者组织起草。

（2）起草要求。起草行政法规，除应当遵循立法法确定的立法原则，并符合宪法和法律的规定外，还应当符合下列要求：第一，体现改革精神，科学规范行政行为，有利于促进政府职能向经济调节、社会管理、公共服务转变。第二，符合精简、统一、效能的原则，相同或者相近的职能规定由一个行政机关承担，简化行政管理手续。第三，有利于切实保障公民、法人和其他组织的合法权益，在规定其应当履行的义务的同时，应当规定其相应的权利和保障权利实现的途径。第四，体现行政机关的职权与责任相统一的原则，在赋予有关行政机关必要的职权的同时，应当规定其行使职权的条件、程序和应承担的责任。

（3）征求意见。行政立法，应当深入调查研究，总结实践经验，广泛听取有关机关、组织和公民的意见。听取意见可以采取书面征求意见，召开座谈会、论证会、听证会等多种形式。

行政立法的起草，可以邀请有关专家、组织参加，也可以委托有关专家、组织起草。

起草的行政法规或者规章直接涉及公民、法人或者其他组织的切身利益，有关机关、组织或者公民对其有重大意见分歧的，应当向社会公布，征求社会各界的意见，广泛调查研究，充分收集并分析有关资料，力求做到内容切实可行、形式完整、结构严谨；为了使行政立法真正体现人民的意志和利益，在行政立法过程中充分听取人民特别是利害关系人的意见，起草单位也可以举行听证会。

（4）协商。行政立法的起草部门应当就涉及其他部门的职责或者与其他部门关系紧密的规定，与有关部门协商一致；经过充分协商不能取得一致意见的，应当在上报行政法规、规章草案送审稿时说明情况和理由。

起草部门报送的送审稿，应当由起草部门主要负责人签署。几个部门共同起草的送审稿，应当由该几个部门主要负责人共同签署。

3. 审查

行政法规、规章草案送审稿，由法制机构负责统一审查。法制机构主要从以下方面对行政法规、规章草案送审稿进行审查：（1）是否符合宪法、法律、其他上位法的规定，国家的方针政策和立法原则；（2）是否与有关行政法规、规章协调、衔接；（3）是否正确处理了有关机关、组织或公民对送审稿主要问题的意见；（4）其他需要审查的内容。

行政法规、规章草案送审稿涉及重大、疑难问题的，法制机构应当召开由有关单位、专家参加的座谈会、论证会，听取意见，研究论证。

有关机构或者部门对行政法规、规章草案送审稿涉及的主要措施、管理体制、权限分工等问题有不同意见的，法制机构应当进行协调，达成一致意见；不能达成一致意见的，应当将主要问题、有关机构或者部门的意见和法制机构的意见上报本部门或者本级人民政府决定。

法制机构应当认真研究各方面的意见，与起草部门协商后，对行政法规、规章草案送审稿进行修改，形成行政法规、规章草案和对草案的说明。

行政法规草案由国务院法制机构主要负责人提出提请国务院常务会议审议的建议；对调整范围单一、各方面意见一致或者依据法律制定的配套行政法规草案，可以采取传批方式，由国务院法制机构直接提请国务院审批。

规章草案和对草案的说明，由相应的法制机构主要负责人签署，提出提请本部门或者本级人民政府有关会议审议的建议。

4. 决定

行政法规草案由国务院常务会议审议，或者由国务院审批。国务院常务会议审议行政法规草案时，由国务院法制机构或者起草部门作说明。

部门规章应当经部务会议或者委员会会议决定。地方政府规章应当经政府常务会议或者全体会议决定。审议规章草案时，由相应的法制机构作说明，也可以由起草单位作说明。

5. 公布

国务院法制机构应当根据国务院对行政法规草案的审议意见，对行政法规草案进行修改，形成草案修改稿，报请总理签署国务院令后公布、施行。签署公布行政法规的国务院令应载明该行政法规的施行日期。

行政法规签署公布后，应及时在国务院公报和在全国范围内发行的报纸上刊登。国务院法制机构应当及时汇编出版行政法规的国家正式版本。在国务院公报上刊登的行政法规文本为标准文本。

国务院部门、省级、较大的市的法制机构应当根据有关会议审议意见对规章草案进行修改，形成草案修改稿，报请本部门首长或者省长、自治区主席、市长签署命令予以公布。公布规章的命令应当载明该规章的制定机关、序号、规章名称、通过日期、施行日期、部门首长或者省长、自治区主席、市长署名以及公布日期。部门联合规章由联合制定的部门首长共同署名公布，使用主办机关的命令序号。

部门规章签署公布后，部门公报或者国务院公报和全国范围内发行的有关报纸应当及时予以刊登。地方政府规章签署公布后，本级人民政府公报和本行政区域范围内发行的报纸应当及时刊登。在部门公报或者国务院公报和地方人民政府公报上刊登的规章文本为标准文本。

行政法规和规章应当自公布之日起 30 日后施行，但是，涉及国家安全、外汇汇率、货币政策的确定以及公布后不立即施行将有碍行政法规施行的，可以自公布之日起施行。

6. 备案

备案是指将已经发布的行政法规、规章等上报法定机关，使其知晓并在必要时备查的程序。备案是行政立法程序的一个后续阶段，其意义在于加强对行政法规、规章的监督管理，有利于行政法律规范本身的内部统一和协调，也有利于社会主义法制的统一。

行政法规在公布后的 30 日内由国务院办公厅报全国人民代表大会常务委员会备案。

规章应当自公布之日起 30 日内，由法制机构依照《立法法》和《法规规章备案条例》的规定向有关机关备案。根据《法规规章备案条例》第 3 条的规定，部门规章由国务院部门报国务院备案，两个或者两个以上部门联合制定的规章，由主办的部门报国务院备案；省、自治区、直辖市人民政府规章由省、自治区、直辖市人民政府报国务院备案；较大的市的人民政府规章由较大的市的人民政府报国务院备案，同时报省、自治区人民政府备案。

7. 解释

行政法规条文本身需要进一步明确界限或者作出补充规定的，由国务院解释。国务院法制机构研究拟订行政法规解释草案，报国务院同意后，由国务院公布或者由国务院授权国务院有关部门公布。

国务院各部门和省、自治区、直辖市人民政府可以向国务院提出行政法规解释要求。

对于属于行政工作中具体应用行政法规的问题，省、自治区、直辖市人民政府法制机构以及国务院有关部门法制机构请求国务院法制机构解释的，国务院法制机构可以研究答复；其中涉及重大问题的，由国务院法制机构提出意见，报国务院同意后答复。

规章解释权属于规章制定机关。规章解释由规章制定机关的法制机构参照规章送审稿审查程序提出意见，报请制定机关批准后公布。

行政立法的解释同行政立法本身具有同等效力。

国家机关、社会团体、企业事业组织、公民认为规章同法律、行政法规相抵触的，可以向国务院书面提出审查的建议，由国务院法制机构研究处理；认为较大的市的人民政府规章同法律、行政法规相抵触或者违反其他上位法的规定的，也可以向本省、自治区人民政府书面提出审查的建议，由省、自治区人民政府法制机构研究处理。

8. 修改、废止

由于社会生活的发展、变化，有关上位法的变化等原因的出现，行政立法也必须随之发生变化，及时地进行修改、废止。

修改行政法规、规章的程序，仍然适用《行政法规制定程序条例》《规章制定程序条例》的有关规定。

行政立法的废止可能采取明文规定加以宣告废止，也可能通过新法否定旧法或上位法否定下位法的形式加以废止；既可能废止全部内容，也可能废止部分内容，但原则上要遵循与其制定时相同的程序。

（七）对行政立法的监督

1. 对行政立法的一般限制

为了防止行政立法权的滥用，授权法律及授权法规等必须具体而明确地表示授权目的和授权事项，明确限定行政机关立法的范围和程度。特别是授权制定创设相对人的权利和义务的立法时，要求授权法本身以明文规定授权范围。

2. 权力机关对行政立法的监督

此类监督，既可以是事前监督，又可以是事后监督。事前监督主要是针对授权立法。权力机关无论是授权行政机关进行创制立法，还是授权行政机关进行执行性立法，都应该严格规定授权立法的目的、性质和范围，而不应该进行笼统的、无限制的授权。无限制的授权会颠倒权力机关和行政机关的法律地位，导致行政专横。严格的授权法是权力机关对行政立法进行事前监督的最重要的形式。

权力机关对行政立法事后监督的主要形式是审查行政立法行为，撤销与宪法、法律相抵触的行政法规或规章。事后监督既可以针对授权立法，又可针对职权立法。根据《立法法》第99条的规定，全国人大常委会有权对行政法规、规章是否符合宪法、法律进行审查；根据《法规规章备案条例》的规定，接受备案的全国人大常委会可以对交来备案的法规、规章的合宪性、合法性进行审查。

3. 上级行政机关对下级行政机关行政立法的监督

上级行政机关享有对下级行政机关立法的监督权。根据行政隶属关系，上级行政机关有权撤销下级行政机关制定的违法或者不适当的规章，还有权改变下级行政机关制定的不当的规章。

4. 人民法院对行政立法的监督

虽然《行政诉讼法》将抽象行政行为排除在受案范围之外，相对人不能单独对抽象行政行为提起行政诉讼，但允许相对人在提起对具体行政行为的诉讼中，同时对据以作出具体行政行为的抽象行政行为的合法性提出异议。只要相对人在对具体行政行为的诉讼中提起对抽象行政行为的异议，法院就应首先审查抽象行政行为的合法性，因为合法的抽象行政行为的存在是作出合法的具体行政行为的前提。

人民法院审理行政案件、裁决行政争议时要参照规章，通过审查，如果认为相应规章违法、越权或违反法定程序和法定形式，虽然不能宣布抽象行政行为无效并予以撤销，但可以向相应行政机关或上级行政机关，或者人民代表大会提出撤销或改变的建议。人民法院可以不适用与宪法、法律和行政法规相抵触的规章，而直接适用法律或更高层次的合法抽象行政行为。这也是对行政立法的有效监督形式，并且通过法院具体的审判活动，有利于维护法制的统一性。

三、制定其他规范性文件的行为

（一）制定其他规范性文件行为的含义

制定其他规范性文件行为，是指行政机关制定除行政法规、部门规章、地方政府规章以外的，具有普遍约束力的决定、命令，规定行政措施[①]等其他规范性文件的行为。

① “采取行政措施”，通常表明这类行政措施是具体行政行为，而“规定行政措施”被认为是抽象行政行为。

一般认为，其他规范性文件是指各级各类国家行政机关为实施法律、执行政策，在法定权限内制定的，除行政法规和规章以外的，具有普遍约束力的决定、命令及行政措施等。①

（二）制定其他规范性文件行为的特征

1. 主体的广泛性

除了享有行政立法权的国家行政机关外，其他行政机关亦可在各自的职权范围内制定规范性文件。②

2. 效力的多层级性和从属性

其他规范性文件数量众多，各自的效力与制定主体相对应，从上到下呈现多层级的特点，下级规范性文件不能同上级规范性文件的内容相抵触，且分别从属于相应行政机关制定的行政法规、规章。

3. 规范性

其他规范性文件也规定行为规则、行为模式，由各自效力所及范围内的单位和个人遵守，但它不可自主规定法律后果、不可自我设定强制手段，一般认为其不属于行政立法的范畴。

（三）完善制定其他规范性文件行为的程序

目前在制定行政法规、规章以外的其他规范性文件的过程中，尚存在许多值得注意的问题，这些问题主要包括：宏观上存在着某些混乱，越权情况严重，其内容与上层级规范性文件（包括规章、行政法规）不相符合甚至出现抵触的情况屡见不鲜，从而使得行政法规、规章在实施中发生变形；在制定依据方面，不以法律、法规、规章为依据；在制定程序上，没有遵循必要的程序规则。

因此，制定行政法规、规章以外的其他规范性文件也应符合一定的操作规程、达到一定的技术要求、经过必要的程序和合理步骤，使行政机关的这种抽象行政行为做到针对性强、内容科学合理、行政效率与行政民主兼顾，从实质上有利于行政机关工作的展开和运转。要使其他规范性文件发挥其应有的作用，解决目前诸多问题，关键是完善制定其他规范性文件的程序。③

制定其他规范性文件的程序，可以参照行政立法的程序，健全和完善其他规范性文件的规划和起草、协商和协调、征求和听取意见、审核和签批以及发布等一系列程序。

（四）对制定其他规范性文件行为的监督

对制定其他规范性文件行为的监督方式主要有如下两种：

（1）行政监督，是指各级人民政府发现其所属部门制定的其他规范性文件的内容和行政法

---

① 另一种观点认为，其他规范性文件是指没有行政法规和行政规章制定权的国家行政机关为实施法律、法规和规章而制定的具有普遍约束力的决定、命令及行政措施等。

② 国务院、国务院各部委，国务院各部委所属局、司、办，省、自治区、直辖市人民政府，省、自治区、直辖市人民政府所属厅、局、办，省会市和较大的市人民政府及其所属部门，其他设区的市和不设区的市、县人民政府及其下属机关，乡、镇人民政府都可以成为其他规范性文件的制定主体。

③ 2012 年 4 月 16 日，中共中央办公厅、国务院办公厅印发了《党政机关公文处理工作条例》，将公文种类限定为决议、决定、命令（令）、公报、公告、通告、意见、通知、通报、报告、请示、批复、议案、函、纪要共 15 类，并规定了公文格式、行文规则、公文拟制、公文办理、公文管理等事项。

规、规章及上级规范性文件相抵触时，有权予以撤销或改变。这种监督主要通过建立备案审查制度和行政复议制度来解决。例如，根据《行政复议法》的规定，行政复议机关对于由自身及下级行政机关制定的其他规范性文件的合法性有权进行审查；对于上级行政机关制定的其他规范性文件有权请求有权机关进行审查。

（2）司法监督，是指人民法院在行政诉讼中对行政机关的具体行政行为进行审查时，还要对作出该具体行政行为所依据的各种规范性文件是否合法进行鉴别、评价和判断。人民法院如果认为其他规范性文件违法，则有权拒绝适用。

第三节　具体行政行为

一、行政许可

（一）行政许可的含义

行政许可是指行政机关根据公民、法人或者其他组织的申请，经依法审查，准予其从事特定活动的行为。根据《行政许可法》第 3 条第 2 款的规定，有关行政机关对其他行政机关或者对其直接管理的事业单位的人事、财务、外事等事项的审批，不属于行政许可。这一概念包括三层含义：一是行政主体对相对人予以一般禁止的解除；二是行政相对人因此获得了从事某种活动或实施某种行为的资格或权利；三是行政机关的内部审批不属于行政许可。

（二）行政许可的特征

1. 行政许可是依申请的行政行为

行政相对人提出申请，是行政许可的前提条件。例如，文化行政管理部门发放文物出口许可凭证的行为、海洋局发放废弃物倾倒许可证的行为、民航局发放机场使用许可证的行为，都是以相对人的申请为前提的。

行政许可是基于行政相对人的申请作出的行政行为，行政相对人的申请为行政许可行为的作出提供了契机，但并不是说申请使行政许可具有双方行为的性质，行政许可是行政主体基于行政权而为的单方行为，申请并不意味着必定得到行政主体的肯定性意思表示。行政相对人提出申请，是其从事某种法律行为之前必须履行的法定义务。

2. 行政许可存在的前提是法律的一般禁止①

行政许可的内容是国家普遍禁止的活动，但是，为适应社会生活和生产的需要，对符合一定条件者解除禁止，允许其从事某项特定活动，享有特定权利和资格。行政许可是对禁止的解除，没有法律的一般禁止，便不存在行政许可。例如，制作、运输、销售爆破物品是国家普遍

① 有学者对“法律的一般禁止”这一行政许可存在的前提提出质疑，认为有许多实行许可的领域并不存在一般禁止，不仅不存在禁止，而且国家制定了一系列政策予以鼓励。其实，这种观点是忽视了如下事实的结果：“法律的一般禁止”，表现为明确禁止和不明确禁止两种形式。如《进出境动植物检疫法》第 5 条第 1 款的规定属明确禁止，同条第 3 款规定了对具备一定条件者解除禁止。而在《国境卫生检疫法》第 4 条中，法律并未明确禁止，但规定必须经国家许可才能从事某项活动。

禁止的行为，但是，国家为了国防安全、社会治安和社会建设的需要，对符合特定条件的组织或者个人准许其实施这类行为。正是有了前面的禁止，才会产生随后的许可。

3. 行政许可是授益性行政行为

行政许可不同于行政处罚和行政强制措施，它不是对相对人科以义务的行为，而是免除被许可人某种不作为的义务，使其可以行使某种权利或者获得行使某种权利的资格。[①] 从这种意义上讲，与行政处罚和行政征收等基于法律对行政相对人的权益剥夺和限制不同，行政许可是赋予行政相对人某种权利和资格的授益性行政行为。

4. 行政许可的目的在于抑制公益上的危险或影响秩序的因素

除了个别情况下基于确保财政收入的需要而由国家通过法律设立特别许可外，不得随意将许可制度和创收相联系，不得滥设许可、乱收费。

5. 行政许可是要式行政行为

行政许可应遵循一定的法定程序，并应以正规的文书、格式、日期、印章等形式予以批准和证明。这种明示的书面许可是行政许可在形式上的特点。

（三）行政许可的种类

1. 一般许可[②]和特别许可

一般许可是指只要符合法定的条件，就可向主管行政机关提出申请；对申请人并无特殊限制的许可，如驾驶许可、营业许可等。

特别许可是指除必须符合一般条件外，还对申请人予以特别限制的许可，如持枪许可、烟草专卖许可等。

一般许可和特别许可都基于行政相对人的申请作出，在这一点上二者相同。但是，一般许可仅是对法律一般禁止的解除，而特别许可是赋予相对人可以与第三人抗衡的新的法律效力的行为，是为特定人设定新的权利和资格的行为。在这一点上，二者区别开来。[③]

2. 排他性许可和非排他性许可

排他性许可是指某个人或组织获得该项许可以后，其他任何个人或组织都不能再申请获得的许可，如专利许可、商标许可、专卖许可等。

非排他性许可是指可以为所有具备法定条件者申请、获得的许可，如驾驶执照、营业执照等。一般许可或警察许可都是非排他性许可。

3. 独立证书许可和附文件许可

独立证书许可是指单独的许可证便已表明持有人被许可的活动范围、方式、时间等，无须其他文件加以补充说明的行政许可，如入境检疫证、持枪证、特种工具购买证、驾驶执照等。

附文件许可是指必须附加文件说明被许可的活动内容、范围、方式、时间等的行政许可，

---

① 例如，根据《进出境动植物检疫法》的规定，申请人经国家动植物检疫机关批准，即获得进口禁止进境物的资格。

② 也称“警察许可”。参见［日］南博方著，杨建顺、周作彩译：《日本行政法》，25页，北京，中国人民大学出版社，1988。

③ 如我国《烟草专卖法》规定：国家对烟草专卖品的生产、销售、进出口依法实行专卖管理，并实行烟草专卖许可证制度。其他单位和个人不得变更烟叶收购计划、调拨计划，不得收购烟叶。未取得烟草专卖生产企业许可证的，工商行政管理部门不得核准登记。卷烟、雪茄烟和有包装的烟丝必须申请商标注册，未经核准注册的，不得生产、销售。

如专利许可、商标许可、建设许可、对动植物及其产品入境的海关许可等。附加文件是该类行政许可中一个不可或缺的组成部分。

4. 权利性行政许可和附义务的行政许可[①]

权利性许可是指行政许可获得者可以根据自己的意志来决定是否行使该许可所赋予的权利和资格的行政许可形式，如持枪证、护照、驾驶证、工商企业营业执照等。

附义务的行政许可是指行政许可获得者必须同时承担一定时期内从事该项活动的义务，否则，要承担一定法律责任的行政许可形式，如专利许可、建设用地许可、商标许可等。

5. 其他分类方法

（1）按照许可的目的，行政许可可分为下述种类[②]：保障公共安全的许可，保证人民健康的许可，维护社会良好风尚的许可，维护交通安全的许可，保护重要资源和生态环境的许可，调控进出口贸易的许可，加强城市管理的许可，保护当事人合法权益的许可，发展国民经济的许可等。

（2）根据行政管理的内容，行政许可可分为下述种类[③]：公安行政许可，工商行政许可，卫生行政许可，环保行政许可，农业行政许可，资源行政许可，交通行政许可，文化许可，城建许可等。

（四）行政许可的作用

行政许可作为一种制度，是国家行政管理中的主要手段之一。行政许可在现代国家中的作用可以从如下两个方面来认识：

1. 行政许可制度的积极作用

（1）有利于加强国家对社会经济活动进行宏观管理，实现从直接管理到间接管理的过渡，协调行政主体和行政相对人之间的关系。

（2）有利于保护广大消费者及人民大众的权益，制止不法经营，维护社会经济秩序和生活秩序。

（3）有利于保护并合理分配和利用有限的国力资源，搞好生态平衡，避免资源、财力及人力的浪费。

（4）有利于控制进出口贸易，发展民族经济，保持国内市场的稳定。

（5）有利于消除危害社会公共安全的因素，保障社会经济活动有一个良好的环境。

（6）完善和健全的行政许可制度，有利于防腐倡廉，保证行政机关依法行政，大大提高行政效率。

2. 行政许可制度的某些消极作用

行政许可制度在具有其积极作用的同时，也不可避免地存在一些消极作用，最主要的就是对竞争的抑制和滋生腐败。

许可是建立在普遍禁止的基础上的制度。被许可人一旦取得从事某项活动的资格和能力，有了法律的特殊保护，即使停滞不前，也不会马上产生危机感。而没有获得许可的那部分人，

---

① 所谓权利性行政许可和附义务的行政许可，只是着眼于其权利性的程度不同而进行的分类。

② 参见罗豪才主编：《行政法学》，169～170 页，北京，中国政法大学出版社，1989。

③ 参见王重高、贾金香编著：《行政法总论》，185～186 页，北京，中国政法大学出版社，1992；张尚鷟主编：《走出低谷的中国行政法学》，196 页，北京，中国政法大学出版社，1991。

即使不断进取，达到许可的标准条件，也会因对数额的客观限制等，无法再获得许可，与被许可人竞争。这种消极作用在商业竞争和职业资格许可方面尤其突出。另外，如果行政许可制度运用过滥、范围过宽，还会不当限制社会成员的活动，使社会发展减少动力、丧失活力。

正是由于行政许可有上述正、负两方面的效应，要通过对行政许可制度存在的客观社会条件进行认真、扎实的分析，更好地发挥其积极作用，避免或消除其负面效应。

（五）行政许可制度的基本原则

1. 许可法定的原则。包括：（1）行政许可设定法定。行政许可应当依照法定的权限设定、依照法定的范围设定、依照法定的程序设定。（2）行政许可实施法定。行政许可实施的主体法定、权限法定、条件法定、程序法定。

2. 行政许可公开原则。有关行政许可的规定应当公布；未经公布的，不得作为实施行政许可的依据。行政许可的实施和结果，除涉及国家秘密、商业秘密或者个人隐私的以外，应当公开。符合法定条件、标准的，申请人有依法取得行政许可的平等权利，行政机关不得歧视。行政许可必须实行一视同仁，特别是对于一般许可来说，必须平等地对待所有许可申请人。

3. 行政许可便民原则。便民原则的基本要求是：需要若干个行政机关批准的，设政府办事大厅；需要一个行政机关的若干部门批准的，实行“一个窗口对外”；需要上级行政机关批准，不要求重复提供申请材料；申请行政许可的条件和所需要的材料，必须在行政机关公布；申请人可以多种方式提出许可申请等。

4. 保护申请人程序性权利原则。为了保护申请人的实体性权利，要求行政许可机关必须保护申请人的以下程序性权利：陈述权、申辩权，要求听证权，申请行政复议权，提起行政诉讼权，要求国家赔偿权等。

5. 信赖保护原则。《行政许可法》第8条规定：公民、法人或者其他组织依法取得的行政许可受法律保护，行政机关不得擅自改变已经生效的行政许可。行政许可所依据的法律、法规、规章修改或者废止，或者准予行政许可所依据的客观情况发生重大变化的，出于公共利益的需要，行政机关可以依法变更或者撤回已经生效的行政许可。由此给公民、法人或者其他组织造成财产损失的，行政机关应当依法给予补偿。这是我国法律中第一次明确规定信赖保护原则。

6. 禁止转让原则。《行政许可法》第9条规定，依法取得的行政许可，除法律、法规规定依照法定条件和程序可以转让的外，不得转让。可见，我国行政许可法确立的是，以禁止转让为原则，以可以转让为例外。

7. 监督原则。《行政许可法》第10条规定，县级以上人民政府应当建立、健全对行政机关实施行政许可的监督制度，加强对行政机关实施行政许可的监督、检查。行政机关应当对公民、法人或者其他组织从事行政许可事项的活动实施有效监督。

（六）行政许可的设定、规定和实施机关

1. 行政许可的设定和规定

行政许可的设定是指在其他法规范尚未涉及某种行政许可，一定层级的规范性文件首次对该种行政许可的实施机关、对象范围、条件、程序、期限等作出创设性规定的活动。“设定”使某种行政许可从无到有，产生首次性规范。

行政许可的规定是指在上位法业已设定的行政许可事项范围内，一定层级的下位法对实施

该行政许可的有关事项作出进一步具体化规定的活动。“规定”使某种行政许可变得更加详细，更加具有可操作性，是对“设定”的具体化，而不是首次性规范。

（1）可以设定的事项及原则。现代国家一般都比较强调发挥市场配置资源的作用，因而将各类管理事务划分为可以设定行政许可的事项和不得（或者可以不）设定行政许可的事项。对于可以设定行政许可的各类事项，法律可以设定各类行政许可。

《行政许可法》第 12 条规定，下列事项可以设定行政许可：其一，直接涉及国家安全、公共安全、经济宏观调控、生态环境保护以及直接关系人身健康、生命财产安全等特定活动，需要按照法定条件予以批准的事项。其二，有限自然资源开发利用、公共资源配置以及直接关系公共利益的特定行业的市场准入等，需要赋予特定权利的事项。其三，提供公众服务并且直接关系公共利益的职业、行业，需要确定具备特殊信誉、特殊条件或者特殊技能等资格、资质的事项。其四，直接关系公共安全、人身健康、生命财产安全的重要设备、设施、产品、物品，需要按照技术标准、技术规范，通过检验、检测、检疫等方式进行审定的事项。其五，企业或者其他组织的设立等，需要确定主体资格的事项。其六，法律、行政法规规定可以设定行政许可的其他事项。

在上述所列可以设定的事项中，通过下列方式能够予以规范的，可以不设行政许可：其一，公民、法人或者其他组织能够自主决定的。其二，市场竞争机制能够有效调节的。其三，行业组织或者中介机构能够自律管理的。其四，行政机关采用事后监督等其他行政管理方式能够解决的。也就是说，即使是可以设定行政许可的事项，如果个人自身通过自律能够规范、通过市场竞争能够调节、社会组织能够规范的，国家即不介入；在国家介入时，如果能够通过事后监督规范的，即不设定行政许可。

（2）法律的设定权。全国人大及全国人大常委会的法律可以设定各类行政许可。

（3）行政法规的规定权和设定权。行政法规可以在法律设定的行政许可事项范围内对实施该行政许可作出具体规定；对于可以设定行政许可的事项，尚未制定法律的，行政法规可以设定行政许可。

自治区、直辖市人民政府对行政法规设定的有关经济事务的行政许可，根据本行政区域经济和社会发展情况，认为通过《行政许可法》第 13 条所列方式能够解决的，报国务院批准后，可以在本行政区域内停止实施该行政许可。

（4）国务院决定的设定权。必要时，国务院可以用发布决定的方式设定行政许可。实施后，除临时性行政许可事项外，国务院应当及时提请全国人大及其常委会制定法律，或者自行制定行政法规。

（5）地方性法规的规定权和设定权。对于可以设定行政许可的事项，已制定法律、行政法规的，地方性法规可以在法律、行政法规设定的行政许可事项范围内，对实施该行政许可作出具体规定。对于可以设定行政许可的事项，尚未制定法律、行政法规的，地方性法规可以设定行政许可。

（6）规章的规定权和设定权。规章可以在上位法设定的行政许可事项范围内，对实施该行政许可作出具体规定。

对于可以设定行政许可的事项，尚未制定法律、行政法规和地方性法规的，因行政管理的需要，确需立即实施行政许可的，省、自治区、直辖市人民政府规章可以设定临时性的行政许可。临时性的行政许可实施满一年需要继续实施的，应当提请本级人民代表大会及其常务委员会制定地方性法规。

(7) 对于地方性法规、政府规章设定许可的禁止性、限制性规定。地方性法规和省、自治区、直辖市人民政府规章，不得设定应当由国家统一确定的公民、法人或者其他组织的资格、资质的行政许可；不得设定企业或者其他组织的设立登记及其前置性行政许可。其设定的行政许可，不得限制其他地区的个人或者企业到本地区从事生产经营和提供服务，不得限制其他地区的商品进入本地区市场。

法规、规章对实施上位法设定的行政许可作出的具体规定，不得增设行政许可；对行政许可条件作出的具体规定，不得增设违反上位法的其他条件。

法律、法规和省、自治区、直辖市人民政府规章设定行政许可的，应当明确规定行政许可的实施机关、条件、程序、期限。

此外，法律、法规和省、自治区、直辖市人民政府规章以外的其他规范性文件一律不得设定行政许可。

(8) 设定许可的基本要求。设定行政许可，应当规定行政许可的实施机关、条件、程序、期限。

起草法律草案、法规草案和省、自治区、直辖市人民政府规章草案，拟设定行政许可的，起草单位应当采取听证会、论证会等形式听取意见，并向制定机关说明设定该行政许可的必要性、对经济和社会可能产生的影响以及听取和采纳意见的情况。

行政许可的设定机关应当定期对其设定的行政许可进行评价；对已设定的行政许可，认为通过《行政许可法》第 13 条所列方式能够解决的，应当对设定该行政许可的规定及时予以修改或者废止。

行政许可的实施机关可以对已设定的行政许可的实施情况及存在的必要性适时进行评价，并将意见报告该行政许可的设定机关。

公民、法人或者其他组织可以向行政许可的设定机关和实施机关就行政许可的设定与实施提出意见和建议。

2. 行政许可的实施机关

行政许可的实施机关是指根据行政相对人的申请，依法审查并作出决定准许或者不准许相对人从事某种活动或者实施某种行为的行政主体。我国行政许可的实施机关包括三类：

(1) 行政机关。行政机关作为行政许可的实施机关必须具备两个条件：其一，必须是具有行政许可权的行政机关。行政许可权并非任何行政机关都享有，必须是法律、法规、规章规定享有行政许可权的行政机关，方能实施行政许可。任何没有被法律、法规、规章赋予行政许可权的行政机关都不能实施行政许可。其二，必须是在法定职权范围之内实施行政许可。按照法律规定，不仅享有行政许可权的行政机关是有限的，即使享有行政许可权的行政机关也只能在其法定职权范围之内实施行政许可，而不能任意实施行政许可。任何不符合法定条件、期限、程序而实施的行政许可都不能达到预期的效果。

一般说来，实施行政许可的行政机关应该是法定的行政机关，但在特定情况下，经国务院批准，省、自治区、直辖市人民政府根据精简、统一、效率的原则，可以决定一个行政机关行使有关行政机关的行政许可权。① 这样的制度安排，既体现了原则性，又体现了灵活性；既限制了行政许可的任意性，又保证了行政许可的及时有效性。

---

① 实行垂直领导的行政机关和国家安全机关行使的行政许可权除外。

行政许可需要行政机关内设的多个机构办理的，该行政机关应当确定一个机构统一受理行政许可申请，统一送达行政许可决定。

行政许可依法由地方人民政府两个以上部门分别实施的，本级人民政府可以确定一个部门受理行政许可申请并转告有关部门分别提出意见后统一办理，或者组织有关部门联合办理、集中办理。

行政许可采取统一办理或者联合办理、集中办理的，办理的时间不得超过 45 日；45 日内不能办结的，经本级人民政府负责人批准，可以延长 15 日，并应当将延长期限的理由告知申请人。

（2）法律、法规授权的组织。被授权的组织实施行政许可，需要符合如下条件：

其一，具有管理公共事务职能，是有关组织接受授权而成为行政许可实施者的前提条件。换言之，没有管理公共事务职能的组织，不能成为法律、法规授权的行政许可实施者。

其二，必须经法律、法规授权。具有管理公共事务职能的组织并非自成立以来就当然享有实施行政许可的职权，只有经法律、法规授权，才能成为行政许可实施者。在这里，实施行政许可的授权只能由法律、法规（包括行政法规和地方性法规）授予，规章不具有该权能。

其三，具有管理公共事务职能的组织只能在法定授权范围内实施行政许可。超越授权范围而实施的行政许可不具有法律效力，该组织将承担因越权而带来的法律后果。

其四，具有管理公共事务职能的组织接受授权后，须以自己的名义实施行政许可。经法律、法规授权，该组织获得实施行政许可的主体资格，自然应以自己的名义实施行政许可，并对自己实施行政许可的行为承担相应的法律责任。

（3）受委托组织。行政机关除了在其法定职权范围内自行实施行政许可外，在一定条件下，也可以委托其他行政机关实施行政许可。这种合法、有效的委托应具备下列条件：

其一，必须在其法定职权范围内，依照法律、法规、规章的规定，方可委托其他行政机关实施行政许可。其二，委托机关应当将受委托行政机关和受委托实施行政许可的内容予以公告。其三，委托行政机关必须对受委托行政机关实施行政许可的行为负责监督，并对该行为的后果承担法律责任。其四，受委托行政机关只能在委托范围内以委托行政机关的名义实施行政许可，不得以自己的名义，也不得另行委托其他组织或者个人实施行政许可。

（七）行政许可的实施程序

根据《行政许可法》的规定，实施行政许可的程序包括如下步骤：

1. 提出申请

行政许可是依申请的行政行为，因此，公民、法人或者其他组织的活动，依法需要获得行政许可的，应当向有权行政机关或者被授权组织（以下简称“相应行政主体”）提出申请。申请书需要采用格式文本的，相应行政主体应当向申请人提供行政许可申请书格式文本，申请书格式文本中不得包含与申请行政许可事项没有直接关系的内容。相应行政主体应当将法律、法规、规章规定的有关行政许可的事项、依据、条件、数量、程序、期限、费用以及需要提供的全部材料和申请书示范文本等在办公场所公示；申请人要求相应行政主体对公示内容予以说明、解释的，相应行政主体应当说明、解释，提供准确、可靠的信息。

相应行政主体应当建立和完善有关制度，推行电子政务，在相应行政主体的网站上公布行政许可事项，方便申请人采取数据电文等方式提出行政许可申请；应当与其他相应行政主体共享有关行政许可信息，提高办事效率。

行政许可申请可以通过信函、电报、电传、传真、电子数据交换和电子邮件等方式提出。申请人可以委托代理人提出行政许可申请，但是，依法应当由申请人到相应行政主体办公场所提出行政许可申请的除外。

申请人申请行政许可，应当如实向相应行政主体提交法律、法规、规章规定的有关材料，如实反映情况，并对申请材料实质内容的真实性负责。相应行政主体不得要求申请人提交与其申请的行政许可事项无关的技术资料和其他材料。

2. 受理

相应行政主体收到申请人提交的行政许可申请后，对申请人所提供的申请及附加材料必须认真地进行要件审查（形式审查），并根据下列情况分别作出处理：

（1）申请事项依法不需要取得行政许可的，应当即时告知申请人不受理；（2）申请事项依法不属于本行政主体职权范围的，应当即时作出不予受理的决定，并告知申请人向有关行政主体申请；（3）申请材料存在可以当场更正的错误的，应当允许申请人当场更正；（4）申请材料不齐全或者不符合法定形式的，应当当场或者在 5 日内一次告知申请人需要补正的全部内容，逾期不告知的，自收到申请材料之日起即为受理；（5）申请事项属于本行政主体职权范围，申请材料齐全、符合法定形式，或者申请人按照本行政主体的要求提交全部补正申请材料的，应当受理行政许可申请。

相应行政主体受理或者不予受理行政许可申请，应当出具加盖本行政主体专用印章和注明日期的书面凭证。

3. 审查

相应行政主体受理行政许可申请后，应当对有关申请材料进行书面审查（内容审查）。根据法定条件和程序需要对申请材料的实质内容进行核实的，相应行政主体应当指派两名以上工作人员进行核查。

依法应当先经下级行政机关审查后报上级行政机关决定的行政许可，下级行政机关应当在法定期限（自其受理行政许可申请之日起 20 日）内审查完毕。下级行政机关审查并签署意见后，应当将初步审查意见和全部申请材料直接报送上级行政机关审核、决定。但是，法律、法规另有规定的，依照其规定。上级行政机关不得要求申请人重复提供材料。

行政主体对行政许可申请进行审查时，发现行政许可事项直接关系到第三人重大利益的，应当告知该利害关系人。申请人、利害关系人有权进行陈述和申辩。行政机关应当听取申请人、利害关系人的意见，并对其提出的理由和依据进行复核。

4. 决定

经对行政许可审查进行审查，对申请人提交的申请材料齐全、符合法定形式，依法不需要对行政许可申请作实质性审查、核实，能够当场作出决定的，相应行政主体应当当场作出是否准予行政许可的书面决定。

除前述可以当场作出行政许可决定的以外，相应行政主体应当自受理行政许可申请之日起 20 日内作出是否准予行政许可的决定；20 日内不能作出决定的，经本单位负责人批准，可以延长 10 日，但是应当将延长审查期限的情况告知申请人。依法可以采取统一办理或联合办理、集中办理行政许可的，办理的时间不得超过 45 日；45 日内不能办结的，经本级人民政府批准，可以延长 15 日，但是也应当将延长审查期限的情况告知申请人。

申请人申请符合法定形式和标准的，相应行政主体应当依法作出准予行政许可的书面决定。

对有数量限制的行政许可，两个或两个以上申请人的申请均符合法定条件和标准的，相应行政主体应当根据受理行政许可申请的先后顺序作出准予行政许可的决定，但是，法律、行政法规规定有优先顺序以及依法应当采用招标、拍卖等公平竞争方式择优作出准予行政许可的决定的，应当按照有关规定办理。

相应行政主体作出准予行政许可的决定，需要颁发行政许可证件的，应当自作出行政许可决定之日起10日内向申请人颁发、送达加盖本单位印章的下列行政许可证件：许可证、执照或者其他许可证书；资格证、资质证或者其他合格证书；行政机关的批准文件或者证明文件；法律、法规规定的其他行政许可证件。相应行政机关实施检验、检测、检疫的，可以在检验、检测、检疫合格的设备、设施、产品、物品上加贴标签或者加盖检验、检测、检疫印章。基于相应行政主体的行政许可，申请人就获得了从事该项活动的权利。

法律、行政法规设定的行政许可，其适用范围没有地域限制的，申请人取得的行政许可在全国范围内有效。相应行政机关作出的准予行政许可决定，应当予以公开，公众有权查阅。

依法应当先经下级行政机关审查同意后报上级行政机关决定的行政许可，各行政机关应当自受理行政许可申请之日起或者自收到下级行政机关报送的初步审查意见和全部申请材料之日起20日内办结。

相应行政主体依法作出不予行政许可的书面决定时，应当说明不予行政许可的理由、依据，并告知申请人享有依法申请行政复议或者提起行政诉讼的权利。

相应行政主体拒绝行政许可或者超过法定期限，既不作出决定，又不向申请人说明理由的，除法律、法规规定视为许可的以外，申请人可以依法申请行政复议或者提起行政诉讼。

5. 听证

行政许可的听证有三种启动形式：其一是法律、法规、规章规定实施行政许可应当听证的事项，相应行政机关应当向社会公告，并举行听证。其二是相应行政机关认为需要听证的其他涉及公共利益的重大行政许可事项，相应行政机关应当向社会公告，并举行听证。其三是行政许可直接涉及申请人与他人之间重大利益关系的，相应行政机关在作出行政许可决定前，应当告知申请人、利害关系人享有要求听证的权利；申请人、利害关系人在被告知听证权利之日起5日内提出听证申请的，相应行政机关应当在20日内组织听证。无论是哪种形态的听证，申请人、利害关系人均不承担行相应行政机关组织听证的费用。

行政许可听证按照如下程序进行：

（1）申请人或者利害关系人要求听证应在被告知有权要求听证之日起5日内提出听证申请；（2）相应行政主体应当于举行听证的7日前将举行听证的时间、地点通知申请人、利害关系人，必要时予以公告；（3）除涉及国家机密、商业秘密或者个人隐私的外，听证应当公开举行；（4）相应行政主体应当指定审查该行政许可申请的工作人员以外的人员为听证主持人，申请人、利害关系人认为主持人与该行政许可事项有直接利害关系的，有权申请回避；（5）举行听证时，审查该行政许可申请的工作人员应当提供审查意见的证据、理由，申请人、利害关系人可以提出证据，并进行申辩和质证；（6）听证应当制作笔录，听证笔录应当交听证参加人员确认无误后签字或者盖章。

行政主体应当根据听证笔录，作出行政许可决定。

6. 变更

行政相对人从事许可活动的过程中，随着时间的推移和事态的发展，对行政许可可能会产生新的要求，从而需要变更原来的行政许可。这时，被许可人要求变更行政许可事项的，应当向作出行政许可决定的相应行政主体提出变更申请；对于符合法定条件、标准的，相应行政主体应当依法办理变更手续。

7. 延续

行政许可通常是有一定期限的，超过有效期限，原来被许可的事项便成为法律所禁止的事项，行政相对人不得继续从事该事项的活动。因此，当行政许可期限即将届满，而行政相对人仍然需要继续开展被许可的活动时，就必须延展行政许可的期限。被许可人需要延续依法取得的行政许可的有效期的，应当在行政许可有效期届满 30 日前向作出该行政许可决定的相应行政主体提出申请。但是，法律、法规、规章另有规定的，依照其规定。相应行政主体应当根据被许可人的申请，在该行政许可有效期届满前作出是否准予延续的决定；逾期未作决定的，视为准予延续。

8. 实施行政许可的特别程序

《行政许可法》在规定前述实施行政许可的一般程序的基础上，以“特别规定”的形式，对实施行政许可的特别程序规定了如下几种形态：

（1）特别规定的优先适用。实施行政许可的程序，在《行政许可法》“特别规定”中有规定的，适用该规定；在“特别规定”中没有规定的，适用前述一般程序的其他有关规定。国务院实施行政许可的程序，适用有关法律、行政法规的规定。换言之，国务院实施行政许可的程序，不适用《行政许可法》所规定的程序。

（2）特许程序。对于有限自然资源开发利用、公共资源配置以及直接关系公共利益的特定行业的市场准入等需要赋予特定权利的事项实施行政许可，相应行政主体应当通过招标、拍卖等公平竞争的方式作出决定。但是，法律、行政法规另有规定的，依照其规定。

相应行政主体通过招标、拍卖等方式作出行政许可决定的具体程序，依照有关法律、行政法规的规定。相应行政主体按照招标、拍卖程序确定中标人、买受人后，应当作出准予行政许可的决定，并依法向中标人、买受人颁发行政许可证件。

相应行政主体违法不采用招标、拍卖方式，或者违反招标、拍卖程序，损害申请人合法权益的，申请人可以依法申请行政复议或者提起行政诉讼。

（3）认可程序。广义上的认可事项，包括对自然人的资格认可和对法人或者其他组织的资格、资质认可两类。

对自然人的资格认可事项，即对于提供公众服务并且直接关系公共利益的职业、行业，需要确定具备特殊信誉、特殊条件或者特殊技能等资格、资质的事项，相应行政主体应当举行统一考试，根据考试成绩和其他法定条件作出是否予以认可的行政许可决定。赋予法人或者其他组织特定的资格、资质的，相应行政主体根据申请人的专业人员构成、技术条件、经营业绩和管理水平等的考核结果作出是否予以认可的行政许可决定。但是，法律、行政法规另有规定的，依照其规定。

公民特定资格的考试依法由行政机关或者行业组织实施，公开举行。行政机关或者行业组织应当事先公布资格考试的报名条件、报考办法、考试科目以及考试大纲，但是，不得组织强制性的资格考试的考前培训，不得指定教材或者其他助考材料。

（4）核准程序。对于直接关系公共安全、人身健康、生命财产安全的重要设备、设施、产品、物品，需要按照技术标准、技术规范，通过检验、检测、检疫等方式进行审定的事项实施行政许可的，相应行政主体应当按照技术标准、技术规范依法进行检验、检测、检疫，并根据检验、检测、检疫的结果作出是否予以核准的行政许可决定。

相应行政主体实施检验、检测、检疫，应当自受理申请之日起5日内指派两名以上工作人员按照技术标准、技术规范进行检验、检测、检疫。不需要对检验、检测、检疫结果作进一步技术分析即可认定设备、设施、产品、物品是否符合技术标准、技术规范的，相应行政主体应当当场作出是否予以核准的行政许可决定。

相应行政主体根据检验、检测、检疫结果，作出不予核准的行政许可决定的，应当书面说明不予核准行政许可所依据的技术标准、技术规范。

（5）登记程序。对企业或者其他组织的设立等需要确定主体资格的事项实施行政许可，申请人提交的申请材料齐全、符合法定形式的，相应行政主体应当当场予以登记。需要对申请材料的实质内容进行核实的，相应行政主体应当在指派两名以上工作人员进行核查的基础上，作出是否予以登记的决定。

（6）先申请主义。先申请主义，也是行政许可一般程序的重要组成部分，是行政许可公平、公正、平等原则的重要体现。作为“特别规定”之一，《行政许可法》明确规定，有数量限制的行政许可，两个或者两个以上申请人的申请均符合法定条件、标准的，相应行政主体应当根据受理行政许可申请的先后顺序作出准予行政许可的决定，但是，法律、行政法规另有规定的，依照其规定。

（八）行政许可的撤销、注销与中止

经上述程序获得主管行政机关或授权组织批准的行政许可受法律保护，具有证明力、公定力和拘束力，非因法定事由并经法定程序，被许可人的权利不被剥夺或者限制，行政主体亦不得擅自改变已经生效的行政许可。但是，行政许可的效力也会由于某些情况的出现而发生变化。

1. 行政许可的撤销

有下列情形之一的，作出行政许可决定的相应行政机关或者其上级行政机关，根据利害关系人的请求或者依据职权，可以撤销行政许可：（1）相应行政主体的工作人员滥用职权、玩忽职守作出准予行政许可决定的；（2）超越法定职权作出准予行政许可决定的；（3）违反法定程序作出准予行政许可决定的；（4）对不具备申请资格或者不符合法定条件的申请人准予行政许可的；（5）依法可以撤销行政许可的其他情形。

依照上述规定撤销行政许可，被许可人的合法权益受到损害的，相应行政主体应当依法给予赔偿。被许可人以欺骗、贿赂等不正当手段取得行政许可的，应当予以撤销，被许可人基于该行政许可取得的利益不受保护。

符合上述情形，但有下列情形之一的行政许可，不得撤销：（1）撤销行政许可，可能对公共利益造成重大损害的；（2）被许可人既没有以欺诈、胁迫、贿赂手段取得行政许可，也没有因对申请中的重大事项向相应行政主体提供虚假材料而获得行政许可；并且其基于行政许可取得的利益明显大于撤销行政许可所要维护的公共利益的。

2. 行政许可的注销（废止）

有下列情形之一的，相应行政主体应当依法办理有关行政许可的注销手续：

（1）行政许可有效期届满未延续的；（2）赋予公民特定资格的行政许可，该公民死亡或者丧失行为能力的；（3）法人或者其他组织依法终止的；（4）行政许可依法被撤销、撤回，或者行政许可证件依法被吊销的；（5）因不可抗力导致行政许可事项无法实施的；（6）法律、法规规定的应当注销行政许可的其他情形。

行政许可自注销之日起，不再生效，即行政许可的注销，效力不溯及既往，在注销日以前，仍为有效。

3. 行政许可的中止

行政许可的中止是指行政许可暂时失去法律效力。引起行政许可中止的最重要原因之一，是被许可人有违法行为，相应行政主体为制止或者惩罚被许可人的违法行为而采取一系列行政措施。只有在违法行为等停止、消除或者相应行政主体实现了对被许可人的惩罚后，行政许可才恢复其法律效力。

4. 对于撤销、注销和中止行政许可的救济

相应行政主体依法撤销行政许可，被许可人或者其他利害关系人的合法权益因此而受到损害的，尽管行政许可的撤销是合法的，是符合公共利益的，但是，被许可人和其他利害关系人仍有权请求得到相应的补偿，相应行政主体应当依法给予补偿。当然，因被许可人以欺诈、胁迫、贿赂等不正当手段而取得的行政许可被撤销的，被许可人基于该行政许可所取得的利益不受保护。

对于行政许可的撤销、注销与中止不服的，同样适用申请行政复议和提起行政诉讼的规定。相应行政主体发现行政相对人有依法应给予责令停业停产、吊销许可证或者执照等行政处罚的，必须全面、客观、公正地调查，收集有关证据，必要时，依照法律、法规的规定，可以进行检查。在作出有关行政处罚决定之前，应当告知当事人作出行政处罚决定的事实、理由和证据，并告知当事人依法享有的权利。当事人要求听证的，相应行政主体应当组织听证。[①] 特别是基于相应行政主体及其公务员的过错作出的行政许可被撤销时，行政相对人的利益保护问题应当优先考虑，使其相应的损失得到补偿。

二、行政征收

（一）行政征收的含义

行政征收是指行政主体基于国家利益或者公共利益的需要，依法向行政相对人强制地取得税、费以及土地、企业等其他财产权益的行政行为。

（二）行政征收的特征

行政征收一般具有以下特征：

1. 强制性

行政征收机关实施行政征收行为，实质上是履行国家赋予的征收权，这种权力具有强制他人服从的效力。因此，实施行政征收行为，不需征得相对人的同意，甚至可以在违背相对人意志的情况下进行。征收的对象、内容、数额及具体征收的程序，完全由行政机关依法确定，无须与相对人协商一致。行政相对人必须服从行政征收命令，否则，应承担一定的法律后果。

2. 形式多样性

如上述定义所示，行政征收是一个复合概念，表现为多种不同的形态，不同形态的行政征收在属性上存在一定的差异性。

---

① 参见《行政处罚法》第31条、第36条、第42条。

3. 无偿性和相应的补偿性

有些行政征收具有鲜明的无偿性。国家为了完成其职能、维护其统治，必须耗用一定的物质资财，而作为凌驾于社会生产之上的管理机构的国家行政机关，其本身并不直接从事生产、创造财富，因而，只有凭借国家行政权力，通过行政征收来取得所需物质资财。行政相对人的财产一经国家征收，其所有权就转移为国家所有，成为国家财产的一部分，由国家负责分配和使用，以保证国家财政开支的需要。一般而言，行政征收必须是无偿的，是财产的单向流转，无须向被征收主体偿付任何补偿，否则，便不能真正满足国家的需要。

有些行政征收具有相应的补偿性。当行政征收不是面向社会普遍地实施，而是仅针对特定的人并使得特定的相对人遭受特别损失时，就需要给予相应的补偿。这就使得某些行政征收具有相应的补偿性。

4. 法定性

行政征收直接指向的是行政相对人的经济利益，其强制性和无偿性，决定了其对相对人的权益始终都具有侵害性。即使给予相应的补偿，行政征收往往也难免具有一定的侵害性。因此，为了确保行政相对人的合法权益不受违法行政征收行为的侵害，必须确立行政征收法定的原则。将行政征收的整个过程纳入法律调整的范围，使具体的行政征收行为受相对稳定的法律支配，使行政征收项目、行政征收金额、行政征收机关、行政征收相对人、行政征收程序都有法律上的明确依据，是现代行政特别是侵益行政行为所必须遵循的原则。只要没有法律根据，任何擅自决定征收的行为，都是侵害相对人的合法权益的侵权行为。

5. 先定性和固定性

行政征收是行政主体按照法律、法规预先确定的原则和标准，强制地、无偿地取得财政收入和在予以补偿的前提下强制地取得相关财产权益的手段，具有明显的先定性和固定性，表现为极强的羁束性。

（三）行政征收的种类

目前我国行政征收体制主要由税的征收、费的征收、土地征收、企业征收等制度组成。

1. 税的征收

税，亦称税收。税的征收，是国家税收机关依法强制地、无偿地取得财政收入的一种手段。按照征税对象的不同，税收可分为流转税、资源税、收益（所得）税、财产税和行为税5种。按照税收支配权的不同，可分为中央税、地方税和中央、地方共享税。国家通过对各种税的征管，达到调节资源分配和收入分配、各行各业协调发展的目的。通过对中央税、地方税和中央、地方共享税的合理分配，兼顾中央和地方的利益，有利于市场经济条件下宏观调控的实施。

税收只能由国家特定的行政机关——税务机关及海关负责征收。税收一经征收入库，就为国家所有，不管是什么税种，都处于国家整体支配之中，通过国家预算支出，统一用于社会各方面的需要，在整个国家活动中体现出“取之于民，用之于民”的宗旨，而不是直接返还给纳税人或者用于税收项目。

2. 费的征收

费，即各种社会费用。费的征收，是一定行政机关为行政相对人提供一定的公益服务，或授予国家资源和资金的使用权而收取的代价。目前，我国的各种社会费用主要有公路运输管理费、车辆通行费、港口建设费、排污费、河道工程修建维护管理费和教育费附加等。

无论征收何种社会费用，都必须严格依法进行，不得自立名目、擅自订立征收标准。各种社会公益费用，由从事该方面服务的行政机关负责征收，遵循专款专用、列收列支、收支平衡的原则，以收取部门提供一定的专门公益服务为前提而用于其自身开支，或者将此项收费专门用于特定的社会公益事业，以直接为被征收人提供更好的公益服务。

3. 土地征收

土地征收是指行政主体根据公共利益的需要，强制地取得土地所有权并给予补偿的行政行为。

我国 2004 年《宪法修正案》明确规定："国家为了公共利益的需要，可以依照法律规定对土地实行征收或者征用并给予补偿"，改变了 1982 年《宪法》原第 10 条第 3 款仅规定"国家为了公共利益的需要，可以依照法律规定对土地实行征用"的规定方法。这一规定有两方面的意义：其一是将原来的土地征用制度分解、扩展为土地征收和征用制度，这就意味着相关法律需要确立与之对应的制度。其二是明确规定"并给予补偿"，使得在《土地管理法》颁布后甚至更早时期就一直实行的土地补偿制度获得了明确的宪法依据。

2004 年修改的《土地管理法》对《宪法修正案》关于征收或者征用土地并给予补偿的制度予以确认，明确规定："国家为了公共利益的需要，可以依法对土地实行征收或者征用并给予补偿。"虽然从理论上可以将征收和征用区别开来——征收改变了所有权、征用只改变使用权，《土地管理法》中也分别使用了"征收"和"征用"两个术语，但是，该法并未对征收和征用作出明确的概念界定和区分，也未在将征收和征用加以明确区分的基础上分别规定补偿制度。实质上，我国立法实务界与行政法学理论界长期沿用的所谓"土地征用"概念，并不是"只改变使用权"的土地取得制度，而是改变所有权的土地取得制度。换言之，一直以来人们所理解的"土地征用"制度实质上应是这里所说的"土地征收"制度。在这层意义上，土地收用补偿制度并非始于 2004 年《宪法修正案》及当年修改的《土地管理法》。

2011 年国务院颁布了《国有土地上房屋征收与补偿条例》，明确"为了公共利益的需要，征收国有土地上单位、个人的房屋，应当对被征收房屋所有权人（以下称被征收人）给予公平补偿"。比较国务院 1991 年颁布的《城市房屋拆迁管理条例》，新条例明确了房屋征收必须以"公共利益"为前提，细化了房屋征收的程序和步骤，通过明确补偿标准、补助和奖励措施，保护被征收人的利益。

4. 企业征收

企业征收是指国家根据社会公共利益的需要，强制地取得中外合资经营企业、外资企业等的所有权的行政征收行为，是企业国有化的一种重要途径和形态。

根据《中外合资经营企业法》第 2 条第 3 款、《外资企业法》第 5 条的规定，国家对中外合资经营企业、外资企业不实行国有化和征收；在特殊情况下，根据社会公共利益的需要，对中外合资经营企业、外资企业可以依照法律程序实行征收，并给予相应的补偿。

5. 其他财产的征收

2004 年《宪法修正案》明确规定："国家为了公共利益的需要，可以依照法律规定对公民的私有财产实行征收或者征用并给予补偿。"所谓"对公民的私有财产实行征收或者征用"，当然包括前述诸种形态，除此之外还有"依照法律规定"而确立的其他情形。不过，除上述几种类型的行政征收外，对公民的私有财产实行征用的情形更多一些。关于行政征用的问题，本书将在后面设专项进行讨论。

（四）行政征收法律关系主体

1. 征收主体

行政征收的主体只能是行政机关。但是，在具体的行政征收中，哪一个行政机关成为某一特定征收对象的行政征收主体，则由法律予以规定。

根据有关法律规定，行政征收中的各种税收，除关税由海关征收外，其余均由国家税务机关组织征收。我国现行税务行政机关的组织体系大致是：在中央财政部设税务总局，省、直辖市、自治区分别设税务局，县、市设税务局，县以下设税务所，大中城市的区或街道可设税务分局，承担具体的税务征收工作。[①]

海关是代表国家对进出境的货物、物品征收关税，代征消费税和增值税的国家行政机关，也是依《海关法》《进出口关税条例》以及《海关进出口税则》的授权，对进出境货物、物品征收税的征收主体。

国家交通行政机关依照有关法律、法规征收某种与交通有关的社会发展费用，因而成为行政征收的主体。

根据有关法律的授权，环保机关以及地方各级人民政府都可以成为相应的社会发展费用的行政征收主体。

2004 年 8 月 28 日第十届全国人大常委会第十一次会议通过《关于修改〈中华人民共和国土地管理法〉的决定》，将部分有关“国家征用的原属于农民集体所有的土地”的条款中的“征用”改为“征收”，确立了“国家征收”制度，于是，国家是土地征收主体，而县级以上各级人民政府均可以成为土地征收的批准主体。

企业征收亦是国家征收，而其具体实施主体需根据相应的法律规定而定。

行政征收主体通过一定程序完成行政征收，实质上是依据行政征收行为而建立的行政征收法律关系双方主体间的权利和义务而进行的。

2. 被征收主体

在行政征收法律关系中，与行政征收主体相对应的另一方主体即被征收主体，由于行政征收种类的不同，各被征收主体的权利、义务有所不同。

在税收征管和费的征收法律关系中，被征收主体即缴纳主体，是指按照有关法律、法规的规定直接负有缴纳税款或其他款项义务的公民、法人或者其他组织。每一项具体征收的税和费，都有具体的缴纳义务主体，只要符合相关法规范所规定的条件，就必须依法履行缴纳义务，否则，应承担相应的法律后果。

税和费自身的特性，决定了税收征管和费的征收法律关系中的缴纳主体具有相当的广泛性。根据有关法律规定，国有企业、集体所有制企业、中外合资经营企业、外资企业和外国企业、行政机关和事业单位、个体工商户、专业户和一般公民个人，在符合一定条件时均可能成为缴纳主体。

行政征收主体与缴纳主体之间的关系是管理与被管理的关系，在具体的征收活动中，征收主体总是以管理者的身份出现的，而缴纳主体始终处于被管理者的地位。缴纳主体作为被管理者，并不意味着在行政征收过程中完全处于被动的地位，而是有权依法向征收主体主张自己的

---

① 在地方，除设有从属于国家税务总局的国税系统外，还设有主管地方税收的地方税系统。参见 1994 年 1 月 1 日起施行的《国务院关于实行分税制财政管理体制的决定》。

权利。

在土地征收法律关系中，征收对象是“农民集体所有的土地”，因此，被征收主体只能是该土地的所有者“农民集体”，包括村集体经济组织、村民委员会或者村民小组，乡（镇）农村集体经济组织。土地征收法律关系中被征收主体的“集体”属性，使得相关权利义务关系往往具有较强的复杂性，各方面的权益保障和利益均衡尤为必要。

企业征收的被征收主体具有相对的特定性，即只有那些“在特殊情况下”符合相应法律规定的中外合资经营企业、外资企业才会成为被征收主体。

（五）行政征收的原则

1. 行政征收法定原则

在现代法治社会，国家根据其政治权力进行各种强行征收的权力，必须以全体人民的整体意志——国家法律予以确定，将行政征收的整个过程纳入法律调整的范围，使具体的行政征收行为受相对稳定的法律支配，使行政征收项目、行政征收金额、行政征收机关、行政征收相对人、行政征收程序都有法律上的明确依据。这是现代行政特别是侵益行政行为所必须遵循的原则。任何没有法律根据，擅自决定征收的行为，都是侵害相对人的合法权益的侵权行为。

2. 行政征收公平负担与受益者负担原则

行政征收公平负担与受益者负担原则，是指所有被征收主体的法律地位一律平等，依照法律、法规的规定享有权利，承担义务，实行被征收负担的公平分配和受益者负担相结合，兼顾形式正义和实质正义的原则。

3. 行政征收公开、公平、公正原则

行政征收必须贯彻负担公平的原则，不得有所偏袒。有关主体必须定期公开行政征收状况，接受权力机关以及广大民众的监督，接受被征收主体的监督。行政征收必须坚持公正的原则，即行政征收的设定必须适度合理，行政征收的实施必须适当得体，在充分尊重被征收主体利益和为被征收主体提供充分便利的基础上实施。坚持公开的原则，目的在于实现负担公平和公正征收。但是，行政征收的详细资料，往往牵涉到被征收主体的商业秘密和个人隐私，因而必须采取相应的保守秘密的措施，建立相应的制度。

4. 行政征收效率原则

行政征收效率原则包括两层含义，即行政征收的社会经济效益原则和征管效率原则。行政征收的社会经济效益原则，是指行政征收的设定和实施应当有利于资源的优化配置和市场经济体制的有效运行，维护社会秩序的稳定，维护和改善人类赖以生存的自然环境等生态平衡，促进经济效益的提高和市场经济的发展。社会经济效益原则要求政府在通过法律、法规设计行政征收制度时，对征收的结构、种类、手段乃至征收主体的权力划分、被征收主体的范围确定、征收范围、标准和程度的确定等方面，充分尊重市场经济的内在规律要求和国家职能的合理定位，做到既能发挥行政征收优化资源配置的功能，避免市场经济的自发性和盲目性等“市场失灵”对资源分配造成的负面影响，又不至于造成过分干预和损害市场的资源配置功能。行政征收的征管效率原则，是指行政征收的设定和实施，应当有利于降低征收主体和被征收主体双方在行政征收过程中所耗费的成本，或者在同样成本基础上提高征收产出。

5. 行政征收确保财政收入、促进社会经济的可持续发展的原则

税和费的行政征收是确保国家财政收入的重要途径和手段，因而必须及时、足额征收。如果行政征收制度所设定的征收种类和比率长期不能满足国家财政支出的需要，往往会导致国家

财政收入的无序化，并可能引发一系列社会问题，而行政征收的公平负担原则和效率原则以及法定原则等也就失去了其应有的意义和功能。因此，行政征收必须坚持确保财政收入的原则。并且，行政征收在确保能够满足国家财政需要的同时，还必须承认弹性的原则，即随着社会经济形势的变化而灵活调整征收结构、范围和比率，尤其是要始终坚持征收的适度合理，以保障稳定的征收源。

土地征收必须坚持保护、开发土地资源与合理利用土地相结合，促进社会经济的可持续发展的原则。

6. 行政征收尊重个人和组织财产权原则

无论是哪种类型的行政征收，都是典型的侵益行政行为。为了避免违法地侵害个人和组织的财产权，必须确立尊重个人和组织财产权的原则。不仅行政征收主体要严格按照法定范围、标准、条件和程序进行行政征收，而且国家应通过法律设定必要的监督和救济途径。

（六）行政征收的程序——以税收征收程序为例

1. 行政征收事项的登记

凡从事依法应实施行政征收的有关活动的，无论是公民个人，还是法人或其他组织，都应向行政征收主体进行征收事项的登记，如税务登记：《税收征收管理法》第二章第一节规定，凡按税法规定应该纳税的主体，不论企业规模大小，在开业时都应持批准开业的证书，到所在地税务机关办理税务登记。登记的主要项目有：企业性质、经营行业、主要产品和品种、从业人数、开业日期、固定资产总额、流动资金总额等。若在企业经营期间更改名称、改变经营业务种类、歇业、改组、合并等，也应到税务机关登记。如果迁移营业地址，则应到迁往所在地的税务机关重新办理登记。

行政征收事项的登记，目的在于通过对征收事项申请登记，为征收管理工作积累资料，使国家行政征收机关掌握应征收的款源。对于不按规定办理有关行政征收事项登记的缴纳主体，行政征收主体有权予以批评教育；情节严重的，可以给予相应的行政处罚。

2. 缴纳鉴定

缴纳鉴定，是行政征收机关依据有关法律和缴纳主体的实际情况，对缴纳主体应缴纳款项的种类、比率、缴纳环节、征收依据、缴纳方式等进行的鉴定，如纳税鉴定：税务专管人员和企业财务会计人员共同制定纳税鉴定表，由税务机关审查批准，正式下达给企业，作为双方办理税务的依据。如遇国家税法有变动，应由税务机关及时下达“纳税事项变动通知书”。

3. 缴纳申报

缴纳申报，是缴纳主体履行缴纳义务的必经手续，缴纳主体应按有关法律、法规的规定，按期向行政征收机关进行缴纳申报。①

4. 款项征收

款项征收，即各级行政征收机关依法向缴纳主体征收各种税和各种社会费用，将应收款项及时、足额地收齐，把已收款项及时解缴入库。款项征收是行政征收的最后程序，它直接涉及各缴纳主体的利益和国家、社会公共利益的平衡关系，因此要特别严格地遵守法律、法规和有

① 例如，纳税申报，《税收征收管理法》第二章第三节规定：纳税人必须依照法律、行政法规规定或者税务机关依照法律、行政法规的规定确定的申报期限、申报内容如实办理纳税申报，报送纳税申报表、财务会计表以及税务机关根据实际需要要求纳税人报送的其他纳税资料（同法第25条第1款）。

关规章制度，确保各种款项安全地汇入国库和用于社会发展。征收机关依法征收税和费，不得违反法律、行政法规的规定开征、停征、多征、少征、提前征收、延缓征收或者摊派税和费的款项。①

三、行政征用

（一）行政征用的含义

行政征用是指行政主体根据国家和公共利益的需要，强制地取得相对人的财产使用权或者劳务，并给予相应补偿的行政行为。

（二）行政征用的种类

1. 土地征用

土地征用是指国家为了公共利益的需要，强制地取得集体经济组织所有土地和全民所有土地的使用权并给予补偿。

我国实行土地的社会主义公有制，即全民所有制和劳动群众集体所有制。② 根据 2004 年《宪法修正案》的规定，国家为了公共利益的需要，可以依法对土地实行征收或者征用并给予补偿。2004 年修改的《土地管理法》也作出了同样的规定③，并对原来规定中相应部分的“征用”改为“征收”。这就确立了土地征收制度和土地征用制度并存的局面。长期以来，中国立法实务中乃至行政法学理论界视为“土地征用”的大部分内容被划归“土地征收”。与土地征收是指强制地取得劳动群众集体所有的土地所有权，使该土地权属转变为全民所有制不同，土地征用的对象既可以是劳动群众集体所有的土地使用权，也可以是全面所有的土地使用权。

2. 劳务征用

劳务征用是指行政主体基于国家和公共利益的需要，在突发事件等紧急情况下，强制地征集劳务并给予相应补偿的行政行为。例如，《防洪法》第 45 条第 1 款规定，在紧急防汛期，防汛指挥机构根据防汛抗洪的需要，有权在其管辖范围内调用人力。这里的“调用人力”就是劳务征用的一种形态。

3. 房屋、设备、交通运输工具等财产的征用

《国家安全法》第 9 条第 2 款规定：国家安全机关为维护国家安全的需要，必要时，按照国家有关规定，可以优先使用机关、团体、企业事业组织和个人的交通工具、通信工具、场地和建筑物，用后应当及时归还，并支付适当费用；造成损失的，应当赔偿。

（三）行政征用的特征

行政征用具有以下法律特征：

1. 强制性

为了确保公共利益的需要，行政征用具有鲜明的强制性。国家为了公共利益的需要而征用

① 参见《税收征收管理法》第 28 条。

② 参见《土地管理法》第 2 条第 1 款。

③ 参见《土地管理法》第 2 条第 4 款。

土地、劳务或者房屋等其他财产时，可以不问相关财产所有者是否愿意而予以征用。《土地管理法》第21条第5款规定："土地利用总体规划一经批准，必须严格执行。"第24条第2款规定："土地利用年度计划……一经审批下达，必须严格执行。"国家在防洪、防震减灾等领域实行的行政征用，其紧急事态等特殊背景决定了其具有高度的强制性，不容任何个人、组织阻挠，法律明确将紧急措施权授予有关主体。

2. 公益性

行政征用的强制性，是由其公共利益性所决定的，只有基于这种公共利益性，行政征用才可以付诸实施。通过行政征用，实现合理利用相关资源，应对各种复杂多变或者紧急的行政需要，有利于实现国家和社会公共利益。行政征用的公益性特征，决定了行政主体进行行政征用必须认真确认其公共利益目的性，不得基于商业目的或者为了私人利益而实施行政征用。当然，将公共目的和商业目的、公共利益和私人利益完全对立起来的做法是不可取的。所以，在这里需要强调的是，行政征用领域尤其需要确立利益均衡和成本—效益分析等价值判断的观念。

3. 一定的补偿性

无论哪种类型的行政征用，都不是无偿的，而具有一定的补偿性。如前所述，2004年《宪法修正案》规定了土地征用补偿制度和私有财产征用补偿制度。2004年《土地管理法》不仅在总则中确认了统一的土地征用补偿制度，而且在具体条款的构成上作出应对性修改。

行政征用因公共利益的需要而实施，一旦公共利益的需要实现，或者紧急状态已经结束，所征用的土地、房屋等财物首先要予以归还，其补偿性则体现在造成损坏或者无法归还的基础之上。

4. 法定性

行政征用的侵益性和强制性，决定了行政征用权的行使容易造成对被征用人或者其他利害关系人的侵害，因此，其法定性的要求较为严格。对土地、房屋等财物的征用以及对劳务的征用，都必须严格按照《土地管理法》《防洪法》《国家安全法》和《防震减灾法》等有关法律、法规的规定进行，做到行政征用主体合法，内容、程序和条件合法。

四、行政确认

（一）行政确认的含义

行政确认是指行政主体依法对行政相对人的法律地位、法律关系或有关法律事实进行甄别，给予确定、认定、证明（或否定）并予以宣告的具体行政行为。

（二）行政确认的特征

1. 行政确认行为的主体是行政主体

只有行政机关以及法律、法规授权的组织，针对行政法律规范规定的需确认的事项，依照法定的程序，根据法定的条件作出的确认行为才能称为行政确认。①

① 例如，《道路交通安全法》第73条规定：公安机关交通管理部门应当根据交通事故现场勘验、检查、调查情况和有关的检验、鉴定结论，及时制作交通事故认定书，作为处理交通事故的证据。交通事故认定书应当载明交通事故的基本事实、成因和当事人的责任，并送达当事人。这里实际确定了公安交通行政管理部门行使行政确认的权力。

2. 行政确认行为的内容或者目的是对行政相对人的法律地位和权利、义务的确定或者否定

行政确认行为的直接对象是那些与行政相对人的法律地位和权利、义务紧密相关的特定法律事实或法律关系。[①] 通过对这些对象进行法律、法规和规章所规定项目的审核、鉴别，确定行政相对人是否具备某种法律地位，是否享有某种权利，是否应承担某种义务。

3. 行政确认权是国家行政权的组成部分，行政确认行为是行政主体的行政行为

虽然行政确认与直接设定相对人权利、义务的行政行为有所区别，故许多学者将之归类为“准行政行为”，但不能否认的是，准行政行为也是行政行为的一种类型。行政确认行为中的行政主体往往处在平等主体当事人双方之间[②]，但是，行政主体的确认权不是源于当事人的自愿委托，而是直接来源于国家行政管理权，所以，行政确认行为是行政主体所为的具有强制力的行政行为，有关当事人必须服从，否则会受到相应的处罚。

在行政确认行为中，除土地所有权确认等直接规定行政相对人的法律地位和权利、义务的行为外，还有些行政确认行为属于技术鉴定，其本身并不直接规定行政相对人的权利、义务，但是，该鉴定的结论是决定行政相对人权利、义务的先决条件，也就是说，技术鉴定间接确定行政相对人的权利、义务。许多情况下，一般是首先有行政确认行为，然后才能据以作出有关处理决定。因此，技术鉴定也可归入行政行为。

4. 行政确认是要式行政行为

行政确认行为必须以书面形式作出，否则将难以产生预期的法律效力。

5. 行政确认是羁束性行政行为

行政确认是对特定法律事实或法律关系是否存在的宣告，行政主体没有或者说很少有自由裁量的余地，只能严格按照法律规定和技术鉴定规范进行。

（三）行政确认的内容

根据法律规范和行政活动的实际情况，行政确认的形式主要有确定、认定（认证）、证明、登记、批准、鉴证、鉴定等。[③] 2003 年《认证认可条例》明确规定：国家实行统一的认证认可监督管理制度。国家对认证认可工作实行在国务院认证认可监督管理部门统一管理、监督和综合协调下，各有关方面共同实施的工作机制。认证，是指由认证机构证明产品、服务、管理体系符合相关技术规范、相关技术规范的强制性要求或者标准的合格评定活动。认可，是指由认可机构对认证机构、检查机构、实验室以及从事评审、审核等认证活动人员的能力和执业资格予以承认的合格评定活动。这里所说的认证、认可，既是重要的行政许可形式，亦是行政确认的重要组成部分。各种形式的行政确认，其所确认的内容可分为两个方面，即法律事实和法律关系。

1. 法律事实的确认

行政确认中的法律事实，除具有一般法律事实的性质外，着重于强调其特定的确定管理相对人的法律地位和权利、义务的属性，即这些法律事实都与能否确认管理相对人的法律地位或权利、义务紧密相关，是一种特定的法律事实。对特定法律事实的确认，是行政确认中数量较多的部分，涉及的范围也较广，内容较复杂。概括而言，主要有以下内容：

---

① 例如，土地所有权确认的对象是土地，非法出版物的确认对象是书、期刊、报纸、音像制品，伤残等级的确认对象是伤残人的身体状况，产品质量的确认对象是工业产品等。

② 如土地所有权的确认、交通事故责任的确认等。

③ 参见罗豪才主编：《行政法学》，188～189 页，北京，北京大学出版社，1996。

（1）技术鉴定：包括计量鉴定、医疗事故鉴定、交通事故责任鉴定、专利技术鉴定、标准化鉴定、商标鉴定、产品质量鉴定、环保监测鉴定等。

（2）卫生检疫：包括食品卫生检验、动植物检疫、传染病监测、饮食业从业人员的健康检查、专项体检等。

（3）抚恤性质和等级的鉴定：包括伤残等级鉴定、因公、参战、作战牺牲的性质鉴定等。国家对因公、参战等致伤残及牺牲的人员实施抚恤制度。行政确认，就是对这些抚恤的性质和等级进行鉴定，以确认其应否享受和如何享受此种权利。

（4）公证。《公证法》第6条规定："公证机构是依法设立，不以营利为目的，依法独立行使公证职能、承担民事责任的证明机构。"公证机构虽然是承担民事责任的证明机构，但不是纯粹的民事机构，《公证法》对公证机构的设立规定了十分严格的程序条件：设立公证机构，要由所在地的司法行政部门报省、自治区、直辖市人民政府司法行政部门按照规定程序批准后，颁发公证机构执业证书。而且，担任公证员和公证机构负责人也存在严格的审查程序：担任公证员应当由符合公证员条件的人员提出申请，经公证机构推荐，由所在地的司法行政部门报省、自治区、直辖市人民政府司法行政部门审核同意后，报请国务院司法行政部门任命，并由省、自治区、直辖市人民政府司法行政部门颁发公证员执业证书。担任公证机构负责人则要由所在地的司法行政部门核准，报省、自治区、直辖市人民政府司法行政部门备案。《公证法》一方面详细列举了公证机构可以办理公证的事项——证明法律行为、确认有法律意义的事实或各种法律文书、制作和保管公证文书、签发具有强制执行效力的债权文书；另一方面明确规定了公证机构和公证人员的禁止性规范（第13条、第20条）。这就明确了公证机构的业务范围，以较为刚性的约束条款，为保证公证机构的公正提供了基本的依据。公证机构虽然不是行政机关，但其根据《公证法》对法定事项予以确认，对相对人的法律地位或者权利、义务是否存在具有确认和宣告的效力，是行政确认的重要内容之一。

（5）其他。如选举是否合法的确认、文化制品是否合法的确认等。

2. 法律关系的确认

行政确认中的法律关系是特定的，是确定管理相对人的法律地位或权利、义务的法律关系。行政确认行为所引起的法律关系和行政确认行为所要予以确认的法律关系，是两个不同的概念。前者是行政主体在行政确认行为中引起的，并由行政法律规范予以规定的，实施确认行为的行政主体与管理相对人之间的权利义务关系，如卫生防疫站依法对饮食业从业人员的健康检查的确认行为，就引起卫生防疫站与被检查确认的饮食业从业人员之间的行政法律关系。后者则是行政确认行为所要确认的对象，这些作为确认对象的法律关系，可能是民事法律关系或其他法律关系。

目前我国法律、法规规定的有关特定法律关系的行政确认有如下内容：（1）不动产所有权的确认，包括城镇私有房屋所有权、土地所有权等。[①]（2）不动产使用权的确认，包括自然资源使用权、土地使用权等。[②]（3）合同效力的确认，包括劳动争议仲裁委员会对无效的劳动合

① 例如，《土地管理法》第11条第1款规定："农民集体所有的土地，由县级人民政府登记造册，核发证书，确认所有权。"

② 例如，《土地管理法》第11条第2款规定：农民集体所有的土地依法用于非农业建设的，由县级人民政府登记造册，核发证书，确认建设用地使用权。该条第3款规定：单位和个人依法使用的国有土地，由县级以上人民政府登记造册，核发证书，确认使用权。该条第4款规定：确认林地、草原的所有权或者使用权，确认水面、滩涂的养殖使用权，分别依照《森林法》、《草原法》和《渔业法》的有关规定办理。

同的确认[①]，以及对解除合同效力的确认[②]等。（4）专利权确认，包括是否职务发明的专利权确认[③]等。

（四）行政确认的种类及范围

1. 公安行政确认

主要是对交通事故中的车辆、物品、路况以及当事人的生理、精神状态的检验和鉴定；对交通事故等级的确认；对当事人交通事故责任的认定；对行政案件的原告中自然人、受治安行政拘留的人员、劳教和收审人员的精神病司法鉴定等。

2. 民政行政确认

主要是对现役军人死亡性质、伤残性质的确认，对烈士纪念建筑物等级的确认，对结婚、离婚条件的确认等。

3. 劳动行政确认

主要是对工人职员伤亡事故原因、责任的确认，对锅炉压力容器事故原因和责任的确认，对特别重大事故的技术鉴定等。

4. 卫生行政确认

主要是对食品卫生的确认，对新药及进口药品的鉴定，对国境卫生的鉴定，对医疗事故等级的鉴定等。

5. 经济行政确认

主要是对产品标准化的行政认证和计量器具检定、产品质量认证，对商标和专利权的审定，对著作权属的确认，对动植物检疫的确认，对自然资源的所有权和使用权的确认，对解除合同效力的确认等。

6. 司法行政确认

主要指《公证法》第 11 条规定的有关确认，包括合同，继承，委托、声明、赠与、遗嘱，财产分割，招标投标、拍卖，婚姻状况、亲属关系、收养关系，出生、生存、死亡、身份、经历、学历、学位、职务、职称、有无违法犯罪记录，公司章程，保全证据，文书上的签名、印鉴、日期，文书的副本、影印本与原本相符，以及自然人、法人或者其他组织自愿申请办理的其他公证事项。

五、行政给付[④]

（一）行政给付的含义

行政给付即行政物质帮助，是指行政主体在公民年老、疾病或丧失劳动能力等情况或其他特殊情况下，依照有关法律、法规的规定，赋予其一定的物质权益或与物质有关的权益的具体

---

① 参见《劳动法》第 18 条第 3 款。

② 1999 年《合同法》第 96 条第 1 款规定了人民法院或者仲裁机构确认解除合同效力的制度，该条第 2 款有关批准、登记的规定，实质上是对行政确认的肯定。

③ 参见《专利法》第 6～8 条。

④ 参见姜明安主编：《行政法学》，114～117 页，北京，法律出版社，1998。

行政行为。[①]

（二）行政给付的特征

1. 行政给付是行政主体依法向行政相对人给付金钱或实物的行政行为。行政给付是行政主体给付金钱或实物，是无偿地用之于民。

2. 行政给付的对象是特定的行政相对人，既可以是个人，也可以是组织。例如，抚恤金发放的对象是因战、因公伤残的人员，救灾物资及款项是发放给灾民，社会福利金是发放给社会福利机构或直接发给残疾人、鳏寡孤独老人和孤儿，而独生子女补贴、有特殊贡献专家津贴等均是分别发给相应的特定对象。

3. 行政给付是一种依申请的行政行为。除了自然灾害的救济等紧急状态下由行政机关主动实施以外，对绝大多数行政给付来说，给付对象的申请是必不可少的程序。

4. 行政给付是依法作出的行政行为。行政给付必须按照法律、法规、规章和政策的内容，遵循法定的程序来实施。为了保护相对人的权利，行政机关在实施行政给付的时候，还应当告知相对人一定的救济途径。

（三）行政给付的内容

行政给付的内容是指行政机关通过行政给付行为赋予给付对象一定的物质上的权益或与物质相关的权益。物质上的权益表现为一定数量的金钱或实物。与物质相关权益的表现形式很多，如免费入学受教育、享受公费医疗待遇等。

（四）行政给付的种类

目前，我国有关行政给付形式的法律、法规主要有：《残疾人保障法》《消防法》《军人抚恤优待条例》《退伍士兵安置条例》《烈士褒扬条例》《城市居民最低生活保障条例》等。此外，在相关法律、法规、规章相继制定的过程中，各个领域都有大量政策性文件。综合这些法律、法规、规章和政策的规定，可以将行政给付的形式概括为以下几种：

1. 抚恤金

抚恤金是指有关单位或者组织对因公死亡或者病故以及其他意外死亡的人员的家属，因工负伤、残疾者本人以及复转军人本人等，按照规定给予一定的物质帮助。所以，抚恤金只能按照规定由受抚恤的对象本人直接享有。

这是最为常见的行政给付形式，它包括：（1）牺牲、病故人员抚恤金。此类抚恤金的发放对象是：烈士和病故的军人、人民警察、参战民兵、民工，以及党政机关、民主党派、人民团体工作人员的家属。（2）残疾抚恤金。此类抚恤金包括发给革命残疾人员的抚恤金、在乡革命残疾人员的副食品价格补贴，回乡安置的特等、一等各民主党派残疾军人的护理费，革命残疾人员的伤口复发治疗费、装修假肢和辅助器械等按规定报销的费用，在乡三等革命残疾人员疾病医疗减免的费用。（3）烈军属、复员退伍军人生活补助费。此项补贴费包括发给在乡退伍红军老战士的生活补助费、副食品价格补贴和护理费，符合规定条件的烈属、在乡复退军人定期定量补助费和烈军属、在乡复退军人临时补助费。（4）退伍军人安置费。此项安置费，是发给

---

① 行政给付在广义上包括供给行政、社会保障行政、财政资助行政。这里取狭义的行政给付概念，是社会保障行政的重要组成部分。

无住房或严重缺房而自力确有困难、无法克服的当年回乡义务兵的一次性建房补助费。

2. 特定人员离退休金

此项行政给付主要包括：(1) 由民政部门管理的军队离休干部的离休金、生活补助费、副食品价格补贴以及取暖补贴、护理费、丧葬费、遗属生活困难补助等。(2) 由民政部门管理的军队退休干部、无军籍退休职工和由民政部门发放退休金的地方退休人员的退休金、副食品价格补贴以及取暖补贴、护理费、丧葬费、遗属生活困难补助费等。(3) 由民政部门发放退职金的退职人员生活费、副食品价格补贴。

3. 社会救济、福利金

此项行政给付主要包括如下几种情形：

(1) 农村社会救济，即用于对农村义务教育、农村"五保"户、贫困户等的救济。国家对农村义务教育实行免学费、免杂费和对贫困家庭子女免费提供教科书并补助寄宿生活费的制度。国家建立和完善农村"五保"供养制度，各级人民政府将所需资金列入同级财政预算，并确保"五保"供养资金的落实，不得截留、挪用。国家建立农村医疗救助制度，通过补助医疗费用或者资助参加合作医疗等方式，对农村"五保"供养对象、农村"低保"对象和其他贫困家庭给予医疗救助。国家对农民患规定的严重传染性疾病、地方病的治疗费用给予适当减免。国家发展农村社会救助事业，逐步建立农村最低生活保障制度，对生活确有困难的农民给予救助，并逐步提高救助水平。

(2) 城镇社会救济，即用于对城镇居民中无依无靠、无生活来源的孤老残幼和贫困户等的救济。①

(3) 精简退职老弱病残职工救济。

(4) 社会福利金，即用于对社会福利院、敬老院、儿童福利院等社会福利机构、流浪乞讨人员收容遣送、安置，社会残疾人团体及其福利生产单位、科研机构（假肢科研机构等）的经费资助。

4. 自然灾害救济金及救济物资

此项行政给付主要包括如下几种情形：(1) 生活救济费，即用于解决灾民吃、穿、住及治病等困难，适当扶持灾民生产自救的经费和物资。(2) 安置抢救转移费，即用于发生特大自然灾害、紧急情况下临时安置、抢救、转移灾民的费用支出。

(五) 行政给付的原则

行政给付的目的在于赋予特定的行政相对人一定的物质权益或与物质权益有关的权益，应该坚持公平、公正的原则，对符合条件的公民一律平等地实施，不允许有差别对待。对于行政给付的申请，行政机关通常只要没有正当的理由便不得拒绝给付。除了一次性或临时性发放的行政给付外，大多数行政给付是定期性的，应当进行连续的、稳定的供给。有时因情况发生了变化，需要改变有关基准时，应以法律或行政法规的形式予以规定，对行政方面的改定权应设置适当的限制。

(六) 行政给付程序

行政给付作为行政机关的一种法律行为，须按照一定程序实施。我国目前在行政给付方面

---

① 1997年9月，国务院正式下发了《关于在全国建立城市居民最低生活保障制度的通知》，要求各级地方政府应高度重视这项工作，采取有力措施，尽快在全国城市中建立起最低生活保障制度。

尚无统一的法律规定，但在不同的法律、法规、规章中对不同形式的行政给付程序均作了一些简单规定。

1. 定期性发放的行政给付，如伤残抚恤金、离退休金、烈军属生活困难补助等，通常应当由给付对象本人或所在组织、单位提出申请，主管行政机关依法对其进行审查、评定等级，在有些情况下，还需要通过技术专家或专门部门的鉴定，以确定标准，然后再定期（按月或按年）发给。

2. 一次性发放的行政给付，如因公牺牲或病故人员的丧葬费、退伍军人安置费、烈士家属抚恤金等，通常由给付对象提出申请，主管行政机关予以审查核实，然后按照法律、法规或规章所确定的标准一次性发给。

3. 临时性发放的行政给付，如自然灾害救济、公民突发性困难紧急救济等，有的由给付对象提出申请，有的则由有关基层组织确定给付对象，或者经有关基层组织发给给付对象。

各种行政给付的具体程序应由有关法律、法规或规章规定，至少应由统一的政策规定。不同形式的行政给付程序也存在一些共同的程序规则，主要有：申请程序、审查程序、批准程序与实施程序。在这些程序中，一般都要求书面形式，由于行政给付的标的多为一定的财物，所以，在具体的给付程序中，法律、法规和规章还会规定一定的财务、物品登记和交换程序。

六、行政奖励

（一）行政奖励的含义

行政奖励是指行政主体为表彰先进、激励后进，充分调动和激发人们的积极性与创造性，依照法定条件和程序，对为国家、人民和社会作出突出贡献或模范地遵纪守法的行政相对人，给予物质的或精神的奖励的具体行政行为。

（二）行政奖励的特征

1. 实施行政奖励的主体是国家行政机关或法律、法规授权的其他社会组织。未经授权的个体企业、外资企业等非行政主体实施的奖励行为，不是行政奖励。

2. 行政奖励的目的在于表彰先进，激励和推动后进，调动和激发广大人民群众的积极性和创造性。

3. 行政奖励的对象是对国家、人民和社会作出突出贡献或模范地遵纪守法的集体和个人，其范围相当广泛。外国组织或个人在我国作出了显著贡献者，同样可以成为行政奖励的对象。

4. 行政奖励的内容包括物质的和精神的奖励。这两种奖励，既可单独进行，又可合并进行。

（三）行政奖励的性质

1. 行政奖励是具体行政行为

行政奖励是行政主体依照行政法律规范针对特定的行政相对人实施的，每一个行政奖励决定，都直接关系到该相对人的权利和义务，导致实施行政奖励行为的行政主体与受奖励者之间的行政法律关系的发生。行政奖励行为具有法律后果，即被奖励者获得了一种由国家认可的资格，并依此资格取得一定的权益，而社会及其他个人和组织都必须予以承认。

2. 行政奖励行为不具有强制执行力

行政奖励行为是单方行政行为，但不具有强制执行力。尽管有时也采取推荐、申报等方式，但行政奖励是由行政主体单方面决定的。不过，被奖励者对行政主体给予的奖励可以放弃，这是由受奖权本身具有可放弃性决定的。

3. 行政奖励是一种法定的行为

行政奖励的内容、方式、程序及条件等，都由国家行政法律规范予以明确规定，行政主体必须依法作出行政奖励行为。

我国许多行政法律规范对行政奖励作了规定，还有一些专门规定奖励的行政法律规范，如《科学技术进步法》等，为行政主体依法实施行政奖励行为提供了主要依据。此外，如《文物保护法》《环境保护法》《森林法》《草原法》《土地管理法》以及《会计法》等与各部门相关的行政法律规范中，也有许多关于行政奖励的规定，这些规定都是行政奖励行为的依据。

（四）行政奖励的基本原则

1. 依法奖励、实事求是的原则

行政奖励是一种法定行为，任何行政奖励都必须坚持法定的标准和条件，实事求是地进行。因为行政奖励的目的在于表彰先进、激励和推动后进，若脱离法定标准和条件，依领导者个人的意志决定是否实施行政奖励，势必影响行政奖励行为目的的实现，甚至产生负效应。因此，为了确保达到行政奖励的本来目的，对于违反这一原则者，要按情节给予批评、撤销奖励直至行政处分。

2. 奖励与受奖行为相当的原则

这一原则实质上是前一原则的延伸，是实事求是原则的具体化。在实施奖励时，奖励的内容和形式都必须与被奖励的行为相一致，奖励的等级与贡献的大小相适应，做到论功行赏，合理适度。

3. 精神奖励和物质奖励相结合的原则

精神奖励和物质奖励可以分别独立实施，也可以合并实施，但是，在我国现阶段物质财富尚不很丰富的情况下，不仅要贯彻二者相结合的原则，而且要强调以精神奖励为主、以物质奖励为辅的方针。

4. 公正、合理、民主、平等的原则

作为调动广大人民群众的积极性和创造性的重要方式，行政奖励必须以实际功绩和贡献为评奖的唯一依据，必须有一套体现民主、公正和平等的评奖机制。凡符合法定条件的，人人都有平等受奖励的权利。行政奖励的程序也必须公开。

5. 及时性、时效性和稳定性原则

行政奖励既然以调动人民的积极性和创造性为目的，就必须及时地对符合法定条件者给予奖励，以表明国家对其表彰和鼓励。行政管理活动的特点决定了行政行为必须对行政需要及时地作出反应。在行政奖励中强调和贯彻及时性原则也是国家管理活动的特点所决定的。

由于传统习惯和僵化观念的影响，过去奖励制度存在着不成文的“终身制”，一旦受奖，终身得益。这样不利于充分达到行政奖励的目的。某一时期受到行政奖励，只能表明受奖者在那个时期的功绩和贡献，而不能表明其后的功绩和贡献。所以，只有贯彻时效性的原则，才能够激发受奖者奋发向上、不断进取的热情，从而更好地推动后进。

同样，对于法定的行政奖励，应予以真正意义上的制度化，连续不断地给予符合条件者以奖励，即坚持奖励制度的稳定性原则，对于发挥奖励制度所应有的作用，具有极其重大的意义。

（五）行政奖励的构成要件

行政奖励是法定行为，因此，行政奖励必须符合法定条件。

1. 符合法定的奖励条件和标准

这是行政奖励行为的客观要件。行政主体在实施行政奖励行为时，必须依据各相关法律规范所规定的具体标准和条件进行，不得擅自确立法定外的条件和标准。相反，符合法定奖励要件而未依法受到奖励的，权利人可以请求有关部门依法行使其行政奖励权。行政奖励是行政主体对符合法定奖励条件的组织或个人，赋予一定的权益，以资鼓励的行政行为，该行政行为的相对人在其法定权益不能实现时，有依法提起行政诉讼、获取保护的权利。①

2. 符合法定的奖励形式

没有一定的奖励形式，行政奖励行为便不存在。行政奖励行为是法定行为，对于不同的奖励对象和不同的奖励条件，必须依据相关法律规范的规定，采取适当的形式实施行政奖励。

3. 符合法定的奖励权限

行政主体实施行政奖励行为时，须受一定的奖励权限的制约，而不能超越其权限范围任意决定授予相对人某种形式的奖励，否则，会导致行政奖励行为无效。一般说来，某一行政主体是否有权实施行政奖励行为以及采取哪种奖励形式，是由法律规范规定的，一般与行政主体的管理权限相一致。

4. 符合法定的奖励程序

我国虽然不存在有关行政奖励程序的统一规定，但是，根据现行法律、法规的规定，行政主体实施行政奖励行为，一般应遵循以下程序：奖励的提出、审批、公布、授奖和存档。程序上的瑕疵有时也会影响行政奖励的效力。

（六）行政奖励的内容和形式

行政奖励的内容，是指行政主体通过行政奖励行为所赋予被奖励人的权益。行政奖励行为的广泛性，决定了其表现形式的多样性。但是，一定的行政奖励形式，都是对行政奖励内容的反映或实现。行政奖励的内容和形式可从如下三个方面综合考虑：

（1）精神方面的权益，如授予“劳动模范”等荣誉称号、给予表扬、通令嘉奖、记功，发给奖状、荣誉证书、奖章等。（2）物质方面的权益，即发给奖金或各种各样的奖品。（3）职权方面的权益，即予以晋级或晋职。

这三种奖励的形式，既可以单独进行，又可合并实施。由于这三种奖励在激励、调动积极性方面各有特色，因而，实践中往往三者并行：既有精神奖励，又有物质奖励，亦重视职务方面的权益赋予。②

---

① 参见《举报当然有功，依法请求奖励——王日忠状告杭州地税局》，载《法制日报》，1998-05-30。此报道的主要内容为：举报一公司偷税有功的王日忠因税务机关不兑现奖金，于是向法院提起行政诉讼。浙江省杭州市上城区人民法院正式受理此案。

② 参见姜明安主编：《行政法与行政诉讼法》，3版，281页，北京，北京大学出版社、高等教育出版社，2007。

七、行政强制

(一) 行政强制的含义及类型

行政强制是指行政主体为实现行政目的，对相对人的财产、身体及自由等予以强制而采取的措施，包括行政强制措施和行政强制执行。行政强制法规定的行政强制不适用于以下两种情形：(1) 发生或者即将发生自然灾害、事故灾难、公共卫生事件或者社会治安事件等突发事件，行政机关采取应急措施或者临时措施，依照有关法律、行政法规的规定执行。(2) 行政机关采取金融业审慎监管措施、进出境货物强制性技术监控措施，依照有关法律、行政法规的规定执行。

行政强制措施是指行政机关在行政管理过程中，为制止违法行为、防止证据损毁、避免危害发生、控制危险扩大等情形，依法对公民的人身自由实施暂时性限制，或者对公民、法人或者其他组织的财物实施暂时性控制的行为。可以分为：(1) 即时强制（行政调查中的强制），即在紧急情况下采取，不以相对人不履行义务为前提，如当场盘问、检查、保护性约束措施等。(2) 一般强制，如强制性教育措施、对传染病患者的隔离措施、查封及扣押等。

行政强制执行是指行政机关或者行政机关申请人民法院，对不履行行政决定的公民、法人或者其他组织，依法强制履行义务的行为。可以分为：(1) 直接强制执行，如强制传唤、强制拘留、强制从事劳动、强制退还土地、强制隔离治疗等。(2) 间接强制执行，又分为代履行和执行罚。还可以分为由行政机关实施的行政强制执行和由行政主体申请人民法院实施的行政强制执行。

行政强制措施与行政强制执行的主要区别有：(1) 前提不同。行政强制措施不以相对人存在法定义务为前提，而行政强制执行的前提是相对人不履行行政行为所确定的义务，构成了义务的不履行。(2) 目的不同。行政强制措施的目的在于预防、制止危害行为或者危险事态的发生或者发展，防止证据毁损等情形，而行政强制执行的目的是强迫义务人履行其应当履行的义务，或者达到与义务人履行相同的状态。(3) 实施的主体不同。行政强制措施的主体仅限于行政主体，而行政强制执行包括行政主体自行强制执行及由行政主体申请人民法院强制执行两种情形。(4) 实施的程序不同。行政强制措施在紧急情况下可以即时进行，一般情况下的行政强制措施也遵循不同于行政强制执行的程序，而行政强制执行通常要经过催告（包括督促、告诫)、当事人陈述、行政机关复核、作出行政强制执行决定、送达行政强制执行决定及实施行政强制执行等程序化的步骤。

(二) 行政强制的基本原则

1. 法定原则

行政强制的设定和实施，应当依照法定的权限、范围、条件和程序。包括：(1) 依法设定行政强制。行政强制的设定必须有法律、法规依据，在法定职权范围内依照行政强制法规定的条件和程序。(2) 依法实施行政强制。实施行政强制的机关必须合法，行政强制必须有法律依据，行政强制必须依照法定条件和程序及在法定职权范围内实施，行政强制权的授予和委托均需要依照法律的规定进行。

2. 适当原则

这是我国法律上第一次明确规定狭义比例原则。行政强制适当原则，要求行政强制的设定和实施都必须对手段与目的、手段的强度与目的进行衡量。具体来说，设定行政强制应当适当，兼顾公共利益和当事人的合法利益；实施行政强制应当依据法定条件，选择适当的方式，既要达到行政管理的目的，又要最小限度地损害当事人的合法权益。换言之，不得滥用行政强制，采用非强制性手段能够实现行政管理目的的，不能实施行政强制；只有当采用非强制性手段不能达到行政管理目的的时候，才能依法实施行政强制。

3. 说服教育和强制相结合原则

实施行政强制，应当坚持教育与强制相结合。行政强制是行政机关对国家和社会事务进行管理的一种手段，而不是目的。对相对人进行说服教育，使相对人自觉守法、自觉履行法定义务，就可以降低行政目的实现的成本。所以，行政机关在实施行政强制前一般应适当对当事人进行督促教育，使其认识到自己的错误，进而自觉履行义务。当事人经督促教育后，愿意履行行政决定的，行政机关就不需要实施行政强制了。当然，说服教育并不是行政强制的前置程序，特别是在采取行政强制措施时，其性质决定了在实施前较难以进行说服教育。

4. 行政强制不得滥用原则

《行政强制法》第7条规定，行政机关及其工作人员不得利用行政强制权为单位或者个人谋取利益。国家设定行政强制及行政机关实施行政强制是为了保障和监督行政机关依法履行职责，维护公共利益和社会秩序，保护公民、法人和其他组织的合法权益，如果行政机关利用行政强制权为本单位或者执法人员个人谋取私利，则构成滥用行政强制权。行政强制法的这一条款规定，是从行政强制的目的要求行政机关及其工作人员的。这里的“谋取利益”，是指谋取采取行政强制的行政机关及其工作人员的私利。如果行政机关在实施行政强制过程中，为了保证行政强制措施或者行政强制执行的有效实施，采取了相应有利的手段，则并不违反这一条款的规定。

5. 保障相对人程序性权利原则

公民、法人或者其他组织对行政机关实施行政强制，享有陈述权、申辩权，有权依法申请行政复议或者提起行政诉讼；因行政机关违法实施行政强制受到损害的，有权依法要求赔偿。公民、法人或者其他组织因人民法院在强制执行中有违法行为或者扩大强制执行范围受到损害的，有权依法要求赔偿。

（三）行政强制措施

1. 行政强制措施的含义和特征

行政强制措施是指行政机关为了查明事实，或者为了预防、制止、控制违法行为、危害状态，或者为了保障行政管理工作的顺利进行，以及在紧急情况下排除紧急妨碍、消除紧急危险，根据现实情况的需要，按照法定的方式，依职权对有关公民、法人或其他组织的人身、财产及行为进行暂时性限制，以实现一定的行政目的的行为。行政强制措施的主要特征表现为：

（1）直接强制性。行政强制措施不仅体现国家权力的权威性和强制性，而且不需要当事人的主动申请或要求当事人自觉接受，行政机关依职权对当事人主动采取强制措施相对于其他具体行政行为而言具有更强、更直接的强制性。一旦采取行政强制措施的法定条件具备，不管行政相对人是否同意和接受，行政机关都会采取强制措施，行政相对人也不得自行抵抗。

（2）手段性。行政强制措施本身并不是结果（行政主体对某一事项管理的结束），而是为了保障其他具体行政行为的顺利作出或实施而采取的措施，所以说其他具体行政行为是目的或结果，而行政强制措施是达到目的的手段。

（3）非制裁性。行政强制措施具有手段性，因此，它便不是对相对人的一种制裁，不具有制裁性。行政机关采取行政强制措施不是为了制裁当事人，而是为了实现一定的行政目的。采取行政强制措施并非以当事人存在违法行为为前提，它可能针对的是违法行为（制止、控制违法），也可能针对的不是违法行为（预防违法或控制危险）；即使是前者，也不是为了制裁违法者，而是为制止当事人继续违法而采取的手段。

（4）暂时性。行政强制措施是对行政相对人的权利进行暂时性限制或约束，不是对行政相对人的权利作最终处理；它只是一种手段而不是结果，是行政主体对行政相对人实施的"一种中间行为，而不是最终行为"[①]，因此，行政强制措施只是行政主体在未作出其他具体行政行为之前暂时采取的措施，是对当事人的人身、财产或行为进行的暂时限制或约束；一旦包含案件结果的其他具体行政行为作出，行政强制措施必然解除。

2. 行政强制措施的种类

（1）限制公民人身自由。这种措施涉及我国宪法规定的公民的人身自由权，因此，必须有法律的明确规定方可采取。

限制公民人身自由，是对公民行动自由的限制，除了逮捕、拘留等《刑事诉讼法》及其他法律规定的司法强制措施一般行政机关不能采取外，尚有其他轻微的限制公民人身自由的方法属于国家权力机关根据公共利益的需要授权行政机关可以采取的行政强制措施。例如，《人民警察法》第 14 条规定：公安机关的人民警察对严重危害公共安全或者他人人身安全的精神病人，可以采取保护性约束措施。需要送往指定的单位、场所加以监护的，应当报请县级以上人民政府公安机关批准，并及时通知其监护人。《治安管理处罚法》第 82 条第 2 款规定：公安机关应当将传唤的原因和依据告知被传唤人。对无正当理由不接受传唤或者逃避传唤的人，可以强制传唤。《突发公共卫生事件应急条例》第 33 条规定：根据突发事件应急处理的需要，突发事件应急处理指挥部有权紧急调集人员、储备的物资、交通工具以及相关设施、设备；必要时，对人员进行疏散或者隔离，并可以依法对传染病疫区实行封锁。《海关法》第 6 条第 1 款第 4 项规定：在海关监管区和海关附近沿海沿边规定地区……检查走私嫌疑人的身体……当然，对于这些措施法律应当明确具体的实施机关和期限，如果任何行政机关都可以采取限制公民人身自由的强制措施，又无期限限制，必将导致滥用，威胁到公民的宪法权利。

（2）查封场所、设施或者财物。查封，是指行政主体为了顺利地作出具体行政行为而对行政相对人的有关财物予以查实和封存的行为。例如，《审计法》第 34 条规定：审计机关进行审计时，被审计单位不得转移、隐匿、篡改、毁弃会计凭证、会计账簿、财务会计报告以及其他与财政收支或者财务收支有关的资料，不得转移、隐匿所持有的违反国家规定取得的资产。审计机关对被审计单位违反前款规定的行为，有权予以制止；必要时，经县级以上人民政府审计机关负责人批准，有权封存有关资料和违反国家规定取得的资产；对其中在金融机构的有关存款需要予以冻结的，应当向人民法院提出申请。

（3）扣押财物。扣押是指行政主体对违禁物品等实施的强行留置的行为。例如，《海关法》第 6 条规定："海关可以行使下列权力：（一）检查进出境运输工具，查验进出境货物、物品；对违反本法或者其他有关法律、行政法规的，可以扣留……（三）查阅、复制与进出境运输工具、货物、物品有关的合同、发票、帐册、单据、记录、文件、业务函电、录音录像制品和其

---

① 胡建淼：《行政法学》，323 页，北京，法律出版社，1998。

他资料；对其中与违反本法或者其他有关法律、行政法规的进出境运输工具、货物、物品有牵连的，可以扣留……”

（4）冻结存款、汇款。冻结是指行政主体依法要求金融机构对行政相对人的存款和账号、汇款暂时停止业务的行为。例如，海关总署等《关于由银行协助海关追缴或冻结有关参与走私的单位存款的通知》第 1 条规定：“凡海关发现有关单位在银行的存款是走私资金或非法所得的暴利，以及有重大走私嫌疑的单位在银行的存款，为了防止上述单位抢先提取或转移，可由县级以上（包括县级）海关出具正式公函，通知银行暂予冻结，待海关调查核实后，根据有关规定，予以处理……”中国人民银行《金融机构管理规定》第 51 条规定：“违反本规定，有下列行为之一的，中国人民银行有权冻结其账户……（一）未经中国人民银行批准，擅自设立金融机构的；（二）无《金融机构法人许可证》或《金融机构营业许可证》，擅自经营金融业务的；（三）伪造《金融机构法人许可证》或《金融机构营业许可证》的。”

（5）其他行政强制措施，即法律、行政法规及地方性法规设定的除上述 4 类行政强制措施以外的措施，主要有：

第一，进入生产经营场所的强制检查。由于生产经营场所包括的范围很广，所以，行政主体在进行行政管理时，必须根据法律、行政法规的明确规定，在其职权范围内进行检查。例如，《矿山安全法》第 35 条规定：劳动行政主管部门的矿山安全监督人员有权进入矿山企业，在现场检查安全状况；发现有危及职工安全的紧急险情时，应当要求矿山企业立即处理。

第二，对产品或商品的强制检验。这是针对关系到公共安全、生命财产安全、人身健康等的产品或商品，为保证其质量、消除危险而由法定行政主体所进行的强制行为。例如，《农药管理条例》第 23 条规定：超过产品质量保证期限的农药产品，经省级以上人民政府农业行政主管部门所属的农药检定机构检验，符合标准的，可以在规定期限内销售；但是，必须注明“过期农药”字样，并附具使用方法和用量。

第三，进入或处置土地、建筑物、住宅。这是在紧急状态下，为了公共利益而对行政相对人的财产权利的暂时侵犯。例如，《消防法》第 45 条第 2 款中规定：火灾现场总指挥根据扑救火灾的需要，有权决定下列事项：利用临近建筑物和有关设施；为了抢救人员和重要物资，防止火势蔓延，拆除或者破损毗邻火灾现场的建筑物、构筑物或者设施等。

第四，临时紧急征用交通工具或其他财产。这也是在紧急情况下为了保护公共利益或公共安全而对行政相对人的财产强制临时使用的行为。例如，《破坏性地震应急条例》第 25 条规定：交通、铁路、民航等部门应当尽快恢复被损毁的道路、铁路、水港、空港和有关设施，并优先保证抢险救援人员、物资的运输和灾民的疏散；其他部门有交通运输工具的，应当无条件服从抗震救灾指挥部的征用或者调用。

第五，法律规定的其他强制措施。除了上述措施以外，法律（全国人大及其常委会制定的规范性文件）可以根据需要设立其他强制措施。例如，《集会游行示威法》第 27 条规定：“……不听制止的，人民警察现场负责人有权命令解散；拒不解散的，人民警察现场负责人有权依照国家有关规定决定采取必要手段强行驱散……人民警察可以将其强行带离现场……”

3. 行政强制措施设定权的分配

（1）法律的设定权。法律可以设定所有的行政强制措施。

（2）行政法规的设定权。尚未制定法律，且属于国务院行政管理职权事项的，行政法规可以设定除限制公民人身自由，冻结存款、汇款和应当由法律规定的行政强制措施以外的其他行政强制措施。

（3）地方性法规的设定权。尚未制定法律、行政法规，且属于地方性事务的，地方性法规可以设定查封场所、设施或者财物以及扣押财物的行政强制措施。

法律对行政强制措施的对象、条件、种类作了规定的，行政法规、地方性法规不得作出扩大规定。

法律中未设定行政强制措施的，行政法规、地方性法规不得设定行政强制措施。但是，法律规定特定事项由行政法规规定具体管理措施的，行政法规可以设定限制公民人身自由，冻结存款、汇款和应当由法律规定的行政强制措施以外的其他行政强制措施。

法律、法规以外的其他规范性文件不得设定行政强制措施。

4. 行政强制措施的实施程序

（1）行政强制措施的适用条件。行政机关在行政管理过程中，为制止违法行为、防止证据损毁、避免危害发生、控制危险扩大等情形，才可以采取行政强制措施。违法行为情节显著轻微或者没有明显社会危害的，可以不采取行政强制措施。

（2）行政强制措施的实施主体。第一，行政强制措施由法律、法规规定的行政机关在法定职权范围内实施。行政强制措施权不得委托。第二，依据《行政处罚法》的规定行使相对集中行政处罚权的行政机关，可以实施法律、法规规定的与行政处罚权有关的行政强制措施。第三，行政强制措施应当由行政机关中具备资格的行政执法人员实施，其他人员不得实施。

（3）行政强制措施的一般程序。行政机关实施行政强制措施时，应当告知当事人作出行政强制措施决定的理由和依据，并告知当事人依法享有的权利。当事人有权陈述和申辩。

行政机关实施行政强制措施应当依照下列规定：除当场采取行政强制措施外，实施前须向行政机关负责人报告并经批准；由两名以上行政执法人员实施。出示执法身份证件；通知当事人到场；当场告知当事人采取行政强制措施的理由、依据以及当事人依法享有的权利、救济途径；听取当事人的陈述和申辩；制作现场笔录，现场笔录由当事人和行政执法人员签名或者盖章，当事人拒绝的，在笔录中予以注明；当事人不到场的，邀请见证人到场，由见证人和行政执法人员在现场笔录上签名或者盖章；法律、法规规定的其他程序。

（4）当场实施行政强制措施的程序。情况紧急，需要当场实施行政强制措施的，行政执法人员应当在24小时内向行政机关负责人报告，并补办批准手续。行政机关负责人认为不应当采取行政强制措施的，应当立即解除。

（5）限制人身自由的实施程序。依照法律规定实施限制公民人身自由的行政强制措施，除应当遵守一般程序外，还应当遵守下列规定：当场告知或者实施行政强制措施后立即通知当事人家属实施行政强制措施的行政机关、地点和期限；在紧急情况下当场实施行政强制措施的，在返回行政机关后，立即向行政机关负责人报告并补办批准手续；法律规定的其他程序。

实施限制人身自由的行政强制措施不得超过法定期限。实施行政强制措施的目的已经达到或者条件已经消失的，应当立即解除。

违法行为涉嫌犯罪，应当移送司法机关的，行政机关应当将查封、扣押、冻结的财物一并移送，并书面告知当事人。

（6）查封、扣押的实施程序。查封、扣押应当由法律、法规规定的行政机关实施，其他任何行政机关或者组织不得实施。

查封、扣押限于涉案的场所、设施或者财物，不得查封、扣押与违法行为无关的场所、设施或者财物，不得查封、扣押公民个人及其所扶养家属的生活必需品。

当事人的场所、设施或者财物已被其他国家机关依法查封的，不得重复查封。

行政机关决定实施查封、扣押的，应当履行行政强制措施的一般程序，制作并当场交付查封、扣押决定书和清单。查封、扣押决定书应当载明下列事项：当事人的姓名或者名称、地址；查封、扣押的理由、依据和期限；查封、扣押场所、设施或者财物的名称、数量等；申请行政复议或者提起行政诉讼的途径和期限；行政机关的名称、印章和日期。查封、扣押清单一式 2 份，由当事人和行政机关分别保存。

查封、扣押的期限不得超过 30 日；情况复杂的，经行政机关负责人批准，可以延长，但是延长期限不得超过 30 日。法律、行政法规另有规定的除外。

延长查封、扣押的决定应当及时书面告知当事人，并说明理由。

对物品需要进行检测、检验、检疫或者技术鉴定的，查封、扣押的期间不包括检测、检验、检疫或者技术鉴定的期间。检测、检验、检疫或者技术鉴定的期间应当明确，并书面告知当事人。检测、检验、检疫或者技术鉴定的费用由行政机关承担。

对查封、扣押的场所、设施或者财物，行政机关应当妥善保管，不得使用或者损毁；造成损失的，应当承担赔偿责任。

对查封的场所、设施或者财物，行政机关可以委托第三人保管，第三人不得损毁或者擅自转移、处置。因第三人的原因造成的损失，行政机关先行赔付后，有权向第三人追偿。因查封、扣押发生的保管费用由行政机关承担。

行政机关采取查封、扣押措施后，应当及时查清事实，在《行政强制法》第 25 条规定的期限内作出处理决定。对违法事实清楚，依法应当没收的非法财物予以没收；法律、行政法规规定应当销毁的，依法销毁；应当解除查封、扣押的，作出解除查封、扣押的决定。

有下列情形之一的，行政机关应当及时作出解除查封、扣押决定：当事人没有违法行为；查封、扣押的场所、设施或者财物与违法行为无关；行政机关对违法行为已经作出处理决定，不再需要查封、扣押；查封、扣押期限已经届满；其他不再需要采取查封、扣押措施的情形。

解除查封、扣押应当立即退还财物；已将鲜活物品或者其他不易保管的财物拍卖或者变卖的，退还拍卖或者变卖所得款项。变卖价格明显低于市场价格，给当事人造成损失的，应当给予补偿。

（7）冻结的实施程序。冻结存款、汇款应当由法律规定的行政机关实施，不得委托给其他行政机关或者组织；其他任何行政机关或者组织不得冻结存款、汇款。

冻结存款、汇款的数额应当与违法行为涉及的金额相当；已被其他国家机关依法冻结的，不得重复冻结。

行政机关依照法律规定决定实施冻结存款、汇款的，应当在实施前须向行政机关负责人报告并经批准，由两名以上行政执法人员实施，出示执法身份证件、制作现场笔录，并向金融机构交付冻结通知书。金融机构接到行政机关依法作出的冻结通知书后，应当立即予以冻结，不得拖延，不得在冻结前向当事人泄露信息。

法律规定以外的行政机关或者组织要求冻结当事人存款、汇款的，金融机构应当拒绝。

依照法律规定冻结存款、汇款的，作出决定的行政机关应当在 3 日内向当事人交付冻结决定书。冻结决定书应当载明下列事项：当事人的姓名或者名称、地址；冻结的理由、依据和期限；冻结的账号和数额；申请行政复议或者提起行政诉讼的途径和期限；行政机关的名称、印章和日期。

自冻结存款、汇款之日起 30 日内，行政机关应当作出处理决定或者作出解除冻结决定；情况复杂的，经行政机关负责人批准，可以延长，但是延长期限不得超过 30 日。法律另有规定的除外。

延长冻结的决定应当及时书面告知当事人，并说明理由。

有下列情形之一的，行政机关应当及时作出解除冻结决定：当事人没有违法行为；冻结的存款、汇款与违法行为无关；行政机关对违法行为已经作出处理决定，不再需要冻结；冻结期限已经届满；其他不再需要采取冻结措施的情形。

行政机关作出解除冻结决定的，应当及时通知金融机构和当事人。金融机构接到通知后，应当立即解除冻结。

行政机关逾期未作出处理决定或者解除冻结决定的，金融机构应当自冻结期限届满之日起解除冻结。

（四）行政强制执行

1. 行政强制执行的含义与特征

行政强制执行是指行政机关或者行政机关申请人民法院，对不履行行政决定的公民、法人或者其他组织，依法强制履行义务的行为。行政强制执行的主要特征是：

（1）不履行应履行的义务，是适用行政强制执行的前提条件。行政强制执行措施，只有在构成了义务不履行的条件下，法律明确规定可以采取行政强制措施时才能采取。对于不构成义务不履行的，如对于未到限定期限的义务，就不能采取行政强制执行措施。

（2）行政强制执行的主体是行政机关或人民法院。由谁适用行政强制执行的问题，必须依据法律规定。一般情况下，对于紧急的、应及时采取行政强制执行的行政行为，都由行政机关负责，而对于经过一段时间不会影响行政行为效果的行政强制执行，出于对行政相对人权益的保护，由行政机关申请人民法院予以适用。

（3）行政强制执行的目的是实现义务的履行。无论是由人民法院负责，还是由行政机关负责，行政强制执行的目的都是实现法定义务的履行。人民法院在接受行政机关的行政强制执行申请时，应对行政行为的合法性进行审查，如合法，应按照行政行为的内容予以强制执行；如不合法，则可以拒绝执行。

（4）行政强制执行的对象具有广泛性和法定性。行政强制执行可以针对一切阻碍行政行为执行的对象以及应执行的一切对象进行。行政强制执行的对象可以是物，如强制划拨；可以是行为，如专利强制许可；也可以是人，如强制拘留。

行政强制执行的具体实施方式，必须由法律、法规明确规定，执行机关必须严格按照法定形式实施，不得任意创新或更改。①

（5）在行政强制执行中不得进行执行和解。对于义务主体——行政相对人来说，只有一个选择，即履行其应履行的义务。对于行政权力享有者——行政主体来说，行使行政权力既是权利又是义务，必须依法行使，不得放弃或自由处置。与民事执行不同，在行政强制执行过程中不允许进行执行和解。

2. 行政强制执行的种类

（1）根据法定方式分类：加处罚款或者滞纳金；划拨存款、汇款；拍卖或者依法处理查

---

① 如《海关法》第93条规定的强制抵缴，《个人所得税代扣代缴暂行办法》规定的强制扣缴，2001年《税收征收管理法》第32条等规定的滞纳金，《土地管理法》第76条、第77条规定的责令退还，《专利法》第六章规定的专利实施的强制许可，《计量法》第9条规定的强制检定，《治安管理处罚法》规定的强制传唤、强制拘留，《兵役法》规定的强制履行，以及《出境入境管理法》规定的遣送出境等。

封、扣押的场所、设施或者财物；排除妨碍、恢复原状；代履行；其他强制执行方式。

（2）根据执行机关分类：行政机关强制执行和人民申请法院强制执行。

（3）根据执行对象分类：对物（财产）的执行、对行为的执行和对人身自由的执行。

（4）根据执行手段的分类：间接强制（又分为代履行和执行罚）和直接强制。

3. 行政强制执行的设定权

《行政强制法》第13条规定，行政强制执行由法律设定。

4. 行政强制执行的原则[①]

（1）依法执行的原则，是指行政强制执行必须严格依照法律的规定进行。首先，执行机关必须合法，无执行权的机关和组织均不得强制执行。其次，执行活动必须有法律依据，没有法律依据便不能强制执行。最后，行政强制执行必须依照法定程序进行。[②]

（2）说服教育和强制相结合的原则。在采取行政强制执行措施前，必须告诫当事人，通过说服教育工作，给予当事人依法自觉履行法定义务的机会。行政强制执行，既要有严肃性、权威性，又要对当事人做必要的说服教育工作，在说服教育后当事人仍不自觉履行法定义务时，方才实行强制执行。

不过，值得注意的是，坚持寓教育于强制执行中的原则，并不意味着说服教育是强制执行的法定程序。

（3）及时、准确、手段正当的原则。在法律、法规规定了时限时，行政强制执行必须在法定期限内进行，不得逾期；当法律、法规没有就时限作出规定时，执行机关应该在不使相对人隐藏、转移、变卖、毁损强制执行标的物或不使其拒不履行的行为发展成为违法犯罪行为的适当期限内，采取强制执行措施。行政强制执行必须准确，证据确凿，执行手段合理、公平、适当，以取得最佳社会效果。

（4）执行标的有限的原则。对财产和金钱给付义务的强制执行，应该有一定的范围和限度。首先，不得超出被执行人应当履行义务的范围。其次，对于负有法定义务而拒不履行的，应当保留被执行人及其所扶养家属的生活必需费用和生活必需品，以不影响被执行人及其所扶养家属的最低生活标准为限。在某些复杂的情况下，采取强制执行措施时难以准确判断所涉及财产的价值，强制执行后才发现已超出被执行人应当履行义务的范围时，应当将多余部分退还被执行人。

（5）强制与预防相结合的原则。通过强制措施，可以避免拒不履行法定义务的行为继续下去，避免其发展成为违法犯罪行为，给国家和社会公共利益造成更大的危害。但是，一旦实施行政强制执行，难免造成行政主体和行政相对人之间某种程度上的对立、抵触，不利于社会稳定发展，因此，在日常的行政活动中，应加强调查研究、分析预测，堵塞或减少拒不履行法定义务的行为。

（6）保护当事人合法权益的原则。在查封、扣押财产时，或者在强制迁出房屋、强制拆除违法建筑、强制退出土地时，应当通知被执行人或者其成年家属（法人或其他组织的法定代表人或者主要负责人）到场。应该赋予被执行人陈述、辩论的权利，必要时，也应该组织一定范

---

① 参见杨海坤：《行政诉讼法学》，328～330页，北京，中央广播电视大学出版社，1994；王连昌主编：《行政法学》，234～235页，北京，中国政法大学出版社，1994。

② 例如，强制迁出房屋、强制拆除违章建筑或者强制退出土地，必须依法签发公告；对于查封、扣押的财产，必须造具清单等。

围内的听证。

(7) 协助执行的原则。在行政强制执行中，若执行标的物不由被执行人占有或持有，而由案外的有关单位或者个人占有、持有或者保存，则执行机关应当通知有关单位或者个人协助执行，有关单位或者个人有义务按照通知精神协助执行。如果有义务协助执行的有关单位或者个人，无故推脱、拒绝或者妨碍执行，则要依法追究责任。

5. 行政强制执行的程序

(1) 一般规定。

行政机关依法作出行政决定后，当事人在行政机关决定的期限内不履行义务的，具有行政强制执行权的行政机关依照行政强制法的规定强制执行。

行政机关作出强制执行决定前，应当事先催告当事人履行义务。催告应当以书面形式作出，并载明下列事项：履行义务的期限；履行义务的方式；涉及金钱给付的，应当有明确的金额和给付方式；当事人依法享有的陈述权和申辩权。

当事人收到催告书后有权进行陈述和申辩。行政机关应当充分听取当事人的意见，对当事人提出的事实、理由和证据，应当进行记录、复核。当事人提出的事实、理由或者证据成立的，行政机关应当采纳。

经催告，当事人逾期仍不履行行政决定，且无正当理由的，行政机关可以作出强制执行决定。强制执行决定应当以书面形式作出，并载明下列事项：当事人的姓名或者名称、地址；强制执行的理由和依据；强制执行的方式和时间；申请行政复议或者提起行政诉讼的途径和期限；行政机关的名称、印章和日期。

在催告期间，对于有证据证明有转移或者隐匿财物迹象的，行政机关可以作出立即强制执行决定。

催告书、行政强制执行决定书应当直接送达当事人。当事人拒绝接收或者无法直接送达当事人的，应当依照《民事诉讼法》的有关规定送达。

有下列情形之一的，中止执行：当事人履行行政决定确有困难或者暂无履行能力的；第三人对执行标的主张权利，确有理由的；执行可能造成难以弥补的损失，且中止执行不损害公共利益的；行政机关认为需要中止执行的其他情形。中止执行的情形消失后，行政机关应当恢复执行。对于没有明显社会危害，当事人确无能力履行，中止执行满3年未恢复执行的，行政机关不再执行。

有下列情形之一的，终结执行：公民死亡，无遗产可供执行，又无义务承受人的；法人或者其他组织终止，无财产可供执行，又无义务承受人的；执行标的灭失的；据以执行的行政决定被撤销的；行政机关认为需要终结执行的其他情形。

在执行中或者执行完毕后，据以执行的行政决定被撤销、变更，或者执行错误的，应当恢复原状或者退还财物；不能恢复原状或者退还财物的，依法给予赔偿。

实施行政强制执行，行政机关可以在不损害公共利益和他人合法权益的情况下，与当事人达成执行协议。执行协议可以约定分阶段履行；当事人采取补救措施的，可以减免加处的罚款或者滞纳金。执行协议应当履行，当事人不履行执行协议的，行政机关应当恢复强制执行。

行政机关不得在夜间或者法定节假日实施行政强制执行，但是，情况紧急的除外。行政机关不得对居民生活采取停止供水、供电、供热、供燃气等方式迫使当事人履行相关行政决定。

对违法的建筑物、构筑物、设施等需要强制拆除的，应当由行政机关予以公告，限期当事人自行拆除。当事人在法定期限内不申请行政复议或者提起行政诉讼，又不拆除的，行政机关可以依法强制拆除。

（2）金钱给付义务的执行程序。

行政机关依法作出金钱给付义务的行政决定，当事人逾期不履行的，行政机关可以依法加处罚款或者滞纳金。加处罚款或者滞纳金的标准应当告知当事人。加处罚款或者滞纳金的数额不得超出金钱给付义务的数额。

行政机关实施加处罚款或者滞纳金超过30日，经催告当事人仍不履行的，具有行政强制执行权的行政机关可以强制执行。行政机关实施强制执行前，需要采取查封、扣押、冻结措施的，依照行政强制法关于行政强制措施的规定办理。

没有行政强制执行权的行政机关应当申请人民法院强制执行。但是，当事人在法定期限内不申请行政复议或者提起行政诉讼，经催告仍不履行的，在实施行政管理过程中已经采取查封、扣押措施的行政机关，可以将查封、扣押的财物依法拍卖，抵缴罚款。

划拨存款、汇款应当由法律规定的行政机关决定，并书面通知金融机构。金融机构接到行政机关依法作出划拨存款、汇款的决定后，应当立即划拨。法律规定以外的行政机关或者组织要求划拨当事人存款、汇款的，金融机构应当拒绝。

依法拍卖财物，由行政机关委托拍卖机构依照《拍卖法》的规定办理。

划拨的存款、汇款以及拍卖和依法处理所得的款项应当上缴国库或者划入财政专户。任何行政机关或者个人不得以任何形式截留、私分或者变相私分。

（3）代履行的执行程序。

行政机关依法作出要求当事人履行排除妨碍、恢复原状等义务的行政决定，当事人逾期不履行，经催告仍不履行，其后果已经或者将危害交通安全、造成环境污染或者破坏自然资源的，行政机关可以代履行，或者委托没有利害关系的第三人代履行。

代履行应当遵守下列规定：代履行前送达决定书，代履行决定书应当载明当事人的姓名或者名称、地址，代履行的理由和依据、方式和时间、标的、费用预算以及代履行人；代履行3日前，催告当事人履行，当事人履行的，停止代履行；代履行时，作出决定的行政机关应当派员到场监督；代履行完毕，行政机关到场监督的工作人员、代履行人和当事人或者见证人应当在执行文书上签名或者盖章。代履行的费用按照成本合理确定，由当事人承担，但是，法律另有规定的除外。代履行不得采用暴力、胁迫以及其他非法方式。

需要立即清除道路、河道、航道或者公共场所的遗洒物、障碍物或者污染物，当事人不能清除的，行政机关可以决定立即实施代履行；当事人不在场的，行政机关应当在事后立即通知当事人，并依法作出处理。

（4）申请人民法院强制执行的程序。

当事人在法定期限内不申请行政复议或者提起行政诉讼，又不履行行政决定的，没有行政强制执行权的行政机关可以自期限届满之日起3个月内，依照相关法律规定申请人民法院强制执行。

行政机关申请人民法院强制执行前，应当催告当事人履行义务。催告书送达10日后当事人仍未履行义务的，行政机关可以向所在地有管辖权的人民法院申请强制执行；执行对象是不动产的，向不动产所在地有管辖权的人民法院申请强制执行。

行政机关向人民法院申请强制执行，应当提供下列材料：强制执行申请书；行政决定书及作出决定的事实、理由和依据；当事人的意见及行政机关催告情况；申请强制执行标的的情况；法律、行政法规规定的其他材料。强制执行申请书应当由行政机关负责人签名，加盖行政机关的印章，并注明日期。

人民法院接到行政机关强制执行的申请，应当在5日内受理。行政机关对人民法院不予受理的裁定有异议的，可以在15日内向上一级人民法院申请复议，上一级人民法院应当自收到复议申请之日起15日内作出是否受理的裁定。

人民法院对行政机关强制执行的申请进行书面审查，对符合代履行条件的规定，且行政决定具备法定执行效力的，除下列情形外，人民法院应当自受理之日起7日内作出执行裁定。人民法院发现有下列情形之一的，在作出裁定前可以听取被执行人和行政机关的意见：明显缺乏事实根据的；明显缺乏法律、法规依据的；其他明显违法并损害被执行人的合法权益的。人民法院应当自受理之日起30日内作出是否执行的裁定。裁定不予执行的，应当说明理由，并在5日内将不予执行的裁定送达行政机关。行政机关对人民法院不予执行的裁定有异议的，可以自收到裁定之日起15日内向上一级人民法院申请复议，上一级人民法院应当自收到复议申请之日起30日内作出是否执行的裁定。

因情况紧急，为保障公共安全，行政机关可以申请人民法院立即执行。经人民法院院长批准，人民法院应当自作出执行裁定之日起5日内执行。

行政机关申请人民法院强制执行，不缴纳申请费。强制执行的费用由被执行人承担。人民法院以划拨、拍卖方式强制执行的，可以在划拨、拍卖后将强制执行的费用扣除。依法拍卖财物，由人民法院委托拍卖机构依照《拍卖法》的规定办理。划拨的存款、汇款以及拍卖和依法处理所得的款项应当上缴国库或者划入财政专户，不得以任何形式截留、私分或者变相私分。

八、行政裁决

（一）行政裁决的含义

所谓行政裁决，是指由行政机关依照法律授权，对当事人之间发生的、与行政管理活动密切相关的、与合同无关的民事纠纷进行审查，并作出裁决的行政行为。①

（二）行政裁决的特征

1. 当事人之间发生了与行政管理活动密切相关的民事纠纷，是行政裁决的前提。随着社会经济的发展和政府职能的扩大，行政机关的活动范围冲破了从前民事纠纷最终由法院裁断且只能由法院裁断、行政机关只行使行政权而不裁决、处理民事纠纷的传统，获得了对民事纠纷的裁决权。但是，行政机关对民事纠纷的裁决，并非涉及所有民事领域。只有在特定情况下，即在民事纠纷与行政管理密切相关的情况下，行政机关才对该民事纠纷予以裁决，以实现行政管理的目的。成为行政裁决对象的只能是与行政管理活动密切相关的民事纠纷。

2. 行政裁决的主体是法律授权的行政机关。在我国，除了商标、专利等知识产权领域设有专门行政裁决机构外，《土地管理法》《森林法》《草原法》《食品卫生法》《专利法》《治安管理处罚法》《药品管理法》等法律，对侵权赔偿争议和权属争议作出规定，授权有关行政机关对这些争议予以裁决。各个单行法律的有关规定，构成了我国行政裁决制度。没有法律的授

① 行政裁决是行政机关广泛应用的一种裁决方式，也是法律文件中经常涉及的一个概念，有时指行政处罚裁决，有时指行政机关依职权对所有纠纷进行的裁决，有时特指专门的行政裁决。这里所说的行政裁决即专门的行政裁决。

权，行政机关便不能成为行政裁决的主体。

3. 行政裁决程序依当事人的申请而开始。争议双方当事人在争议发生后，可以依据法律、法规的规定，在法定期间内向法定裁决机构申请裁决。申请裁决通常要递交申请书，载明法定事项。

4. 行政裁决是行政机关行使行政裁决权的活动，具有法律效力。行政裁决权的行使，具有行使一般行政权的特征，民事纠纷当事人是否同意或是否承认，都不会影响行政裁决的成立和其所具有的法律效力，对行政裁决不服，只能向人民法院提起诉讼。所以，行政裁决不包括单纯以调解方式处理，并不发生相应的法律效力的行为。

（三）行政裁决的原则

1. 公平、平等的原则

行政机关运用行政裁决权，必须坚持和贯彻公平、平等的原则。首先，必须在法律上处于独立的第三人地位。其次，应当实行严格的回避制度。最后，必须客观而全面地认定事实，正确地运用法律，并公开裁决程序。行政机关行使行政裁决权，必须按照法律规定，在程序上为双方当事人提供平等的机会和手段，以确保纠纷的双方当事人在法律面前人人平等。

2. 简便、迅速的原则

行政机关行使行政裁决权，必须在程序上考虑行政效率和实现行政职能，在确保纠纷得以公正解决的前提下，尽可能地采取简单、迅速、灵活的裁决程序。

3. 客观、准确的原则

行政机关作出行政裁决必须客观而全面地认定事实，根据案情的需要，有时需要组织有关调查、勘验或鉴定，例如在交通事故争议、医疗事故争议、环境污染争议、产品质量争议等技术性争议案件中，必须坚决贯彻客观、准确的原则，尊重科学，尊重事实。

（四）行政裁决的种类

1. 权属纠纷的裁决

权属纠纷是指因某一财产的所有权或使用权的归属产生争议，包括因草原、土地、水、滩涂及矿产等自然资源的权属发生争议时，双方当事人可依法向有关行政机关请求确认，并作出裁决。例如，关于土地的所有权、使用权的权属产生争议，依法请求土地管理机关给予确认。① 此外，权属争议或纠纷也可能产生于房产等非自然资源方面。依据法律规定，对于这方面的纠纷，有关行政机关都可以依法作出裁决。权属纠纷的裁决结果是权属关系得以确认。

2. 侵权纠纷的裁决

侵权纠纷是由于一方当事人的合法权益受到他方的侵犯而产生的纠纷。产生侵权纠纷时，当事人可以请求行政机关予以裁决。例如，对商标权、专利权的侵犯引起的纠纷，分别由工商行政管理部门、专利管理机关进行裁决。我国《专利法》规定，对未经专利权人许可而实施其专利的侵权行为，专利权人或利害关系人可以请求专利管理机关进行处理。裁决侵权纠纷的目的在于制止侵权行为，保障当事人的合法权益。

---

① 《土地管理法》第16条第1、2款规定：土地所有权和使用权争议，由当事人协商解决；协商不成的，由人民政府处理。单位之间的争议，由县级以上人民政府处理；个人之间、个人与单位之间的争议，由乡级人民政府或者县级以上人民政府处理。

3. 损害赔偿纠纷的裁决

损害赔偿纠纷是一方当事人的权益受到侵害后，要求侵害者给予损害赔偿所引起的纠纷。这种纠纷广泛存在于食品卫生、药品管理、环境保护、医疗卫生、产品质量、社会福利等许多方面。产生损害赔偿纠纷时，权益受到损害者可以依法要求有关行政机关作出裁决，确认赔偿责任和赔偿金额，使其受到侵害的权益得到恢复或赔偿。

4. 权属纠纷、侵权纠纷和损害赔偿及其裁决之间的关系

首先，权属关系的确定是侵权事实得以确定的基础，侵权事实的确认又为损害赔偿请求提供了依据。环环相连，不可分割。其次，三种纠纷各自的着眼点不同，分别强调了一个连续过程的不同阶段。由于各自的争议标的不同，行政裁决的目的便不完全相同，但在保护当事人的合法权益并服务于行政管理这一点上，三种行政裁决的目的是相一致的。

九、行政调解

（一）行政调解的含义

调解是指第三人对当事人之间的纠纷进行调停、斡旋等活动。作为一种解决纠纷的古老方法，调解被世界各国普遍采用。我国很早就确立了有关调解的法律制度，革命战争时期，根据地和解放区形成了人民调解、法院调解和行政调解三种形式的调解制度。作为行政机关的一项重要工作，行政调解对于实现行政管理目标具有重要的辅助作用。

行政调解是指由行政机关主持的，以国家政策、法律为依据，以自愿为原则，通过说服教育的方法，促使双方当事人友好协商，达成协议，从而解决争议的方法和活动。

（二）行政调解的特征

1. 行政调解是由行政机关主持的，其调解主体仅限于行政机关。这与人民法院进行的诉讼调解区别开来，也与社会群众组织进行的人民调解有所不同。

2. 行政调解以当事人自愿为原则。自愿原则包括自愿决定是否采取调解方式来解决争议，自愿选择所适用的规则，自愿决定是否达成协议。行政机关既不能强制当事人接受调解，也不能强制当事人接受某种决定。违反自愿原则的调解不能发生预期的效力。这使行政调解与行政机关单方强制作出的行政决定区别开来。

3. 行政调解是一种诉讼外的调解，它不是仲裁或行政诉讼的必经程序，不能限制当事人的仲裁申请权和司法诉权。某些行政调解具有强制执行力，另外一些行政调解则不具有强制执行力，其约束力仅建立在当事人自愿遵守调解协议的基础上。这一特点使行政调解与仲裁、行政复议和诉讼调解区别开来。

4. 行政调解的对象既可以是民事争议，又可以是行政争议。行政调解以民事争议为主要对象，但也包括部分行政争议，如对行政赔偿争议的调解。这一特点进一步使行政调解与行政复议和行政仲裁区分开来。行政复议仅以行政争议为对象，而行政仲裁仅以特定的民事争议为对象。

（三）行政调解的种类

1. 依据行政调解的效力，可分为正式调解和非正式调解。正式调解是指调解协议成立后即

产生法律效力，具有强制执行力的行政调解。目前我国法律规定的正式调解仅限于行政仲裁中的调解。非正式调解是指调解协议成立后不具有强制执行力，而依赖于当事人自觉履行的行政调解。目前我国行政调解的大部分是非正式调解，如《治安管理处罚法》中关于调解的规定。[①]

2. 依据行政调解的对象，可分为民事争议调解和行政争议调解。根据现行法律规定，行政调解主要以民事争议为调解对象，如侵权纠纷、经济合同纠纷等。此外，行政调解也以部分行政争议为调解对象，仅限于行政赔偿争议和行政补偿争议。

（四）行政调解的程序

我国没有关于行政调解的统一程序规定，行政调解的特点也决定了其在程序上具有灵活性。一般说来，行政调解应按如下程序进行：

1. 提交调解申请。[②] 行政调解需由争议当事人向行政机关提出申请，该申请既可是书面形式，也可是口头形式，但法律要求以书面形式申请的，必须依法提出书面形式的申请。

2. 征求意见。行政调解遵循自愿原则，故行政机关在实施调解前，必须征求双方当事人的意见，只有双方当事人同意采取调解方式解决争议时，行政机关才能进行调解。如有一方当事人不同意调解，则行政机关不得强行调解。

3. 调查事实。行政调解坚持以事实为根据的原则，要求行政机关在实施调解前应充分了解争议事实，查证、核实证据，了解双方当事人的要求和根据。

4. 调停、斡旋。行政调解机关应在查明事实、分清是非，符合法律和政策的原则下，主持双方当事人当面协商，说服教育，以求争议的解决。在协商达成协议的基础上，应制作协议书，由行政调解机关和双方当事人盖章。

5. 调解协议书的送达。调解协议书制作后，必须交付双方当事人。自调解协议书送达当事人之日起，行政调解发生效力。

（五）行政调解的法律后果

行政调解作为行政机关的一种行为，具有一定的法律后果。依法成立的行政调解可以引起两种法律后果：

1. 行政处理后果。行政调解成立后，行政机关不能就同一事件另行处理。如果当事人一方不履行调解协议，对非正式的调解，另一方当事人可向人民法院提起民事诉讼；对正式调解，另一方当事人可依法申请人民法院强制执行。

2. 强制执行后果。于正式的行政调解，调解书一经送达便发生法律效力，具有强制执行力，如果一方当事人不履行协议，另一方当事人可依法申请人民法院强制执行。

十、行政处罚

（一）行政处罚的含义

行政处罚是指行政主体为达到对违法者予以惩戒，促使其以后不再犯，有效实施行政管

---

① 参见《治安管理处罚法》第 9 条。

② 除法律有明确规定的以外，提交调解申请并非必要条件，行政机关也可主动进行调解。

理，维护公共利益和社会秩序，保护公民、法人或其他组织的合法权益的目的，依法对行政相对人违反行政法律规范尚未构成犯罪的行为（违反行政管理秩序的行为），给予人身的、财产的、名誉的及其他形式的法律制裁的行政行为。

（二）行政处罚的特征

1. 行政处罚的主体是行政主体，实施行政处罚必须依据法定权限。除非法律另有规定，行政处罚权只能由行政主体行使。行政主体是否享有行政处罚权和享有何种行政处罚权以及在多大范围内享有行政处罚权，还必须基于行政法律规范的规定而定。[①] 行政主体必须严格依据法定权限行使行政处罚权，超越法定权限的处罚无效。

2. 行政处罚是针对有违反行政法律规范行为（违反行政管理秩序的行为）的行政相对人的制裁。行政处罚是对违反行政法律规范的行政相对人的人身自由、财产、名誉或其他权益的限制或剥夺，或者对其科以新的义务，体现了强烈的制裁性或惩戒性。

3. 行政处罚的目的既是有效实施行政管理，维护公共利益和社会秩序，保护公民、法人或其他组织的合法权益，又是对违法者予以惩戒和教育，使其以后不再犯。

4. 行政处罚是对于其行为违反行政法律规范尚未构成犯罪的行政相对人的制裁。[②]

（三）行政处罚的种类

1. 人身罚

人身罚，亦称自由罚，是限制或剥夺违法者人身自由的行政处罚。人身自由是宪法规定的公民各种基本权利得以存在的基础，人身自由受到限制或剥夺，意味着其他任何基本权利都将难以行使。因此，“限制人身自由的行政处罚，只能由法律设定”[③]。并且人身罚的行使主体仅限于公安机关，以防止人身罚的滥用而影响公民的最基本权利。

（1）行政拘留。又称治安拘留，是公安机关依法对违反行政法律规范（特别是治安管理法律规范）的人，在短期内限制其人身自由的一种处罚。根据《治安管理处罚法》《出境入境管理法》等法律规范的规定，行政拘留的期限为 1 日以上、15 日以下。除县级以上的公安机关外，其他任何行政机关都没有决定行政拘留的权力。行政拘留一般适用于严重违反治安管理的行为人，并且只有在适用警告、罚款处罚不足以惩戒违法者时才适用。

（2）驱逐出境、禁止进境或出境、限期出境。这是指公安、边防、安全机关对违反我国行政法律规范的外国人、无国籍人采取的，强令其离开或禁止进入中国国境的处罚形式。《出境入境管理法》《国家安全法》对此分别作出规定。

以上第二种处罚形式，《行政处罚法》未明确列入处罚种类，可以归为“其他行政处罚”一类。

2. 财产罚

财产罚是特定的行政机关或法定的其他组织强迫违法者缴纳一定数额的金钱或一定数量的物品，或者限制、剥夺其某种财产权的处罚。

（1）罚款。这是指有行政处罚权的行政主体依法强制违反行政法律规范的行为人在一定期

---

① 参见《行政处罚法》第 15～18 条。

② 参见《行政处罚法》第 7 条第 2 款。

③ 《行政处罚法》第 9 条第 2 款。

限内向国家缴纳一定数额的金钱的处罚方式。罚款的数额应由具体的行政法律规范规定，一般是规定最高额和最低额，并规定加重和减轻的限额。行政处罚机关只能在法定幅度内决定罚款数额，不能有任何超越。作出罚款决定的行政机关应当与收缴罚款的机构分离。除法定当场收缴的情形外，作出行政处罚决定的行政机关及其执法人员不得自行收缴罚款［《行政处罚法》（下同）第46条］。依法当场收缴罚款的，必须出具统一收据，否则，当事人有权拒绝缴纳罚款（第49条）。罚款必须全部上缴国库（第53条）。

（2）没收。这是指有处罚权的行政主体依法将违法行为人的违法所得和非法财物收归国有的处罚形式。违法所得是指违法行为人从事非法经营等获得的利益。非法财物，是指违法者用于从事违法活动的违法工具、物品和违禁品等。

没收非法财物，必须按照国家规定公开拍卖或者按照国家有关规定处理，处罚机关不得私分、截留、随意毁损，通过非法途径低价处理，或者随意使用。没收违法所得或者没收非法财物拍卖的款项，必须全部上缴国库，任何行政机关或者个人不得以任何形式截留、私分或者变相私分（第53条）。

3. 行为罚

行为罚，亦称能力罚，是限制或剥夺行政违法者某些特定行为能力和资格的处罚。

（1）责令停产停业。这是对违反行政法律规范的工商企业和工商个体户责令其停止生产、停止营业的一种处罚形式。责令停产停业不是直接限制或剥夺违法者的财产权，而是责令违法者暂时停止其所从事的生产经营活动，一旦违法者在一定期限内及时纠正了违法行为，按期履行了法定义务，仍可继续从事曾被停止的生产经营活动，无须重新申请领取有关许可证和执照。为了防止行政机关的恣意性，《行政处罚法》对责令停产停业规定了听证程序，以保护相对人的合法权益。

（2）暂扣或者吊销许可证、执照。亦称许可证罚，是限制或剥夺违法者从事某项活动的权利或资格的处罚形式。

暂扣许可证、执照的特点在于暂时中止持证人从事某种活动的资格，待其改正违法行为后或经过一定期限，再发还证件，恢复其资格，允许其重新享有该权利和资格。吊销许可证、执照的特点在于撤销相对人的凭证，终止其继续从事该凭证所允许活动的资格。《行政处罚法》对吊销许可证或者执照规定了听证程序，以确保慎重适用该处罚形式，保护相对人的合法权益。

4. 申诫罚

申诫罚，亦称精神罚或影响声誉罚，是行政机关向违法者发出警戒，申明其有违法行为，通过对其名誉、荣誉、信誉等施加影响，引起其精神上的警惕，使其不再违法的处罚形式。

（1）警告。这是行政主体对较轻的违法行为的作出者予以谴责和告诫的处罚形式。警告的目的在于通过对违法行为人予以精神上的惩戒，申明其有违法行为，以使其不再违法。

（2）通报批评。这是行政机关将对违法者的批评以书面形式公布于众，指出其违法行为，予以公开谴责和告诫，以避免其再犯的处罚形式。通报批评既是对违法者的惩戒和教育，也是对广大群众的教育。

警告和通报批评均既可以对公民个人适用，也可以对法人或其他组织适用；既可单处，也可与其他行政处罚同时适用。

（四）责令当事人改正或限期改正违法行为

1. 责令改正或者限期改正的内容及形态

《行政处罚法》第23条规定：行政机关实施行政处罚时，应当责令当事人改正或者限期改正违法行为。

改正违法行为，包括停止违法行为，积极主动地协助行政处罚实施机关调查取证，消除违法行为所造成的不良后果，造成损害的，则要依法承担民事责任，依法予以赔偿。有些违法行为可以在受到处罚后立即改正，有些违法行为的改正则需要一定的时间，如拆除违法建筑物、治理已被污染的环境、补种毁坏的树木等，故应责令其限期改正。

我国现行法律、法规有关行政处罚的规定，大多设有"责令改正或限期改正"的规定。《行政处罚法》第23条是基于我国有关具体法律、法规的规定进行的总结性规定。

2. 责令改正或者限期改正与行政处罚的区别和联系

责令改正或者限期改正与行政处罚的区别表现为如下四点：

（1）概念有别。行政处罚是行政主体对违反行政管理秩序的行为，依法定程序所给予的法律制裁；而责令改正或者限期改正违法行为，是行政机关实施行政处罚的过程中对违法行为人发出的一种作为命令。

（2）性质及内容不同。行政处罚是法律制裁，是对违法行为人的人身自由、财产权利的限制或剥夺，是对违法行为人的精神和声誉造成损害的惩戒；而责令改正或者限期改正违法行为，其本身并不是制裁，只是要求违法行为人履行法定义务，停止违法行为，消除其行为的不良后果，恢复原状。

（3）形式各异。行政处罚有警告、罚款、没收、责令停产停业、暂扣或吊销许可证、执照和拘留等。而责令改正或者限期改正违法行为，因各种具体违法行为不同而分别表现为停止违法行为、责令退还、责令赔偿、责令改正、限期拆除、限期治理等形式。

（4）角度不同。行政处罚是从惩戒的角度，科处新的义务，以告诫违法行为人不得再违法，否则将受罚；而责令改正或者限期改正则是命令违法行为人履行既有的法定义务，纠正违法，恢复原状。

责令改正或者限期改正与行政处罚的联系表现在如下三个方面：

（1）起因相同。二者均是由相对人的违法行为引起的。

（2）目的一致。二者的根本目的均是维护行政管理秩序，保护公民和组织的合法权益，维护公共利益。

（3）同步进行。在实施行政处罚时，往往同时责令违法行为人改正或者限期改正违法行为。只予以行政处罚，不足以恢复正常的行政管理秩序；仅责令改正或者限期改正，不足以惩戒违法者。只有二者同步进行，才能够最终达到行政目的。

（五）行政处罚的原则

1. 处罚法定的原则

（1）处罚设定权的法定性。[①]

（2）处罚主体及其职权的法定性。除法律、法规、规章规定有处罚权的行政机关以及法

---

① 参见《行政处罚法》第9～14条。

律、法规授权的组织外，其他任何机关、组织和个人均不得行使行政处罚权。具备了主体资格的机关和组织在行使行政处罚权时，还必须遵守法定的职权范围，不得越权和滥用权力。

（3）被处罚行为的法定性。行政处罚的实施必须有法律、法规或者规章为依据。法无明文规定不处罚，凡法律、法规或者规章未规定予以行政处罚的行为，均不受行政处罚。

（4）处罚的种类、内容和程序的法定性。对于法定应予处罚的行为，不仅必须科以处罚，而且必须科以法定种类和内容的处罚。实施行政处罚，不仅要求实体合法，而且必须程序合法，没有法定依据或者不遵守法定程序的，行政处罚无效。

2. 处罚公正、公开的原则

处罚公正的原则，亦称合理处罚的原则，是处罚法定原则的必要补充。这一原则要求，行政处罚必须公平、公正，没有偏私；设定和实施行政处罚必须以事实为依据，与违法行为的事实、性质、情节以及社会危害程度相当。①

为了确保行政处罚公平和公正，较为有效的方法就是坚持和贯彻处罚公开的原则：对违法行为给予行政处罚的规定必须公布；未经公布的，不得作为行政处罚的依据②；处罚程序必须公开。

3. 处罚与教育相结合的原则

《行政处罚法》第5条规定：实施行政处罚，纠正违法行为，应当坚持处罚与教育相结合，教育公民、法人或者其他组织自觉守法。

教育必须以处罚为后盾，教育也不能代替处罚。为了达到制止并预防违法的目的，对受处罚的违法行为，应在给予处罚时给予帮助教育，二者不可偏废。

此外，《行政处罚法》对青少年的特别规定（第25条），对从轻或者减轻行政处罚以及不予行政处罚等的规定（第27条），无一不体现了处罚与教育相结合的原则。

4. 保障相对人权利的原则

《行政处罚法》不仅在总则中确立了保障相对人权利的原则，而且有关行政处罚的设定、实施及其程序的规定，无一不体现着这一指导思想。

保障相对人权利的原则实质上是由保障相对人陈述权、申辩权的原则和无救济便无处罚的原则构成的。相对人对行政机关所给予的行政处罚，享有陈述权、申辩权；对行政处罚不服的，有权依法申请行政复议或者提起行政诉讼；因行政处罚受到损害的，有权提出赔偿要求。无救济便无处罚的原则包括两层内容：其一，在立法阶段，无救济途径的规定，便不设立行政处罚。其二，在执行阶段，无救济途径，便不实施行政处罚，并且实施行政处罚之前或者实施行政处罚时必须告知相对人有关权利救济的途径。

5. 职能分离的原则

（1）行政处罚的设定机关和实施机关相分离。（2）行政处罚的调查、检查人员和行政处罚的决定人员相分离。（3）作出罚款决定的机关和收缴罚款的机构分离。除依法当场收缴的罚款外，作出行政处罚决定的行政机关及其执法人员不得自行收缴罚款。当事人到指定的银行缴纳罚款。银行应当收受罚款，并将罚款直接上缴国库。③ （4）由非本案人员担任听证主持人的原则。

---

① 参见《行政处罚法》第4条第1、2款。

② 参见《行政处罚法》第4条第3款。

③ 参见《行政处罚法》第46条第1、2、3款。

6. 一事不再罚的原则

行政处罚以惩戒违法行为人，使其以后不再犯为目的，而不是以某种义务的履行为目的，所以一次处罚即可达到目的。该原则包括如下三层意思：

(1) 对当事人的同一个违法行为，不得给予两次以上罚款的行政处罚。[①] (2) 违法行为构成犯罪的，行政机关必须将案件移送司法机关，依法追究刑事责任[②]，行政机关不再予以处罚。(3) 违法行为构成犯罪，人民法院判处拘役或者有期徒刑时，行政机关已经给予当事人行政拘留的，应当依法折抵相应刑期；人民法院判处罚金时，行政机关已经给予当事人罚款处罚的，应当折抵相应罚金。[③]

根据《行政处罚法》第 24 条的规定，所谓一事不再罚的原则仅意味着一事不再罚款。所以，关于一事不再罚的原则是否适合作为行政处罚基本原则的问题，学界尚有争议。在这里基于上述三方面的内容来理解一事不再罚的原则，是适宜的。

(六) 行政处罚的程序

《行政处罚法》规定的行政处罚的基本程序，是由行政处罚决定程序和行政处罚执行程序两部分组成的。

1. 行政处罚决定程序

行政处罚决定程序，是整个行政处罚程序的关键环节，是保障正确实施行政处罚的前提条件。

(1) 简易程序。

也称当场处罚程序，是指国家行政机关或者法律、法规授权的组织对符合法定条件的行政处罚事项，当场作出行政处罚决定的处罚程序。简易程序具有如下特征：

1) 适用简易程序必须符合一定的条件：违法事实确凿；有法定依据；较小数额罚款（对公民处以 50 元以下、对法人或者其他组织处以 1 000 元以下罚款）或警告。[④] 不符合上述条件，或者仅符合其中部分条件的，不能适用简易程序。

2) 程序简单，当场处罚。执法人员发现符合法定条件的行政违法行为后，可以立即当场予以处罚。程序简洁明了、迅速及时，易于执行。

简易程序包括如下内容：表明身份；确认违法事实，说明处罚理由和依据；制作行政处罚决定书；交付行政处罚决定书和备案。

(2) 一般程序。

或称为普通程序，是指除法律特别规定应当适用简易程序和听证程序的以外，行政处罚通常所应适用的程序。一般程序包括如下步骤：

1) 立案。对于属于本机关管辖范围内并在追究时效内的行政违法行为或重大违法嫌疑情况，行政机关认为有调查处理必要的，应当正式立案。立案的条件是：行政机关经过对立案材料的审查认为有违法行为发生；违法行为是应受行政处罚的行为；属于本部门职权范围且归本机关管辖；不属于适用简易程序的案件。

---

① 参见《行政处罚法》第 24 条。

② 参见《行政处罚法》第 22 条。

③ 参见《行政处罚法》第 28 条第 1、2 款。

④ 参见《行政处罚法》第 33 条。

符合立案条件的，主管执法人员应该填写立案审批表或立案决定书，由行政首长批准，并指派专人承办。行政机关对违法行为予以立案时，应遵守有关时效的规定，即除法律另有规定的外，对于在2年以内未发现的行政违法行为，不予立案。①

2）调查。立案后，行政执法人员必须对案件进行全面、客观、公正的调查，收集有关证据；必要时，依照法律、法规的规定，可以进行检查（第36条）。进行调查或检查时，执法人员不得少于2人，并应当出示证件。当事人或有关人员应如实回答询问，并协助调查或检查，不得阻挠。调查、检查和询问应制作笔录（第37条）。

3）处理决定。案件调查终结后，应认真进行分析研究，对情节复杂或重大违法行为给予较重的行政处罚，行政机关的负责人应当集体讨论，根据不同情况，分别作出行政处罚、不予行政处罚、不得给予行政处罚和移送司法机关的决定（第38条）。

4）制作处罚决定书。行政机关负责人经过对调查结果的审查或根据集体讨论的结果，作出给予行政处罚的决定的，应拟制行政处罚决定书。行政处罚决定书应当载明法定事项，并加盖行政机关印章（第39条）。

5）说明理由并告知权利。行政机关在作出行政处罚决定之前，应当告知当事人作出行政处罚决定的事实、理由及依据，并告知当事人依法享有的权利（第31条）。说明理由是行政机关在实施行政处罚过程中必须履行的程序性义务（职责），这一义务得不到履行的话，行政处罚决定不能成立（第41条）。

6）当事人陈述和申辩。行政机关有提出事实和证据说明当事人违法的权利，当事人也有陈述事实、提出证据证明自己无辜的权利。如果当事人提出了有力的证据证明自己是无辜的，行政机关就不能，也无权实施行政处罚。

无论是简易程序还是一般程序、听证程序，当事人都有权进行陈述和申辩。行政机关及其执法人员在作出行政处罚决定之前，拒绝听取当事人的陈述或者申辩的，行政处罚决定不能成立；当事人放弃陈述或者申辩权利的除外（第41条）。行政机关必须充分听取当事人的意见，对当事人提出的事实、理由和证据，应当进行复核；当事人提出的事实、理由和证据成立的，行政机关应当采纳，对已经作出的处罚决定，应当相应改变。行政机关不得因当事人申辩而加重处罚（第32条）。

7）正式裁决。当陈述和申辩在行政处罚决定书拟制之后进行时，经过陈述和申辩，在该处罚决定书正式送达当事人之前，行政机关还必须再次作出维持、变更或取消前述决定的裁断，并正式制作行政处罚决定书。

8）送达行政处罚决定书。行政处罚决定书应当在宣告后当场交付当事人；当事人不在场的，行政机关应当在7日内依照《民事诉讼法》的有关规定，将行政处罚决定书送达当事人（第40条）。

（3）听证程序。

《行政处罚法》第42条规定的听证程序，在采取狭义的听证概念的同时，又对其适用范围进行了相应的限制。所谓听证程序，即行政机关为了查明案件事实、公正、合理地实施行政处罚，在作出责令停产停业、吊销许可证或者执照、较大额罚款等行政处罚决定之前，应当事人要求，通过公开举行由有关各方利害关系人参加的听证会，广泛听取意见的方式、方法和制度。

---

① 参见《行政处罚法》第29条第1款。

听证程序具有如下特征：

第一，听证是由行政机关主持的并由有关利害关系人参加的程序。第二，听证公开进行，但涉及国家机密、商业秘密和个人隐私的除外。第三，听证程序只适用于行政处罚领域的特定案件。只有在作出责令停产停业、吊销许可证或者执照、较大额罚款等行政处罚决定之前，才可以适用听证程序。其他种类的处罚案件不能适用听证程序。① 第四，听证程序的适用以当事人申请为前提。当然，行政机关认为有必要举行听证的，也可以主动组织听证，但一般须征得当事人同意。第五，组织听证是行政机关的法定义务。当事人要求听证的，行政机关应当组织听证（第 42 条）。这里虽然使用"应当"，但根据《行政处罚法》第 32 条、第 41 条等有关条文的规定，组织听证是行政机关"必须"履行的义务。这一强制性义务的成立是以当事人提出申请为前提的。

听证会按如下组织程序进行（第 42 条）：

1）听证的申请与决定。当事人对于符合法定听证种类的行政处罚案件，有权向行政机关提出听证的申请。当事人要求听证的，应当在行政机关告知后 3 日内提出。

2）听证通知。行政机关作出组织听证的决定后，应当在听证的 7 日前，通知当事人举行听证的时间、地点和其他有关事项。

3）听证的主持与参与。任何人不能成为自己案件的法官，这是听证程序的重要原则和特征。据此，行政机关的任何工作人员都不得参与和自己有利害关系的案件。承担调查取证任务的执法人员不能主持听证，听证由行政机关指定的非本案调查人员主持。当事人认为主持人与本案有直接利害关系的，有权申请回避。当事人可以亲自参加听证，也可以委托 1 人至 2 人代理。

4）辩论。举行听证时，调查人员根据调查所获得的当事人违法事实和证据，提出行政处罚建议；当事人进行申辩和质证。双方可进行辩论。

5）听证笔录。对于在听证会中出示的材料、当事人的陈述以及辩论等的过程，应当制作笔录，交付当事人、证人等有关参加人阅读或向他们宣读，有遗漏或差错的应予补正或改正，确认没有错误后，由主持人、书记员和当事人分别签字或者盖章，作为处罚的依据之一。

6）听证费用。当事人要求听证，是行使自己的行政参与权。所以，当事人不承担行政机关组织听证的费用（第 42 条）。

听证程序完毕以后，仍应按照一般程序的有关规定作出是否处罚的决定（第 43 条）。适用听证程序的案件的最后决定权在行政机关而不在主持听证的或本案调查的工作人员。

2. 行政处罚执行程序

行政处罚执行程序，是指有关国家机关保证行政处罚决定所确定的当事人的义务得以履行的程序。没有行政处罚的执行，行政处罚决定就没有任何意义。

行政处罚决定依法作出后，当事人应当在行政处罚决定的期限内予以履行（第 44 条）。当事人对行政处罚决定不服，申请行政复议或者提起行政诉讼的，行政处罚不停止执行，法律另有规定的除外（第 45 条）。也就是说，执行机关实施行政处罚，不因当事人的申诉而停止执行。这是行政行为的共同原则在行政处罚领域的具体体现。

除法律另有规定外，作出罚款决定的行政机关应当与收缴罚款的机构分离，即罚款决定由

① 根据《行政处罚法》第 42 条第 2 款，当事人对限制人身自由的行政处罚有异议的，依照《治安管理处罚法》有关规定执行。

法定的行政机关作出，而罚款的收缴由法定的专门机构负责。行政机关可以指定银行作为收受罚款的专门机构。[①]

行政处罚执行程序主要包括如下内容：

（1）专门机构收缴罚款。关于专门机构收缴罚款的具体程序，《行政处罚法》并未作出明确规定。根据该法第46条第3款的规定以及目前试点情况，专门机构收缴罚款应遵循如下程序：通知送达；催交（告诫）；收受罚款；上缴国库。

（2）当场收缴罚款。依照《行政处罚法》第47条、第48条的规定，当场收缴罚款的适用范围，包括三种情形：20元以下罚款；不当场收缴事后难以执行的；在边远、水上、交通不便地区，当事人向指定的银行缴纳罚款确有困难，经当事人提出的。

行政机关及其执法人员当场收缴罚款的，必须向当事人出具省、自治区、直辖市财政部门统一制发的罚款收据；不出具财政部门统一制发的罚款收据的，当事人有权拒绝缴纳罚款（第49条）。

执法人员当场收缴的罚款，应当自收缴罚款之日起2日内，交至行政机关；在水上当场收缴的罚款，应当自抵岸之日起2日内交至行政机关；行政机关应当在2日内将罚款缴付指定的银行（第50条）。

（3）执行保障措施，是指行政机关为达到迫使当事人履行行政处罚决定的目的而采取的包含国家强制力的手段或方法。《行政处罚法》第51条规定了三种执行保障措施：1）到期不缴纳罚款的，每日按罚款数额的3%加处罚款。2）根据法律规定，将查封、扣押的财物拍卖或者将冻结的存款划拨抵缴罚款。3）申请人民法院强制执行。[②]

3.《治安管理处罚法》对行政处罚程序的发展

《治安管理处罚法》充实、完善了处罚程序方面的内容，其主要变化在于：一是明确规定排除非法证据；二是明确规定了回避制度；三是明确规定了传唤询问的时限，原则规定了“通知家属”的程序；四是规范了搜查、人身检查等强制措施的执行程序；五是取消了复议前置程序。根据《行政处罚法》的规定和法治原则的要求，《治安管理处罚法》对违反治安管理行为的调查、决定、执行和救济都规定了具体、细致的程序，主要是：（1）规范了检查、扣押等行政强制措施的适用程序。（2）规定了告知程序，公安机关作出治安管理处罚决定前，应当告知违反治安管理行为人作出治安管理处罚的事实、理由及依据，并告知违反治安管理行为人依法享有的权利。（3）明确了非法证据排除规则，公安机关及其人民警察对治安案件的调查，应当依法进行。严禁刑讯逼供或者采用威胁、引诱、欺骗等非法手段收集证据。以非法手段收集的证据不得作为处罚的根据。（4）对2 000元以上罚款、吊销许可证等处罚规定了听证程序。（5）修改了治安管理处罚简易程序的适用条件，明确了：人民警察对于违反治安管理行为事实清楚，证据确凿，处警告或者200元以下罚款的，可以当场作出治安管理处罚决定。（6）规定派出所可以作出警告或者500元以下罚款的决定。（7）取消了行政复议前置的程序，明确当事人对治安管理处罚决定不服的，既可以依法申请行政复议，也可以直接提起行政诉讼。（8）取消了关于在没有公安派出所的地方，处警告或者50元以下的罚款可以由公安机关委托乡（镇）人民政府裁决的委托授权规定。（9）规定县级以上人民政府公安机关可以作出治安管理处罚决定。（10）修改了行政拘留暂缓执行的规定，被处罚人不服行政拘留处罚决定，申请行政复议、提

① 参见《行政处罚法》第46条第1款、第3款。

② 这三种执行保障措施，实质上属于行政强制措施。参见本节该部分的有关内容。

起行政诉讼的，可以向公安机关提出暂缓执行行政拘留的申请。公安机关认为暂缓执行行政拘留不致发生社会危险的，由被处罚人或者其近亲属提出符合《治安管理处罚法》第 108 条规定的条件的担保人，或者按每日行政拘留 200 元的标准交纳保证金，行政拘留的处罚决定暂缓执行。

下表为《行政处罚法》、《治安管理处罚法》关于当场处罚与当场收缴罚款的规定的对比情况：

	《行政处罚法》	《治安管理处罚法》
当场作出处罚	50 元以下（公民）、1 000 元以下（法人）的罚款或警告	200 元以下罚款或警告
当场收缴罚款	20 元以下罚款或事后难以执行的	50 元以下罚款且被处罚人无异议或第 104 条规定的其他条件

十一、行政指导

（一）行政指导的概念、方式和类型

1. 行政指导的概念

所谓行政指导，是指国家行政机关在其所管辖事务的范围内，对于特定的人、企业、社会团体等，运用非强制性手段，获得相对人的同意或协助，指导行政相对人采取或不采取某种行为，以实现一定行政目的的行为。

2. 行政指导的方式和类型

行政指导，通常采用说服、教育、示范、劝告、建议、协商、政策指导、提供经费帮助、提供知识/技术帮助等非强制性手段和方法。

从行政指导的作用看来，一般可以分为助成性行政指导、规制性行政指导和调整性行政指导三大类。

（1）助成性行政指导，是为相对人即公民、法人和其他组织出主意的行政指导，故又称为出主意的行政指导。关于助成性行政指导，当相对人提出申请，要求给予助成性行政指导时，只要没有正当理由，行政机关不得拒绝，必须一律公平对待。

（2）规制性行政指导，是指为了维持和增进公共利益，对违反公共利益的行为加以规范和制约的行政指导。规制性行政指导又可分为独立行政指导和附带行政指导两种。前者是指与权力性规制无关，独立进行的行政指导；后者是指在权力性规制的同时附带进行的行政指导。

（3）调整性行政指导。调整性行政指导，是以调整相互对立的当事人之间的利害关系为目的的行政指导。此种行政指导，以行政机关在法律上对当事人某方或双方有一定的权限为基础。

（二）行政指导的特征

行政指导，是行政机关的一种重要的行为形式，以行政指导方法调整行政机关同行政管理相对人之间的关系，形成行政指导关系。

一般认为，行政指导具有非强制性、事实行为性、能动性和行政机关优越性四种特征。

1. 行政指导的非强制性，即相对人对行政指导服从的任意性。一般说来，行政管理相对人对于行政指导，没有必须服从的义务。尽管行政指导也是行政机关对于相对人的单方行为，但是，它不同于行政行为，相对人是否服从行政指导，是任意的。

当然，对于行政指导服从的任意性，仅限于原则而言，实践中的行政指导，并不都具有服从的任意性。关于助成性行政指导，无论原则上还是实践中，是否服从之，都是任意的。而规制性行政指导和调整性行政指导，尽管原则上是否服从之是任意的，但是，实际上往往由不得相对人的任意选择。助成性行政指导具有服务行政的性质，而规制性行政指导和调整性行政指导具有权力规制代用物的特征。

2. 行政指导的事实行为性。行政指导采取指导、劝告、建议及其他不具有法律强制力的手段，行政机关和相对人之间不产生任何法律意义上的权利义务关系，不发生任何法律效果。当然，这也是就原则而言。当法律规定实行一定的权力限制之前必须采取行政指导时，行政指导便作为权力限制的事前程序，产生行政程序上的效果。一般说来，即使相对人接受了行政指导，也并不因此而产生任何法律效果，但有时法律也规定，接受行政指导这种行为本身具有一定的法律效果（行政指导的间接法律效果）。

3. 行政指导的能动性。行政指导是行政机关指导相对人采取或者不采取某种行为的活动，所以，对于相对人的意志，行政指导具有积极的能动作用。在行政指导过程中，行政机关应尽量听取相对人的意见，尽可能取得相对人的同意或协助，这是为了发挥行政指导的实效，并不是行政指导成立的必要条件。行政指导，可以基于相对人的申请作出，也可以由行政机关根据形势的需要能动地实施。

4. 行政指导关系中行政机关的优越性。行政指导关系中，行政机关处于比相对人优越的地位。无论是助成性行政指导，还是规制性行政指导或调整性行政指导，指导关系的形成，均依赖于信息、知识和觉悟等，而相对人在这方面明显处于劣势。行政指导关系中行政机关的优越地位，是以事实上确保该行政指导实效性的法律上的权限为背景的。

（三）行政指导的是非功过

一方面，从理论上讲，行政指导无论具有多大程度的规制性，在法律上都不具有强制力，不过是事实上的协助要求而已。尽管行政指导中也存在着根据法律上的规定实施的情形，但是，大多数行政指导都是没有明确的法律依据，由行政机关依据其适当判断而随时付诸实施的。行政机关只要采取行政指导的形式，就可以不受法的拘束，在自己所掌管的范围内机动地把握行政需要的变化，补充法律的不完备。行政机关灵活自如地采取随机应变的对应措施，在经济行政领域中，根据形势的变化，对有关企业进行经常性的适当而妥帖的行政指导，对于避免经济资源的不合理配置，发挥着不可估量的巨大作用。并且，对于接受行政指导的行政相对人来说，与以权力性命令形式单方面地强制规定义务相比，以行政指导的形式要求协助，在心理上更少抵抗感，比较容易接受。正是由于这些优点，行政指导在现实行政管理中发挥着重要的机能。适当而迅速的行政指导，对于确保行政目的的圆满实现，有着不可或缺的作用。

另一方面，行政指导，特别是法定外的行政指导，由于不受任何法的制约，完全依据行政机关的判断，有时难以明确责任的所在，有时甚至因行政机关的恣意专横而导致损害相对人的权利和利益的结果发生。

在规制性行政指导中，当行政机关根据错误判断进行行政指导，或者滥用行政指导权时，从法律上讲，认为行政指导内容不正确或不适当的相对人，当然有权拒绝对该行政指导的服从或协助。但是，现实中的行政相对人对行政的经常性依赖程度越来越高，并且，行政机关拥有规制及助成等广泛的权限，违背行政当局的旨意，拒绝接受行政指导，往往难免在其他方面遭受行政当局的故意刁难。因此，行政指导，特别是规制性行政指导，实际上对于相对人具有与权力性作用相同的拘束力。并且，即使是违法行政指导，相对人一旦服从之，在法律上就被认为是自觉、自愿的服从，事后要主张行政指导的违法性，往往是相当困难的。相反，对于本来应予以规制的相对人，行政机关不发动正式的规制权限，而是采取行政指导的形式，任意减轻规制，向被规制人作不必要的让步或妥协，将导致行政总体形象受到损害，难以达到确保公共利益的行政目的。

在服务性行政领域中的行政指导，一般是以福利国家的行政责任和任务来实施的，基本上不存在规制行政领域那样深刻的问题。不过，由于信息的提供及技术援助等的过错，导致给相对人造成难以预料的损害时，也会发展为追究行政责任的问题。

（四）关于行政指导的法律救济

1. 行政指导的法律根据

关于行政指导是否需要有法律根据的问题，有学者认为，所有行政指导都需要有法律上的根据，只要没有法律根据，任何行政指导都不得实施。也有学者认为，至少行政指导中实质上规制相对人的权利和自由的规制性行政指导，需要有法律根据，并且，仅有组织法上的权限规范还不够，还需要有行为规范作为其基础，也就是说，为了防止行政指导的任意专横，应通过法律的明文规定来拘束规制性行政指导。

行政指导的优点在于补充法律的不完备，机动而敏捷地对应新的行政需要，以更好地完成行政任务。若要求所有行政指导都必须在有相应的法律根据时才能实施，便会抹杀行政指导的优点。一般说来，要求行政指导有法律根据、不允许进行法定外行政指导的观点，只能是违反行政实际的观念论，是不会有什么实际效益的空谈。所以，即使是法定外的行政指导，只要其内容不违反法令，并且不采取实质上等于强制的不正当手段，就应该充分予以承认。

2. 实施行政指导的条件

允许法定外的行政指导，并不意味着只要是行政指导，就都可以进行。行政指导的进行，必须符合下列条件：（1）行政指导必须是属于该行政机关的组织法上的权限的事项。（2）行政指导也要服从法律优先的原则，与法律明文规定及法律的一般原则相抵触的行政指导，是不能被允许的。（3）行政指导是要求相对人进行任意协助的作用，所以，对相对人可以任意放弃或处分的利益进行限制的行政指导，即使是法定外的行政指导，也应予以允许。但不允许要求相对人对以其自由意志不能放弃和处分的权利及利益进行让步。要求对人身自由及精神自由加以法定外限制的行政指导是违法的。（4）当行政指导的要件由法律规定时，行政指导的权限自身受法律制约，因此，不能允许进行违反该要件的行政指导。

3. 对行政指导的救济途径

为了抑制违法的行政指导，必须考虑使因行政指导而蒙受不利者有广泛的寻求救济的途径。扩大行政诉讼等救济途径，充实和完善救济程序，比要求行政指导有法律根据更有意义。当由于行政指导蒙受意外的损害时，除通过行政诉讼进行救济外，还必须允许提出国家赔偿请求。但是，是否服从行政指导，毕竟是相对人的自由，因而受到损害不能一概归责于行政指导。在损害赔偿的实际中，因果关系的成立也很难得以承认。

十二、行政合同

（一）行政合同的含义和特征

行政机关为实现行政目的，与行政相对人之间基于相反方向的意思表示一致而缔结的契约，称为行政合同，或称为行政契约。

与私法合同相比较，行政合同具有如下特征：

1. 行政合同的当事人中必须有一方是行政主体。作为一方当事人参加行政合同的行政主体与作为另一方当事人的公民、法人和其他组织不同，处于主导地位并享有一定的行政特权。

2. 行政合同的内容是执行公务。行政合同是为履行公法上的权利和义务即执行公务而签订的，因而与其内容只涉及私法上的权利、义务的私法合同区别开来。

3. 行政合同条款中规定私法以外的规则。比如，在行政合同中给一方当事人某些特权（行政机关的检查权、对方当事人的独占经营权），或规定某些特定义务。

4. 行政合同受特殊法律规范调整。

5. 行政合同实行特定管辖制，一般应由行政法院或行政庭管辖。

（二）行政合同的几种分类方法

1. 根据行政关系的范围不同，可以分为内部合同和外部合同

内部合同，是指行政机关与行政机关或行政机关与其工作人员之间签订的合同。外部合同，是指行政机关与行政相对人之间签订的合同。

根据前述定义和特征，我们不难发现，此种分类方法超出了我们所界定的“行政合同”的范畴。不过，这种分类方法为界定“行政合同”提供了参考和依据，具有较为重要的意义。

2. 根据合同内容的不同，可以分为承包合同、转让合同和委托合同

承包合同，是指基于行政管理与被管理关系，明确规定双方权利、义务，约定由相对人承揽某种行政事务的合同。通过合同形式明确双方的权利、义务，并不因此而改变双方管理与被管理关系的性质。

转让合同，是指合同当事人转让财产所有权或使用权的合同。转让合同的签订，将导致所有权或使用权的转移，很少行政管理与被管理关系的色彩。

委托合同，是指行政机关将属于其职务范围的某些事务委托另外的机关或个人、组织办理的合同。

3. 其他分类方法

（1）根据合同是否具有给付内容，将行政合同分为有金钱给付内容的合同和无金钱给付内容的合同。

（2）根据行政机关的职务范围不同，将行政合同分为各种专业管理合同，如工业管理行政合同、交通管理行政合同、农业管理行政合同、文化管理行政合同等。

（三）我国行政合同的具体表现形式

1. 土地有偿出让、承包合同

土地有偿出让、承包合同是指国家以土地所有者的身份将土地使用权在一定时期内让与土

地使用者，并由土地使用者向国家支付土地使用权出让金的合同行为。这是对土地进行有效管理的重要方式。

1979 年《中外合资经营企业法》、1980 年《关于中外合营企业建设用地的暂行规定》，都明确规定对中外合资企业建设用地实行有偿使用。1987 年 11 月，深圳率先施行土地使用权有偿转让，揭开了国有土地使用制度改革的序幕。1988 年，国务院发布了《城镇国有土地使用税暂行条例》(2006 年修订)，对使用城镇国有土地的单位和个人开征土地使用税，结束了城镇国有土地一律无偿使用的时代。1988 年 4 月，全国人大通过了《宪法修正案》，对《宪法》第 10 条第 4 款作了修改，删去了“出租”二字，增加了“土地的使用权可以依照法律的规定转让”的内容。1990 年 5 月，《城镇国有土地使用权出让和转让暂行条例》明确“实行城镇国有土地使用权出让、转让制度”，并规定“土地使用权出让应当签订出让合同”。1998 年修订的《土地管理法》第 14 条规定：“农民集体所有的土地由本集体经济组织的成员承包经营……发包方和承包方应当订立承包合同，约定双方的权利和义务。”该法第 15 条规定：“国有土地可以由单位或者个人承包经营……农民集体所有的土地，可以由本集体经济组织以外的单位或者个人承包经营……发包方和承包方应当订立承包合同，约定双方的权利和义务。”农民集体所有的土地之承包经营当然不同于国有土地的有偿出让，但从我国土地制度及现行有关法律规定来看，农村集体经济组织的土地承包具有浓厚的行政色彩，亦可作为行政合同的一种类型（准行政合同）来理解。

2. 全民所有制工业企业承包、租赁合同

全民所有制工业企业承包、租赁合同是由政府指定的有关部门作为发包方，实行承包经营的企业作为承包方，双方经协商而签订的，确定双方权利、义务的协议。全民所有制工业企业签订承包经营合同，全民所有制小型工业企业签订租赁合同，二者没有实质上的区别。

全民所有制工业企业承包、租赁合同的出现，标志着政府对全民所有制工业企业管理方式的变化，是以建立社会主义市场经济为目标的经济体制改革的必然要求。

3. 粮食定购合同

粮食定购合同是指为了保证满足国家和人民对粮食的需求，以国家为粮食种植提供优惠条件并保证收购、农民向国家交纳粮食并取得相应报酬为内容，由各级人民政府及主管部门与农民之间就粮食的种植、定购达成的协议。

随着 1979 年经济体制改革的展开，农村实行土地联产承包，极大地调动了农民的积极性。1985 年，全国开始实行粮食定购合同。粮食定购合同的管理方式，建立在承认农民权益的基础上，通过协商的方式，国家和农民签订粮食定购合同：一方面，农民的权益得到最大限度的尊重，激发了农民的积极性；另一方面，更有利于国家的管理。

4. 公共工程合同

公共工程合同是指行政主体为了公共利益的需要，就建造某项公共设施的工程建设的承包和作为报酬支付一定价金事宜，和建筑公司等企业之间，经协商达成一致而订立的合同。

随着改革开放的不断深入、社会主义市场经济的不断完善，必须对公共利益和企事业单位的利益加以区分，对公共工程合同和一般工程合同加以区分，并分别规定应予适用的法律规范。行政主体所进行的公共工程是为了满足公共利益，而企事业单位所进行的建设工程是为了满足自身利益，二者的性质是不同的。

5. 政府采购合同

政府采购合同又称公共采购合同，是指政府为实现其职能和公共利益，以法定方式、方法和程序，使用公共资金，从市场上为政府部门或其所辖公共部门购买货物、工程或服务的合同。

对于政府采购合同的性质属于民事合同还是行政合同的问题，学术界一直存在争议。《政府采购法》第 43 条规定，“政府采购合同适用合同法。采购人和供应商之间的权利和义务，应当按照平等、自愿的原则以合同方式约定”。这似乎是将政府采购视为纯粹的民事合同。但是，政府采购的特殊性决定了其并非一般民事合同。在《政府采购法》的起草过程中，“起草组经认真研究认为，政府采购合同在本质上属于民事合同，但又具有不同于一般民事合同的特点，是一种特殊的民事合同。其特殊性表现在：首先，采购人为国家机关、事业单位和社会团体；其次，采购资金为财政性资金；再次，采购行为具有实现行政管理和公益的目的；最后，政府采购要遵循一定的法定程序，如招标投标程序、竞争性谈判、单一来源采购、询价等”[①]。虽然起草组最终将政府采购合同定性为民事合同，但其所指出的政府采购合同的特殊性恰好体现了行政合同的特点。简而言之，政府采购合同的主体特定性、财政性资金的使用、行政目的性和公共利益性以及程序限定性等特点，加之其大规模性，对国民经济、政府财政影响的特殊性，决定了其具有很强的行政合同属性，因而要接受更多的制约，要坚持公开、公正、公平的原则。政府采购合同所具有的上述特点表明，将政府采购合同仅视为民事合同的观点是值得商榷的。其实，政府采购合同本质上属于民事合同，同时也具有极强的行政合同的属性，是同时具有民事、行政两重属性的复合合同。在这层意义上，从行政合同的角度对政府采购合同进行分析研究，具有重要的理论意义和实践价值。

政府采购合同的缔结采用公开招标、邀请招标、竞争性谈判、单一来源采购、询价和国务院政府采购监督管理部门认定的其他采购方式进行。

政府采购合同的采购人（指依法进行政府采购的国家机关、事业单位、团体组织）可以委托代理机构（须经国务院有关部门或者省级人民政府有关部门认定资格）代表其与供应商（指向采购人提供货物、工程或者服务的法人、其他组织或者自然人）签订政府采购合同。由采购代理机构以采购人名义签订合同的，应当提交采购人的授权委托书，作为合同附件。采购人与中标、成交供应商应当在中标、成交通知书发出之日起 30 日内，按照采购文件确定的事项签订政府采购合同。政府采购合同应当采用书面形式。国务院政府采购监督管理部门应当会同国务院有关部门，规定政府采购合同必须具备的条款。

中标、成交通知书对采购人和中标、成交供应商均具有法律效力。中标、成交通知书发出后，采购人改变中标、成交结果的，或者中标、成交供应商放弃中标、成交项目的，应当依法承担法律责任。政府采购项目的采购合同自签订之日起 7 个工作日内，采购人应当将合同副本报同级人民政府采购监督管理部门和有关部门备案。

如果采购人同意，中标、成交供应商可以依法采取分包方式履行合同。政府采购合同分包履行的，中标、成交供应商就采购项目和分包项目向采购人负责，分包供应商就分包项目承担责任。

政府采购合同履行中，采购人需追加与合同标的相同的货物、工程或者服务的，在不改变合同其他条款的前提下，可以与供应商协商签订补充合同，但所有补充合同的采购金额不得超过原合同采购金额的 10%。

---

① 全国人民代表大会财经委员会编：《〈中华人民共和国政府采购法〉〈中华人民共和国招标投标法〉条文释义与理解适用》，168 页，北京，中国方正出版社，2002。

政府采购合同的双方当事人不得擅自变更、中止或者终止合同。政府采购合同继续履行将损害国家利益或社会公共利益的，双方当事人应当变更、中止或者终止合同。有过错的一方应当承担赔偿责任，双方都有过错的，各自承担相应的责任。

与我国行政机关传统的自行和分散采购相比，政府采购合同一是节约了财政开支，二是增加了透明度，有利于防止“幕后交易”，杜绝或减少腐败行为的发生。

6. BOT 政府特许经营合同

BOT 政府特许经营合同，是政府与民间（国外）投资者之间签订的，由政府提供政策优惠等方面的保证，由投资者承建、拥有、经营、维护大型基础设施或工业项目，并在协议期满后将该基础设施或工业项目无偿地移交政府的合同。BOT，即 Build-Operate-Transfer 的缩写，意为建设—经营—移交，是一种新型的行政合同形式。

通过 BOT 政府特许经营合同，政府将本来应由国家公营机构承担的大型基础设施或工业项目的设计、融资、建设、经营和维护的权利授予国内外私营机构，允许该私营机构在一定期间内拥有、经营和维护该设施，并通过收取使用费或服务费等，收回其对该项目的投资以及经营和维护该项目所需费用，以偿还该项目的所有债务并取得预定的资金回报收益；许可期限届满后，投资者将该设施或项目无偿地移交项目所在国政府，从而完成 BOT 的运营。①

BOT 政府特许经营合同，有助于吸收国内外民间的资金、才智和经营经验，有助于缓解政府的财政困难，从而提高国民生活质量和公共服务水平，增进人民福利，是兼顾政府、全体人民和投资企业三方利益的新型手段，为世界许多国家所关注和效仿。1995 年，我国外经贸部发布《关于以 BOT 方式吸引外商投资有关问题的通知》，为将这种新型合同形式运用于我国经济建设之中作出相应规定。

7. 其他几种行政合同

（1）人事聘用合同，指政府机关采用招聘的形式，面向社会，通过竞争考试，择优录用，同被录用人员签订的聘用合同。

（2）科研合同，指科研主管部门与科研机构、科技人员之间，就国家下达的重大科研项目，经过协商订立的有关国家提供资助，科研机构、科研人员将研究成果提供给国家的合同。

（3）计划生育合同，指计划生育管理部门与育龄夫妇之间，就育龄夫妇按国家计划生育的指标生育，国家对其提供一定的优惠等计划生育问题签订的合同。

（四）行政合同当事人的权利、义务

1. 行政主体的权利和义务

行政主体的权利主要表现在如下几个方面：

（1）选择合同相对一方的权利。行政主体与相对人缔结行政合同，目的在于更好地实现行政管理的目标，因此其在决定缔结行政合同时，可以根据实际情况和要求，选择适当的合同相对一方。一般说来，只要没有法律上的明确根据和正当的理由，任何组织和个人都不得拒绝行政机关的选择。

（2）对合同的履行具有监督、指挥权。在执行合同的过程中，行政主体对合同的履行负有监督、控制的职责，并且对具体的执行措施享有指挥权。对于行政主体的监督和指挥，另一方

---

① 关于 BOT 方式政府特许经营合同的详细内容及有关问题，参见慕亚平、赵康：《BOT 的法律问题与我国 BOT 立法》，载《法学研究》，1998（2）。

当事人必须遵守和服从。行政主体的这种监督、指挥权的范围和程度，随行政合同的种类不同而不同。

（3）单方面变更或解除合同的权利。根据国家法律、法规、政策或计划的变化，以及社会经济形势的变迁，为了随时保持与公共利益的一致，行政主体有权变更或解除合同，不必取得相对一方的同意。但是，行政主体单方面变更或解除行政合同，必须符合以下条件：其一，确属公共利益需要；其二，仅限于解除与公共利益紧密相关的条款；其三，因变更或解除合同给相对人造成损失的，应予补偿。

（4）对不履行或不适当履行合同义务的相对人有制裁权。制裁权是行政主体保障合同履行的一种特权，不论合同中有无明确规定，行政主体都可以依照职权行使之。

行政主体的义务主要表现在以下几个方面：

（1）依法缔结合同的义务。由于行政主体是代表国家行使行政权的，其意思表示必须在法律、法规和规章规定的条件、范围内进行，保持与法律、法规和规章的宗旨一致，并且必须贯彻下级服从上级的原则，不得自行其是，否则，其意思表示将导致违法或不当的行政行为，不能产生预期的法律效果。

（2）依法履行合同义务。行政主体在行政合同关系中虽然处于优越的地位，但作为合同的一方当事人，行政主体不得滥用其各种特权，必须依法履行合同义务。

（3）按照合同规定给予合同相对一方当事人以优惠或照顾的义务。在行政合同中规定的优惠或照顾条件，不仅对相对一方当事人履行合同义务具有极其重要的意义，而且是行政主体一方当事人吸引相对一方当事人的有利条件。只有确保合同规定的优惠或照顾条件，才能使合同规定的行政目标得以充分实现。

（4）给予相对一方当事人以损失补偿的义务。在行政合同履行过程中，行政主体可以根据公共利益的需要单方面地变更或解除合同，行政主体有义务对因此给相对一方造成的损失予以补偿。

（5）按照合同规定支付价金的义务。

2. 相对一方当事人的权利和义务

相对一方当事人的权利主要表现在以下几个方面：

（1）取得报酬权。相对人的报酬通常是在合同中规定的，有时由法律或法规直接规定。行政合同中的报酬，通常也是对相对人提供的服务和物件的价金报酬。此外，按照合同的规定，相对人还可能取得行政主体提供的优惠或照顾。行政合同的报酬条款不能由行政主体单方面变更。

（2）损失补偿请求权和损害赔偿请求权。相对人由于行政主体的过失受到损害时，有权请求赔偿。由于行政主体根据公共利益的需要单方面变更或终止合同而给相对人造成损失时，相对人有权请求补偿。无论合同中有无相关规定，相对人都可以提出补偿请求。相对人的这种补偿请求权，体现了当事人经济利益和公共利益的平衡，所以，其补偿范围只能以实质损失为限，不能要求过高的利益。

（3）因不可预见的困难造成损失时的补偿请求权。在行政合同履行过程中，有时可能出现当事人始料不到的情况或困难，从而导致合同的履行虽然不是事实上不可能，但相对人必须付出数倍的努力才能保证合同履行。此时，相对人有权请求行政主体予以补偿。

相对一方当事人的义务主要表现在按照合同规定的条件和期限认真履行合同，接受行政主体的监督、指挥以及依法实施的制裁。

（五）缔结行政合同的原则

1. 必须有法律根据或者明确的法律授权

当事人签订私法合同，享有很大的自由与自主权，但这一原则不适用于公法合同，否则，会使行政事业存在一种商业化的危险。[①]

2. 不超越行政权限

行政主体缔结行政合同，不能超出自己管辖的事务范围和权限范围，否则就属于无效合同。

3. 基于行政需要

行政需要是行政主体缔结行政合同的根据。行政需要并不一定要有法律、法规的根据，而是由行政主体根据具体情况自主判断的。

4. 内容必须合法

凡是国家法律和政策明令禁止的，行政主体均不得与行政相对人缔结行政合同。仅是合同签订权合法，还不足以保证合同合法、有效。[②]

5. 竞争原则和公开原则

为抑制腐败和行政恣意，应该重视在行政合同中引入竞争原则和公开原则。现代行政法上所确立的说明理由制度、回避制度等一系列保障制度，都有助于制约行政恣意，保证行政主体合理、公正、公平地运用其在行政合同中的主导权；也有利于通过行政合同圆满实现行政目的。

6. 书面主义原则

一般来说，行政合同必须采取书面形式。

（六）行政合同的缔结方式

1. 招标。采用招标方式时，行政主体只能和要价最低或出价最高的相对人缔结合同，不能在中标人以外自由选择合同的当事人。

2. 邀请发价。行政主体为实现一定的目的，在缔结合同前发出要约，提出一定的条件，邀请相对人发价，然后由行政主体综合经济、技术及政治等方面的因素，选择最为合适的企业签订合同。

3. 直接磋商。行政主体可以自由地和任何个人或组织直接磋商，签订合同。这种方式中行政主体选择合同当事人的自由权最大，是实际生活中较为常见的一种方式。

除直接磋商有时可采用口头形式外，行政合同一般都采用书面形式。

（七）行政合同的履行

行政合同依法成立后，在当事人之间产生法律约束的效力，双方当事人必须全面、正确、及时地履行合同，才能圆满地实现行政合同的目的。为了确保合同的履行，一般要求行政合同的履行必须遵循如下原则[③]：

---

① 参见姜明安主编：《外国行政法教程》，117～118页，北京，法律出版社，1993。

② 参见上书，118页。

③ 参见罗豪才主编：《行政法》，272～273页，北京，北京大学出版社，1996。

1. 实际履行的原则

缔结行政合同的目的在于实现行政管理目标，实现国家和社会的公共利益，因此，行政合同所确定的内容必须获得实现。无论缔约双方当事人之间存在何种矛盾或争议，只要公共利益需要，而当事人又有能力履行的，就必须实际地履行，不允许任意变更标的或用支付违约金和赔偿损失的方法代替合同的履行。

2. 自己履行的原则

行政合同的性质决定了其非常重视当事人的个人因素，合同缔结以后，只要没有取得行政主体的同意，当事人就不得自行更换，也不得委托其他人代为履行。

3. 全面、适当、及时履行的原则

行政合同必须获得全面、适当、及时的履行，在任何条款上都不得违反合同规定。既不能只履行合同的一部分条款，而对另一部分条款置之不理，又不能对合同的标的及履行时间、地点、方式等进行任意变更。

（八）行政合同的变更、解除及其法律救济

当行政合同缔结之后，缔约时所依据的事实发生了变化，或者物质条件发生了变化，如价格和费用标准发生了变化、科学技术发生了变化、法律依据发生了变化等，导致执行该合同的人承受不合理的负担或实在不能执行时，就应该允许变更甚至解除该合同。

合法、有效的行政合同，对于双方当事人都有约束力。不论是行政主体还是行政相对人，对合法、有效的行政合同都有义务忠实地履行。如果一方当事人不履行行政合同，将产生合同的强制履行或诉讼的问题。

行政合同具有扩大行政参与、实现行政民主、弥补立法不足、促进经济发展等功能，是现代国家行政管理的重要手段之一。然而，行政合同的广泛运用，也在一定程度上对法治行政原理提出了挑战。因此，必须采取科学、适度的行政合同立法，建立有效的行政合同制约机制，特别是有必要建立对行政合同的司法审查制度。

在行政合同的缔结和履行过程中，单方解除合同，违约赔偿，损失补偿，对违约的相对一方当事人实施制裁，利害关系人对招标、中标的异议等一系列纠纷，都关系到当事人的切身利益，也与公共利益能否实现息息相关。因此，只有确立了行之有效的对行政合同纠纷的救济制度，才能够充分发挥行政合同在现代国家行政管理中应有的作用。

问题与思考

1. 2000 年 12 月 21 日铁道部发布了《关于 2001 年春运期间部分旅客列车实行票价上浮的通知》。河北人乔占祥认为该通知未经价格听证等而侵害了其合法权利，向铁道部提起行政复议。铁道部在其后的复议中维持了票价上浮通知。乔遂将铁道部诉至北京市第一中级人民法院，请求判决撤销复议决定，撤销被告的票价上浮通知。同年 11 月 5 日，北京市第一中级人民法院一审判决乔占祥败诉。乔占祥不服，遂提起上诉。二审过程中，双方争议的焦点在于铁道部作出的《关于 2001 年春运期间部分旅客列车实行票价上浮的通知》的法律依据、铁道部作出上述通知的程序合法性，以及铁道部在行政复议期间是否履行了法定职责等问题。北京市高级人民法院一位负责人在庭审结束后指出：就本案而言，乔占祥诉铁道部部分旅客列车票价

上浮没有履行听证程序，这是事实。但如果脱离当时实际，以没有经过听证程序，就断然认定铁道部作出票价上浮通知不合法也是不可取的。由于价格法对听证制度的规定比较原则，实际运用中还需要具体的操作规程，而在当时缺乏相应的配套程序予以实施的情况下，铁道部组织有关物价等与消费者权益密切相关的单位进行过类似于听证会性质的咨询会，就价格上浮进行可行性论证，并在此基础上向有关主管部门履行批准手续，这是符合行政程序要求的。

问题：(1) 铁道部下发通知的行为是抽象行政行为还是具体行政行为？

(2) 抽象行政行为与具体行政行为的区分标准是什么？

2. 原告张某的丈夫亡故，张某与另一村村民陈某希望结婚，并申请办理结婚登记。但村委会以张某债务未清偿为由拒绝为她出具婚姻状况证明。张某与陈某后去乡政府要求解决结婚登记问题无果。张、陈遂以乡政府作为婚姻登记的行政机关，不履行法定职责、不给办理结婚登记为由向所在县人民法院提起行政诉讼。在审理期间，村委会终于出具了张某的“婚姻状况证明”。张某、陈某顺利登记，并申请撤诉。法院裁定准予撤诉。

问题：(1) 本案属于行政许可还是行政确认？

(2) 行政许可行为的概念和特征是什么？

3. 黔县B镇人民政府为了进一步加大教育投入，改善教学条件，弥补教育投入留下的资金缺口，于1999年8月12日以文件形式，作出了《关于征收教育费附加的若干规定》：自1999年起，各小学、幼儿园（班）按在校学生人数，每人每学年征收教育费附加60元。在新学期开始时，由各班一次性征收。根据这项规定，1999年秋季开学时，张某、胡某等所在的黔县某实验小学分别向3人收取了教育费附加人民币60元，并代镇政府财政所出具了号码分别为0012535、0012641、0012656的黔县教育事业费附加收款收据。张某等人为，B镇人民政府向小学生和幼儿开征教育附加费的行为完全是越权擅自设立收费项目，其任意自定收费标准、扩大征收对象范围，直接侵犯了未成年人的合法权益，违反了国家和省有关明令禁止乱收费的规定，遂起诉，要求法院予以撤销。

问题：(1) 黔县B镇人民政府教育费附加行政征收行为是否合法？

(2) 行政征收的概念和特征是什么？

(3) 行政征收需要满足哪些原则和程序呢？

4. 2002年4月郭某办理退休手续时，H市建筑陶瓷厂欠缴郭某个人养老保险费6 134.02元，欠费时间66个月。此情况郭某签字认可。市社保局按照豫劳险［1998］12号文规定对此进行了相应核减，并按照相关规定计算郭某基本养老金为472.88元/月。2007年，郭某发现其退休前下岗的期限应计入缴费年限而未计入。经市社保局审查，郭某下岗29个月应计入而未计入缴费年限，下岗期间政府为其缴纳的养老保险费1 101.32元应计入而未计入其个人养老保险费账户。基于该变化，2007年5月21日市社保局改变了郭某的基本养老金待遇：在退休时基本养老金472.88元/月的基础上，增加21.03元。郭某对市社保局改变后的基本养老待遇不服，即提起诉讼。因市社保局未在法定举证期限内提供作出被诉具体行政行为的证据、依据，2008年5月20日法院依法撤销了被诉具体行政行为，并责令市社保局重新计算郭某的基本养老金待遇。经市社保局重新计算，2008年6月16日市社保局作出了与原计算结果相同的具体行政行为，并阐明了改变的政策依据，事实和理由。郭某仍不服，依法向Y市劳动和社会保障局提起行政复议，复议机关维持原具体行政行为后，郭某又向某法院提起诉讼。

问题：(1) 行政给付的含义与特征是什么？

（2）在我国，行政给付主要包括哪些种类？

（3）如何实现行政给付的效率和公平呢？

5. 2012年3月6日，A市B区地税局在检查工作中发现，该区的Y日用电器有限公司（以下简称Y公司）2010年少缴房产税、土地使用税等税款共计86万元。3月8日，B区地税局向Y公司送达了"税务处理决定书"，要求其清缴税款及滞纳金。Y公司对该决定书不服，于是直接向A市地税局申请行政复议。A市地税局以Y公司未缴纳税款及滞纳金且未提供纳税担保为由，决定不予受理。在规定期限内，Y公司仍未缴纳税款。经责令限期缴纳未果，4月17日，B区地税局依程序对其强制执行，查封该公司一批价值45万元的空调、一批价值23万元的电冰箱以及其他货物。Y公司提出：该批空调是为加强业务交流，已无偿赠送给业务单位，并签订了书面赠与合同（未约定违约责任），近日就要交付，货物已不属该公司所有，税务机关无权查封；该批电冰箱已签订了买卖合同，即将发往购货单位，税务机关也无权查封，且如果被查封导致不能按期发货，企业将承担巨大违约责任，故要求税务部门撤销执行措施。B区税务局认为空调、电冰箱并未交付，均仍属于Y公司的财产，且经查实该公司已无其他可执行的财产，故对其要求不予理会。Y公司遂以B区税务局强制执行措施不当为由，再次向A市地税局申请行政复议，要求撤销该行政强制执行，并赔偿相应损失。A市地税局受理了复议申请，并认为B区地税局的行为合法、合理，作出了维持原具体行政行为的复议决定。随后，Y公司依法向B区人民法院提起了行政诉讼。

问题：（1）行政强制的含义和类型是什么？

（2）行政强制行为需要遵循哪些基本原则？

（3）在本案中，B区地税局对Y公司已分别签订赠与合同、买卖合同的空调、电冰箱采取行政强制执行措施是否恰当？

6. 2008年4月21日，张某驾驶面包车（无出租汽车营运证件）在J区亭枫公路兴新路口，接载两名乘客，并约定按每公里2元的价格将其载到J区Z镇建设村。当车行驶至某时装有限公司门口时，被交通执法大队执法人员查获。同日，交通执法大队对该案予以立案，扣押了涉案车辆，并向张某送达了行政处罚事先告知书后，于2008年5月6日作出了对原告处以10 000元罚款的行政处罚决定。张某已于当日交纳了该10 000元罚款，但对该行政处罚决定不服，提起行政诉讼。张某诉称：其并非从事出租车经营活动的，未收取车费。交通执法大队用诱骗等不正当手段获取的证据材料不能作为定案依据，故请求判令撤销行政处罚决定。交通执法大队辩称：根据现场检查笔录、对证人的询问笔录以及张某的陈述（申辩）笔录，可以认定张某驾驶非本市车辆，未经批准，擅自从事了起点和终点在本市行政区域内的出租汽车经营活动。法院判决认为：交通执法大队作出被诉行政处罚决定具有相应的职权依据，事实认定具有相应的证据作为依据，执法程序合法，适用法律、法规并无不当，依法应予维持。

问题：（1）行政处罚的种类有哪些？

（2）行政处罚需要遵守哪些原则？

（3）行政处罚的程序和权限是什么？

7. 2012年6月12日，某市工商局执法人员在对辖区内合同及商业广告内容开展检查时发现：某超市在其超市行政办公室的桌面上有一份超市购物优惠卡的样稿，样稿背面存在"本卡最终解释权归本店所有"字样，超市负责人正准备遣人印刷并使用。执法人员当即阻止并发出行政提示，行政提示书内容如下：本局发现你超市在即将使用的超市购物优惠卡上存在"本卡最终解释权归本店所有”字样，该条款属在格式条款中排除消费者解释格式条款的权利，将会形成对消费者作出不公平、不合理格式合同条款规定的违法行为。为避免因违法而受到行政处罚的情况发生，本局根据国家工商行政管理总局《合同违法行为监督处理办法》及相关法律、法规规定，现提示你超市依法规范使用格式合同条款规定，防止对消费者作出不公平、不合理规定，避免发生违法、违规行为。该提示书于当日直接送达至该超市。经行政提示，该超市已停止印刷带有“本卡最终解释权归本店所有”字样的购物优惠卡计划。

问题：(1) 行政指导的含义和特征是什么？

(2) 行政指导具有怎样的法律效力？

(3) 行政指导的法律救济方式有哪些？

8. 2012 年 11 月 25 日，被告某县人民政府经与原告某旅游开发有限公司协商，签订了关于某旅游码头建设经营管理合同书，约定由原告负责该旅游港口设施建设和经营管理。建设项目为两个 3 000 吨级和一个 1 000 吨级客运泊位及配套设施。被告的主要责任是：负责规划管理，提供出让土地，成立协调领导小组，提供优质服务，委派干部协助办理各项手续，并负责项目申报、审批工作，制止恶意竞争，所有服务性收费按最低标准收取等。在原告筹建期间，被告于 2012 年 11 月 30 日口头通知原告该项目停止建设，停建的理由是：“国家需要进行地质灾害治理和防治”。但随后，被告又将该建设项目发包给另一公司建设。项目停建后，原告经与被告多次协商未能达成一致意见，原告即提起行政诉讼。法院经审理认为：被告与原告为旅游码头的建设及经营管理签订的合同其性质属于行政合同。被告作为行政主体，在合同签订、履行过程中，为了实现行政管理的目的和因公共利益的需要，依法享有行政优益权。被告主张行使行政优益权解除合同是因国家政策调整的不可抗力引起的，但被告提供的地质灾害防治的规范性文件均是在合同签订之前产生的，其规范性文件处理笺上的签批佐证被告在签订合同之前已知晓库区治理的有关内容和要求，同时其规范性文件并未涉及合同约定的建设地段的建设要求，因此，被告的主张没有相应的依据和证据，其单方解除合同的行为不合法。

问题：(1) 行政合同有哪些种类？

(2) 本案中属于哪种行政合同？

(3) 行政合同的缔结和解除有哪些特殊规则？

相关司法考试真题

1. 关于具体行政行为，下列哪一说法是正确的？(　　) (2011 年)

A. 行政许可为依职权的行政行为

B. 具体行政行为皆为要式行政行为

C. 法律效力是具体行政行为法律制度中的核心因素

D. 当事人不履行具体行政行为确定的义务，行政机关予以执行是具体行政行为确定力的表现

2. 某市安监局向甲公司发放《烟花爆竹生产企业安全生产许可证》后，发现甲公司所提交的申请材料系伪造。对于该许可证的处理，下列哪一选项是正确的？(　　) (2011 年)

A. 吊销　　B. 撤销　　C. 撤回　　D. 注销

第五章 行政程序

教学目标

了解：行政程序的含义与意义，行政程序的设定。

熟悉：行政程序法治化的意义及现状，行政程序法治化的理论基础，行政程序基本原则。

掌握：行政程序的体系构成。

教学要求

知识要点	能力要求	司法考试或公务员录用考试相关知识
行政程序	(1) 了解行政程序的含义 (2) 了解行政程序的意义	(1) 行政程序的含义 (2) 行政程序的意义
行政程序的设定	(1) 掌握行政程序设定的含义 (2) 掌握行政程序设定权的划分	(1) 行政程序设定的含义 (2) 行政程序设定权的划分
行政程序的体系构成	(1) 了解行政程序体系构成的含义及行政程序的分类 (2) 掌握行政决定程序的构成及主要制度 (3) 掌握行政执行程序的构成及主要制度	(1) 行政程序体系构成的含义及行政程序的分类 (2) 行政听证程序 (3) 行政执行程序的构成及主要制度
行政程序法治化	(1) 了解行政程序法治化的意义及现状 (2) 了解行政程序法治化的理论基础 (3) 掌握行政程序基本原则 (4) 掌握行政程序法的目标模式及选择	(1) 行政程序法治化的意义及现状 (2) 行政程序基本原则 (3) 行政程序法的目标模式及选择

参考文献

1. [美] 鲍叶著，崔卓兰等译．美国行政法和行政程序．长春：吉林大学出版社，1990

2. [美] 欧内斯特·盖尔霍恩，罗纳德·M·利文著，黄列译．行政法和行政程序法概

要．北京：中国社会科学出版社，1996

3．王万华．行政程序法研究．北京：中国法制出版社，2000

4．汤德宗．行政程序法论．台北：元照出版公司，2000

5．应松年主编．行政程序法立法研究．北京：中国法制出版社，2001

6．杨寅．中国行政程序法治化——法理学与法文化的分析．北京：中国政法大学出版社，2001

7．王学辉．行政程序法精要．北京：群众出版社，2001

8．章剑生．行政程序法基本论．北京：法律出版社，2003

9．胡锦光，刘飞宇．行政处罚听证程序研究．北京：法律出版社，2004

10．姜明安主编．行政程序研究．北京：北京大学出版社，2006

第一节　行政程序概述

一、行政程序的概念

行政程序是指行政主体实施行政行为必须遵守的方式、步骤、空间、时限。[①] 从其实质上看，行政程序反映了行政权的运行过程，是行政行为的空间和时限表现形式的有机结合。

行政程序具有如下特性：

1. 行政程序是行政权的运转过程。这是指行政程序具有很强的国家权力性。行政主体实施行政行为是基于行政权，行政权是行政行为的效力依据；没有行政权的行政行为，是没有效力的行政行为。

2. 行政程序是行政权运转的动态过程。这是指行政程序的过程性。行政程序具有很强的过程性，这是其活力所在。行政程序能够提供有序的行政行为过程，也是实现行政公正的有效途径。

3. 行政程序具有形式性。任何行政行为都有反映在时间和空间上的形式。没有无形式的内容，也没有无内容的形式。行政程序是行政行为的时间和空间表现形式。所谓空间形式，是指行政行为过程的表现形式，如口头形式、书面形式、动作形式等。所谓时间形式，是指行政行为过程的先后顺序以及所必须履行的每个环节和每种形式的时间限制。

4. 行政程序具有参与性。[②] 这是行政程序民主性的一个重要表现。行政程序的参与性实际上是指行政参与，其基本内容包括：行政机关在进行行政决策、制定规范性文件和制订行政计划时，应尽可能地听取和尊重行政相对人的意见，并赋予利害关系人以申请发布、修改或者废除某项规章的权利。它一般通过以下制度加以实现：其一，信息公开制度。它是行政机关主动或依据相对人请求公开有关行政行为情况的制度。其二，听证制度。它是有关行政机关在制定规范性文件或制作行政计划时听取公众意见的制度。其三，咨询制度。它是相对人就有关自己权益的问题请求行政机关给予说明或答复的制度。其四，诉愿制度。它是有关相对人向行政机

---

① 参见罗豪才、湛中乐主编：《行政法学》，302～304 页，北京，北京大学出版社，2006。

② 参见本章第二节关于行政程序的民主参与机制的内容。

关提出建议、表达愿望的制度。行政程序的参与性在行政立法程序中表现得尤为明显。行政立法质量的高低、效果的好坏，在很大程度上与行政立法程序是否科学、公开、完善，是否具有参与性直接相关。

5. 行政程序具有法定性。行政程序是行政权的运转方式，由行政程序法进行规范，体现了国家意志，有别于一般组织和个人的行为程序。行政程序的法定性，决定了行政主体和行政相对人在进行法律活动时必须严格遵守法定程序，其行为步骤和方法受法定程序制约，违反法定程序将会招致不利法律后果。尤其对于行政主体来说，按照依法行政要求，行政主体实施行政行为不仅要有实体法上的依据，而且必须符合法定程序，两者不可偏废。

相对于行政主体的实体处理权而言，行政程序是行政主体在实施行政行为时必须履行的义务。它能够保证行政主体及时达到正确的目标。当然，其方式、步骤、空间、时限的设定，必须符合建立某种经济或社会秩序的需要，并与实施某一行政职权的客观进程一致。

二、行政程序的种类

根据不同的标准，可将行政程序作不同的分类。各种不同种类的行政程序，构成完整的行政程序体系。

1. 内部行政程序和外部行政程序

根据行政程序所规范行政行为的效力范围，可将行政程序分为内部行政程序和外部行政程序。内部行政程序是规范内部行政行为的程序。内部行政行为是行政机关对其内部行政事务进行处理的行为，其基本特征是行政机关与当事人之间存在法定行政隶属关系。内部行政程序是行政机关内部的工作程序，其中有些也用法律规范加以规定，具有法律效力，行政机关必须遵守。内部行政程序的规范化是行政主体行使行政权的基础。

外部行政程序是规范行政主体外部行政行为的程序。外部行政行为是行政主体基于行政权，对社会公共事务进行处理的行为。其基本特征是行政主体与行政相对人之间，存在着行政法上的管理与服从关系，而且行政行为的内容涉及行政相对人法律上的权利和义务。外部行政程序是行政程序法理论研究的核心。外部行政程序的设置，对于保护行政相对人的合法权益，具有十分重要的意义。

2. 事前行政程序和事后行政程序

根据行政行为的时间位置，可以将行政程序分为事前行政程序和事后行政程序。事前行政程序是具体的行政管理活动结束以前经过的行政程序，如行政立法程序、行政命令程序、行政调查程序、行政裁决程序等。事后行政程序是指具体的行政管理活动结束以后所进行的复查、补救程序，如行政复议程序等。

3. 抽象行政程序和具体行政程序

根据行政行为对象的不同特点，可将行政程序分为抽象行政程序和具体行政程序。抽象行政程序包括行政法规制定程序、行政规章制定程序和一般行政规范性文件制定程序。具体行政程序包括行政执法程序和行政司法程序。

4. 行政立法程序、行政执法程序和行政司法程序

根据行政职能和法律关系的特点，可将行政程序分为行政立法程序、行政执法程序和行政

司法程序。具有不同特点的行政行为需要不同的行政程序。行政立法法律关系以具有行政立法权的行政主体为一方、以不确定的行政相对人为一方，任何个人或组织，如果具有行政法律规范所规定的条件，就可能成为行政立法中的行政相对人。行政执法法律关系以行政主体为一方、以确定的具体行政相对人为一方，是一种双方关系，具有日常性、具体性和直接性。行政司法法律关系以行政主体为一方、以发生争议的双方当事人各为一方，行政主体在这里以裁决者的身份出现。

5. 普通程序和简易程序

根据行政程序的环节，可将其分为普通程序和简易程序。[①] 普通程序又称一般程序，是指行政主体行使行政权时应当遵守的基本程序，它是行政程序中最完整的程序，是除符合简易程序以外的所有行政行为都应该遵循的程序。普通程序一般包括立案、调查和裁决三个环节，听证程序在其中处于核心地位。简易程序又称非正式程序，是指行政主体对案情简单的行政事务予以处理和执行，或者在紧急情况下没收、扣押违法物品、工具等所应遵守的程序。简易程序的确立，是提高行政效率的需要：对于某些当场发现且案情简单的案件，如果统一适用普通程序，将会使行政主体的人力和物力难以胜任。[②]

有学者将行政程序分为行政立法程序、行政调查程序、行政即时强制程序、行政合同程序、行政指导程序、行政强制执行程序、行政处罚程序、行政苦情处理程序和行政不服审查程序等。也有学者将行政程序分为强制性程序和任意性程序、主要程序和次要程序、内部程序和外部程序、具体程序和抽象程序。另外，根据行政程序的内容，可将其分为听证程序、调查和决定程序、行政执行程序；根据行政程序的时间，可将其分为行政决定程序和行政执行程序。[③]

三、行政程序的价值

行政程序在现代行政法中居于核心地位。行政法规范行政管理活动，规定行政机关可以行使的权力，确定行使这些权力的原则，对受到行政行为损害者给予法律补偿，其焦点在于行政程序。行政程序是行政机关行使行政权力必须遵守的程序，行政程序法是行政机关行使行政权力时必须遵循的程序法律规范，是调整行政主体行政行为程序的法律原则与规则的总和，是规定行政权运行的方式、方法、步骤、空间、时限的法律规范，属于行政主体的行为程序法。行政主体的行为具有权力的性质，根据行政法治原则，需要受到法律的调控和制约。[④]

行政程序充分体现了行政权在实施过程中的个性特点，体现了行政程序对民主和效率

---

① 对普通程序和简易程序的划分，相当于美国行政程序法中对正式程序和非正式程序的划分。普通程序又称一般程序或正式程序，是具有典型意义的司法化行政程序。简易程序又称非正式程序，是行政实践中运用最为广泛的程序。正式程序和非正式程序的主要区别，在于行政相对人参与的方式和程度不同。不同的行政行为，适用不同的正式程序或非正式程序。

② 简易程序大量存在于行政行为之中，其绝对数量远远超过普通程序。如果说普通程序是行政行为标准程序的话，简易程序则是行政行为最为常用的程序，应引起我们足够注意。学者们对普通程序特别是听证程序的重视具有很强理论意义，但对简易程序的重视具有更强的实践意义，因为它更接近人民群众的日常生活。

③ 参见罗豪才、湛中乐主编：《行政法学》，304～306页，北京，北京大学出版社，2006。

④ 参见本章第二节关于行政法治原则的内容。

的双重保护功能，以及行政程序在行政权和公民权之间的平衡和协调作用。一方面，行政权实施过程是行政权居于主导地位的过程，公民在强大的行政机关面前显得较为弱小。因此，为了在行政权和公民权之间设置一个缓冲地带，就需要在行政权实施过程中体现一定的民主精神和建立某种程序制约机制。这样，行政程序保障公民权利的功能就显得十分重要。另一方面，行政权实施过程又是一个迅速执法过程，违法行为应当尽快予以追究，社会关系和社会秩序应当始终处于确定和稳定状态。因此，行政程序又必须具有促进行政效率的功能。①

当然，行政程序作为一个统一的有机整体，其每一环节、步骤和方法固然可以在保障民主和保障效率方面有所侧重，但却不可能脱离行政程序整体功能而仅仅是绝对保障公平。如听证程序固然是保障民主的重要手段，但它又保证了个人利益与公共利益的一致，改善了行政主体与行政相对人的关系，调动了双方的主动性与积极性，推动了政治、经济和社会健康发展，从而在深层次上促进公正，减少公众怨言，是促进而非阻碍了效率。②

行政程序的具体价值在于：

1. 行政程序可以确保行政权有效行使。行政主体在行使行政权过程中，实体法律的意义仅仅在于确认法律上行政权的存在，确定其必备的要件，但如何确认行政相对人的行为事实，必须通过设定法定程序来实现。而且，行政权的运用最终离不开人的因素，离不开行政主体的主观意志，因此，要避免可能出现的偏差，必须由法律为行政主体的行为设定运行轨道，对行政主体行使行政权的每一个环节都加以规范，从而使行政行为的实施结果与法定结果协调、统一。

2. 通过行政相对人的民主参与，扩大公民行使参政权的途径，确保公民民主权利实现。行政行为由行政主体的单方意志支配，这是形成行政专横、权力滥用的重要条件之一，也是行政争议发生的重要原因。因此，赋予行政相对人在行政程序中的参与权利，建立与健全行政程序中的行政相对人参与机制，是防止行政专横和滥用职权、减少行政争议的有效途径。而且，随着建设社会主义法治国家进程的加快，公民作为国家权力的主体，无论是形式上还是实质上，都要求更多地参与国家管理活动，尤其是对于直接涉及本人利益的行政行为，表现出强烈的参与欲望。行政程序不仅实现了行政相对人对行政行为的有效监督，而且能够达到及时保护其合法权益的目的。在行政程序中的听证制度，就是保证公民直接参与行政行为的重要程序。③

3. 从程序上保证行政相对人的合法权益。行政相对人的程序权益和实体权益是紧密联系在一起的：程序权益是实现实体权益的前提和基础，离开了程序权益的法律保护，实体权益也就难以完全实现。如果不从法律程序上对行政权行使的前提及过程进行规范，那么，便无从判定实体意义上行政权的行使是否合法，也无从救济行政相对人的权益。

4. 提高行政效率。行政程序为行政权运行设定了必要的方式、步骤，并且具有明确的期间限制。前者不可消减，否则会欲速则不达，背离行政目的，减损行政效能。后者更是不可怠慢，否则，影响行政效率。而且，行政程序的一系列制度，也为行政效率的实现，提供了保障。

---

① 参见本章第二节关于行政效率原则的内容。

② 参见本章第二节关于行政公平原则的内容。

③ 参见本章第一节关于行政程序的参与性、第二节关于行政程序的民主参与机制的内容。

第二节　行政程序基本原则[①]

行政程序基本原则是指贯穿于行政程序的基本准则和内在精神，包括行政民主原则、行政法治原则、行政公平原则、行政效率原则、行政公开原则。[②]

一、行政民主原则

行政民主原则，是指行政程序必须贯穿民主精神，体现民主意志，符合民主要求。它要求行政程序的内容更注重行政民主化和对公民民主权利的保障，必须从保障公民民主权利出发，通过对行政主体的职责、权限、行为方式的规范，对行政权的运行进行控制、监督。行政程序法作为上层建筑的一部分，内容丰富、范围广泛，与公民的权益有十分密切的联系。广大公民要求以行政程序法作为国家行政管理的基本规范，切实保障并发展自己的合法权益，必然要求运用行政程序法把自己的利益稳定下来。

1. 行政程序的民主参与机制[③]

行政程序的民主参与机制一般通过以下制度加以实现。

其一，信息公开制度。其内容包括：每个行政机关都应尽可能地使公众有机会、有条件了解其决策与计划、制定的规章及其说明与解释；公民有权向行政机关了解不属于法律规定为国家机密的情况；行政机关不得以任何方式强迫公民服从应该公布而没有公布的法规、规章和文件；任何人均不得因尚未公布的文件而受不利之影响；如果一项档案涉及公民个人的权利和义务，除法律有特别规定外，任何一个行政机关必须应任何公民的申请，迅速向其提供所需的档案；司法机关有权阻止行政机关封锁行政档案的行为，并有权命令复制任何不适当地对公民封锁的行政档案；法律必须对机密文件规定得十分明确、具体，因而没有自由裁量的余地；对应予保密的文件规定特定标准，或列举保密文件的特定种类。[④]

---

① 行政程序基本原则与行政程序法基本原则并没有本质区别，但涉及行政程序法基本原则与行政实体法基本原则的区别问题。美国行政法主要是行政程序法。中国行政实体法与行政程序法在内容上往往互有交叉、不可分割，只是两者侧重点有所不同。具体而言，行政程序法基本原则侧重于形式上的公开性和公平性，行政实体法基本原则侧重于实体上的效率性和公正性。但是，一些国家的行政程序法典包含实体性行政法规范，行政程序法基本原则应该与行政程序法典基本原则区别开来。因此，可以说行政程序基本原则等于行政程序法基本原则，但不等于行政程序法典基本原则。另外，还需解决行政程序法理论基础与基本原则的关系问题。从内容上来看，两者具有交叉、融合关系，但前者指的是理论前提或理论元点、出发点，又具有一定的行为目的性；后者则是指行为准则，是对理论基础的进一步阐发和规范化，也是理论基础的具体表现。详见王名扬教授关于行政法的基本观念和原则的论述。参见王名扬：《比较行政法》，46～75页，北京，北京大学出版社，2006。

② 有的学者将行政程序法基本原则概括为程序公正原则、相对方参与原则和效率原则（参见罗豪才、湛中乐主编：《行政法学》，314～316页，北京，北京大学出版社，2006）。有的学者将行政程序基本原则概括为公开原则、公正原则、公平原则等（参见姜明安主编：《行政程序研究》，8～18页，北京，北京大学出版社，2006）。有的学者将行政程序法基本原则概括为法治原则、民主原则、行政公正原则、行政效率原则（参见姜明安主编：《行政法与行政诉讼法》，2版，282～283页，北京，法律出版社，2006）。

③ 参见本章第一节关于行政程序的参与性的内容。

④ 参见本章第三节关于信息公开制度的内容。

其二，听证制度。其内容包括：除有正当理由认定通告和相应的听证程序不能实现、没有必要或有悖于公共利益外，行政机关制定规范性文件或制订计划之前，应将制定文件或计划活动的时间、地点、性质、法律依据、主要条款与内容以及所涉及的主要问题等告知公众；行政机关应就规范性文件草案和计划召开听证会，直接听取各方代表的意见；行政机关应就规范性文件和计划草案征求相关社会团体、群众组织或者某些特定裁决组织的意见；为使利害关系人的意见能在规范性文件或计划中得到应有的反映，行政机关应采取必要的措施，如为利害关系人提供机会，让其提供书面材料、书面意见，进行口头辩论等。①

其三，咨询制度。其内容包括：公民有权要求行政机关就其抽象行政行为给予说明；除涉及国家机密外，行政机关应当如实向公民说明其行为的过程、理由和根据。

其四，诉愿制度。其内容包括：行政机关应给予利害关系人申请发布、修改或废除某项规章的权利；在保证公共事务有秩序地进行的前提下，案件利害关系人可以就行政争议中的问题，申请向行政机关或其负责人陈述意见，要求作出修正或裁断。

2. 行政程序的民主保障机制

行政程序的民主保障机制主要表现为对公民权利的保障和对行政权力的限制，从而取得两者的平衡。

第一，行政程序能够有效地约束国家行政权力。行政程序能够对行政权力的运转实施有效约束，从而使公民权利得到有效保障。行政程序能够使行政权力的行使真正置于程序规范的约束之下，其原因在于：其一，行政违法多存在于程序方面。行政行为本身由大量过程性要素构成，具有明显的程序性质。在一定行政行为作出决定、实际送达、具体实施过程中，行政主体和行政相对人接触频繁，行政权力侵犯公民权益现象极易在此中间发生，例如，对行政相对人的诉求无故拖延，行政处理中不表明身份、说明理由，行政处罚中不告而施，行政拘留中先拘后报，行政裁决中不遵守回避规则及防止偏私规则等。由此可见，如不对行政行为程序本身立法，预防或及时遏制行政权力的滥用便是一句空话。其二，行政程序为行政权力的合法运行设定程序规范。它意味着行政主体必须、只能或不得如何去做，否则，须由其承担某种不利法律后果。

第二，行政程序使公民权利与行政权力取得平衡。在行政程序法律关系中，行政相对人一般由实体法中所规定的义务承担者，转化为程序方面权利的主体。② 例如，纳税人按行政实体法的规定有纳税义务，同时也意味着依照行政程序法享有对纳税额不服，提出减免或抗辩申诉的程序性权利。通过程序权利的行使，行政相对人可维护其实体权利不受行政行为侵害，同时防止其实体义务非法增加。行政主体则通常由实体方面权利的享有者，转化为程序方面的义务主体。例如，行政主体在行使行政处罚权这一实体权力的过程中，必须同时履行法定的传唤、询问、讯问、取证、裁决以及讯问、查证时间受限制等程序义务，这些义务如不履行，行政相对人可以通过行使其程序方面的权利敦促其履行，诸如提起行政复议或行政诉讼，使之不得逃脱违反程序的法律责任。不仅如此，行政主体在行使职权过程中的各项程序性义务，如告知原因、说明理由、举行听证、答辩、公正裁决等，在原则上可以被推定为行政相对人的程序性权利，即要求了解情况、要求举行听证、要求公开裁决等。在此特定条

① 参见本章第三节关于听证制度的内容。

② 参见崔卓兰：《行政法制权利保障功能的发挥》，载《法学研究》，1994（4）。

件下，行政主体和行政相对人的角色转换，使得在行政实体法律关系中反映出来的行政法双方当事人在身份、地位方面的差异，以及在权利和义务分配方面的不对等，又重新得到平衡。

第三，行政程序使保障公民权利的法治要求具体化。行政程序对公民权利的具体保障体现在三个方面：其一，行政程序更侧重于将宪法、法律包括行政实体法中所规定的一般公民的各项人身、财产权等，转化为含有具体应用内容而可以即时实际操作的权利，例如，对于行政事务的知情权、对于行政行为的参与权、对于行政侵权违法的抗辩诉讼权等，这些主要由行政程序法进行规定的，具有实体性与程序性合一性质的权利，无疑是行政相对人在受制于行政管理之际，取得主动、保护自己的有力武器。其二，行政程序为行政相对人合法行使权利，提供明确、具体、可行的行为导向。在一般情况下，行政相对人只要依照行政程序所设定的步骤、方式去做，其行为自然会被国家和社会认可，并得到支持和保护，例如，行政相对人的申请尽快获得批准，纠纷得到公正裁决，损害、损失得到合理赔偿、补偿，不受无故侵扰等。其三，行政程序从整体上贯穿着“程序上的正当过程”[①] 原则。这一原则在确保行政权力正当行使，防止政府武断、专横，保障公民权利，维护公平、正义方面，发挥了巨大作用，具有深远影响。法治国家对一般行政行为正当过程的要求，包括如下内容：行政权力的成立与运作必须严格依照法定程序，否则意味着违法和无效；行政权力的行使应充分考虑行政相对人的权益、接受可能与程度，尽量减少给行政相对人造成负担与损害；不能借口国家利益或公务需要随意处置或剥夺行政相对人的权益；保障行政相对人尤其是利害关系人对一般行政行为的了解、参与权，使其具备免受行政侵害的自卫、防范能力；在对行政相对人的权利、义务进行具体配置过程中，避免有机会给行政主体施加影响者获得过多利益；行政相对人的权利、义务因行政行为受到影响时，能事先得到通知、陈述、抗辩机会，并得到公平、合理的裁决；行政相对人的人身、名誉、财产、资格、福利待遇、生活方式、才能发挥等方面的权益，非经正当法律程序，行政机关不得使之受到侵害；不得以行政效率为由侵犯公民权利，否则，行政相对人有权取得法律救济。

3. 行政程序的民主监督机制

行政程序的民主监督机制主要通过民主参与机制与行政救济制度体现出来。民主参与机制主要是通过行政相对人对行政行为的参与，来预防行政权的不当行使，从而达到保障公民权益的目的。行政救济则是对非法行政行为进行事后补救的民主监督制度，它是基于行政监督理论而确立的机制，既为行政相对人监督行政主体创造条件，又为行政主体对其行为进行内部监督创造机会。从行政救济过程来看，它主要体现行政主体依据行政相对人的申请，对其行政行为进行监督审查。这种监督审查的任务在于，判断行政行为是否合法与适当，以确定是否给予行政相对人补救。另外，从广义上说，行政诉讼也是行政程序民主监督机制的一个重要内容。从各国行政程序立法情况来看，有的国家把对行政行为的司法审查列为其行政程序的必要组成部分，如美国 1946 年《联邦行政程序法》。从我国行政诉讼法实施的情况来看，对行政行为进行司法审查制度的加强和完善，是加强和完善我国行政法制中民主监督机制的关键。

---

① 译自“procedural due process”，与“正当法律程序（due process of law）”的含义基本相同，后者有时也译为“正当法律过程”或“法律的正当过程”。

二、行政法治原则[①]

（一）行政法治原则的含义

行政法治原则是指行政程序必须贯穿法治精神，实行依法行政。行政主体实施行政行为的过程必须遵守法律，其在违反法律时受到一定的制裁，可能会引起无效、撤销或赔偿等结果。行政法治原则是法治原则在行政程序领域的具体运用，体现为依法行政、程序法定、依程序法行政等方面的内容。

行政法治原则可以分解为行政程序合法性原则和行政程序合理性原则。行政程序合法性原则主要包括两方面内容：一是行政程序法律关系主体实施行政行为，应遵循依法设定的方式、步骤、空间、时限等程序规则；二是违反法定程序，必须承担相应的法律责任。程序合理性原则是程序合法性原则的必要补充，是指行政程序法的设定及适用，必须客观、适度、符合理性，不得滥用或忽视程序，不得显失公平。[②]

（二）行政程序对行政法治的作用

行政法治的核心问题是程序问题，“依法行政”严格说来应该表述为“依程序法行政”，行政程序是行政法治的核心。

首先，行政程序能够保证行政行为的形式合理性和形式正义性。实体正义和形式正义的统一正是通过程序统合而成。一项规则是否正义、合理，常因不同人的道德价值观念、文明进步程度、风俗习惯的不同而在评价上有所差异，而一个社会不能等到大家对某个问题在认识上都一致时才去制定通行的规则，尤其在现代社会，个体之间的差异日见其大，群体利益常有冲突，制定一项人人都满意的规则日见其难。因此，人们对一项规则的合理与否虽寄希望，但实际上是通过程序达到另一种正义和心理平衡。正如彼得·斯坦和约翰·香德所言：“在探讨通过法律来实现公平时，应当首先区别法律程序和法律本身”。“实体规则可能是好的，也可能是坏的。人们所关心的只是这些规则的实施应当根据形式公平的原则进行”。“人们所关心的还有，在适用某条法律规则时，对它所管辖的一切人应当不偏不倚，一视同仁”；而任何做法，“只要与人们认为是正当法律程序的方法——不偏不倚的听证——相违背，都认为是有失公平的”[③]。与此相联系，是罗尔斯的“程序正义”观念。罗尔斯的正义理论就是以程序倾向为特色的，因为他认为公正的法治秩序是正义的基本要求，而法治又取决于一定形式的正当过程，正当过程又通过程序来实现。

其次，行政程序使行政相对人的选择更加具有理性。程序为当事人的活动提供了一定的空间、时限，为其提供了一定的行为范围，使程序与选择联系在一起。这就决定了程序必然是法制体系中最生动活泼的领域。可以说，程序的本质特点既不是形式性，也不是实质性，而应该是过程性和交涉性。在抽象规范和具体个案之间，依赖选择程序来沟通。在现代社会中，法律

① 法治是指法律至上，法制是指法律制度。两者互相融合、互为表里：法制应体现法治精神，法治应具体表现为法制。参见王名扬教授关于法律最高原则的论述。他认为，法治的本质就是法律最高，法律最高是指法律是社会生活中最高的权威。参见王名扬：《比较行政法》，68页，北京，北京大学出版社，2006。

② 参见姜明安主编：《行政法与行政诉讼法》，2版，28页，北京，法律出版社，2006。

③ ［英］彼得·斯坦、约翰·香德：《西方社会的法律价值》，92、93、75页，北京，中国人民公安大学出版社，1990。

是可以变化、可以选择的，但这种选择又不是任意、无限制的，而程序使法律的变化合法化，使当事人的选择有序化。

最后，行政程序的完善过程亦即行政法治的实现过程。法治的目标一是公正，二是有序，程序除了能提供有序的决定过程外，亦能实现相当多的公正。人们通常认为，法律是一套规则和规范体系，如果人们希望其行为合乎正义的要求，就必须按照法律办事。从其实际运作来看，法律从根本上说是保证作出判决的程序问题或各种程序。人们仅仅在程序结束时才能知道裁决的结果，而在程序开始时关心的主要不是这个问题。因此，正义和社会秩序离不开程序规则。

三、行政公平原则[①]

行政公平原则是指行政主体在实施行政行为时要在程序上平等对待行政相对人各方，排除各种可能造成不平等或偏见的因素。行政公平原则还可以作广义理解，即包括保障行政相对人程序上权利的所有原则和制度，诸如公开原则、参与原则及其中的咨询制度、听证制度等。一般通过建立以下程序制度来保证公平原则的实现。

1. 回避制度

行政程序法上的回避制度是指在金钱、利害、爱憎关系等可能为个人偏见所左右的利害关系中，行政机关作出关系到行政相对人的决定时，要尽可能地把有偏见立场的成员排除在外。这一制度的基本内容包括：任何人不得裁决与自己有关的案件；行政机关有关人员在处理与自己有利害关系的案件时应当回避，当事人在这种情况下也可以申请其回避；负责处理案件的行政机关工作人员在与应为行政行为有关联时，如有导致不公之事由存在，应自行回避。

2. 听证制度

听证制度是指有关行政机关作出影响行政相对人的权利和义务的决定之前，双方提出证据与反证、交叉询问，而由行政机关基于笔录作出决定的制度。其基本内容包括：除法律有特别规定外，不经过听证，行政机关不得作出影响行政相对人权益的决定；在涉及相对人权利的行政决定作出之前，应当给予相对人就与决定有关的事项表示意见的机会；享有行政听证权的行政相对人，应当就听证的时间、地点、性质，举行听证的法律依据和管辖权、所涉及的事实问题和法律问题等，得到及时通知；行政机关应为所有利害关系人提供机会，使其能考虑和提出各种事实、论据、解决的办法以及对有争议的问题进行辩论。行政机关应充分考虑到相对人或其代理人的需要和方便，并在合理时间内审结所受理的问题。[②]

3. 辨明制度

辨明制度为日本所独创，渊源于美国听证制度中的陈述性听证。与听证制度不同，辨明制度的基本内容包括：以书面审理为原则；由行政机关直接进行裁决，而无须审、决分开；具有比听证制度更多的职权调查主义色彩；相对人有陈述意见的机会，没有交叉询问程序。

4. 告示制度

告示制度是行政机关在作出影响行政相对人的权利和义务的决定之前或之后，将有关事项

---

① 行政民主原则、行政法治原则、行政效率原则、行政公开原则，都侧重于行政公平问题的解决，比如，行政效率原则要求行政程序简便快捷、行政行为迅速有效，否则，久拖不决，“迟来的正义不是正义”。参见皮纯协主编：《行政程序法比较研究》，79～86页，北京，中国人民公安大学出版社，2000。

② 参见本章第三节关于听证制度的内容。

通知或告诉行政相对人的制度。其基本内容包括：行政机关要求相对人为某种行为或不为某种行为时，应告知相对人该行为的意义以及作为或不作为的法律后果；行政机关采取行政措施必须向行政相对人说明事实上或法律上的以及行使自由裁量权的根据和理由；行政机关如为驳回相对人申请或限制公民权利及自由范围的行为，均应详附理由；除法律有特别规定外，行政行为在通知相对人之日起，才能生效；行政机关应给予相对人获取调查证据的结果及表示意见的机会；凡要求行政相对人承担一定的义务或剥夺相对人一定的权利，必须事先将行政决定及其要旨告知有关相对人；对有关行政相对人权益的事项，行政机关应平等地告知所有利害关系人；行政机关在作出允许相对人申诉的决定时，必须告知相对人可以进行申诉、处理申诉的适当机关、可以提出申诉的法定期间等；在没有告示或作了错误告示的情况下，行政相对人均有权申请获取行政文书的副本。

5. 职能分离制度①

职能分离制度是为防止行政裁决人员先入为主，而将审理事实与裁决案件的人员分开，由不同的官员来完成审理与裁决的制度。其基本内容包括：主持听证的官员除可以作出初步判断之外，不得参与上诉或再审案件的决定；为行政机关履行调查和起诉职责的官员或其代表，不得参与同该案有事实上相互联系的案件的裁决；对这类案件的裁决，亦不得提咨询性意见或建议性裁决；不得作为证人或律师，参加诉讼或参加行政机关某些行政复议。

6. 档案制度

档案制度是有关行政机关将其与行政相对人的活动过程记录在案以备查考的制度。其基本内容包括：为了保证裁决的客观、公正，凡有两人以上的行政机关都应制作档案，以记录各人的最后表决；此档案应允许公众查阅；除法律另有规定外，行政机关作出决定必须制作案卷，案卷应记载对各相对人提出的各项自拟裁决、结论及反对意见所作的裁定；所有裁决均应对案卷中记载的基本事实问题、法律问题、自由裁量问题等，以及所作的裁定、结论、理由或根据以及与案件有关的规章、制裁、救济等，作出说明。

7. 防止偏见制度

防止偏见制度是有关排除从事行政调查和裁决的行政机关工作人员的个人偏见，保障其客观、公正的制度。其基本内容包括：接受证据的行政机关工作人员不得向某个人或某当事人就有争议的事实征询意见，除非已发出通知，所有当事人都有机会参加；接受证据的行政机关工作人员，不得对某个履行调查或起诉职责的行政官员及其代表负责；依法主持听证的官员和参与裁决的官员，必须不偏不倚地执行职务；对于主持人或参加人存在有个人偏见或不合格的指控，行政机关应将其作为整个案件档案和裁决的一部分予以审理；行政机关以外的任何与案件有利害关系的人，不得就案件的是非曲直问题，与组成行政机关的任何成员、行政裁决人员或其他参与行政监督的官员，单独表示意见或促成这种意见表示；组成行政机关的任何成员、行政裁决人员、任何将要或有可能参与行政决定程序的官员，如接到或作出故意促成法律禁止的意思时，应在公开的案卷中附上这种书面表示的全部内容，并附上这种口头表示的实质性内容备忘录的全部；行政机关、行政裁决人员及主持听证的其他人员，在收到任何违反规定而作出的或故意促成作出的单独意思表示时，可在符合公众利益和基本法律原则的前提下，要求该当事人陈述为何其要求和利益不应被驳回、被否定、被置之不理，否则，将因违反规定而受到不

① 参见本章第三节关于职能分离制度的内容。

利影响。

为了保障公平原则的实现，一些国家还确立了事实确认制度、代理制度、宣誓保证制度、言词辩论制度、当事人自拟裁决制度和行政行为的溯及力制度等。

四、行政效率原则[①]

行政效率原则是指为了保证行政行为的高效率，行政程序的各个环节应当有时间上的限制。其基本内涵是，在保障行政相对人基本人权和公平行政的前提下，应尽可能提高行政效率。行政效率是行政行为的生命，没有一定的行政效率就无法实现行政管理的目的，但过分强调行政效率又会影响行政程序法的民主性。所以，在效率和民主[②]之间确定一个适当的比例，是相当重要的。而确定这个比例又是相当困难的。但这并不妨碍在理论上设定规则：第一，提高行政效率不得损害行政相对人的合法权益；第二，提高行政效率不得违反公平原则。为了实现行政效率原则，行政程序法一般设定下列制度。

1. 时效制度

时效制度是指如果行政程序法律关系主体在法定期限内不作为，在法定期限届满后即产生相应的不利法律后果。行政主体在法定期限内不行使职权，在法定期限届满后不得再行使，同时导致相应行政责任；行政相对人在法定期限届满后即丧失权利，或者承担相应法律后果。

2. 代理制度

代理制度是指行政程序法律关系主体不履行或无法履行法定义务时，依法由他人代而为之。代理发生的前提是，这种法定义务具有可替代性，否则，代理制度不得适用。代理制度通常分为两种情况：一是行政相对人在法定期间内不执行他人可以替代的行政机关的裁决，行政机关可以指令或请他人代为履行，并由行政相对人负担费用；二是上级或下级行政机关不为某种行政行为，而下级或上级行政机关可以代替为之。

3. 不停止执行制度

不停止执行制度是指行政相对人因不服行政决定而提起申诉后，除法律规定的情形外，行政决定必须执行。为了保障行政行为得到迅速执行，各国在确定申诉制度的时候，大都以申诉不停止执行为原则。但是，为了保障公民权益，避免国家赔偿的发生，防止出现公民被侵害权益难以恢复的情况，各国一般都规定有“但书”，如行政相对人申请停止执行或行政机关认为需要停止执行的除外。

4. 紧急处置制度

紧急处置制度是指行政机关在某些法定的特殊情况下，可以省略某些程序而采取紧急措施的制度。其基本内容包括：行政程序法应当为行政机关应付突然事变或紧急情况留有余地；省略法定程序的情况，应当由法律具体地加以设定；权限争议未裁定之前，如有可能导致难以恢复的重大损害发生，该权限争议的行政机关可作临时紧急处置，但应及时将其主旨通知对方机关；在紧急情况下，行政机关可以就该处分宣告其要旨，述明其理由，而省略通知和传唤程

---

① 参见罗豪才、湛中乐主编：《行政法学》，320～322页，北京，法律出版社，2006。

② 1990年颁布的意大利《行政程序法》规定，行政相对人的一些须经行政机关批准的行为，在提出申请的一段时间后，如果行政机关不予答复，则视为批准，可自行其是。

序；在紧急情况下，如不能由其他行政机关工作人员代理，有关人员可实施其职务行为。为了提高行政效率，一些国家还设立了代行职务制度、委托制度、排除行政障碍制度、职务协调制度、行政决定转换与补正制度、催促制度等。

五、行政公开原则[①]

（一）行政公开原则的含义

行政公开原则是指对重要的行政行为、与相对人的权利和义务直接相关的行政行为，要通过一定的行政程序让相对人了解。这些行政行为主要是制定行政规范、作出行政处理和行政决定、实施行政强制执行以及进行行政裁决。它是将行政权力的运行依据、过程和结果，向行政相对人和公众公开，使其知晓。行政机关通过公开行使行政权力的依据和过程，说明所作决定的理由，满足公众知情的权利，增强行政透明度，体现行政民主。

行政公开原则实际上是行政程序特有原则，也是行政程序法区别于行政实体法的根本标志。它是政治活动公开化在行政程序上的体现，是相对人参政权的延伸。行政行为公开化有利于提高相对人对行政机关的信任度，并使相对人能够监督行政主体是否依法行政，从而帮助克服官僚主义，同时也保障公民对政府工作的监督权。

行政公开原则在行政民主原则、行政法治原则、行政公平原则和行政效率原则中都有一定的体现，而这些原则在一定程度上也对行政公开原则有所要求。行政公开原则表现于行政程序法的各项原则和各项具体制度中，可以说，行政公开原则是行政程序的生命。[②] 而对行政公开原则的强调和重视，也是现代行政程序法发展的必然趋势。[③]

（二）行政公开的内容

行政公开制度主要包括以下几方面的内容：

1. 行政立法公开。行政立法，是指特定国家行政机关依据法律授权，制定具有一定法律效力的规范性文件的活动，主要包括行政法规、规章和其他规范性文件。依据我国宪法和法律的有关规定，国务院有权根据宪法和法律制定行政法规，国务院各部、各委员会有权根据法律和国务院的行政法规、决定和命令，在本部门权限范围内发布规章；省、自治区、直辖市以及省、自治区人民政府所在地的市和经国务院批准的较大的市的人民政府，可以根据法律和国务院的行政法规，制定规章。行政立法要遵循行政公开原则进行。国务院颁布的《行政法规制定程序条例》第 21 条规定，行政法规送审稿涉及重大、疑难问题的，国务院法制机构应当召开由有关单位、专家参加的座谈会、论证会，听取意见，研究论证。第 22 条规定，行政法规送审稿直接涉及公民、法人或者其他组织的切身利益的，国务院法制机构可以举行听证会，听取有关机关、组织和公民的意见。国务院颁布的《规章制定程序条例》也有相同的规定。中央和

---

① 参见皮纯协主编：《行政程序法比较研究》，176～201 页，北京，中国人民公安大学出版社，2000；姜明安主编：《行政程序研究》，10～12 页，北京，北京大学出版社，2006。

② 行政公开是行政相对人的普遍要求，其理由不外乎便民利民、监督政府、防止权力滥用、提高行政效率、提高政府威信、减少纠纷和诉讼等。

③ 从美国 1946 年《联邦行政程序法》及作为补充的《阳光下的政府法》《信息自由法》，到 1990 年意大利《行政程序法》，再到 1993 年日本《行政程序法》，都把行政公开原则置于突出地位并贯彻始终。

地方国家行政机关进行行政立法时要广泛听取有关机关、组织和公民的意见，积极探索建立公众有序参与政府立法的机制和制度。

2. 行政决策公开。行政决策，是指国家行政机关为履行政府职能，对所要解决的问题，依法拟订方案或作出决定的过程。行政决策既包括了政府就关系国民经济和社会发展中的重大问题与重要事项作出的决策，也包括了行政机关在职责范围内就一些重要问题作出的决定。近年来，我国各级政府普遍实行重大事项决策公示和听证制度。每年，在全国人大会议上总理的政府工作报告，对我国国民经济和社会发展作出全面安排，也要实行公开决策，如手机漫游收费、铁路部门春节火车票涨价等事项，也都举行听证会，公开决策。

3. 行政程序公开。按照行政公开原则，行政程序也要向社会和行政相对人公开。一般认为，行政程序公开包括了将行政权力运行的依据、过程和结果向相对人和公众公开，使相对人和公众知悉。我国目前在行政处罚、行政许可等程序中设立了听证制度。具体来说，行政听证制度的主要内容包括了听证要公开进行，举行听证前应发出公告，告知利害关系人听证举行的时间、地点、案由等情况；允许群众、记者旁听，允许记者采访报道；在听证过程中，当事人有权公开进行陈述和申辩，提出自己的主张和证据，反驳对方的主张和证据；行政机关作出决定的事实根据必须公开并经当事人质证，不能以不为一方当事人所知悉的证据作为决定作出的事实根据；根据听证记录作出的行政决定的内容也必须公开；等等。

4. 行政信息公开。2008 年 5 月 1 日起正式施行的《政府信息公开条例》，对行政信息公开作了全面规定。实行政府信息公开的目的是保障公民、法人和其他组织依法获取政府信息，提高政府工作的透明度，促进依法行政，充分发挥政府信息对人民群众的生产、生活和经济社会活动的服务作用。政府信息的范围十分广泛，包括了“行政机关在履行职责过程中制作或者获取的，以一定形式记录、保存的信息”等。《条例》第 9 条对行政机关应当公开的信息作了原则性规定，并要求各级人民政府及其部门应当依照该规定，在各自职责范围内确定主动公开的政府信息的具体内容。除了政府依据规定主动公布的信息外，条例还规定，公民、法人或者其他组织还可以根据自身生产、生活等特殊需要，向国务院各部门、县级以上地方人民政府部门申请获取相关政府信息。为了保障政府信息公开制度切实得到执行，条例要求，各级人民政府应当建立、健全政府信息公开工作考核制度、社会评议制度和责任追究制度，定期对政府信息公开工作进行考核、评议；政府信息公开工作主管部门和监察机关负责对行政机关政府信息公开的实施情况进行监督检查；公民、法人或者其他组织认为行政机关不依法履行政府信息公开义务的，可以向上级行政机关、监察机关或者政府信息公开工作主管部门举报，认为行政机关在政府信息公开工作中的具体行政行为侵犯其合法权益的，可以依法申请行政复议或者提起行政诉讼。

5. 行政决定公开。行政主体作出个别行政决定之后，应当以适当方式将行政决定送达行政相对人，以使行政相对人了解行政决定的内容，从而自觉履行行政决定设定的义务，或者行使其确认的权利，或者在不服行政决定时及时提起行政复议或行政诉讼。因此，送达也是公开的重要方面。个别行政决定送达制度的主要内容是：（1）送达的方式。由于实际情况比较复杂，法律必须规定多种行政决定送达方式，以保证在任何情况下行政决定都能及时送达到行政相对人。（2）送达方式的适用条件。每一种行政决定送达方式都有其自身特有的功能，因此，必须规定各种行政决定送达方式的适用条件和取舍的先后顺序。（3）送达方式适用的程序，即由送达的方式、步骤、时限、顺序所构成的一个连续过程。

（三）行政公开原则的例外

行政公开是行政机关的义务。原则上，行政机关应该将其掌握的文件资料向公众公开，但有时行政公开可能涉及国家安全、影响行政效率，以及暴露个人隐私或商业秘密。这时，立法者必须在行政公开的公共利益与不公开的公共利益之间进行平衡。利益平衡是每一形态社会生活的重要基础，民主社会力求在利益平衡中扩大公民对行政的参与，加强对行政机关的监督。因此，在现代社会，行政公开已经成为原则，不公开只是例外。只有在法律明确规定免除公开时，行政机关才能不予公开。①

第三节　行政程序基本制度

一、行政程序基本制度概述

（一）行政程序基本制度的概念

行政程序基本制度是指在行政程序中具有相对独立性，对整个行政程序具有重要影响的规则体系。行政程序基本制度具有较强的规范性、确定性和可操作性。行政程序基本制度的规范性，是指违反基本制度的内容将会直接导致不利法律后果，因而区别于行政程序基本原则。这是因为行政程序基本原则本身并非法律规范，而行政程序基本制度是由法律规范构成的。行政程序基本制度的确定性，是指构成基本制度的法律条款具有完善的行为模式和法律后果，而行政主体具有明确的权利和义务。所以，行政程序基本制度不具有其基本原则所特有的不确定性。

（二）行政程序基本制度的意义

行政权力运行需要基本的程序制度来规范，行政程序基本原则也需要基本的程序制度来实现。一方面，行政程序基本原则的精神可以通过其基本制度表现出来，而行政程序基本制度又将其基本原则的精神运用到实践中，从而使抽象的法律精神转化为具体的法律规范，成为行政主体共同遵守的行为准则。另一方面，行政程序基本制度是由行政程序法律规范构成，而行政程序法律规范又是从行政程序基本原则中推导而来的，所以，行政程序基本制度对其基本原则具有阐释作用。

行政程序在目标模式、基本原则、基本制度三者之间，具有明显的递进层次性，它具体表现为向目标模式—基本原则—具体制度—具体程序规则的过渡。当然，行政程序基本原则和基本制度之间的关系，不是简单的对应关系，一项原则可能体现于若干基本制度之中，一项基本制度也可能体现几项不同的基本原则。行政程序基本原则从其理论渊源来讲，是行政程序法目标模式的具体化，是从目标模式演绎而来的。从另一角度讲，行政程序基本原则又是对其基本制度的概括和总结。由于基本原则一般不具有直接操作功能，所以它必须通过基本制度来实现

---

① 参见本章第三节有关信息公开制度的内容。

其价值。如果只规定基本原则，而不规定基本制度，将会使行政程序法因无法真正实施而失去其基本功能。行政程序基本制度主要包括信息公开制度、职能分离制度、听证制度等。[①]

二、信息公开制度[②]

（一）信息公开的概念

信息公开又称情报公开、资讯公开，是指凡涉及行政相对人的权利、义务的行政信息资料，除法律规定应予保密外，有关机构均应依法向社会公开，任何公民或组织均可依法查阅或复制。在信息公开制度中，行政相对人通过预设的程序，从行政主体那里获得有助于其参与行政程序、维护自身合法权益或者公共利益所需要的各种信息资料；如果没有法律禁止，则行政主体应当无条件地提供。行政信息包括有关法律、法规、规章、行政决策、行政决定，行政机关据以作出相应决定的有关材料、行政统计资料，行政机关的有关工作制度、工作规则等。

信息公开制度起源于两百多年前的瑞典。1776 年，瑞典《出版自由法》规定，普通市民与议员一样享有要求法院和行政机关公开有关文书的权利。对当代各国信息公开制度影响最大的，则属美国 1966 年《信息自由法》。此后，各国纷纷制定相关法律，使信息公开制度成为当代各国公法领域中最有创造性的一项制度。

信息公开制度是现代行政程序的重要制度之一，是行政相对人参与行政的体现，是行政公开原则的重要体现和必要保障，是现代行政民主、行政法治精神发展的直接结果，是行政民主的基石之一。它可以增进公民对政府的信任，加强公民和政府之间的沟通与合作，调动公民参与行政的积极性。

（二）信息公开制度的内容

信息公开制度的内容，主要包括法律依据、适用范围、信息公开的形式、申请获得信息的程序、信息公开的例外、救济制度等方面。

1. 法律依据

制定单行信息公开法是各国行政法治发展的大势所趋。1946 年美国《联邦行政程序法》已经开始了对保障私人了解行政文件的尝试。美国有关信息公开制度的法律，主要包括 1966 年《信息自由法》、1976 年《阳光下的政府法》、1972 年《联邦咨询委员会法》、1974 年《联邦隐私法》。

信息公开法主要规定信息公开的范围、程序、方式、救济机制、机构设置等，以规范行政行为，协调信息公开与其他法律制度的关系，全面保障公民知情权的实现。此外，对于某些特

---

① 关于行政程序基本制度的具体范围，有不同的认识。解决这个问题，既要把具体的行政程序制度和基本的行政程序制度区别开来，又要把行政程序特有的制度与其他法律共有的制度区别开来，同时，还要考虑到行政法制实践的需要。参见皮纯协主编：《行政程序法比较研究》，143～244 页，北京，中国人民公安大学出版社，2000；罗豪才、湛中乐主编：《行政法学》，316～322 页，北京，北京大学出版社，2006；姜明安主编：《行政法与行政诉讼法》，2 版，284～289 页，北京，法律出版社，2006；应松年主编：《行政法与行政诉讼法学》，360～369 页，北京，法律出版社，2005。

② 参见皮纯协主编：《行政程序法比较研究》，176～201 页，北京，中国人民公安大学出版社，2000；应松年主编：《行政法与行政诉讼法学》，369～374 页，北京，法律出版社，2005。

殊问题，如商业秘密保护，国家秘密、政府信息的版权保护，个人隐私、档案管理、网络管理、数据库保护等，则要制定相应法律、法规。只有这样，才能以信息公开法为主干，以其他相关法律为辅助，建立科学的信息公开制度。

2. 适用范围

从我国政务公开的实践来看，信息公开的范围远远超出单纯的行政机关，已经包括了立法公开、审判公开、检务公开、警务公开、村务公开、厂务公开、校务公开等多方面。就行政信息公开来讲，公开的范围应当是除涉及国家机密、商业秘密、个人隐私及法律、法规规定的不应当公开的其他事项以外的所有行政信息。

3. 公开的形式

信息公开的基本形式有两种：一是政府主动公开相关信息；二是民众申请政府公布相关信息。在国外，相当于我国政务公开范畴的政府信息公开，主要由政府机关在各种政府公报上主动公开，其他政府信息则主要经申请人申请以后公开。

4. 申请的程序

首先，当事人必须向拥有信息的特定行政机关提出申请。该申请必须具体陈述申请的是什么信息。其次，申请书必须符合一定的要求，表明申请人的姓名、住址与提出申请的法律依据。再次，行政机关收到申请后，应决定根据什么标准进行收费。通常对一般申请者不收取任何费用，而对于专门的信息经营者，则要收取一定的费用。最后，行政机关应在收到申请的特定时限内，作出是否提供信息的决定。如果行政机关拥有被申请的信息，根据该信息的性质，行政机关的最后决定既可以是提供，也可以以该信息属于例外为由不予提供；在特殊情况下，例如涉及正在侦破的重大刑事案件，甚至可以否认其存在。因此，信息公开制度的一个重要内容，就是确定信息公开的例外范围。

5. 信息公开的例外

一般行政信息经当事人申请都应该向社会提供，但某些行政信息可能属于例外而不予提供。这是各国通例。当然，例外的范围大小在不同国家有些差别。通常，以下种类的信息属于例外：保密文件、行政机关内部的人事规则与制度、商业秘密、行政机关之间的内部联系、个人隐私、执法文件、金融信息等。

即使是例外信息，如果公开不会对国家安全或社会造成损害的，行政机关也可以公开保密范围内的某些材料。并且，如果可以将行政信息中的例外部分与其他部分分开，则行政机关经过一定技术处理后，应该将非例外部分对社会公开。对于某些例外信息，行政机关在公开以前，可能需要征得信息利害关系人的同意，如果有关当事人不同意，则不得公开其信息。

6. 救济制度

信息公开制度的实现，很大程度上取决于救济制度是否有效，即当行政机关拒绝提供信息时，当事人是否可以通过一定的法律途径，对行政机关的决定提出异议。

对此，各国（地区）通常有三种不同的做法：一是通过议会监察专员制度或者特设的议会委员会进行干预，如北欧国家与加拿大。二是通过行政机关内部的复议或者审查机制进行干预，如美国的纽约州与康涅狄格州。三是通过普通法院的司法审查进行干预。大部分普通法国家都是这样。

三种救济渠道各有优、缺点：议会机制可以减少诉讼成本，但在议会作用有限的国家或者社会冲突比较大的国家难以采用。行政机制可以发挥专家行政的作用，但复议机关的独立性不如法院，难以获得当事人的充分认同。司法救济具有权威性和独立性，但诉讼成本高昂，而且法院有时难以决定复杂的技术问题。正因为如此，有些国家同时采用不同的救济制度，以便利当事人。

《政府信息公开条例》的颁行，标志着我国信息公开制度正式建立。《政府信息公开条例》按照“以公开为原则、以不公开为例外”的要求，对政府信息公开的范围和主体、方式和程序、监督和保障等内容作出了具体规定。《政府信息公开条例》的颁布，进一步推进和规范了全国政府信息公开工作，进一步加强了我国政务公开法制建设，将更好地发挥政府信息对人民群众的生产、生活和经济社会活动的服务作用。①

三、职能分离制度②

（一）职能分离的概念

职能分离是英美普通法上的传统制度。广义的职能分离，是指行政机关的不同工作因其性质不同，而必须由不同部门或人员来完成，以避免因职能合并而导致主观臆断或偏见。狭义的职能分离，即典型的职能分离，是指行政主体在作出行政决定或举行正式听证时，其机构或者人员，不能从事与裁决和听证行为不相容的活动，以保证裁决和听证的公正。

职能分离制度源于自然公正原则，其目的在于避免职能集中以致当事人不能得到公正对待。普通法中自然公正原则的一个重要内容就是，人不能当自己的法官。在行政程序中，当事实调查和裁决集中于一个人时，行政相对人可能得不到公正的对待。事先参与调查行政事实的行政执法人员主持行政相对人之间的申辩和质证，必然着重以其调查的证据作为裁决的基础，而忽视行政相对人所提出的证据和反驳，甚至行政执法人员自己秘密调查的没有经过行政相对人质证的证据，也有可能被当做裁决的基础。这对行政相对人来说是很不公平的。行政执法人员事先参与调查和追诉，其对案件的处理很难处于一种超然的客观心理状态，而这种超然心态是公正听证和裁决所必须具备的条件。

由于行政机关活动所需要的知识性、专业性、效率性，事无巨细，一律实行职能分离原则，不仅会导致行政机关失去活力，使社会利益受到影响，而且事实上也无法做到。所以，职能分离只是行政程序法对重要行政行为的原则性程序要求。

（二）职能分离的内容

职能分离制度包括完全职能分离和内部职能分离两种基本模式。

1. 完全职能分离

完全职能分离是指行政案件的调查、审查与裁决，分别交由两个相互完全独立的机构来行使的一种制度。完全职能分离是一种司法色彩浓重的分权模式，它在美国《联邦行政程序法》制定以前，作为解决职能分离问题的一种方案被提了出来。但是，这种方案由于有悖于普通法

---

① 2000年，中共中央办公厅、国务院办公厅发布《关于在全国乡镇政权机关全面推行政务公开的通知》；2003年6月，全国政务公开领导小组成立；2005年3月，中共中央办公厅、国务院办公厅发布《关于进一步推行政务公开的意见》。从2004年开始，湖北、河北、陕西、上海、重庆、昆明、杭州、济南、郑州等省市，先后颁布、实施了关于信息公开的行政规章。

② 参见王名扬：《美国行政法》，437～449页，北京，中国法制出版社，1995；姜明安主编：《行政法与行政诉讼法》，2版，285页，北京，法律出版社，2006。

系国家的司法传统，没有为美国《联邦行政程序法》所采纳。

这种模式过分强调了行政案件中审查权与裁决权的分离，既可能会因多设机构增加财政负担，也可能会导致行使裁决权的机构因缺乏行政专业知识而不能正确地裁决案件。所以，它也很少为各国行政程序法所采纳。

2. 内部职能分离

内部职能分离，是指在同一行政主体内部，由不同机构或人员分别行使案件调查、审查与裁决权的一种制度。内部职能分离是基于处理行政案件所需要的行政专业知识、提高行政效率这一特点而设置的。尽管从行政相对人角度来看，这仍然有违背自然公正原则之嫌，但与审裁不分的做法相比，还是有很大进步。加之有司法审查制度作为事后救济，行政相对人的合法权益应该是有法律保障的。美国《联邦行政程序法》采用了内部职能分离制度，该法第 554 条规定："为机关履行调查或追诉职责的职员或其代表，不得参与该案或与该案有事实上联系案件的裁决，不得对这类案件的裁决提供咨询意见，或提出建议性裁决；除非作为证人或律师参加公开的程序，也不得参加机关根据本编第 557 条规定对该案进行的复议。"

需要指出的是，内部职能分离仅仅是在行政机关执行层面的分离。在行政机关决策层面，不存在职能分离的问题。

我国《行政处罚法》集中规定的两种职能分离制度，都是内部职能分离。其一，行政案件的调查与行政处罚的决定相分离。在行政处罚的普通程序中，规定由执法人员调查或检查、收集证据，而由行政机关负责人对调查结果进行审查并作出处罚决定，重大、复杂的违法行为导致的行政处罚还应由行政机关负责人集体讨论决定。[①] 在听证程序中，要求"听证由行政机关指定的非本案调查人员主持"[②]。其二，决定行政罚款的机关与收缴罚款的机关相分离。罚款这一行政处罚具有特殊性，极易导致各种形式的腐败。因此，我国《行政处罚法》规定，除个别情形外，作出罚款决定的机关不得自行收缴罚款，由当事人在规定时间内到指定的银行交纳罚款。同时，罚款必须上缴国库，任何行政机关或个人都不得以任何形式私分、截留。[③]

四、听证制度

（一）听证的概念

听证是指行政机关在作出有关行政决定之前，听取行政相对人陈述、申辩、质证的程序。行政机关在作出一项行政决定之前，应当给予行政相对人参与并发表意见的机会，或者行政机关的决定对行政相对人有不利影响时，必须听取行政相对人的意见，不能片面认定事实、剥夺对方辩护的权利。这种听取行政相对人意见的程序，法律上称为听证，其目的在于赋予行政相对人了解决定所依据的事实、理由并为自己辩护的权利，以促进行政行为的公正性。

西方国家的行政程序法中大多规定了听证制度。听证被认为是保障公民权益、防止行政专横、减少行政争议的有效途径。在实施行政行为时允许行政相对人与行政执法人员当面对质、辩论，对于澄清事实、防止主观臆断，具有积极作用。这种制度对行政执法人员也是一种

---

① 参见《行政处罚法》第 38 条第 2 款。

② 《行政处罚法》第 42 条第 1 款。

③ 参见《行政处罚法》第 46、50、53 条。

制约。

在行政行为过程中运用听证程序，以合法、公开、公正和高效地处理行政案件，在世界许多国家被证明是在市场经济和民主政治条件下行使国家行政权最为有效的方法。听证程序对于完善行政程序的公正与公开机制具有重要作用。为了适应世界的发展趋势，完备我国的行政法制体系，我国也需要结合自己的国情，建立行政听证制度。

由于听证程序在行政行为中处于基础关键的地位，它会给行政程序的各个方面带来益处。其一，它有利于行政机关客观、全面地弄清案件事实，听取行为人意见，获取证据并准确地适用法律，从而使行政机关作出的行政决定具有更强的合法性和公正性，以此提高行政机关办事效率和执法水平。其二，大部分行政案件在经过听证程序后，即可作出合法、公正的处理，因此减少了行政复议案件和行政审判案件的数量，便于强化行政机关内部自我约束和自我监督。其三，经过听证程序处理的行政案件，即使进入行政复议或者行政审判阶段，也为其在取得证据、认定事实、适用法律和作出处理方面奠定了基础。此外，听证可以公开举行，也便于行政相对人了解案情，便于人民群众对行政机关的执法活动进行监督；同时，也可以进行社会主义法制宣传和教育。

听证程序是行政程序的核心内容，是通过公正、公开、民主的方式达到行政目的重要程序。但是，听证程序烦琐、复杂，如果所有的行政行为都适用听证程序，势必影响行政效率。而且，从各国的行政实践中也可以看出，听证程序的实际适用范围也是十分有限的。为了保障行政效能，听证只限于按普通程序处理的一些社会影响大、有典型性、不进行听证无以保障公正执法的那些案件；对于一些简易程序案件，实施听证有可能损害公共安全或者其他公共利益，并且有充足的理由证明的，就不必进行听证。

（二）听证的基本内容

1. 听证主持人

听证程序应由行政机关中具有相对独立地位的专门人员或者部门来主持，它们是行政机关中非直接参与案件调查取证的人员或者部门，并且这些人员或者部门有权力，也有职责独立办案，不受来自各方面的干扰，客观、公正地依据事实和法律作出判断。[①] 案件调查取证人员、行为人的近亲属、与案件处理结果有利害关系的人员，不得被任命为听证主持人。这是基于行政程序中的职能分离制度。[②]

听证主持人在听证方面拥有以下权力：第一，有权决定在何时、何地举行听证、中止听证及终止听证，并将有关的通知及附属材料及时送达给有关行政相对人；第二，有权传唤证人，传唤与案件处理有利害关系的第三人，更换行政相对人；第三，有权就案件事实或与之相关的法律进行询问；第四，有权维护听证的秩序，对违反听证规范人员进行警告或处理；第五，有权调查取证等。

听证主持人的职责与义务主要包括：第一，将与听证有关的决定、通知及有关材料依法及时送达给有关行政相对人及其他有关人员；第二，做好听证笔录；第三，根据听证的证据，依据事实、法律、法规，对案件独立、客观、公正地作出判断。

---

① 《行政处罚法》第42条第1款第4项规定：“听证由行政机关指定的非本案调查人员主持；当事人认为主持人与本案有直接利害关系的，有权申请回避。”

② 参见王名扬：《美国行政法》，437～449页，北京，中国法制出版社，1995。

2. 听证程序的行政相对人和其他参加人

听证程序的行政相对人是指参加听证的申请人和被申请人。申请人是指行政机关中直接参与案件调查取证的人员或者部门。被申请人是指被行政机关认为其实施违法行为，并将要受到行政处理的公民、法人和其他组织。在听证程序中，申请人和被申请人权利与义务平等，他们都有权委托听证代理人，参加听证的辩论，提出有关证据，提出回避等；也有义务遵守听证秩序，服从听证主持人的决定。此外，为了保护被申请人的合法权益，被申请人还有辩护权及辩论后的最后陈述权。如果被申请人无正当理由未参加听证，应视为放弃听证。

此外，与案件处理结果有直接利害关系的第三人也有权要求参加听证。在听证中，第三人享有与被申请人相同的权利并承担与被申请人相同的义务。

申请人、被申请人的代理人享有受委托的权利，他们可以是律师，也可以是其他人员。代理人一般为 1 人至 2 人。

3. 听证的一般步骤

听证大致按以下的步骤进行：第一，听证主持人宣布听证会开始；第二，申请人宣读指控书或作出处理决定的理由；第三，听证主持人询问被申请人、证人和其他人员并出示有关证据材料；第四，被申请人从事实和法律上进行答辩；第五，申请人和被申请人就与本案有关的事实和法律问题进行答辩；第六，辩论结束后，被申请人作最后陈述。

听证主持人可以根据情况，作出延期、中止或终止听证的决定。申请人或被申请人对主持人的决定不服，可以向主持人提出重新对其决定予以考虑的请求。主持人根据申请人或者被申请人的请求，可以再作出决定。

4. 证据审查

证据包括证人证言、物证、书证、行政相对人陈述、勘验笔录、视听材料等。所有与认定案件主要事实是否存在关系的全部证据，都必须在听证中出示，并经认定、鉴定及辩论，否则，不得作为主持人认定案件事实的依据。此外，应做好作为证据的听证笔录。听证笔录应经听证主持人审阅后，由主持人签名或盖章。听证笔录中有关证人证言部分，应当场宣读或经证人审阅，证人确认没有错误后，应当签名或盖章。听证笔录也应交申请人和被申请人审阅或者向他们宣读，申请人或者被申请人可以进行补充、修改，在确认无误后，应当分别签字或者盖章。

我国《行政处罚法》第 42 条第 1 款第 6 项规定："举行听证时，调查人员提出当事人违法的事实、证据和行政处罚建议；当事人进行申辩和质证。"申辩是指行政相对人对自己的行为申明理由，提出证据，加以辩护。质证是指行政相对人对他方的证人进行交叉询问，以确定其提供证据的真实性。质证通常由双方律师在听证主持人的主持下进行。

5. 作出行政决定

听证结束后，应该由主持听证人员或者部门向实施行政行为的行政机关提出行政决定建议。行政决定必须以经过听证出示、鉴定、认定及辩论的证据为事实依据，不得以未经听证的证据为依据。

6. 公开举行

听证一般公开进行。任何人员都可以参加，也可以进行宣传报道。举行听证的行政机关要在举行听证前的适当时间内，把举行听证的时间、地点、案由公之于众。这样，有利于加强公众对行政机关的监督，也有利于通过听证来进行社会主义法制教育。但是，公开举行听证有可能损害公共安全和相对人的合法权益或者法律、法规规定的其他情况，行政机关可以作出不公开举行听证的决定。

7. 费用

听证费用由国库承担，相对人不承担行政机关组织听证的费用。

问题与思考

1.2012 年 1 月 14 日，某县商务执法大队扣押了陈某猪肉 176.6 千克、猪头 11.6 千克，并向陈某出具了查封（扣押）财物清单，亦制作了现场检查笔录。2012 年 2 月 20 日，某县商务执法大队向陈某送达了行政处罚决定书，作出了“没收非法生猪产品，并处以罚款人民币壹万元，责令立即停止违法行为”的行政处罚。事后，陈某以行政处罚主体不符、程序违法为由向法院起诉。法院经审理认为：依据《生猪屠宰管理条例》的相关规定，县级以上地方人民政府商务主管部门负责本行政区域内生猪屠宰活动的监督管理。某县商业管理办公室负责本县行政区域内生猪屠宰活动的监督管理，而某县商务执法大队属某县人民政府批准设立的作为某县商业管理办公室的下属职能机构，其并没有相应的行政处罚权力，故某县商务执法大队对陈某所作出的行政处罚属程序违法。因此，法院判决撤销了查封扣押物品通知书和行政处罚决定书。案件宣判后，该院还及时向某县商业管理办公室提出了司法建议，要求其加强对具体行政行为合法性的审查，主体要适格，同时要不断提高行政执法人员的执法水平，增强依法行政的能力。

问题：(1) 行政程序的概念和意义是什么？

(2) 行政程序需要遵循哪些基本原则？

(3) 本案体现了哪些行政程序的要求？

2. 原告吴某是江苏省盐城市公安系统一名普通民警。在 2008 年盐城市全面实行公务员制度，并同时对符合条件的部分人员实行公务员身份过渡中，吴某因为涉及其他刑事案件的侦查而受到行政处分，相关部门将其定为不予过渡人员。眼看自己的公务员身份一直没有解决，吴某急了，四处打听，了解政策，终于从相关渠道得知，自己的这种情况是可以参与过渡的。吴某想到了查阅政府关于公务员过渡的相关文件精神。2008 年 11 月 7 日，吴某向被告江苏省盐城市人民政府提交了政府信息公开申请表，要求公开国家公务员过渡所有文件（包括国家、江苏省、盐城市）的信息。申领方式注明电子邮件或自行领取。2008 年 11 月 10 日，江苏省盐城市政府承办工作人员到人事部门查阅并复印了吴某所需要的相关文件，等待其自行领取。2008 年 12 月 23 日，原告吴某向盐城市中级人民法院提起行政诉讼，认为被告没有在法定 15 日内履行信息公开职责。在提起诉讼的同时，吴某仍然关注着自己公务员身份过渡的实际操作，在 12 月 29 日，再次向被告提出申请。2009 年 1 月 13 日吴某收到了人事局的答复和 2008 年 11 月 10 日承办人帮其查找的文件资料。最终吴某的权利得到了保障，利益也得到了维护。

问题：(1) 信息公开的概念和意义是什么？

(2) 信息公开的救济制度有哪些？

相关司法考试真题

1. 程序正当是行政法的基本原则。下列哪些选项是程序正当要求的体现？(　　)（2012 年）

A. 实施行政管理活动，注意听取公民、法人或其他组织的意见
B. 对因违法行政给当事人造成的损失主动进行赔偿
C. 严格在法律授权的范围内实施行政管理活动
D. 行政执法中要求与其管理事项有利害关系的公务员回避
2. 法院应当受理下列哪些对政府信息公开行为提起的诉讼？（　　）（2012 年）
A. 黄某要求市政府提供公开发行的 2010 年市政府公报，遭拒绝后向法院起诉
B. 某公司认为工商局向李某公开的政府信息侵犯其商业秘密向法院起诉
C. 村民申请乡政府公开财政收支信息，因乡政府拒绝公开向法院起诉
D. 甲市居民高某向乙市政府申请公开该市副市长的兼职情况，乙市政府以其不具有申请人资格为由拒绝公开，高某向法院起诉
3. 关于行政许可实施程序的听证规定，下列说法正确的是：（　　）。（2011 年）
A. 行政机关应在举行听证 7 日前将时间、地点通知申请人、利害关系人
B. 行政机关可视情况决定是否公开举行听证
C. 申请人、利害关系人对听证主持人可以依照规定提出回避申请
D. 举办听证的行政机关应当制作笔录，听证笔录应当交听证参与人确认无误后签字或者盖章

第三编

行政救济

第六章 行政赔偿

教学目标

了解：行政赔偿、行政赔偿范围、行政赔偿请求人、行政赔偿义务机关、行政赔偿程序的概念和特征。

熟悉：行政赔偿的归责原则，行政赔偿义务机关的确认规则。

掌握：行政赔偿的范围与程序。

教学要求

知识要点	能力要求	司法考试或公务员录用考试相关知识
行政赔偿	(1) 了解行政赔偿的含义 (2) 了解行政赔偿的特征	(1) 行政赔偿的含义 (2) 行政赔偿的意义
行政赔偿的归责原则	熟悉我国行政赔偿的归责原则	行政赔偿的归责原则（违法归责原则）
行政赔偿的范围	(1) 掌握国家予以赔偿的情形 (2) 掌握国家不予以赔偿的情形	(1) 国家予以赔偿的情形 (2) 国家不予以赔偿的情形
行政赔偿请求人	(1) 掌握行政赔偿请求人的概念 (2) 掌握行政赔偿请求人的特征 (3) 掌握行政赔偿请求人的范围	(1) 行政赔偿请求人的概念 (2) 行政赔偿请求人的特征 (3) 行政赔偿请求人的范围
行政赔偿义务机关	(1) 了解行政赔偿义务机关的概念 (2) 掌握行政赔偿义务机关的确认	(1) 行政赔偿义务机关的概念 (2) 行政赔偿义务机关的确认
行政赔偿的程序	(1) 了解行政赔偿的提出 (2) 掌握赔偿请求的处理 (3) 掌握行政赔偿诉讼 (4) 掌握行政赔偿的时效	(1) 行政赔偿程序的概念 (2) 单独提出赔偿请求的程序 (3) 一并提出赔偿请求的程序
行政赔偿的方式和计算标准	(1) 了解行政赔偿的方式 (2) 掌握行政赔偿的计算标准	(1) 行政赔偿的方式 (2) 行政赔偿的计算标准

参考文献

1. 马怀德主编．国家赔偿法的理论与实务．北京：中国法制出版社，1994
2. 张正钊主编．国家赔偿制度研究．北京：中国人民大学出版社，1996
3. 薛刚凌主编．国家赔偿法教程．北京：中国政法大学出版社，1996
4. 皮纯协，何寿生编著．比较国家赔偿法．北京：中国法制出版社，1998
5. 徐静村主编．国家赔偿法实施程序研究．北京：法律出版社，2000
6. 曾世雄主编．损害赔偿法原理．北京：中国政法大学出版社，2001

第一节　行政赔偿概述

一、行政赔偿的含义

行政赔偿是行政机关及其工作人员行使职权侵犯公民、法人和其他组织的合法权益造成损害的，由国家给予受害人的赔偿。

二、行政赔偿的特征

行政赔偿是国家赔偿责任的一种形式，与其他责任形式相比较，行政赔偿具有以下特点：

（一）行政赔偿必须是由行政机关及其工作人员的行为引起的

行政赔偿是由于违法行使行政权引起的，是一种特殊的侵权责任，侵权的主体必须是行使国家行政权的行政机关及其工作人员。但法律、法规授权具有管理公共事务职能的组织或者行政机关委托的组织行使某项行政权时，如果经授权或委托的组织违法行使行政权，给公民、法人和其他组织造成损害，也应当由国家承担赔偿责任。

（二）行政机关及其公务员的行为必须是行使职权的行为

作为法律关系的主体，行政机关及其工作人员可以参与不同的法律关系，在不同的法律关系中，其行为的性质也不一样。在民事法律关系当中，无论是行政机关还是其工作人员，都是平等的民事主体，它可以从事一般的民事行为，如果发生侵权，也是一般的民事侵权，服从民事法律规范的调整，不具有特殊性。而在行政法律关系中，行政机关及其工作人员是代表国家行使行政权，如果侵犯公民、法人和其他组织的合法权益，应由国家承担相应的侵权赔偿责任。因此，引起行政赔偿的行为必须与行使职权有关。

（三）行政机关的行为必须具有违法性

为了达到行政目的，行政机关及其工作人员可以作出各种行政行为。有时合法的行政行为也会给公民、法人和其他组织造成一定的损害，如行政征用。这时，国家可以通过行政补偿的方式来补偿给相对人造成的损失。但是，引起行政赔偿的行政行为必须是违法行为，也就是说违反法律、法规或规章的规定，或者违反法律原则的规定。

（四）损害必须已经发生

违法侵犯公民、法人和其他组织合法权益的行政行为必须已经造成现实的损害，如公民、法人或其他组织的财产权产生损失或公民人身权受到侵害。对于财产权产生损失的，必须是直接损失，间接损失国家不予赔偿；对于公民人身权受到侵害的，国家按照法定的标准予以赔偿。

（五）赔偿责任由国家承担

由于行政机关及其工作人员是代表国家行使行政权，其违法的行为造成的损害无论是由于行政机关集体决定的原因，还是由于行政机关公务员个人过错的原因，都由国家予以赔偿，从国家财政中支付。

第二节 行政赔偿的归责原则

归责原则是确定和判断行为人侵权责任的根据和标准，这种根据和标准体现了法律的价值判断，是确定和判断侵权人承担责任的理论基础。行政赔偿的归责原则为判断国家对行政机关及其工作人员的侵权行为是否应当承担法律责任提供了依据和标准。从理论和国外的立法实践来看，行政赔偿的归责原则主要有三种，即过错责任原则、无过失责任原则和违法责任原则。

一、过错责任原则

过错责任原则是指行政机关及其工作人员行使职权时，因过错给受害人的合法权益造成损失时，国家才承担赔偿责任。过错是指行为人的心理状态，是行为人对自己行为后果的主观态度。过错可分为故意和过失两种，过错责任原则属于主观归责原则，行为人必须主观上有过错，才对其行为造成的损害后果承担赔偿责任。过错责任原则是民事责任的主要归责原则，世界上大多数国家的国家赔偿责任理论受民事责任理论的影响，在立法上大多吸收了民事侵权责任的归责原则。采用过错责任原则从理论上合理地解决了共同侵权行为和混合过错的责任承担问题，还为受害人界定了一定的救济范围，有利于减轻国家的财政负担。目前，过错责任原则仍是大部分国家行政赔偿的归责原则。但是，过错责任原则有其局限性：首先，过错是行为人的一种主观心理状态，而作为责任主体的行政机关是一个社会组织，并不存在这种主观心理状态。其次，采用过错责任原则追究行政机关的侵权责任，需要先证明行政机关是否有过错，让受害人举证在实践中很困难，不利于保护受害人的合法权益。因此，采用过错责任原则的国家，在适用这一原则时，也注意从行政法的特点出发，对过错责任原则进行修正和补救，如减轻受害人的举证责任、引入危险责任原则等。

二、无过失责任原则

无过失责任原则也称严格责任原则或危险责任原则，指不论行政机关及其工作人员是否有过失，只要其行使职权侵犯了受害人的合法权益，国家就应承担赔偿责任。无过失责任原则是现代民法中的一项特别的归责原则，它首先在19世纪后期的法国被引入公法领域。当时，随着政府权力的不断扩张，公务活动造成的异常危险也日益增加。在这种情况下，即使不存在过错或违法，也可能导致对公民权益的损害，而根据过错责任原则不能保证对此种损害予以有效的救济。因此，法国行政法院通过判例确立了公法领域的危险责任原则，它最初仅适用于因公共财产造成的危险责任，后来逐渐扩大到因公共职业、相邻关系、拒绝执行法律判决和立法等产生的危险责任中。无过失责任原则是一种基于结果的国家责任，它加重了国家的责任，因此，承认无过失责任的国家在适用该原则时，都避免将其一般化，而是仅作为过错责任原则的补充。该原则在归责原则体系中一直处于辅助和从属地位。

三、违法责任原则

违法责任原则是指行政机关及其工作人员违法行使职权，侵犯了受害人的合法权益造成损害时，国家应当承担赔偿责任。该原则以职务违法行为作为归责标准，不考虑行为人主观上是否有过错。违法责任原则最初由《瑞士联邦责任法》确立，该法第3条规定："联邦对于公务员执行职务时，不法侵害他人权利者，不问该公务员有无过失，应负赔偿责任。"虽然违法责任原则不像无过失责任原则那样有利于最大限度地保护受害人，但违法责任原则标准客观，在审判实践中易于把握，因此，我国国家赔偿法也采用了违法责任原则。

我国《国家赔偿法》第2条规定："国家机关和国家机关工作人员行使职权，有本法规定的侵犯公民、法人和其他组织合法权益的情形，造成损害的，受害人有依照本法取得国家赔偿的权利。"与原《国家赔偿法》第2条相比较，将"国家机关和国家机关工作人员违法行使职权"修改为"国家机关和国家机关工作人员行使职权"，去掉了"违法"二字，意味着修改后的《国家赔偿法》确立了包括违法归责原则和危险责任原则在内的多元归责原则。

第三节　行政赔偿的范围

行政赔偿的范围通常在两种含义上使用：一是指国家对哪些行政行为造成的损失予以赔偿；二是指国家对行政行为造成的哪些损失予以赔偿。行政赔偿范围决定了国家承担的赔偿责任的大小，行政赔偿范围的确定受一国社会、经济条件的影响，在一定程度上反映了不同的国家对受害人的保护水平。在我国国家赔偿法中，行政赔偿的范围指能够引起行政赔偿的行政行为的范围，也就是说国家对哪些行为造成的损害予以赔偿、对哪些行为造成的损害不予赔偿。根据我国国家赔偿法的规定，行政机关及其工作人员行使职权时侵犯受害人的人身权和财产权，受害人有权请求国家赔偿。

一、侵犯公民的人身权

行政机关及其工作人员在行使行政职权时有下列侵犯人身权情形之一的，受害人有取得赔偿的权利：(1) 违法拘留或者违法采取限制公民人身自由的行政强制措施的；(2) 非法拘禁或者以其他方法非法剥夺公民人身自由的；(3) 以殴打、虐待等行为或者唆使、放纵他人以殴打、虐待等行为造成公民身体伤害或者死亡的；(4) 违法使用武器、警械造成公民身体伤害或者死亡的；(5) 造成公民身体伤害或者死亡的其他违法行为。

二、侵犯公民、法人和其他组织的财产权

行政机关及其工作人员在行使行政职权时有下列侵犯财产权情形之一的，受害人有取得赔偿的权利：(1) 违法实施罚款、吊销许可证和执照、责令停产停业、没收财物等行政处罚的；(2) 违法对财产采取查封、扣押、冻结等行政强制措施的；(3) 违法征收、征用财产的；(4) 造成财产损害的其他违法行为。

三、不予赔偿的情形

国家的赔偿责任并不是无限的，各国立法在确立国家赔偿范围的同时，一般也都规定了免除国家赔偿责任的情形。根据我国国家赔偿法的规定，属于下列情形之一的，国家不承担赔偿责任：(1) 行政机关工作人员行使与职权无关的个人行为；(2) 因公民、法人和其他组织自己的行为致使损害发生的；(3) 法律规定的其他情形。

《国家赔偿法》第 19 条规定：属于下列情形之一的，国家不承担赔偿责任：(1) 因公民自己故意作虚伪供述，或者伪造其他有罪证据被羁押或者被判处刑罚的；(2) 依照《刑法》第 17 条、第 18 条规定不负刑事责任的人被羁押的；(3) 依照《刑事诉讼法》第 15 条、第 173 条第 2 款、第 273 条第 2 款、第 279 条规定不追究刑事责任的人被羁押的；(4) 行使侦查、检察、审判职权的机关以及看守所、监狱管理机关的工作人员与行使职权无关的个人行为；(5) 因公民自伤、自残等故意行为致使损害发生的；(6) 法律规定的其他情形。

我国国家赔偿法没有明确国家行为、内部行政行为和抽象行政行为侵害公民、法人或者其他组织的合法权益是否承担赔偿责任。从国外的国家赔偿的立法和实践看，诸如国防、外交等国家行为享有豁免权，因此，国家行为造成损害的，国家不承担赔偿责任，受到损害的相对人可以通过其他途径得到补偿；对于因基于特别权力关系而实施的内部行政行为受到损害的，公务员不得申请法院救济；对于抽象行政行为造成的损害，一般也排除国家的赔偿责任。在我国，虽然国家赔偿法没有规定国家行为、内部行政行为和抽象行政行为属于免责的情形，但行政诉讼法已将国家行为、内部行政行为和抽象行政行为排除在司法审查的范围之外，因此，相对人无从通过行政诉讼获得救济。根据这一精神，最高人民法院《关于审理行政赔偿案件若干问题的规定》第 6 条规定：公民、法人或者其他组织以国防、外交等国家行为或者行政机关制定发布行政法规、规章或者具有普遍约束力的决定、命令侵犯其合法权益造成损害为由，向人民法院提起行政赔偿诉讼的，人民法院不予受理。因此，在我国，因国家行为、内部行政行为和抽象行政行为造成损害的，不能请求行政赔偿。

第四节 行政赔偿请求人与行政赔偿义务机关

一、行政赔偿请求人

行政赔偿请求人是指因其合法权益受到行政机关及其工作人员不法侵害而依法要求赔偿的公民、法人和其他组织。

（一）公民作为请求人包括以下两种情况

（1）受害公民或其监护人。行政赔偿请求人应是受害公民本人。如果受害公民是未成年人或者精神病人，不能行使其请求权，可以由他的监护人作为赔偿请求人。根据《民法通则》第16条的规定，未成年人的父母是未成年人的监护人；未成年人的父母已经死亡或者没有监护能力的，由其有监护能力的祖父母、外祖父母、兄、姐或者关系密切的其他亲属、朋友担任监护人。根据《民法通则》第17条的规定，精神病人的监护人由其配偶、父母、成年子女、其他近亲属或者关系密切的其他亲属、朋友担任监护人。

（2）受害公民的继承人和其他有扶养关系的亲属。如果受害的公民死亡，他的继承人和其他有扶养关系的亲属有权要求赔偿。这里的继承人，是指继承受害公民遗产的人。其他有扶养关系的亲属，是指继承人以外的由受害公民扶养的没有生活来源又缺乏劳动能力的亲属或者继承人以外扶养受害公民的亲属。

赔偿请求人不是受害公民本人的，应当说明与受害公民的关系，并提供相应证明。

（二）法人和其他组织作为赔偿请求人包括以下两种情况

（1）受害的法人和其他组织。

（2）受害的法人或者其他组织终止的，其权利承受人有权要求赔偿。这里的法人或者其他组织终止，是指法人丧失法人资格或者其他组织解散。法人或者其他组织终止以后，法人和其他组织就不存在，无法再以自己的名义提出赔偿请求，因此，法律规定由承受其权利的法人或者其他组织作为赔偿请求人。对此，最高人民法院《关于审理行政赔偿案件若干问题的规定》第16条规定，企业法人或者其他组织被行政机关撤销、变更、兼并、注销，认为经营自主权受到侵害，依法提起行政赔偿诉讼，原企业法人或其他组织，或者对其享有权利的法人或其他组织均具有原告资格。

二、行政赔偿义务机关

行政机关及其工作人员代表国家行使权力，因此，其违法行使职权侵害了公民、法人或其他组织的人身权和财产权时，国家应承担赔偿责任。但是，国家作为一个整体，它的行政权是由各级行政机关来行使的，它的赔偿责任也由具体的行政机关来承担，这就是行政赔偿义务机关。因此，行政赔偿义务机关是指代表国家履行行政赔偿义务的机关。根据《国家赔偿法》和最高人民法院《关于审理行政赔偿案件若干问题的规定》的规定，行政赔偿义务机关是这样确定的：

（1）行政机关及其工作人员行使行政职权侵犯公民、法人或其他组织的合法权益造成损害的，该行政机关为赔偿义务机关。

（2）两个以上行政机关共同行使行政职权时侵犯公民、法人或其他组织的合法权益造成损害的，共同行使行政职权的行政机关为共同赔偿义务机关。两个以上行政机关共同侵权，赔偿请求人对其中一个或者数个侵权机关提起行政赔偿诉讼，若诉讼请求可分，被诉的一个或者数个侵权机关为被告；若诉讼请求不可分，由人民法院依法追加其他侵权机关为共同被告。

（3）法律、法规授权的组织在行使授予的行政权力时侵犯公民、法人或其他组织的合法权益造成损害的，被授权的组织为赔偿义务机关。

（4）受行政机关委托的组织或者个人在行使受委托的行政权力时侵犯公民、法人或其他组织的合法权益造成损害的，委托的行政机关为赔偿义务机关。

（5）赔偿义务机关被撤销的，继续行使其职权的行政机关为赔偿义务机关；没有继续行使其职权的行政机关的，撤销该赔偿义务机关的行政机关为赔偿义务机关。

（6）经复议机关复议的，最初造成侵权行为的行政机关为赔偿义务机关；但复议机关的复议决定加重损害的，复议机关对加重的部分履行赔偿义务。但如果赔偿请求人只对作出原行政决定的行政机关提起行政赔偿诉讼，作出原决定的行政机关为被告；如果赔偿请求人只对复议机关提起行政赔偿诉讼，仅以行政复议机关为赔偿义务机关。

（7）行政机关依据我国《行政诉讼法》第 98 条，申请人民法院强制执行具体行政行为，由于据以强制执行的根据错误而发生行政赔偿诉讼的，申请强制执行的行政机关为被告。

《国家赔偿法》第 16 条第 1 款规定："赔偿义务机关赔偿损失后，应当责令有故意或者重大过失的工作人员或者受委托的组织或者个人承担部分或者全部赔偿费用。"这是关于追偿权的规定。追偿权也称求偿权，是指行政机关对赔偿请求人承担赔偿责任后，责令有故意或者重大过失的工作人员或者受委托的组织或者个人承担部分或者全部赔偿费用的制度。行政赔偿是一种国家责任，由国家承担因国家公务员的过错而给相对人造成的损害赔偿责任，能够有效地保证相对人的损害得到及时的赔偿，也有利于解除国家公务员的后顾之忧，保证国家公务员积极履行职责。但是，如果国家公务员对自己行使职权时的过错造成的损害不承担任何责任，不仅会使国家公务员放弃自己的责任心，还会增加国家的财政负担。因此，大多数国家在规定国家承担行政赔偿责任的同时，也都确立了对有过错的公务员的追偿权。

我国《行政诉讼法》和《国家赔偿法》都有关于追偿权的规定。这样规定既有利于减少国家的损失，也有利于强化行政机关工作人员以及受委托的组织或者个人的责任心，促使其依法行政。此外，我国法律还规定了各级人民政府对行政机关的追偿权。

第五节　行政赔偿的程序

《国家赔偿法》第 9 条第 2 款规定："赔偿请求人要求赔偿，应当先向赔偿义务机关提出，也可以在申请行政复议或者提起行政诉讼时一并提出。"因此，行政赔偿的程序有两种：一种是单独要求行政赔偿的程序，一种是附带要求行政赔偿的程序。附带要求行政赔偿的程序适用《行政复议法》和《行政诉讼法》规定的程序，这里主要讲的是单独要求行政赔偿的程序。

一、行政赔偿的提出

行政赔偿请求人向赔偿义务机关要求赔偿，应当提交赔偿申请书。根据《国家赔偿法》第12条的规定，赔偿申请书应当载明下列事项：（1）受害人的姓名、性别、年龄、工作单位和住所，法人或者其他组织的名称、住所和法定代表人或者主要负责人的姓名、职务；（2）具体的要求、事实根据和理由；（3）申请的年、月、日。赔偿请求人当面递交申请书的，赔偿义务机关应当当场出具加盖本行政机关专用印章并注明收讫日期的书面凭证。申请材料不齐全的，赔偿义务机关应当当场或者在5日内一次性告知赔偿请求人需要补正的全部内容。

赔偿请求人书写确有困难的，可以委托他人代书，也可以口头申请，由赔偿义务机关记入笔录。

二、赔偿请求的处理

在行政复议和行政诉讼中附带提出行政赔偿请求的，由复议机关一并处理或由人民法院根据具体情况决定合并审理或者单独审理，并不要求赔偿义务机关先行处理。但是《国家赔偿法》第9条也规定赔偿请求人要求赔偿应当先向赔偿义务机关提出。因此，单独提出行政赔偿请求要由行政机关先行处理，不能直接提起行政诉讼。

根据《国家赔偿法》第13条的规定，赔偿义务机关应当自收到申请之日起两个月内，作出是否赔偿的决定。赔偿义务机关作出赔偿决定，应当充分听取赔偿请求人的意见，并可以与赔偿请求人就赔偿方式、赔偿项目和赔偿数额依照《国家赔偿法》关于赔偿方式和计算标准的规定进行协商。

赔偿义务机关决定赔偿的，应当制作赔偿决定书，并自作出决定之日起10日内送达赔偿请求人。赔偿义务机关决定不予赔偿的，应当自作出决定之日起10日内书面通知赔偿请求人，并说明不予赔偿的理由。

赔偿义务机关在规定期限内未作出是否赔偿的决定，赔偿请求人可以自期限届满之日起3个月内，向人民法院提起诉讼。赔偿请求人对赔偿的方式、项目、数额有异议的，或者赔偿义务机关作出不予赔偿决定的，赔偿请求人可以自赔偿义务机关作出赔偿或者不予赔偿决定之日起3个月内，向人民法院提起诉讼。

三、行政赔偿诉讼

根据《国家赔偿法》第14条的规定，赔偿义务机关逾期不予赔偿或者赔偿请求人对赔偿数额有异议，赔偿请求人可以自期间届满之日起3个月内向人民法院提起行政诉讼。行政赔偿诉讼是一种特殊的行政诉讼形式，它在起诉条件、审理形式、证据原则以及适用程序等方面都有自身的特点：从起诉条件上看，它以赔偿义务机关先行处理为前置条件。从审理形式上看，行政赔偿诉讼中可以适用调解。从证据原则上看，行政赔偿诉讼不完全采取“被告负举证责任”的原则。

（一）行政赔偿诉讼的提起与受理

根据最高人民法院《关于审理行政赔偿案件若干问题的规定》第21条的规定，赔偿请求人单独提起赔偿诉讼，应当符合下列条件：（1）原告具有请求资格；（2）有明确的被告；（3）有具体的赔偿请求和受损害的事实根据；（4）加害行为为具体行政行为的，该行为已被确认为违法；（5）赔偿义务机关已先行处理或超过法定期限不予处理；（6）属于人民法院行政赔偿诉讼的受案范围和受诉人民法院管辖；（7）符合法律规定的起诉期限。

人民法院接到行政赔偿起诉状后，在7日内不能确定可否受理的，应当先予受理。审理中发现不符合受理条件的，裁定驳回起诉。当事人对不予受理或者驳回起诉的裁定不服的，可以自裁定书送达之日起10日内向上一级人民法院提起上诉。

（二）行政赔偿诉讼的审理与判决

根据最高人民法院《关于审理行政赔偿案件若干问题的规定》，原告在行政赔偿诉讼中对自己的主张承担举证责任，被告有权提供不予赔偿或者减少赔偿数额方面的证据。被告的具体行政行为违法，但尚未对原告的合法权益造成损害的，或者原告的请求没有事实根据或法律根据的，人民法院应当判决驳回原告的赔偿请求。人民法院对赔偿请求人未经确认程序而直接提起行政赔偿诉讼的案件，在判决时应当对赔偿义务机关的致害行为是否违法予以确认。行政赔偿诉讼案件的审理期限是：第一审为3个月，第二审为2个月。

人民法院审理行政赔偿案件，赔偿请求人和赔偿义务机关对自己提出的主张，应当提供证据。赔偿义务机关采取行政拘留或者限制人身自由的强制措施期间，被限制人身自由的人死亡或者丧失行为能力的，赔偿义务机关的行为与被限制人身自由的人的死亡或者丧失行为能力是否存在因果关系，赔偿义务机关应当提供证据。

人民法院对单独提起的行政赔偿诉讼经过审理后，依法作出以下判决：（1）维持赔偿义务机关作出的赔偿处理决定；（2）改变赔偿义务机关作出的赔偿处理决定；（3）驳回赔偿请求人提出的赔偿请求。

四、行政赔偿的时效

（一）行政赔偿的时效

行政赔偿的时效，是指赔偿请求人行使赔偿请求权的有效期限。在此期限内，赔偿请求人如果不行使请求权，就丧失了得到行政赔偿的权利。《国家赔偿法》规定赔偿请求人请求国家赔偿的时效为两年，自其知道或者应当知道国家机关及其工作人员行使职权时的行为侵犯其人身权、财产权之日起计算，但被羁押等限制人身自由的期间不计算在内。在申请行政复议或者提起行政诉讼时一并提出赔偿请求的，适用《行政复议法》《行政诉讼法》有关时效的规定。

（二）时效中止

时效中止是指在请求时效期间的最后6个月内，因不可抗力或者其他障碍，赔偿请求人不能行使请求权，而暂时停止行政赔偿时效的计算。从中止时效的原因消除之日起，行政赔偿时效期间继续计算。时效中止的条件有两个：

（1）发生了不可抗力或者其他障碍，致使赔偿请求人不能行使赔偿请求权。不可抗力，是指地震、水灾、战争等人们不能预见、不能避免并不能克服的客观情况。

（2）不可抗力或者其他障碍发生或持续在赔偿时效的最后6个月内。发生或持续在最后6个月之前，不产生时效中止问题。

第六节　行政赔偿的方式和计算标准

一、行政赔偿的方式

行政赔偿的方式是指国家承担行政赔偿责任的形式。在我国，行政赔偿以支付赔偿金为主要方式。根据《国家赔偿法》的规定，行政赔偿的方式有以下几种：

1. 支付赔偿金

也称为"金钱赔偿"，是指将受害人所受各项损害，以一定的标准折抵成金钱，以货币形式进行赔偿的方式。由于金钱是物质利益最主要的表现形式，也是简便易行的支付手段，所以，国家赔偿法将其作为主要赔偿方式。

2. 返还财产

此即赔偿义务机关将其违法占有的受害人的财产，返还给受害人。适用返还财产的前提是，违法占有的财产还存在。

3. 恢复原状

此即赔偿义务机关将其违法损坏的财产进行修复，并使之恢复到损坏前的性能的赔偿方式。其前提条件必须是被损坏的财产还存在，并且能够修复。

4. 消除影响、恢复名誉、赔礼道歉

违法行为侵犯公民、法人或其他组织的人身自由权，并造成受害人名誉权、荣誉权损害的，应当在侵权行为影响的范围内，为受害人消除影响，恢复名誉，赔礼道歉。

上述4种方式可以独立适用，也可以并用。

二、行政赔偿的计算标准

（一）侵犯公民人身自由的赔偿标准

根据《国家赔偿法》第33条的规定，侵犯公民人身自由的，每日的赔偿金按照国家上年度职工日平均工资计算。

（二）侵犯公民生命、健康权的赔偿标准

根据《国家赔偿法》第34条的规定，侵犯公民生命、健康权的赔偿，赔偿金按下列规定计算：（1）造成身体伤害的，应当支付医疗费、护理费，以及赔偿因误工减少的收入。减少的收入每日的赔偿金按照国家上年度职工日平均工资计算，最高额为国家上年度职工年平均工资

的5倍。(2) 造成部分或者全部丧失劳动能力的，应当支付医疗费、护理费、残疾生活辅助具费、康复费等因残疾而增加的必要支出和继续治疗所必需的费用，以及残疾赔偿金。残疾赔偿金根据丧失劳动能力的程度，按照国家规定的伤残等级确定，最高不超过国家上年度职工年平均工资的20倍。造成全部丧失劳动能力的，对其扶养的无劳动能力的人，还应当支付生活费。(3) 造成死亡的，应当支付死亡赔偿金、丧葬费，总额为国家上年度职工年平均工资的20倍。对死者生前扶养的无劳动能力的人，还应当支付生活费。生活费的发放标准，参照当地最低生活保障标准执行。被扶养的人是未成年人的，生活费给付至18周岁止；是其他无劳动能力的人，生活费给付至死亡时止。

行政机关及其工作人员在行使行政职权时有侵犯人身权情形之一，致人精神损害的，应当在侵权行为影响的范围内，为受害人消除影响，恢复名誉，赔礼道歉；造成严重后果的，应当支付相应的精神损害抚慰金。

(三) 侵犯公民、法人或其他组织财产权的赔偿标准

根据《国家赔偿法》第36条的规定，侵犯公民、法人和其他组织的财产权造成损害的，按照下列规定处理：(1) 处罚款、罚金、追缴、没收财产或者违法征收、征用财产的，返还财产。(2) 查封、扣押、冻结财产的，解除对财产的查封、扣押、冻结，造成财产损坏或者灭失的，能够恢复原状的恢复原状，不能恢复原状的，按照损害程度给付相应的赔偿金。(3) 应当返还的财产损坏的，能够恢复原状的恢复原状，不能恢复原状的，按照损害程度给付相应的赔偿金。(4) 应当返还的财产灭失的，给付相应的赔偿金。(5) 财产已经拍卖或者变卖的，给付拍卖或者变卖所得的价款；变卖的价款明显低于财产价值的，应当支付相应的赔偿金。(6) 吊销许可证和执照、责令停产停业的，赔偿停产停业期间必要的经常性费用开支。(7) 返还执行的罚款或者罚金、追缴或者没收的金钱，解除冻结的存款或者汇款的，应当支付银行同期存款利息。(8) 对财产权造成其他损害的，按照直接损失给予赔偿。

第七节　行政追偿

行政追偿是指行政赔偿义务机关向受害人赔偿损失后，责令有故意或重大过失的工作人员或者受委托的组织或个人，承担部分或全部赔偿费用的制度。

行政追偿的成立条件是：

(1) 前提条件：必须有违法行政行为导致合法权益受损害。

(2) 客观条件：行政赔偿义务机关已向受害人实际履行了赔偿义务。这里的实际履行了赔偿义务是指行政赔偿义务机关向受害人实际支付了赔偿费用。如果赔偿义务机关只是返还财产、恢复原状或者消除影响、恢复名誉、赔礼道歉，并没有实际支出赔偿费用，就不能行使追偿权。

(3) 主观条件：被追偿人违法行使行政职权时在主观上必须存在重大过错，即故意或重大过失。我国国家赔偿的归责原则采用的是违法原则，因此，主观过错对于国家是否应承担赔偿责任没有决定性的意义。

问题与思考

1. 佘祥林，湖北省京山县雁门口镇人。1994 年 1 月 2 日，佘妻张在玉因患精神病走失失踪，张在玉的家人怀疑张被丈夫杀害。同年 4 月 28 日，佘祥林因涉嫌杀人被批捕，经京山县人民法院、荆州市中级人民法院和荆门市中级人民法院先后多次审理，佘被判处 15 年有期徒刑。在佘祥林服刑 11 年后，即 2005 年 3 月 28 日，佘妻张在玉突然从山东回到京山。2005 年 4 月 13 日，京山县人民法院经重新开庭审理，宣判佘祥林无罪。2005 年 5 月 10 日，佘祥林向荆门市中级人民法院提出国家赔偿申请，要求赔偿各项费用合计 437.13 万余元。2005 年 8 月 31 日上午，佘祥林与湖北省荆门市中级人民法院签订和解协议：赔偿义务机关荆门市中级人民法院向佘祥林支付人身侵权赔偿金 25.69 万余元（含无名女尸安葬费 1 100 元）。此外，京山县雁门口镇政府与佘祥林签订了由政府一次性给予佘祥林家庭生活困难补助费 20 万元的补助协议。佘祥林认为其赔偿请求已得到解决，放弃了其他赔偿请求，已向荆门市中级人民法院提出撤回赔偿申请。

问题：（1）行政赔偿制度的确立有哪些意义？

（2）我国法律确定的行政赔偿的范围包括哪些情形？

（3）行政赔偿的计算标准是什么？

2. 富川县国土局于 1989 年擅自把任某在“土改”时依法登记的合法权属房屋登记给第三人任某某。任某在知道国土局的登记后向县政府申请救济，县政府于 2005 作出决定文件，依法注销了县国土局 1989 年登记错误的房产证，并请县国土局依法重新办理土地登记手续。由于县国土局一直未重新办理土地登记手续，2007 年 5 月 5 日第三人任某某以县国土局的房屋登记在其名下为由要占有该房屋，任某不同意，双方便发生争执，大打出手。原来就有癫痫病的任某在此次事件的刺激下，精神失常，丧失自理能力，生活需要专人护理。此外，任某在 2007 年向富川县人民法院提起人身损害赔偿诉讼，要求第三人任某某赔偿其损失。富川县人民法院支持了任某要求任某某人身赔偿的诉讼请求。

问题：（1）我国行政赔偿的规则原则是什么？

（2）哪些事项不属于行政赔偿的范围？

相关司法考试真题

1. 县公安局以李某涉嫌盗窃为由将其刑事拘留，并经县检察院批准逮捕。县法院判处李某有期徒刑 5 年。李某上诉，市中级法院改判李某无罪。李某向赔偿义务机关申请国家赔偿。下列哪一说法是正确的？（　　）（2012 年）

A. 县检察院为赔偿义务机关

B. 李某申请国家赔偿前应先申请确认刑事拘留和逮捕行为违法

C. 李某请求国家赔偿的时效自羁押行为被确认为违法之日起计算

D. 赔偿义务机关可以与李某就赔偿方式进行协商

2. 区公安分局以涉嫌故意伤害罪为由将方某刑事拘留，区检察院批准对方某的逮捕。区法院判处方某有期徒刑3年，方某上诉。市中级法院以事实不清为由发回区法院重审。区法院重审后，判决方某无罪。判决生效后，方某请求国家赔偿。下列哪些说法是错误的？（　　）（2012年）

A. 区检察院和区法院为共同赔偿义务机关

B. 区公安分局为赔偿义务机关

C. 方某应当先向区法院提出赔偿请求

D. 如区检察院在审查起诉阶段决定撤销案件，方某请求国家赔偿的，区检察院为赔偿义务机关

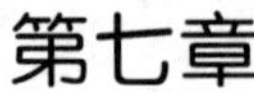

第七章 行政补偿

教学目标

了解：行政补偿责任的构成条件的各种观点。

熟悉：行政补偿的标准与程序。

掌握：行政补偿的含义与特征、行政补偿责任的构成条件。

教学要求

知识要点	能力要求	司法考试或公务员录用考试相关知识
行政补偿	(1) 了解行政补偿的含义 (2) 掌握行政补偿的特征	(1) 行政补偿的含义 (2) 行政补偿的特征
行政补偿的构成条件	(1) 了解行政补偿责任的构成条件的各种观点 (2) 掌握行政补偿责任的构成条件	行政补偿责任的构成条件
行政补偿的范围与方式	(1) 了解行政补偿的范围 (2) 了解行政补偿的方式	(1) 行政补偿的范围 (2) 行政补偿的方式
行政补偿的标准与程序	(1) 了解行政补偿的标准 (2) 掌握行政补偿的程序	(1) 行政补偿的标准 (2) 行政补偿的程序

参考文献

1. 沈开举．行政补偿法研究．北京：法律出版社，2004

2. 王太高．行政补偿制度研究．北京：北京大学出版社，2004

第一节 行政补偿概述

一、行政补偿的含义

行政补偿是行政主体及其工作人员在行使职权的过程中，因其合法行为给无义务的特定公民、法人或者其他组织的合法权益造成损失，依法由国家给予补偿，如国家对征用土地的补偿、国家对军事征用的补偿等。行政补偿的前提是行政机关为了公共利益的需要而给无义务的特定公民、法人或者其他组织增加了额外的负担。补偿是由国家对承担额外负担的相对人给予的救济，它调整的是公共利益和私人利益之间的关系，是一种基于社会公平负担的国家责任。行政补偿与行政赔偿是一对相近的制度，不同之处主要在于行政赔偿是以违法行政行为为前提，而行政补偿是合法行政行为引起的。但是对于相对人来说，都是由于行政权的行使而遭受损失，结果都是由国家给予相应的救济，区分二者的意义并不大。特别是在行政赔偿从过错责任向无过错责任演进的今天，国外立法和理论有将行政赔偿和行政补偿当做同一问题对待的倾向。

在我国，行政赔偿和行政补偿是两种不同的制度，在立法上，至今没有统一的行政补偿法，有关行政补偿的规定，散见于单行的法律、法规之中；而行政赔偿制度比较健全，《国家赔偿法》集中地规定了我国的行政赔偿制度。

二、行政补偿的特征

行政补偿具有以下法律特征：

（1）行政补偿是对合法行使行政职权而给公民、法人或者其他组织造成的损失给予补救。行政补偿的前提是行政行为的合法性，这是它与因违法行政造成损失的救济制度——行政赔偿的主要区别。此外，行政补偿是对行政行为造成的损害给予补救，因此，它与民法上的损害赔偿也不同。

（2）行政补偿是为了公共利益不得已而损害了公民、法人或者其他组织的合法权益时，对无义务的特定人所作出的特别牺牲所给予的补偿，遭受损害的相对人并没有特别的义务要承受这一负担。国家对公民因公平分配而承担的义务，不必加以补偿，如服兵役、纳税等。如果由于负有特定的义务而作出牺牲的，也不通过行政补偿获得补救，如战争中士兵的伤亡等。

（3）行政补偿主要是一种财产上的补偿。行政补偿一直是作为保障财产权的救济制度而出现的，其中以土地征用补偿最为典型，其他有关行政补偿的法律规定一般也都是以补偿财产权的侵害为目的的，但也不排除因征用人力而给予的补偿。

（4）行政补偿一般为事前补偿。引起行政补偿的行政行为是基于达到行政目的的需要而发生的，因此，除紧急情况外，行政补偿一般发生在行政行为之前，通过事先确定补偿的条件、标准等进行；而行政赔偿只能是在违法行为发生后才产生，依照法律的规定进行。

第二节　行政补偿责任的构成条件

一、行政补偿责任的宪法和法律基础

行政补偿是一项保护私有财产权的法律制度。我国 2004 年《宪法修正案》明确规定，公民合法的私有财产不受侵犯，保护个体经济、私营企业合法的权利和利益。同时规定，基于公共利益的需要，在经过法律程序后可以对公民的私有财产进行征收或者征用，但必须给予补偿。这是我国实行行政补偿制度的宪法基础。

从理论上说，行政主体及其工作人员在依法执行职务的过程中给公民、法人或者其他组织的合法权益造成损失的，公民、法人或者其他组织都可以得到补偿。但是，除了宪法的规定以外，对于相对人获得行政补偿是否必须有法律依据，还有不同观点①：第一种观点认为，必须有法律依据，才能得到补偿。第二种观点认为，即使没有法律依据，如有判例或者行政先例，也应给予补偿。第三种观点认为，不管有没有法律规定，只要有应予补偿的事实，就应当予以补偿。持第一种观点的学者较多，但第三种观点更符合公平、正义的观念，符合现代法律思想，为多数国家的行政补偿实践所采纳。

二、行政补偿责任的构成条件

国家承担行政补偿责任应当符合下列条件：

（一）造成损害的行为必须是合法的行政行为

违法行政行为造成的损失可以通过行政赔偿获得救济，不发生行政补偿问题；违法的民事行为造成的损失可以通过民事赔偿获得救济，也不发生行政补偿问题。

（二）必须存在直接的物质损失

合法行使行政权造成损害的，行政主体并没有过错，国家给予补偿是基于公平负担考虑。因此，多数国家的法律规定：仅限于对直接损失给予补偿，如果没有直接损失，国家不承担补偿责任。从理论上说，合法行政行为不会一般给公民造成精神损害，因此，国家承担补偿责任还必须限于物质损失。

（三）受到损害的必须是无法定义务的特定人

行政补偿是基于公平负担而由国家承担的责任，是由于无义务的特定人承担了额外的损失，因而，获得补偿的公民必须是无法定义务的特定人。公民对于因履行法律规定的义务而受到的损害，不能要求补偿。

---

① 参见林纪东：《行政法原论》，602 页，台北，正中书局，1966。

第三节　行政补偿的范围与方式

一、行政补偿的原则

对于相对人因合法行政行为所遭受的损失基于什么原则予以补偿，国外有不同观点：

（1）完全补偿论。完全补偿论是指对于合法行政行为给相对人造成的损失，国家应给予完全、等价的补偿。完全补偿论是从尊重私有财产权出发，认为财产权具有绝对性，任何对私有财产造成的损害都应得到补偿。

（2）适当补偿论。适当补偿论是指对于合法行政行为给相对人造成的损失，应当按照当时社会的一般观念给予公正、合理的补偿。适当补偿论认为行政行为的行使是为了社会公众利益，受到行政行为损害的相对人作为社会之一分子，理应承担一部分损失，因此，对相对人所受到的损失只需要适当补偿就可以。各国的立法和实践一般认同适当补偿论，在个别情况下，也承认完全补偿。

在我国，涉及行政补偿的法律、法规，大多规定了“相应补偿”的原则，如《城市房地产管理法》第 20 条规定：国家对土地使用者依法取得的土地使用权，在出让合同约定的使用年限届满前不收回；在特殊情况下，根据社会公共利益的需要，可以依照法律程序提前收回，并根据土地使用者使用土地的实际年限和开发土地的实际情况给予相应的补偿。此外，《外资企业法》《中外合资经营企业法》《台湾同胞投资保护法》等也规定了相应补偿的原则。有的规定了适当补偿的原则，如 2002 年修订后的《草原法》第 39 条规定：因建设征用集体所有的草原的，应当依照《中华人民共和国土地管理法》的规定给予补偿；因建设使用国家所有的草原的，应当依照国务院有关规定对草原承包经营者给予补偿。《国防法》第 48 条规定：国家根据动员需要，可以依法征用组织和个人的设备设施、交通工具和其他物资。县级以上人民政府对被征用者因征用所造成的直接经济损失，按照国家有关规定给予适当补偿。

二、行政补偿的范围

补偿的范围可以作两种理解：一是对哪些行政行为造成的损失予以补偿，二是对行政行为造成的哪些损失予以补偿。从第二种角度来说，行政补偿一般以补偿直接损失和物质损失为限。直接损失是指行政行为造成的财产的减少或财产价值的降低，但不包括预期利益的丧失。物质损失是指财产上的损失，有时也可以包括人力上的损失，但不包括精神损失。下面主要从第一种角度讨论行政补偿的范围：

从理论上说，一切合法行政行为给相对人造成的损害，都应当给予补偿。但是，在我国，相对人因行政行为所受到的损害是否能实际得到补偿，一般还需要有法律、法规或规章的规定。从立法来看，下列行为造成的损害应当给予补偿：

（一）土地征用

因土地征用而产生的行政补偿较为常见。在我国，农村和城市郊区的土地，除由法律规定属于国家所有的以外，属于农民集体所有。国家为了公共利益的需要，可以依法对集体所有的土地实行征用。《土地管理法》第 2 条第 4 款规定：国家为了公共利益的需要，可以依法对土地实行征收或者征用并给予补偿。

（二）房屋拆迁

虽然城市房屋拆迁的拆迁人并不是行政机关，但房屋拆迁都因城市建设的需要而进行的，拆迁人是依据行政机关的批准文件和拆迁许可证进行的，拆迁带有一定的行政强制性，因此，因拆迁而引起的补偿，也应当是行政补偿。《国有土地上房屋征收与补偿条例》第 2 条规定：为了公共利益的需要，征收国有土地上单位、个人的房屋，应当对被征收房屋所有权人给予公平补偿。

（三）军事征调

《国防法》第 48 条规定：国家根据动员需要，可以依法征用组织和个人的设备设施、交通工具和其他物资。县级以上人民政府对被征用者因征用所造成的直接经济损失，按照国家有关规定给予适当补偿。

（四）公用征收

《外资企业法》第 5 条规定：国家对外资企业不实行国有化和征收；在特殊情况下，根据社会公共利益的需要，对外资企业可以依照法律程序实行征收，并给予相应的补偿。《中外合资经营企业法》也有类似的规定。

（五）公用征调

在紧急情况下，行政机关为了处理临时性、突发性的事件，可以征用公民或组织的财物或人力，但事后也应当给予相应的补偿。如《防洪法》第 45 条规定：在紧急防汛期，防汛指挥机构根据防汛抗洪的需要，有权在其管辖范围内调用物资、设备、交通运输工具和人力，决定采取取土占地、砍伐林木、清除阻水障碍物和其他必要的紧急措施；必要时，公安、交通等有关部门按照防汛指挥机构的决定，依法实施陆地和水面交通管制。依照前款规定调用的物资、设备、交通运输工具等，在汛期结束后应当及时归还；造成损坏或者无法归还的，按照国务院有关规定给予适当补偿或者作其他处理。取土占地、砍伐林木的，在汛期结束后依法向有关部门补办手续；有关地方人民政府对取土后的土地组织复垦，对砍伐的林木组织补种。

（六）公务合作行为

公民或组织协助行政机关履行职权而遭受的损害，可以获得补偿。如《人民警察法》第 34 条第 2 款规定，“公民和组织因协助人民警察执行职务，造成人身伤亡或者财产损失的，应当按照国家有关规定给予抚恤或者补偿”。

三、行政补偿的方式

行政补偿一般以金钱补偿为主。除金钱补偿外，还可以采用支付实物予以补偿。如《上海市城市房屋拆迁管理实施细则》第 32 条第 1 款规定，“拆迁补偿安置可以实行货币补偿，也可以实行与货币补偿金额同等价值的产权房屋调换……”在我国台湾地区还可以用有价证券予以补偿，如“实施耕者有其田条例”第15条规定，“征用耕地地价之补偿，以实物土地券七成，及公营事业股票三成搭发之”。

此外，为了保障被征用土地使用人的生活，在我国，法律除规定给予经济补偿外，还规定了支持创业等救济手段。如《土地管理法》第50条规定，“地方各级人民政府应当支持被征地的农村集体经济组织和农民从事开发经营，兴办企业”。这种补偿是为了保障相对人的生活而规定的，在国外也称作“生活权补偿”。

第四节　行政补偿的标准与程序

一、行政补偿标准

由于受行政行为损害的权益的内容不同，行政补偿标准也不一样，具体由单行法律、法规或规章作出规定。如《土地管理法》规定：征收耕地的土地补偿费，为该耕地被征收前3年平均年产值的6倍～10倍。征收耕地的安置补助费，按照需要安置的农业人口数计算。需要安置的农业人口数，按照被征收的耕地数量除以征地前被征收单位平均每人占有耕地的数量计算。每一个需要安置的农业人口的安置补助费标准，为该耕地被征收前3年平均年产值的4倍～6倍。但是，每公顷被征收耕地的安置补助费，最高不得超过被征用前3年平均年产值的15倍。

二、行政补偿程序

（一）补偿主体

行政补偿主体是指承担行政补偿责任者。从理论上讲，行政机关进行一定的行政行为是代表国家行使行政权，其行为的后果应由国家承担。行政行为给相对人的合法权益造成损害，应当由国家承担补偿责任，国家是行政补偿责任主体。国家承担补偿责任时，一般由作出具体行政行为的行政机关给予补偿，从国库中开支。如《戒严法》第17条规定：根据执行戒严任务的需要，戒严地区的县级以上人民政府可以临时征用国家机关、企业事业组织、社会团体以及公民个人的房屋、场所、设施、运输工具、工程机械等。在非常紧急的情况下，执行戒严任务的人民警察、人民武装警察、人民解放军的现场指挥员可以直接决定临时征用，地方人民政府应当给予协助。实施征用应当开具征用单据。前款规定的临时征用物，在使用完毕或者戒严解除后应当及时归还；因征用造成损坏的，由县级以上人民政府按照国家有关规定给予相应补偿。《野生动物保护法》第14条规定：因保护国家和地方重点保护野生动物，造成农作物或者其他损失的，由当地政府给予补偿；补偿办法由省、自治区、直辖市政府制定。

在有些情况下，给相对人的合法权益造成损害的合法行政行为是为了第三人的利益，这时，应由受益的第三人承担补偿责任。如《归侨侨眷权益保护法》第13条规定：“国家依法保护归侨、侨眷在国内私有房屋的所有权。依法征用、拆迁归侨、侨眷私有房屋的，建设单位应当按照国家有关规定给予合理补偿和妥善安置。”

（二）补偿程序

任何行政行为都须依一定的程序进行，行政补偿也不例外。但是，到目前为止，还没有相应的法律对补偿程序作出比较统一的规定，一些涉及行政补偿的单行法律、法规也很少规定程序。因此，多数行政补偿是按照事实程序而非法律程序进行的。也有的法律、法规对补偿程序作了规定，如《土地管理法》及其实施细则对土地征收的补偿作了规定。根据《土地管理法》及其实施细则的规定，土地征收的补偿程序为：

（1）公告征地方案。征地方案经依法批准后，由被征地所在地的市、县人民政府将批准征地机关、批准文号，征地的用途、范围、面积以及征地补偿标准、农业人员安置办法和办理征地补偿的期限在被征地所在地的乡（镇）、村予以公告。

（2）办理补偿登记。被征地的所有权人、使用人应当在公告规定的期限内，持土地权属证到公告指定的人民政府土地管理部门办理征地补偿登记。

（3）公告补偿方案、征求意见。市、县人民政府土地行政主管部门根据批准的征地方案，会同有关部门拟订征地补偿、安置方案，在被征地所在地的乡（镇）、村予以公告，听取被征地的农村集体经济组织和农民的意见。

（4）组织实施。征地补偿、安置方案报市、县人民政府批准后，由市、县人民政府土地行政主管部门组织实施。征地的各项费用应当自征地补偿、安置方案批准之日至 3 个月内全额支付。

（5）争议的解决。对补偿标准有争议的，由县级以上地方人民政府协调；协调不成的，由批准征地的人民政府裁决。

《国有土地上房屋征收与补偿条例》对房屋拆迁的补偿程序也作出了规定，具体程序如下：

第一，房屋价值评估：对被征收房屋价值的补偿，不得低于房屋征收决定公告之日被征收房屋类似房地产的市场价格。被征收房屋的价值，由具有相应资质的房地产价格评估机构按照房屋征收评估办法评估确定。对评估确定的被征收房屋价值有异议的，可以向房地产价格评估机构申请复核评估。对复核结果有异议的，可以向房地产价格评估专家委员会申请鉴定。房屋征收评估办法由国务院住房城乡建设主管部门制定，制定过程中，应当向社会公开征求意见。第二，签订补偿协议：房屋征收部门与被征收人依照本条例的规定，就补偿方式、补偿金额和支付期限、用于产权调换房屋的地点和面积、搬迁费、临时安置费或者周转用房、停产停业损失、搬迁期限、过渡方式和过渡期限等事项，订立补偿协议。补偿协议订立后，一方当事人不履行补偿协议约定的义务的，另一方当事人可以依法提起诉讼。第三，先补偿后搬迁：实施房屋征收应当先补偿后搬迁。作出房屋征收决定的市、县级人民政府对被征收人给予补偿后，被征收人应当在补偿协议约定或者补偿决定确定的搬迁期限内完成搬迁。任何单位和个人不得采取暴力、威胁或者违反规定中断供水、供热、供气、供电和道路通行等非法方式迫使被征收人搬迁。禁止建设单位参与搬迁活动。第四，强制执行：被征收人在法定期限内不申请行政复议或者不提起行政诉讼，在补偿决定规定的期限内又不搬迁的，由作出房屋征收决定的市、县级人民政府依法申请人民法院强制执行。强制执行申请书应当附具补偿金额和专户存储账号、产权调换房屋和周转用房的地点和面积等材料。

问题与思考

2004 年 3 月 30 日，广州市人民政府发布了《关于限制摩托车在市区部分区域路段行驶的通告》，该通告规定：从 2004 年 5 月 1 日起在规定时间内、在规定的一些路段内禁止摩托车行驶；从 2006 年 1 月 1 日起，全天 24 小时禁止摩托车在一些路段内行驶；从 2007 年 1 月 1 日起，全天 24 小时禁止摩托车在广州市区及一些附属地区行驶。在发布该通告的同时，公布了《广州市市区摩托车提前报废或迁出市区补偿奖励方案》和《关于限制摩托车在市区部分区域路段行驶造成失业的再就业扶持办法》。《市区摩托车提前报废或迁出市区补偿奖励方案》规定：对提前报废摩托车的车主根据提前报废的不同年限给予不同的现金补偿或奖励；对未达到使用年限的摩托车，车主自愿提前报废的，给予一次性现金奖励。《关于限制摩托车在市区部分区域路段行驶造成失业的再就业扶持办法》规定，因限制摩托车在市区部分区域路段行驶对部分摩托车经营、维修服务等行业的从业人员造成一定影响，因此造成失业的，可到该市户籍所在地的就业服务机构办理失业登记，并享受领取失业保险金等社会保障和相应的职业介绍及职业培训等就业服务。

问题：(1) 行政补偿的含义和特征是什么？

(2) 行政补偿责任的构成要件是什么？

(3) 上述案例给予我们什么样的启发？

相关司法考试真题

1. 两刑警在追击某犯罪嫌疑人的过程中，租了一辆出租车。出租车不幸被犯罪嫌疑人炸毁，司机被炸伤，犯罪嫌疑人被刑警击毙。该司机正确的救济途径是下列哪一项？（　　）(2003 年)

A. 请求两刑警给予民事赔偿

B. 请求两刑警所在的公安局给予国家赔偿

C. 请求两刑警所在的公安局给予国家补偿

D. 要求犯罪嫌疑人的家属给予民事赔偿

2. 甲公司向某区法院起诉要求乙公司返还货款 15 万元，并请求依法保全乙公司价值 10 万元的汽车。在甲公司提供担保后，法院准予采取保全措施。二审法院最终维持某区法院要求乙公司返还货款 10 万元的判决。甲公司在申请强制执行时，发现诉讼期间某区法院在乙公司没有提供担保的情况下已解除保全措施，乙公司已变卖汽车、转移货款，致判决无法执行。甲公司要求某区法院赔偿损失。下列哪些说法是正确的？（　　）(2008 年)

A.《国家赔偿法》未明确规定法院在民事诉讼过程中违法解除保全措施应承担赔偿责任，故甲公司的请求不成立

B. 违法采取保全措施应包括依法不应当解除而解除保全措施

C. 就某区法院的措施是否属国家赔偿范围问题，受理赔偿诉讼的法院可以进行调解

D. 甲公司应当先申请确认某区法院解除保全措施的行为违法

第八章

行政复议

教学目标

了解：行政复议的原则与作用。

熟悉：行政复议的程序。

掌握：行政复议的参加人，行政复议的范围，行政复议管辖与复议机关。

教学要求

知识要点	能力要求	司法考试或公务员录用考试相关知识
行政复议的含义与特征	(1) 了解行政复议的含义 (2) 掌握行政复议的特征	(1) 行政复议的含义 (2) 行政复议的特征
行政复议的原则与作用	(1) 了解行政复议的原则 (2) 了解行政复议的作用	(1) 行政复议的基本原则 (2) 行政复议的作用
行政复议的参加人	(1) 掌握行政复议的申请人 (2) 掌握行政复议的被申请人 (3) 掌握行政复议的第三人	(1) 行政复议的申请人 (2) 行政复议的被申请人 (3) 行政复议的第三人
行政复议的范围	(1) 掌握行政复议的受理范围 (2) 掌握行政复议的排除事项	(1) 行政复议的受案范围 (2) 行政复议的排除事项
行政复议管辖与复议机关	(1) 掌握行政复议的管辖 (2) 掌握行政复议机关	(1) 行政复议管辖 (2) 行政复议机关
行政复议的程序	(1) 熟悉行政复议程序的内容 (2) 掌握行政复议决定的种类	(1) 行政复议的申请与受理 (2) 行政复议的审理与决定 (3) 行政复议的执行

参考文献

1. 杨小君主编．我国行政复议制度研究．北京：法律出版社，2002
2. 蔡小雪．行政复议与行政诉讼的衔接．北京：中国法制出版社，2003
3. 周汉华主编．行政复议司法化：理论、实践与改革．北京：北京大学出版社，2005
4. 张越．行政复议法学．北京：中国法制出版社，2007

第一节　行政复议概述

一、行政复议的含义

行政复议是指公民、法人或者其他组织认为行政机关的具体行政行为侵犯其合法权益，依法向有权行政机关提出申请，由受理申请的行政机关对具体行政行为及作为依据的规范性文件依法进行审查并作出处理决定的活动。行政复议主要是作为行政相对人对其被侵犯的权益的一种救济手段或途径。同时，对于行政机关来说，行政复议也是行政机关系统内部自我监督的一种重要形式。

二、行政复议的特征

行政复议具有以下基本特征：

（一）行政复议是行政机关的行政行为

行政复议是行政机关行使职权的行为，是上级行政机关解决下级行政机关与行政相对人之间的行政争议的一种形式。因此，它是一种行政行为。

（二）行政复议是以行政争议为处理对象的行为

行政争议是因相对人认为行政机关行使行政管理权侵犯其合法权益而引起的争议。行政复议只以行政争议为处理对象，它不解决民事争议和其他争议。

（三）行政复议是由行政相对人提起的一种依申请而产生的行为

行政复议必须由行政相对人提出申请，行政机关不能自主启动行政复议程序。因此，行政复议是一种被动的、依申请而产生的行为，而不是依职权而产生的行为。

（四）行政复议是一种行政司法行为

行政复议虽然是一种行政行为，但创设这项制度的目的是解决行政争议。基于公正性的要求考虑，行政复议需要有比较严格的程序，从复议申请的提出，到复议申请的受理和审理，直到作出复议决定，都与司法行为相类似，而与一般的行政行为有较明显的区别。因此，通常把它当做一种行政司法行为，或者称为“准司法行为”。

第二节　行政复议的原则与作用

一、行政复议的原则

行政复议的原则是指贯穿行政复议全过程，对行政复议具有普遍指导意义的行为准则。

《行政复议法》第 4 条规定：行政复议机关履行行政复议职责，应当遵循合法、公正、公开、及时、便民的原则，坚持有错必纠，保障法律、法规的正确实施。这一规定包含以下原则：

（一）合法原则

合法原则是所有行政权行使应遵循的一项基本原则，是依法行政的基本要求，行使行政复议权当然也要遵循合法原则。在行政复议活动中遵循合法原则，就是要求复议机关处理复议案件必须以事实为依据、以法律为准绳，审查引起争议的具体行政行为是否有法律、法规依据，是否属于超越职权，是否属于滥用职权或者是否违反法定程序等。

（二）公正原则

公正是一切司法活动的本质要求，行政复议是一种行政司法行为，复议机关解决行政争议，应当将作为被申请人的行政机关与作为申请人的公民、法人或其他组织放在平等的位置上，不能偏袒任何一方。可以说公正性是行政复议制度的生命力所在。行政复议的公正性不仅体现在程序上要平等对待当事人各方，还体现在复议机关的复议决定上，因为：大量的法律、法规在授权时，为了行政机关能够根据实际情况作出灵活的处理决定，一般都规定了一定的自由裁量权，行政机关在自由裁量权的范围内所作出的行政行为都是合法的，但是有时未必公正、合理，复议机关应当审查引起争议的行政行为是否合理、适度，并作出公正的裁决。

（三）公开原则

公开原则是一个重要的程序原则，是民主政治的本质要求。它是指行政机关在作出与相对人的利益相关的行政行为时，要通过一定的程序让相对人参与和了解。在行政复议活动中，公开原则不仅体现为行政复议决定公开，还体现为行政复议的过程公开，允许当事人参与。

（四）及时原则

及时原则是行政效率原则的具体要求。作为一种权利救济手段，行政复议具有一定的司法性，需要体现公正的要求；但作为一种行政行为，行政复议也要符合行政行为的特点，即要符合行政效率的要求。由于多数情况下，行政复议并不是终局的，行政相对人还可以申请司法救济，因而，不仅在设计行政复议程序时要考虑行政效率，在处理行政复议案件时也要考虑行政效率，要在法律、法规规定的时限内及时作出处理决定。

（五）便民原则

便民原则是指行政复议要便于行政相对人参加，在复议活动中复议机关和复议人员要为申请人行使各项权利提供方便。行政复议是公民权利的一项救济措施，但它不是唯一的。这项制度是否能够深入人心、被大家认可，其中一个关键就是是否便民，是否能够节省时间、精力和费用。否则，相对人不通过这种途径寻求救济，创设这项制度也就起不到应有的作用。

（六）行政复议不利变更禁止原则

行政相对人在选择行政复议之前，往往会担心“民告官”会不会越告处理得越重、越对“民”不利，进而不敢申请行政复议。为了鼓励公民、法人或者其他组织积极地通过行政复议的方式解决行政争议，解除申请人“不敢告”的思想负担，《行政复议法实施条例》第 51 条明确规定了“行政复议不利变更禁止原则”，即不得作出对申请人更为不利的行政复议决定。

二、行政复议的作用

（一）保护公民、法人和其他组织的合法权益

与行政诉讼制度相比，行政复议制度对相对人权利的保护更直接、及时，也更为全面。它是利用行政机关系统内部的层级监督关系，由上级行政机关纠正下级行政机关的违法或不当的行政行为，以保护公民、法人和其他组织的合法权益。因此，对于作为行政管理相对人的公民、法人和其他组织来说，行政复议是一种权利救济措施。

（二）保障行政机关依法行使职权

行政权的行使会影响到公民、法人和其他组织的权利，如果相对人认为行政行为违法或不当，侵犯其合法权益，就会引起行政争议。行政争议使行政法律关系处于一种不确定状态，影响了行政管理目的的实现和行政管理任务的完成，从而需要一项制度来判断行政行为是否合法或适当。通过行政复议，由上级行政机关对违法或不当的行政决定予以撤销或纠正，保护相对人的合法权益，或者对合法、适当的行政决定予以维持。对于相对人不服行政复议决定又不提起行政诉讼的，可以依法强制执行或申请人民法院强制执行，以保证行政决定的权威性。因此，行政复议制度不仅有权利救济功能，还有保障功能。

（三）监督行政机关依法行使职权

行政机关系统内部上下级行政机关之间是一种领导与被领导、监督与被监督的关系，这是行政机关系统内部良好运行的保障。上级行政机关领导监督下级行政机关的方式有多种，如听取下级行政机关的请示和汇报，到下级行政机关去检查工作等。行政复议是上级行政机关通过对具体行政争议的合法性和合理性进行审查，监督下级行政机关的行为是否违法或不当。因此，对于行政机关来说，行政复议制度又是一种监督机制。与行政复议的权利救济作用相比，其保障和监督的作用是次要的、附带性的。

第三节　行政复议参加人

行政复议参加人是指行政争议的当事人和与行政争议有利害关系的人，包括行政复议申请人、被申请人和第三人。

一、复议申请人

复议申请人是指认为自己的合法权益受到具体行政行为侵害，依法以自己的名义提出复议申请的公民、法人或者其他组织。

复议申请人应当具备以下条件：

第一，申请人必须是公民、法人或者其他组织。行政复议是行政相对人的权利救济措施，如果行政相对人认为行政机关的具体行政行为侵犯其合法权益，可以通过申请行政复议获得救济；而作为行政管理一方的行政机关，它在行政管理中处于主导地位，它的意志可以法律赋予的行政手段加以实现，不需要救济，因此，它不能成为申请人。如果行政机关不是行使行政职权，而是作为社会组织参加社会事务，成为被管理者，也可以成为申请人。

第二，必须是认为具体行政行为侵犯其合法权益的公民、法人或者其他组织。如果不是具体行政行为作用的对象，而仅仅是与具体行政行为有利害关系，也不能成为申请人。

作为一般情况，申请人必须符合上述条件。但是，在一些特殊情况下，申请人可以不是具体行政行为直接作用的对象。这些情况有：

（1）有权申请行政复议的公民死亡的，其近亲属可以申请行政复议；有权申请复议的公民为无行为能力或者限制行为能力的，其法定代理人可以代为申请行政复议。

（2）有权申请行政复议的法人或者其他组织终止的，承受其权利的法人或者其他组织可以申请行政复议。

（3）行政处罚中受被处罚人侵害的人。

二、复议被申请人

被申请人是指公民、法人或者其他组织对其作出的具体行政行为提出复议申请的行政机关。在行政复议活动中，被申请人只能是行使行政职权的行政机关，无论该行政机关的行政行为是通过作为形式出现，还是以不作为形式出现的，只要属于复议范围，公民、法人或者其他组织提出复议申请，该行政机关就是被申请人。根据《行政复议法》的规定，被申请人有以下几种情况：

（1）公民、法人或者其他组织对行政机关的具体行政行为不服，申请复议的，作出具体行政行为的行政机关是被申请人。

（2）两个或者两个以上行政机关以共同名义作出具体行政行为的，共同作出具体行政行为的行政机关是共同被申请人。

（3）法律、法规授权的组织作出具体行政行为的，该组织是被申请人。

（4）对县级以上地方人民政府依法设立的派出机关的具体行政行为不服的，该派出机关是被申请人。

（5）对政府工作部门依法设立的派出机构依据法律、法规或者规章的规定，以自己的名义作出的具体行政行为不服的，该派出机构是被申请人。

（6）作出具体行政行为的机关被撤销的，继续行使其职权的行政机关是被申请人。

三、第三人

第三人是指同申请复议的具体行政行为有利害关系，在复议过程中经复议机关批准而参加复议的公民、法人或者其他组织。公民、法人或者其他组织作为第三人参加复议，应当符合以下条件：第一，必须与申请复议的具体行政行为有利害关系。这里的利害关系，是指独立的利害关系，包括直接的利害关系和间接的利害关系。第二，必须是在行政复议的过程中，经复议机关批准参加复议活动。如果复议尚未开始或复议已终结，都不存在以第三人的身份参加复议的问题。

第三人参加复议活动，大致有以下三种情况：

（1）在行政处罚案件中，被处罚人和被侵害人中一方申请复议，另一方可以作为第三人参加复议。

（2）在行政裁决引起的复议案件中，被裁决的民事纠纷的一方当事人是申请人，另一方当事人可以作为第三人参加复议。

（3）两个或两个以上行政机关就同一事实作出相互矛盾的具体行政行为，行政相对人对其中一个行政机关的具体行政行为提出复议申请的，其他行政机关可以作为第三人参加复议。

第四节　行政复议的范围

行政复议的范围，是指行政机关受理行政复议案件的范围，也是行政相对人可以通过行政复议获得救济的范围。从理论上说，任何权利都需要相应的救济，因此，作为公民权利救济手段的行政复议，它的范围应当与行政权的范围是一致的。但实际上，行政复议的范围却受诸多因素的影响而往往小于行政权的范围。我国《行政复议法》规定，行政复议的范围包括下列具体行政行为和抽象行政行为：

一、具体行政行为的范围

根据《行政复议法》第6条的规定，申请人对下列具体行政行为不服的，可以申请行政复议：

（1）对行政机关作出的警告、罚款、没收违法所得、没收非法财物、责令停产停业、暂扣或者吊销许可证、暂扣或者吊销执照、行政拘留等行政处罚决定不服的。

（2）对行政机关作出的限制人身自由或者查封、扣押、冻结财产等行政强制措施决定不服的。

（3）对行政机关作出的有关变更、中止、撤销许可证、执照、资质证、资格证等证书的决定不服的。

（4）对行政机关作出的关于确认土地、矿藏、水流、森林、山岭、草原、荒地、滩涂、海域等自然资源的所有权或者使用权的决定不服的。

（5）认为行政机关侵犯合法的经营自主权的。

（6）认为行政机关变更或者废止农业承包合同，侵犯其合法权益的。

（7）认为行政机关违法集资、征收财物、摊派费用或者违法要求履行其他义务的。

（8）认为符合法定条件，申请行政机关颁发许可证、执照、资质证、资格证等证书，或者申请行政机关审批、登记有关事项，行政机关没有依法办理的。

（9）申请行政机关履行保护人身权利、财产权利、受教育权利的法定职责，行政机关没有依法履行的。

（10）申请行政机关依法发放抚恤金、社会保险金或者最低生活保障费，行政机关没有依法发放的。

（11）认为行政机关的其他具体行政行为侵犯其合法权益的。

二、抽象行政行为的范围

《行政复议法》第 7 条规定，公民、法人或者其他组织认为行政机关的具体行政行为所依据的下列规定不合法，在对具体行政行为申请行政复议时，可以一并向行政复议机关提出对该规定的审查申请：（1）国务院部门的规定；（2）县级以上地方各级人民政府及其工作部门的规定；（3）乡、镇人民政府的规定。前款所列规定不含国务院部门规章和地方人民政府规章。规章的审查依照法律、行政法规的规定程序办理。

三、行政复议的排除范围

根据《行政复议法》第 8 条的规定，下列事项，不能申请复议：（1）不服行政机关作出的行政处分或者其他人事处理决定的；（2）不服行政机关对民事纠纷作出的调解或者其他处理的。此外，对规章及国务院的行政法规、其他规范性文件不服的，也不能申请复议。

第五节　行政复议管辖与复议机关

一、复议管辖

行政复议管辖是指不同行政复议机关之间受理复议案件的权限和分工。它解决的是每个具体行政争议该由哪一个行政机关复议的问题。确定行政复议的管辖，既要考虑到方便当事人行使救济权，又要有利于上级行政机关对下级行政机关的监督，还要考虑到各行政机关承担复议工作量的均衡。

《行政复议法》对行政复议的管辖作了如下规定：

1. 对政府工作部门的行为不服的管辖

根据《行政复议法》第 12 条的规定，对县级以上地方各级人民政府工作部门的具体行政行为不服的，由申请人选择，可以向该部门的本级人民政府申请行政复议，也可以向上一级主管部门申请行政复议；对海关、金融、国税、外汇管理等实行垂直领导的行政机关和国家安全机关的具体行政行为不服的，向上一级主管部门申请行政复议。实行垂直领导的行政机关还有省级以下工商行政管理部门和技术监督部门。

2. 对地方人民政府的行为不服的管辖

根据《行政复议法》第 13 条的规定，对地方各级人民政府的具体行政行为不服的，向上一级地方人民政府申请行政复议；对省、自治区人民政府依法设立的派出机关所属的县级地方人民政府的具体行政行为不服的，向该派出机关申请行政复议。

3. 对国务院部门或省级人民政府的具体行政行为不服的管辖

根据《行政复议法》第 14 条的规定，对国务院部门或者省、自治区、直辖市人民政府的具体行政行为不服的，向作出该具体行政行为的国务院部门或者省、自治区、直辖市人民政府申请行政复议；对复议决定不服的可以向人民法院提起行政诉讼，也可以向国务院申请裁决，但国务院的裁决为最终裁决。

4. 对派出机关的具体行政行为不服的管辖

根据《行政复议法》第 15 条的规定，对县级以上的地方人民政府依法设立的派出机关的具体行政行为不服的，向设立该派出机关的人民政府申请行政复议；对政府工作部门依法设立的派出机构根据法律、法规或者规章的规定，以自己的名义作出的具体行政行为不服的，向设立该派出机构的部门或者该部门的本级地方人民政府申请行政复议。

5. 对被授权组织作出的具体行政行为不服的管辖

根据《行政复议法》第 15 条的规定，对法律、法规授权的组织的具体行政行为不服的，分别向直接管理该组织的地方人民政府、地方人民政府工作部门或者国务院部门申请行政复议。

6. 对共同具体行政行为不服的管辖

根据《行政复议法》第 15 条的规定，对两个或者两个以上行政机关以共同名义作出的具体行政行为不服的，向其共同上一级行政机关申请行政复议。

7. 对被撤销的行政机关的具体行政行为不服的管辖

根据《行政复议法》第 15 条的规定，对被撤销的行政机关在撤销前作出的具体行政行为不服的，向继续行使其职权的行政机关的上一级行政机关申请行政复议。

8. 移送管辖

根据《行政复议法》第 15 条和第 18 条的规定，对派出机关、派出机构、被授权的组织、共同行政行为或被撤销的行政机关作出的具体行政行为不服的，申请人也可以向具体行政行为发生地的县级地方人民政府提出行政复议申请，接受申请的县级地方人民政府在接到该行政复议申请之日起 7 日内，转送有关行政复议机关，并告知申请人。

二、行政复议机关

（一）行政复议机关的含义与职责

行政复议机关是指依照法律的规定，有权受理行政复议申请，依法对具体行政行为进行审查并作出裁决的行政机关。行政复议机关的特征有：第一，行政复议机关是行政机关。第二，行政复议机关是有权行使行政复议权的行政机关。第三，行政复议机关是能以自己的名义行使行政复议权，并对行为后果独立承担法律责任的行政机关，如各级人民政府，各级政府的组成部门，包括公安、司法、海关、工商管理、教育、卫生等部门。

《行政复议法》规定了行政复议机关，但对行政复议机关的职责没有规定。《行政复议法实施条例》对行政复议机关的职责作出了明确的规定。《行政复议法实施条例》第 2 条明确规定：各级行政复议机关应当认真履行行政复议职责，领导并支持本机关负责法制工作的机构（以下简称行政复议机构）依法办理行政复议事项，并依照有关规定配备、充实、调剂专职行政复议人员，保证行政复议机构的办案能力与工作任务相适应。

（二）行政复议机构

行政复议机构是指享有行政复议权的行政机关内部设立的专门负责行政复议案件受理、审查和裁决工作的办事机构。行政机构不是一个独立的行政机关，不能以自己的名义对外行使职权，也不能对外独立承担责任。

《行政复议法》第 3 条规定：依照本法履行行政复议职责的行政机关是行政复议机关。行政复议机关负责法制工作的机构（即行政复议机构）具体办理行政复议事项，履行下列职责：(1) 受理行政复议申请；(2) 向有关组织和人员调查取证，查阅文件和资料；(3) 审查申请行政复议的具体行政行为是否合法与适当，拟订行政复议决定；(4) 处理或者转送对《行政复议法》第 7 条所列有关规定的审查申请；(5) 对行政机关违反本法规定的行为依照规定的权限和程序提出处理建议；(6) 办理因不服行政复议决定提起行政诉讼的应诉事项；(7) 法律、法规规定的其他职责。

《行政复议法实施条例》第 3 条规定，行政复议机构除应当依照《行政复议法》第 3 条的规定履行职责外，还应当履行下列职责：(1) 依照《行政复议法》第 18 条的规定转送有关行政复议申请；(2) 办理《行政复议法》第 29 条规定的行政赔偿等事项；(3) 按照职责、权限，督促行政复议申请的受理和行政复议决定的履行；(4) 办理行政复议、行政应诉案件统计和重大行政复议决定备案事项；(5) 办理或者组织办理未经行政复议直接提起行政诉讼的行政应诉事项；(6) 研究行政复议工作中发现的问题，及时向有关机关提出改进建议，重大问题及时向行政复议机关报告。

(三) 行政复议委员会

行政复议是解决“官民”纠纷的重要途径。长期以来由于审理方式、程序设置等方面存在一定的弊端，公民、法人和其他组织对行政复议存在“暗箱操作”的质疑，致使大量纠纷游离于法律途径解决之外。针对这一现状，国务院法制办经过多年“民告官”新体制机制探索，在全国部分省区市开展试点工作、吸取经验基础上，推行行政复议委员会制度，建立、健全更加公开、公平、公正的行政复议审理体制机制，畅通行政复议渠道，有效化解行政争议。

目前，形成了三种主要的行政复议委员会模式：将分散于政府各部门的行政复议权，全部集中到政府设立的行政复议委员会统一行使的全部集中模式；对部分政府部门的受理、审理权限进行集中的部分集中模式；保持现行行政复议体制不变，通过吸收外部人士组成行政复议委员会的合议委员会模式。

实行行政复议委员会模式，相对集中行政复议权限，有利于简化行政复议管辖体制，依法有效化解行政争议，保障行政复议的公正性和公信力，提高行政复议的效率。

第六节　行政复议的程序

根据《行政复议法》的规定，行政复议程序分为申请、受理、审理、决定和执行五个阶段。

一、申请

(一) 申请复议的期限

申请复议的期限是指复议申请人提出复议申请的法定有效期间。《行政复议法》第 9 条第 1

款规定，公民、法人或者其他组织认为具体行政行为侵犯其合法权益的，可以自知道该具体行政行为之日起60日内提出行政复议申请；但是法律规定的申请期限超过60日的除外。因此，申请复议的一般期限是60日。现行的许多单行的法律、法规都规定了申请复议的特殊期限，短的有3日、5日，长的有3个月。如果法律、法规规定的申请复议期限比60日短，就依照《行政复议法》规定的一般期限；如比60日长，适用该特殊期限。这样规定是为了更好地保障相对人行使复议权。

此外，《行政复议法》还对期限延长的情形作了规定。该法第9条第2款规定，因不可抗力或者其他正当理由耽误法定申请期限的，申请期限自障碍消除之日起继续计算。

（二）复议申请的形式

根据《行政复议法》第11条的规定，申请人申请行政复议，可以书面申请，也可以口头申请。口头申请的，行政复议机关应当场记录申请人的基本情况、行政复议请求、申请行政复议的主要事实、理由和时间；书面申请的，申请人应当向行政机关递交复议申请书。

复议申请书可以载明下列内容：(1）申请人的姓名、性别、年龄、职业、住址等（法人或者其他组织的名称、地址，法定代表人的姓名)；(2）被申请人的名称、地址；(3）申请复议的要求和理由；(4）提出复议申请的日期。

《行政复议法》第16条第2款规定，公民、法人或者其他组织向人民法院提起行政诉讼，人民法院已经依法受理的，不得申请行政复议。

二、受理

根据《行政复议法》第17条的规定，行政复议机关收到行政复议申请后，应当在5日内进行审查，对不符合该法规定的行政复议申请，决定不予受理，并书面告知申请人；对符合该法规定，但是不属于本机关受理的行政复议申请，应当告知申请人向有关行政复议机关提出。除上述规定的情形外，行政复议申请自行政复议机关负责法制工作的机构收到之日起即为受理。

根据《行政复议法》第20条的规定，公民、法人或者其他组织依法提出行政复议申请，行政复议机关无正当理由不予受理的，上级行政机关应当责令其受理；必要时，上级行政机关也可以直接受理。

同时，《行政复议法实施条例》新增了驳回行政复议申请制度。[①]

三、审理

复议审理是复议机关受理复议申请后，对被申请人的具体行政行为进行实质审查的活动。

（一）审理前的准备

审理前的准备工作，主要是复议文书的发送和有关证据材料的收集。根据《行政复议法》

① 参见《行政复议法实施条例》第48条。

第 23 条的规定，行政复议机关负责法制工作的机构应当自行政复议申请受理之日起 7 日内，将行政复议申请书副本或者行政复议申请笔录复印件发送被申请人。被申请人应当自收到申请书副本或者申请笔录复印件之日起 10 日内，提出书面答复，并提交当初作出具体行政行为的证据、依据和其他有关材料。

申请人、第三人可以查阅被申请人提出的书面答复，作出具体行政行为的证据、依据和其他有关材料，除涉及国家秘密、商业秘密或者个人隐私外，行政复议机关不得拒绝。

（二）审理的方式

《行政复议法》第 22 条规定：行政复议原则上采取书面审查的办法，但是申请人提出要求或者行政复议机关负责法制工作的机构认为有必要时，可以向有关组织和人员调查情况，听取申请人、被申请人和第三人的意见。这一规定确立了行政复议实行书面复议的原则。确立书面复议的原则，是由行政复议的性质决定的。行政复议是一种行政行为，它要符合行政效率的要求，虽然其具有一定司法性，但它并非最终的救济手段，如果申请人对复议决定不服，还要提起行政诉讼，以获得司法救济。因此，行政复议以书面审理为主，但也不排除其他审理形式，如通过举行听证的方式，听取双方当事人的意见①；复议机关还可以调查、取证，收集有关证据等。尤其是在强调行政公开的今天，要充分发挥行政复议的作用，在坚持书面审理的前提下，也要注意通过一定的形式让当事人参与复议过程。

此外，行政复议亦将调解制度纳入审理之中，并明确规定了哪些案件可以适用调解及调解的程序。②

（三）复议申请的撤回

复议申请的撤回是指复议申请被复议机关受理后、复议决定作出前，经复议机关同意复议申请人撤回复议申请，终止复议审理的制度。《行政复议法》第 25 条规定：行政复议决定作出前，申请人要求撤回行政复议申请的，经说明理由，可以撤回；撤回行政复议申请的，行政复议终止。

（四）复议期间不停止执行

《行政复议法》第 21 条规定，行政复议期间具体行政行为不停止执行，但有下列情形之一的，可以停止执行：（1）被申请人认为需要停止执行的；（2）行政复议机关认为需要停止执行的；（3）申请人申请停止执行，行政复议机关认为其要求合理，决定停止执行的；（4）法律规定停止执行的。从这一规定看，复议不停止执行是一项原则。这是行政权的性质和行政管理的特点决定的。行政权具有优先性，具体行政行为一旦作出，就应予执行，行政复议和行政诉讼都不影响其先予执行。这也是行政管理讲究效率的要求。

四、复议决定

复议决定是复议机关对行政复议案件进行审理后所作的具有法律效力的评价。复议机关应

---

① 《行政复议法实施条例》第 33 条规定，对重大、复杂的案件，申请人提出要求或者行政复议机构认为必要时，可以采取听证的方式审理。

② 参见《行政复议法实施条例》第 50 条。

对引起争议的具体行政行为所依据的事实、证据和法律规范进行审查，然后对具体行政行为是否合法和是否适当作出判断。

（一）对抽象行政行为的审查

《行政复议法》第 26 条规定：申请人在申请行政复议时，一并提出对本法第 7 条所列有关规定的审查申请的，行政复议机关对该规定有权处理的，应当在 30 日内依法处理；无权处理的，应当在 7 日内按照法定程序转送有权处理的行政机关依法处理，有权处理的行政机关应当在 60 日内依法处理。处理期间，中止对具体行政行为的审查。

《行政复议法》第 27 条规定：行政复议机关在对被申请人作出的具体行政行为进行审查时，认为其依据不合法，本机关有权处理的，应当在 30 日内依法处理；无权处理的，应当在 7 日内按照法定程序转送有权处理的国家机关依法处理。处理期间，中止对具体行政行为的审查。

（二）复议决定的类型

根据《行政复议法》第 28 条的规定，行政复议机关负责法制工作的机构应当对被申请人作出的具体行政行为进行审查，提出意见，经行政复议机关的负责人同意或者集体讨论通过后，按照下列规定作出行政复议决定：

（1）具体行政行为认定事实清楚，证据确凿，适用依据正确，程序合法，内容适当的，决定维持。

（2）被申请人不履行法定职责的，决定其在一定期限内履行。

（3）具体行政行为有下列情形之一的，决定撤销、变更或者确认该具体行政行为违法；决定撤销或者确认该具体行政行为违法的，可以责令被申请人在一定期限内重新作出具体行政行为：1）主要事实不清、证据不足的；2）适用依据错误的；3）违反法定程序的；4）超越或者滥用职权的；5）具体行政行为明显不当的。

（4）被申请人不按照《行政复议法》第 23 条的规定提出书面答复，提交当初作出具体行政行为的证据、依据和其他有关材料的，视为该具体行政行为没有证据、依据，决定撤销该具体行政行为。

行政复议机关责令被申请人重新作出具体行政行为的，被申请人不得以同一的事实和理由作出与原具体行政行为相同或者基本相同的具体行政行为。

（三）复议附带行政赔偿

根据《行政复议法》第 29 条的规定，申请人在申请行政复议时可以一并提出行政赔偿请求，行政复议机关对符合《国家赔偿法》的有关规定应当给予赔偿的，在决定撤销、变更具体行政行为或者确认具体行政行为违法时，应当同时决定被申请人依法给予赔偿。申请人在申请行政复议时没有提出行政赔偿请求的，行政复议机关在依法决定撤销或者变更罚款，撤销违法集资、没收财物、征收财物、摊派费用以及对财产的查封、扣押、冻结等具体行政行为时，应当同时责令被申请人返还财产，解除对财产的查封、扣押、冻结措施，或者赔偿相应的价款。

（四）对土地等自然资源的权属争议的复议决定

根据《行政复议法》第 30 条的规定，公民、法人或者其他组织认为行政机关的具体行政行为侵犯其已经依法取得的土地、矿藏、水流、森林、山岭、草原、荒地、滩涂、海域等自然资源的所有权或者使用权的，应当先申请行政复议；对行政复议决定不服的，可以依法向人民法院提起行政诉讼。根据国务院或者省、自治区、直辖市人民政府对行政区划的勘定、调整或者征用土地的决定，省、自治区、直辖市人民政府确认土地、矿藏、水流、森林、山岭、草原、荒地、滩涂、海域等自然资源的所有权或者使用权的行政复议决定为最终裁决。

（五）复议决定的期限

根据《行政复议法》第 31 条的规定，行政复议机关应当自受理申请之日起 60 日内作出行政复议决定，但是法律规定的行政复议期限少于 60 日的除外。情况复杂，不能在规定期限内作出行政复议决定的，经行政复议机关的负责人批准，可以适当延长，并告知申请人和被申请人，但是延长期限最多不超过 30 日。

行政复议机关作出行政复议决定，应当制作行政复议决定书，并加盖印章。行政复议决定书一经送达，即发生法律效力。

五、执行

根据《行政复议法》第 32 条的规定，被申请人应当履行行政复议决定，被申请人不履行或者无正当理由拖延履行行政复议决定的，行政复议机关或者有关上级行政机关应当责令其限期履行。

根据《行政复议法》第 33 条的规定，申请人逾期不起诉又不履行行政复议决定的，或者不履行最终裁决的行政复议决定的，按照下列规定分别处理：(1) 维持具体行政行为的行政复议决定，由作出具体行政行为的行政机关依法强制执行，或者申请人民法院强制执行。(2) 变更具体行政行为的行政复议决定，由行政复议机关依法强制执行，或者申请人民法院强制执行。

问题与思考

周某（系莫某之夫）系某县某塑料厂职工，2010 年 3 月 8 日上午 11 时许，在上班喷漆作业时不慎滑倒，头部摔在钢板上后掉入工厂的废水池中。之后，周某感到身体非常不适，便请假在家休息。3 月 9 日下午，周某突然发病，经抢救无效，于 18 时 20 分死亡。某县人民医院的死亡医学证明结论为猝死。申请人莫某认为：周某的突然死亡是在工作时间于工作岗位上受伤所致，且其死亡未超过法律规定的 48 小时，应认定为工伤。被申请人认为：县人民医院死亡医学证明结论为猝死，证明周某不是在工作时间和工作岗位突发疾病死亡或是在 48 小时之内经抢救无效死亡。此外，也没有证据证明周某摔到废水池中是否受伤，无证据显示周某的死亡是掉入废水池中所致。因此，其作出的工伤认定决定事实清楚、理由充分、程序合法，请求县人民政府予以维持。行政复议机关认为：被申请人于 2010 年 3 月 25 日受理了对周某的工伤认定申请，后于 2010 年 6 月 21 日作出了工伤认定决定。工伤认定期限超出了《工伤保险条例》第 20 条及《工伤认定办法》第 15 条关于工伤认定期限的规定，属违反法定程序。遂作出了撤销被申请人原具体行政行为，并责令其重新作出工伤认定的复议决定。在复议决定作出后，被申请人重新作出了工伤认定决定，将周某的死亡认定为工伤。之后，申请人领到了周某的死亡赔偿金。

问题：(1) 行政复议的含义和特征是什么？

(2) 行政复议的原则和程序有哪些？

相关司法考试真题

1. 国务院某部对一企业作出罚款50万元的处罚。该企业不服，向该部申请行政复议。下列哪一说法是正确的？(　　)(2012年)

A. 在行政复议中，不应对罚款决定的适当性进行审查

B. 企业委托代理人参加行政复议的，可以口头委托

C. 如在复议过程中企业撤回复议的，即不得再以同一事实和理由提出复议申请

D. 如企业对复议决定不服向国务院申请裁决，企业对国务院的裁决不服向法院起诉的，法院不予受理

2. 关于行政复议，下列哪一说法是正确的？(　　)(2011年)

A.《行政复议法》规定，被申请人应自收到复议申请书或笔录复印件之日起10日提出书面答复，此处的10日指工作日

B. 行政复议期间，被申请人不得改变被申请复议的具体行政行为

C. 行政复议期间，复议机关发现被申请人的相关行政行为违法，可以制作行政复议意见书

D. 行政复议实行对具体行政行为进行合法性审查原则

第四编

行政诉讼

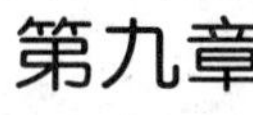

第九章

行政诉讼概述

教学目标

了解：行政诉讼法的概念与功能。

熟悉：行政诉讼的概念与构成要件。

掌握：行政诉讼的基本原则。

教学要求

知识要点	能力要求	司法考试或公务员录用考试相关知识
行政诉讼的概念与构成要件	(1) 了解行政诉讼的概念 (2) 熟悉行政诉讼的构成要件	(1) 行政诉讼的概念 (2) 行政诉讼的构成要件
行政诉讼法的概念与功能	(1) 了解行政诉讼法的概念 (2) 掌握行政诉讼法的渊源 (3) 了解行政诉讼法的功能	(1) 行政诉讼法的概念 (2) 行政诉讼法的渊源 (3) 行政诉讼法的功能
行政诉讼的基本原则	(1) 熟悉行政诉讼的共有原则 (2) 掌握行政诉讼的特有原则	(1) 行政诉讼的共有原则 (2) 行政诉讼的特有原则

参考文献

1. 吴庚．行政争讼法论．台北：三民书局，1999

2. 薛刚凌．行政诉权研究．北京：华文出版社，1999

3. 马怀德主编．行政诉讼原理．北京：法律出版社，2003

4. 江必新主编．中国行政诉讼制度的完善——行政诉讼法修改问题实务探讨．北京：法律出版社，2005

第一节　行政诉讼的概念与构成要件

一、行政诉讼的概念

在我国，行政诉讼是指公民、法人或者其他组织认为行政机关的行政行为侵犯其合法权益，依法定程序向人民法院起诉，人民法院在当事人及其他诉讼参与人的参加下，对行政行为的合法性进行审理并作出裁决的活动。我国的行政诉讼具有如下特征：

（1）行政案件由人民法院受理和审理。我国法院组织只设立一套人民法院系统，在人民法院内部设立行政审判庭，受理和审理行政案件；并不另设行政法院。同时，专门人民法院不设行政审判庭，不受理和审理行政案件。

（2）人民法院审理的行政案件通常只限于就行政机关的行政行为的合法性发生的争议。就行政立法行为及行政行为的合理性发生的争议，不能通过行政诉讼的方式解决。

（3）行政复议不是行政诉讼的前置阶段或者必经程序。除少量法律、法规规定向法院起诉之前必须经过行政复议以外，是否经过行政复议，由公民、法人或者其他组织自行选择。同时，即使是必须经过行政复议才能向人民法院起诉的行政案件，通常也为一级复议，无须经过再复议程序。

（4）行政案件的审理方式原则上为开庭审理，法院在审理上诉案件时，只有在事实清楚的情况下，才可以采用书面审理方式。

二、行政诉讼案件的构成要件

在我国，行政诉讼案件由以下五个要件构成：

（1）原告是认为行政机关作出的行政行为侵犯其合法权益的公民、法人或者其他组织。

（2）被告是作出被原告认为侵犯其合法权益的行政行为的行政机关和授权的组织。

（3）原告提起行政诉讼的必须是在法律、法规规定属于法院受案范围内及属于受诉法院管辖的行政争议。

（4）原告必须是在法定期限内起诉。

（5）法律、法规规定必须经过行政复议的，已经经过了行政复议；自行选择行政复议的，复议机关已作出复议决定或者逾期未作出复议决定。

三、行政诉讼与民事诉讼的关系

民事诉讼是指人民法院在当事人和其他诉讼参与人的参加下，审理和解决平等主体之间发生的民事争议的活动。行政诉讼与民事诉讼比较接近。一般说来，行政诉讼是从民事诉讼中分离出来的，其发展之初，往往适用民事诉讼程序。我国在制定行政诉讼法典之前，于

1982年制定的《民事诉讼法（试行）》第3条第2款规定，人民法院审理行政案件适用民事诉讼法的规定。我国虽然于1989年制定了行政诉讼法典，但其内容简略，对诉讼过程中的一些程序性问题，如期间、送达、开庭步骤、集团诉讼等，未作规定，因而在审理行政案件过程中，必然要参照《民事诉讼法》的有关规定。此外，民事诉讼和行政诉讼都是在人民法院主持下进行的，因此，许多司法原则是共同的，如公开审判、回避制度、两审终审制、合议制等。

作为两种不同的诉讼程序，行政诉讼与民事诉讼之间存在着许多差异，具体说来，主要有：

（1）案件性质不同。民事诉讼解决的是平等主体之间的民事争议，行政诉讼解决的是行政主体与作为行政相对人的公民、法人或者其他组织之间的行政争议。

（2）适用的实体法律规范不同。民事诉讼适用民事法律规范，如《民法通则》等；行政诉讼适用行政法律规范，如《行政处罚法》、《治安管理处罚法》等。

（3）当事人不同。民事诉讼发生于法人之间、自然人之间、法人与自然人之间，行政诉讼只发生在行政机关与公民、法人或者其他组织之间。

（4）诉讼权利不同。在民事诉讼中，双方当事人的诉讼权利是对等的，如一方起诉，另一方可以反诉；行政诉讼中双方当事人的诉讼权利是不完全对等的，如只能由公民、法人或者其他组织一方起诉，行政机关一方没有起诉权和反诉权。

（5）起诉的先行条件不同。行政诉讼以存在某个行政行为为先行条件，民事诉讼不需要这样的先行条件。

（6）是否适用调解不同。通过调解解决争议，是民事诉讼的结案方式之一；行政诉讼是对行政行为的合法性进行审查，因而通常不可能通过被告与原告相互妥协来解决争议。

法院在审理案件过程中，在涉及行政案件与民事案件关系时，可能会出现以下两种两类案件交织在一起的情况：第一，法院在审理民事案件过程中，出现民事行为的效力是由行政行为赋予的情况。在这种情况下，法院必须首先中止对民事案件的审理，而先在行政诉讼中审查具体行政行为的合法性。在对行政案件作出判决后，以该行政判决作为依据，审理民事案件。第二，行政附带民事案件。在不服行政裁决等案件中，案件的当事人请求法院在审查行政裁决的合法性以后，附带地审理作为裁决对象的民事纠纷。

四、新中国行政诉讼的发展

1982年的《民事诉讼法（试行）》第3条第2款规定："法律规定由人民法院审理的行政案件，适用本法规定。"这一规定为行政案件的审理提供了程序方面的准用性规范。自1982年至1988年，我国有130多个法律、法规采取个别列举的方式规定了法院的受案范围。与此相适应，自1983年开始，法院系统陆续设立了经济审判庭，审理包括经济行政案件在内的经济案件。因经济行政案件与纯经济案件有区别，最高人民法院为使经济审判庭能够准确地审理行政案件，作出了一系列特别规定，如最高人民法院《关于开展专利审判工作的几个问题的通知》、《关于人民法院审理经济行政案件不应进行调解的通知》等。

1986年修订的《治安管理处罚条例》第39条和第40条对治安行政案件作了具体规定。人民法院以审理治安行政案件为契机，于 1986 年起，陆续设立了行政审判庭，专门审理行政案件。治安行政案件的出现，使人们对行政争议的特殊性有所认识。行政审判庭的设立，标志着我国对解决行政争议的行政诉讼制度由认识发展为可操作性的体制。

随着越来越多的单行法律、法规以列举的方式规定人民法院的受案范围，行政案件也随之增多，行政案件的特殊性也日益明显。司法实践向立法提出了两个问题：一是以列举的方式规定法院的受案范围，不仅范围狭小，而且不同的法律文件对同一性质的具体行政行为是否允许起诉难免不一；二是适用民事诉讼程序审理行政案件，许多规定难以适用。基于上述要求，全国人民代表大会于 1989 年 4 月 4 日通过了新中国第一部行政诉讼法典，并自 1990 年 10 月 1 日起施行。行政诉讼法典的颁布和实施，标志着行政诉讼制度在我国已建立起来。

全国人民代表大会常务委员会根据行政诉讼法实施的具体情况及实际需要，于 2014 年 11 月 1 日通过了《关于修改〈中华人民共和国行政诉讼法〉的决定》，该决定对实行二十多年的行政诉讼法作出了比较系统的修改，推进了我国行政诉讼制度的完善和发展。

第二节　行政诉讼法的概念与功能

一、行政诉讼法的概念

行政诉讼法是指有关调整人民法院和当事人及其他诉讼参与人在审理行政案件过程中所进行的各种诉讼活动以及所形成的各种诉讼关系的法律规范的总和。简言之，行政诉讼法就是调整行政诉讼的法律规范的总和。

行政诉讼法有狭义和广义之分。狭义的行政诉讼法又称“形式意义的行政诉讼法”，仅指行政诉讼法典，在我国即指《中华人民共和国行政诉讼法》。广义的行政诉讼法又称“实质意义的行政诉讼法”，既包括行政诉讼法典，也包括民事诉讼法及其他法律、法规中有关或者适用于行政诉讼的原则、制度和一些具体规定。如民事诉讼法中有关期间、送达、开庭审理方式、执行程序等的规定，各种单行法律、法规中有关起诉期限、是否实行行政复议前置等的规定以及最高人民法院有关行政诉讼的司法解释，也是各级法院在行政审判工作中必须遵循的法律依据，因而也属于实质意义的行政诉讼法范畴。

行政诉讼法以行政诉讼为调整对象，这就决定了它具有以下特点：

1. 行政诉讼法是我国法律体系中的重要法律部门

法律部门的主要划分标准是调整对象的特定性，行政诉讼法就是以行政诉讼为调整对象，人民法院主持下的行政诉讼活动及由此形成的诉讼关系必须依据行政诉讼法进行。行政诉讼法是我国的三大诉讼法之一。行政诉讼法是全国人大制定的基本法律，这就决定了行政诉讼法在我国法律体系中的重要地位。

2. 行政诉讼法是一部程序法

行政诉讼的主要任务是裁判当事人之间就行政法（行政实体法和狭义上的行政程序法）上的权利、义务发生的争执，行政诉讼法就是具体规范裁判过程及人民法院和诉讼参加人在诉讼过程中各种活动的，因而是程序法。

二、行政诉讼法的渊源

我国广义即实质意义的行政诉讼法的渊源主要有：

1.《中华人民共和国行政诉讼法》

该法共10章、103条，对我国行政诉讼的基本原则、受案范围、管辖、诉讼参加人、证据、起诉和受理、审理和判决、执行、涉外行政诉讼等行政诉讼各方面的问题，作出了比较系统的规定，成为我国广义行政诉讼法的主体部分。

2.行政实体法中有关行政诉讼问题的规定

《行政诉讼法》第12条第2款规定，除前款规定外，人民法院受理法律、法规规定可以提起诉讼的其他行政案件；第44条第2款规定，法律、法规规定应当先向行政机关申请复议，对复议不服再向人民法院提起诉讼的，依照法律、法规的规定。因而，法律、行政法规、地方性法规、自治条例和单行条例中有关行政诉讼的规定，也属于行政诉讼法的一部分。

3.民事诉讼法中可以适用于行政诉讼的规定

《行政诉讼法》第101条规定，人民法院审理行政案件，关于期间、送达、财产保全、开庭审理、调解、中止诉讼、终结诉讼、简易程序、执行等，以及人民检察院对行政案件受理、审理、裁判、执行的监督，本法没有规定的，适用《中华人民共和国民事诉讼法》的相关规定。

4.最高人民法院关于审理行政案件的司法解释

如2015年4月20日由最高人民法院审判委员会第1648次会议通过的《关于适用〈中华人民共和国行政诉讼法〉若干问题的解释》、2002年最高人民法院通过的《关于行政诉讼证据若干问题的规定》对行政诉讼中的证据问题进行了详细规定。

5.国际条约和行政协定中有关行政诉讼的规定

在涉外行政诉讼中，要适用我国参加的国际条约和行政协定（我国声明保留的条款除外）。

三、行政诉讼法的功能

行政诉讼法具有以下三个方面的基本功能：

1.保证法院公正、及时审理行政案件，解决行政争议

（1）行政诉讼法主要从人民法院独立行使行政审判权、审判原则、证据制度、行政诉讼强制措施、审判依据、两审终审制及审判监督程序等方面，就保证人民法院正确审理行政案件作出规定。

（2）为了防止行政案件久拖不决，行政诉讼法作了一系列的期限规定，如申请行政复议期限、复议期限、起诉期限、受理期限、审理期限等，这一系列法定期限之间是互相衔接的。

2. 保障公民、法人或者其他组织的合法权益

（1）《行政诉讼法》第 12 条规定了人民法院的受案范围，亦即公民、法人和其他组织的合法权益受到司法救济的范围。这一规定与该法制定之前的状况相比较，大大扩大了司法救济的范围。

（2）规定了公民、法人和其他组织在诉讼中的权利。如人民法院裁定不受理起诉或者驳回起诉，原告对裁定不服的，可以向上一级人民法院提出上诉；对人民法院作出的第一审判决不服，可在法定期限内向上一级人民法院提出上诉；人民法院判决被告重新作出行政行为的，被告不得以同一事实和理由作出与原行政行为基本相同的具体行政行为；等等。

3. 监督行政机关依法行使行政职权

在行政机关及其工作人员的行政行为侵害了公民、法人或者其他组织合法权益时，由人民法院经过审理，根据不同情况，判决撤销、变更行政处理决定、确认被诉行政行为违法及无效或者强制行政机关履行义务，起到司法权监督行政权的作用。

第三节　行政诉讼的基本原则

一、行政诉讼基本原则概述

行政诉讼的基本原则是由行政诉讼法所规定的，用以指导整个行政诉讼活动或者行政诉讼主要阶段的活动的基本准则。行政诉讼的基本原则可以分为两类：

1. 共有原则

行政诉讼作为法院主持下的三大诉讼制度之一，与其他诉讼制度有一些共同的司法原则，主要有：（1）法院依法独立行使行政审判权原则；（2）以事实为根据、以法律为准绳原则；（3）合议、回避、公开审判原则；（4）两审终审制原则；（5）当事人法律地位平等原则；（6）使用本民族语言、文字进行诉讼原则；（7）辩论原则；（8）人民检察院实行法律监督原则。

2. 特有原则

行政诉讼以解决行政争议为对象，这一特殊性决定了行政诉讼具有与其他诉讼不同的原则，主要有：（1）选择复议原则；（2）行政行为不因诉讼而停止执行原则；（3）被告负举证责任原则；（4）不适用调解原则；（5）审查行政行为的合法性原则；（6）司法变更权有限原则等。

二、行政诉讼的特有原则

（一）选择复议原则

选择复议原则，即在法律、法规没有明确规定必须经过复议的情况下，当事人对行政处理决定不服时，既可以先向上一级行政机关或者法律规定的特定机关申请复议，对复议决定不服，再向法院起诉，也可以不经复议而直接向法院起诉。简言之，在我国，复议原则上不是进

行行政诉讼的必经程序，是否经过复议，由当事人自己选择。

把行政复议作为行政诉讼的必经阶段，即行政复议前置原则，是一些国家行政诉讼的一项基本原则。其理论根据是，在进行行政救济之前，必须穷尽其他一切救济手段；其实践意义是，由行政机关自我检查、自我纠正，既可以维护行政机关的威信，也可以减轻法院的负担，还体现了司法权对行政权的尊重。

《行政诉讼法》第 44 条规定：对属于人民法院受案范围的行政案件，公民、法人或者其他组织可以先向行政机关申请复议，对复议不服的，再向人民法院提起诉讼；也可以直接向人民法院提起诉讼。法律、法规规定应当先向行政机关申请复议，对复议不服再向人民法院提起诉讼的，依照法律、法规的规定。据此，除法律、法规明确规定必须经过复议及单行法律、法规仅规定复议程序的以外，其他行政案件是否经过复议，由当事人选择，即使单行法律、法规没有设置复议程序，也可以选择复议。

（二）审查行政行为合法性原则

对行政机关作出的行政行为的要求应当包括两个方面，即合法性和合理性。行政行为违法或者虽然合法但不合理（即不适当），都有可能对公民、法人或者其他组织的合法权益构成侵害。《行政诉讼法》考虑到法院的性质和司法权与行政权的关系，在第 6 条规定，人民法院审理行政案件，对行政行为是否合法进行审查。因此，行政机关在法律、法规授予的行政自由裁量权范围内作出的行政行为是否合理、适当，原则上通过行政复议由行政机关自行判断和处理。

（三）行政行为不因诉讼而停止执行原则

行政行为是行政机关代表国家依据法律、法规的规定作出的，一旦作出即应推定为合法，即行政机关的行政行为具有先定力。合法的行政行为相应的也就具有约束力、确定力及执行力，因而，即使当事人认为行政行为违法并向法院起诉，要求改变或者撤销违法行政行为，在法院代表国家依据有关法律、法规作出生效判决之前，行政行为也仍然被推定为合法、有效，也就要求得到执行。同时，实行这一原则也有利于保证国家行政管理活动的正常进行。在我国，当行政相对人在规定的期限内不履行行政行为所要求的义务时，行政机关或者法院有权依据法律规定强制执行。

行政诉讼法同时也考虑到在某些特殊情况下，行政行为应当停止执行，否则，将可能造成难以弥补的损失。《行政诉讼法》第 56 条规定，诉讼期间，不停止行政行为的执行。但有下列情形之一的，裁定停止执行：（1）被告认为需要停止执行的；（2）原告或者利害关系人申请停止执行，人民法院认为该行政行为的执行会造成难以弥补的损失，并且停止执行不损害国家利益、社会公共利益的；（3）人民法院认为该行政行为的执行会给国家利益、社会公共利益造成重大损害的；（4）法律、法规规定停止执行的，这种情形目前在全国尚无典型的规定，比较相近的规定是《治安管理处罚法》关于拘留的规定。据《治安管理处罚法》第 107 条的规定，被处罚人提起行政诉讼的，在交纳了保证金或者提供了担保人的情况下，可以暂缓拘留。

（四）不适用调解原则

不适用调解原则，是指人民法院审理行政案件，既不能把调解作为行政诉讼过程中的一个必经阶段，也不能把调解作为结案的一种方式。法院审理行政案件之所以不能适用调解原则，其根本原因在于：法院审理行政案件是对具体行政行为的合法性进行审查，行政机关作出行政行为，是其行使法定职权的表现，而对于这种法定职权，行政机关不得放弃或者让步，否则即构成失职。因此，行政机关作出的行政行为或者合法，或者违法，没有第三种可能。法院就某一争议在双方当事人之间进行调解，其前提是当事人对争议的内容即权利、义务有处分的权利，即可以放弃或者作出某种程度的让步。在行政诉讼中适用调解，会造成行政机关法定职权的性质与调解的前提之间相互矛盾。《行政诉讼法》第 60 条规定，人民法院审理行政案件，不适用调解。但是，行政赔偿、补偿以及行政机关行使法律、法规规定的自由裁量权的案件可以调解。调解应当遵循自愿、合法原则，不得损害国家利益、社会公共利益和他人合法权益。

（五）司法变更权有限原则

司法变更权是指人民法院对被诉行政行为经过审理后，改变该行政行为的权力。司法变更权涉及司法权与行政权的关系问题，因此，各国在规定法院所享有的变更权时都极为慎重。《行政诉讼法》既考虑到最大限度地保护当事人合法权益的需要及保障司法权行使的有效性，又考虑到法定的权力分配关系，在第 77 条规定：行政处罚明显不当，或者其他行政行为涉及对款额的确定、认定确有错误的，人民法院可以判决变更。人民法院判决变更，不得加重原告的义务或者减损原告的权益。但利害关系人同为原告，且诉讼请求相反的除外。

此外，“被告行政机关在行政诉讼中负举证责任原则”，也是行政诉讼中的重要原则，这一原则的内容及原因将在行政诉讼证据部分作详细介绍，此处不赘述。

问题与思考

1. 孙某系 2004 年国家司法考试应试人员。2004 年 9 月 18 日、19 日，孙某在吉林省白山市通化矿务局实验小学考点参加了 2004 年国家司法考试。2004 年 12 月 15 日，司法部国家司法考试司向吉林省司法厅国家司法考试处下发函件，称包括孙某在内的 33 名应试人员的试卷为雷同试卷，被确认当年考试成绩无效。得知上述情况后，孙某于 2005 年 1 月 22 日径直向北京市第二中级人民法院提起行政诉讼，请求撤销司法部的决定。北京市第二中级人民法院经审理认为，司法部根据评卷机构认定孙某与他人试卷两卷以上答案主要错点一致，属于答案雷同，并依照《国家司法考试违纪行为处理办法（试行）》第 10 条的规定，作出确认孙某当年考试成绩无效的决定，事实清楚，适用法律正确，遂判决驳回孙某的诉讼请求。孙某不服，上诉于北京市高级人民法院。北京市高级人民法院维持了一审判决。

问题：（1）什么是行政诉讼？

（2）本案体现了哪些行政诉讼的原则？

2. 2002 年 8 月 8 日，安徽省安庆市中级人民法院对安庆市第一例统计行政诉讼案件进行审理。2001 年，在全国统计执法检查中，安庆市查处了一批统计违法案件，其中安徽省盐业公司潜山公司因未依法办理统计登记，被市统计局处以通报批评、限期改正和罚款 3 000 元的行政处罚。该公司对该处罚不服，于 2001 年 11 月 15 日向安庆市人民政府提起复议申请，经复议后，复议部门认为安庆市统计局对这一案件的查处事实清楚、主体合法、证据确凿、处罚正确、程序合法，遂维持安庆市统计局行政处罚决定。该公司对此仍然不服，2002 年 3 月 26 日向安庆市大观区人民法院提起诉讼。该法院以程序不当为由，作出了撤销安庆市统计局行政处罚决定的判决。为维护《统计法》的尊严，安庆市统计局执法领导小组对此案十分重视，聘请了法律顾问对该案件的程序进行了重新论证，一致认为执法程序是合法的，遂于 2002 年 7 月 5 日向安庆市中级人民法院提起上诉。安庆市中级人民法院受理此案后，于 2002 年 8 月 8 日开庭审判。经过法庭调查、陈述，安庆市中级人民法院当庭宣判：该公司违法事实清楚、证据确凿，安庆市统计局运用法律适当、主体合法、程序合法，作出撤销安庆市大观区人民法院初审判决、维持安庆市统计局统计行政处罚决定的终审判决。至此，经过 11 个月的复议、应诉、上诉，安庆市第一例统计行政处罚诉讼案以统计部门胜诉而告终。

问题：(1) 行政诉讼有哪些基本功能？

(2) 怎样理解行政诉讼在“保护相对人合法权益”与“维护行政机关依法行使职权”两种功能之间的关系？

相关司法考试真题

1. 规划局认定一公司所建房屋违反规划，向该公司发出《拆除所建房屋通知》，要求公司在 15 日内拆除房屋。到期后，该公司未拆除所建房屋，该局发出《关于限期拆除所建房屋的通知》，要求公司在 10 日内自动拆除，否则将依法强制执行。下列哪些说法是正确的？(　　)(2012 年)

A. 《拆除所建房屋通知》与《关于限期拆除所建房屋的通知》性质不同

B. 《关于限期拆除所建房屋的通知》系行政处罚

C. 公司可以对《拆除所建房屋通知》提起行政诉讼

D. 在作出《拆除所建房屋通知》时，规划局可以适用简易程序

2. 某市某区公安分局认定赵某有嫖娼行为，对其处以拘留 15 天、罚款 3 000 元。赵某不服，申请复议，市公安局维持了原处罚决定。赵某提起行政诉讼。在第一审程序中，原处罚机关认定赵某有介绍嫖娼行为，将原处罚决定变更为罚款 1 000 元。赵某对改变后的处罚决定仍不服。下列说法哪些是正确的？(　　)(2003 年)

A. 法院应继续审理原处罚决定

B. 法院应审理改变后的处罚决定

C. 审理原处罚决定还是改变后的处罚决定由法院决定

D. 原告对原处罚决定不申请撤诉的，法院应当对原处罚决定作出相应判决

第十章 行政诉讼的受案范围与管辖

教学目标

了解：确立行政诉讼受案范围的原则和方式。

熟悉：行政诉讼管辖的分类。

掌握：人民法院行政诉讼的受案范围。

教学要求

知识要点	能力要求	司法考试或公务员录用考试相关知识
行政诉讼的受案范围	(1) 了解确立受案范围的原则和方式 (2) 掌握人民法院受理的行政案件 (3) 掌握人民法院不予受理的事项	(1) 确立受案范围的原则和方式 (2) 人民法院受理的行政案件 (3) 人民法院不予受理的事项
行政诉讼管辖	熟悉行政诉讼管辖的分类	(1) 级别管辖 (2) 地域管辖 (3) 裁定管辖

参考文献

1. 江必新．行政诉讼法疑难问题探讨．北京：北京师范大学出版社，1991

2. 杨小军主编．我国行政诉讼受案范围理论研究．西安：西安交通大学出版社，1998

3. 吴庚．行政争讼法论．台北：三民书局，1999

第一节 行政诉讼的受案范围

一、确立受案范围的原则和方式

行政诉讼的受案范围，又称“人民法院的主管范围”，是指法院受理并审理行政争议的范围。这一范围，从法院与行政机关的关系而言，是法院对行政机关的哪些行政行为拥有司法审查权；从公民、法人和其他组织的角度而言，是对行政机关的哪些行政行为不服时可以向法院起诉，以寻求司法救济。

行政诉讼以行政争议为处理对象，而行政争议的范围和种类极其广泛，法院不可能受理并审理所有的行政争议。我国行政诉讼法在规定法院的受案范围时主要考虑了两方面的因素：一是尽可能扩大法院的受案范围以给当事人的合法权益提供更有力的司法救济，二是法院在我国政权体制中的地位、法院的审判力量、法院与行政机关的关系。

受案范围的确定方式决定着受案范围的宽窄。由于各国的法律制度、历史传统及行政审判制度的发达程度不同，所采取的确定方式也有所不同，归纳起来，主要有三种：（1）列举式，即或者由单行法律、法规分别列举，或者由行政诉讼法典分类列举；（2）概括式，即在统一的行政诉讼法典中对法院的受案范围作概括规定；（3）结合式，即行政诉讼法典对法院的受案范围先作概括规定，在此前提下，再作列举式规定。我国《行政诉讼法》根据我国的具体情况，在确定法院的受案范围时，采用了结合式，但又具有我国的特色。

1. 总的概括规定

《行政诉讼法》第 2 条规定：公民、法人或者其他组织认为行政机关和行政机关工作人员的行政行为侵犯其合法权益，有权依照本法向人民法院提起诉讼。据此，法院总的受案范围为因行政行为发生的争议。

2. 限定的概括规定

《行政诉讼法》第 6 条规定：人民法院审理行政案件，对行政行为是否合法进行审查。据此，法院的受案范围又进一步限定为行政行为的合法性，排除了因行政行为是否合理发生的争议的可诉性。

3. 肯定式分类列举

《行政诉讼法》第 12 条第 1 款第 1 项至第 12 项列举了 12 类因行政行为违法侵犯人身权、财产权发生的争议。这一规定又进一步限定了受案范围为明确列举的 12 类因行政行为违法侵犯人身权、财产权而发生的争议，排除了因除此之外的行政行为侵害其他合法权益而发生的争议的可诉性。

4. 肯定式个别列举

《行政诉讼法》第 12 条第 2 款规定，法院除受理《行政诉讼法》规定的 12 类行政案件外，还受理法律、法规规定可以提起诉讼的其他行政案件。这一规定为将来在不修改《行政诉讼法》的前提下，通过单行法律、法规列举的方式逐渐扩大法院的受案范围，提供了法律依据。根据这一规定，《教育法》将司法救济的范围扩大到受教育权等。

5. 否定式分类列举

《行政诉讼法》第 13 条列举了因 4 类事项而发生的争议不属于法院的受案范围。这种否定式列举有两种情况：一是进一步明确部分抽象行政行为不属于法院的受案范围；二是在肯定式分类列举中排除对某些事项的司法审查，如内部行政行为、国家行为及法律规定由行政机关最终裁决的行为等。

二、人民法院受理的行政案件

《行政诉讼法》第12条第1款和第2款具体规定了法院的受案范围：第1款采用分类列举式，第2款采用法律、法规个别列举式。法院受理的行政案件有以下12类：（1）对行政拘留、暂扣或者吊销许可证和执照、责令停产停业、没收违法所得、没收非法财物、罚款、警告等行政处罚不服的；（2）对限制人身自由或者对财产的查封、扣押、冻结等行政强制措施和行政强制执行不服的；（3）申请行政许可，行政机关拒绝或者在法定期限内不予答复，或者对行政机关作出的有关行政许可的其他决定不服的；（4）对行政机关作出的关于确认土地、矿藏、水流、森林、山岭、草原、荒地、滩涂、海域等自然资源的所有权或者使用权的决定不服的；（5）对征收、征用决定及其补偿决定不服的；（6）申请行政机关履行保护人身权、财产权等合法权益的法定职责，行政机关拒绝履行或者不予答复的；（7）认为行政机关侵犯其经营自主权或者农村土地承包经营权、农村土地经营权的；（8）认为行政机关滥用行政权力排除或者限制竞争的；（9）认为行政机关违法集资、摊派费用或者违法要求履行其他义务的；（10）认为行政机关没有依法支付抚恤金、最低生活保障待遇或者社会保险待遇的；（11）认为行政机关不依法履行、未按照约定履行或者违法变更、解除政府特许经营协议、土地房屋征收补偿协议等协议的；（12）认为行政机关侵犯其他人身权、财产权等合法权益的。

“其他人身权、财产权”是指除上述11类案件所涉及的有关人身权、财产权以外的人身权、财产权。这也可以看作是行政诉讼法对人身权、财产权保护的一种概括规定，即在我国，公民、法人或者其他组织认为行政机关侵犯任何一种人身权、财产权，都可以向法院提起行政诉讼。根据我国现行法律、法规的规定，法院受理的侵犯其他人身权、财产权案件，主要有以下4类：一是不服行政机关确认土地、矿产、森林、山岭、草原、荒地、滩涂等资源的所有权和使用权归属的行政处理决定的案件；二是不服确认专利权等处理决定的案件；三是不服行政机关对平等主体之间的赔偿问题所作裁决的案件，如果行政机关对这类争议进行调解或者仲裁，当事人不服的，不得提起行政诉讼；四是不服行政机关依照职权作出的强制性补偿决定的案件。

行政机关为实现公共利益或者行政管理目标，在法定职责范围内，与公民、法人或者其他组织协商订立的具有行政法上权利义务内容的协议，属于《行政诉讼法》第12条第1款第11项规定的行政协议。公民、法人或者其他组织就下列行政协议提起行政诉讼的，人民法院应当依法受理：（1）政府特许经营协议；（2）土地、房屋等征收征用补偿协议；（3）其他行政协议。

此外，法律、法规规定受理的其他行政案件，法院也应当受理。此处的“法律”是指全国人大及其常委会制定的规范性文件，“法规”是指行政法规、地方性法规、自治条例和单行条例。

三、法院不予受理的事项

《行政诉讼法》第13条规定了司法审查的排除性条款，即明确规定某些事项法院不予受理。

1. 国防、外交等国家行为

国家行为又称“统治行为”、“政治行为”，是指涉及国家之间的关系、国家安全以及其他国家重大利益的高度政治性行为，具体来说，是指国务院、中央军事委员会、国防部、外交部等根据宪法和法律的授权，以国家的名义实施的有关国防和外交事务的行为，以及经宪法和法律授权的国家机关宣布紧急状态、实施戒严和总动员等行为。一般认为，国家机关依据宪法和法律授予的自由裁量权就国家重大政治问题所采取的行为，属于高度政治性行为而非法律性行为，若采取这类行为失当，国家机关及其首脑也只承担政治责任，而不承担法律责任。法院属司法机关，只有权审查法律行为，追究法律责任，因国家行为产生的争议，不能由司法机关而只能由人民或者政治性机关追究政治责任。各国因政治体制及国家结构形式的不同，对国家行为的范围认识不一，且随形势的变化而有所发展，但各国一般都将国防和外交这两类行为视为国家行为。国防方面的国家行为主要有征兵、军需、军基、军事设施建设的决定、命令等；外交方面的国家行为主要有依据国家对外政策而缔结条约和协定、对外国政府的承认、对国际重大事件的看法等各种外事活动的决定、命令。

2. 抽象行政行为

《行政诉讼法》第 13 条第 2 项规定，人民法院不受理公民、法人或者其他组织对行政法规、规章或者行政机关制定、发布的具有普遍约束力的决定、命令提起的诉讼。据此，行政相对人直接就行政规范性文件向人民法院提起诉讼，人民法院不予受理。同时，《行政诉讼法》第 53 条规定："公民、法人或者其他组织认为行政行为所依据的国务院部门和地方人民政府及其部门制定的规范性文件不合法，在对行政行为提起诉讼时，可以一并请求对该规范性文件进行审查。前款规定的规范性文件不含规章。"可见，规章及国务院制定的行政法规等不在提起诉讼的范围之内，当事人应当通过其他途径寻求救济。

3. 内部行政行为

这里的内部行政行为是指行政机关作出的涉及该行政机关工作人员权利、义务的决定。行政机关管理其内部事务的行政行为，如对其所属的工作人员进行奖惩、任免等，属于行政机关自律权范畴，法院对此不能通过审判程序进行干涉。同时，行政机关奖惩、任免工作人员通常以内部规定、内部考核结果为依据，是行政机关综合判断的结果，法院无法判断行政机关的这些决定是否合法与适当。根据有关法律的规定，对这类行为的监督权，分别由其上一级行政机关、监察机关、人事机关行使。

4. 法律规定由行政机关最终裁决的行政行为

此处的"法律"仅指全国人大及其常委会制定、通过的规范性文件。如果其他规范性文件规定行政机关有权作出终局裁决，当事人向法院起诉的，法院应当受理。法律对由行政机关作出最终裁决的行政行为的范围的规定方式，主要有以下三种：

（1）明确列举的方式，即在法律中明确规定当事人不服行政机关的某项行政处理决定，只能向有关行政机关申请复议，复议决定为最终裁决，不得向法院起诉，如《行政复议法》第 30 条第 2 款的规定。

（2）由当事人选择，即当事人不服行政机关的行政处理决定，可以向作出决定的行政机关的上一级机关复议，复议决定为终局决定；也可以直接向法院起诉，如《行政复议法》等 14 条的规定。

（3）法律虽然没有规定哪些行政争议由行政机关作最终裁决，但根据《行政诉讼法》第 12 条关于法院受案范围的规定，行政机关对因法院受案范围以外的行政行为发生的争议作出的复议决定就是一种事实上的最终裁决。例如，《集会游行示威法》第 13 条规定：集会、游行、示威的负责人对主管机关不许可的决定不服的，可以自接到决定通知之日起 3 日内，向同级人民政府申请复议，人民政府应当自接到申请复议书之日起 3 日内作出决定。该法没有规定当事人对政府的复议决定不服可以向法院起诉，《行政诉讼法》也未作此规定，因此，政府关于集会、游行、示威申请的复议决定就是最终裁决。

第二节 行政诉讼管辖

一、行政诉讼管辖概述

行政诉讼管辖是指上下级法院之间和同级法院之间受理第一审行政案件的分工和权限，换言之，它所解决的是公民、法人或者其他组织认为属于法院受案范围的具体行政行为侵犯了自己的合法权益时，向哪一级、哪一个法院起诉的问题。法院的审判权与管辖权，既有联系又有区别：审判权是管辖权的基础和前提，没有审判权也就不可能有管辖权；管辖权是审判权的具体落实，但对于属于法院受案范围的行政争议，并不是每一个法院都有管辖权。行政诉讼法对行政案件的管辖权作出具体规定，便于公民、法人或者其他组织提起诉讼，有利于法院系统内部的合理分工及明确法院的内部职责，便于有关国家机关及全体人民对法院的工作进行监督。

《行政诉讼法》对管辖权的规定，考虑了以下因素：（1）法院内部的合理分工，包括上下级法院和同级法院之间的合理分工；（2）便于法院及时、便利地办理案件；（3）有利于法院公正地审理案件；（4）根据不同情况，便于原告或者被告参加诉讼。

行政案件由普通法院受理；专门人民法院、人民法庭不审理行政案件，也不审查和执行行政机关申请执行其具体行政行为的案件。

行政诉讼管辖分为级别管辖、地域管辖和裁定管辖三类，其中级别管辖和地域管辖是由法律明确规定的，又合称为“法定管辖”。

二、级别管辖

级别管辖是指上下级法院受理第一审行政案件的分工和权限。级别管辖是从纵向上解决哪些第一审行政案件应由哪一级法院受理和审理的问题。《行政诉讼法》关于级别管辖的规定较为简单：（1）最高人民法院：管辖全国范围内重大、复杂的第一审行政案件；（2）高级人民法院：管辖本辖区内重大、复杂的第一审行政案件；（3）中级人民法院：管辖对国务院部门或者县级以上地方人民政府所作的行政行为提起诉讼的案件；海关处理的案件；本辖区内重大、复杂的案件；其他法律规定由中级人民法院管辖的案件。（4）基层人民法院：管辖除上级人民法院管辖的第一审行政案件以外的其他行政案件。

三、地域管辖

地域管辖，又称“区域管辖”、“土地管辖”，是指同级法院之间受理第一审行政案件的分工和权限。它是根据法院的辖区与当事人所在地或者诉讼标的所在地的关系确定第一审行政案件的管辖。《行政诉讼法》所确定的地域管辖分为一般地域管辖和特殊地域管辖。

1. 一般地域管辖

又称“普通地域管辖”，是指按照最初作出具体行政行为的行政机关所在地确定的管辖。根据《行政诉讼法》的规定，行政案件由最初作出行政行为的行政机关所在地人民法院管辖。

经复议的案件，也可以由复议机关所在地人民法院管辖。经最高人民法院批准，高级人民法院可以根据审判工作的实际情况，确定若干人民法院跨行政区域管辖行政案件。这一规定主要考虑的是便于双方当事人进行诉讼、便于法院审理案件及地方性法规、地方政府规章的适用。作出原行政行为的行政机关和复议机关为共同被告的，以作出原行政行为的行政机关确定案件的级别管辖。

2. 特殊地域管辖

又称“特别管辖”，是指根据具体行政行为的特殊性或者标的物所在地来确定管辖的法院。又分为专属管辖和共同管辖。

(1) 专属管辖。因不动产提起的行政诉讼，由不动产所在地人民法院管辖。

(2) 共同管辖，是指两个或者两个以上的人民法院对同一行政案件都有管辖权。共同管辖有两种情况：一是经过复议，复议机关改变原具体行政行为的（所谓“改变原行政行为”，是指改变原行政行为所认定的主要事实和证据，或改变原行政行为所适用的规范依据且对定性产生影响的，或撤销、部分撤销、变更原行政行为处理结果的），由最初作出行政行为的行政机关所在地或者由复议机关所在地的法院管辖；二是对限制人身自由的行政强制措施不服而提起的行政诉讼，由被告所在地或者原告所在地法院管辖。“原告所在地”是指原告的户籍所在地、经常居住地和被限制人身自由所在地。行政机关基于同一事实既对人身又对财产实施行政处罚或采取行政强制措施的，被限制人身自由的公民，被扣押或没收财产的公民、法人或者其他组织对上述行为均不服的，既可以向被告所在地法院起诉，也可以向原告所在地法院起诉。在上述情况下，原告可以选择两个或者两个以上有管辖权的法院中的一个起诉。如果原告同时向两个或者两个以上有管辖权的法院起诉的，由最先立案的人民法院管辖。

(3) 异地管辖。异地管辖制度，是指对于可能影响公正审理的案件或按照一般地域管辖原则有管辖权的法院不适宜行使管辖权的案件，原告可以申请或该法院上报上级人民法院指定或者上级人民法院主动指定某一邻近的基层人民法院管辖的制度。它可以解决当前我国行政审判受到地方保护主义影响的问题，解除基层人民法院面临的压力，保证行政审判活动的公正性、独立性。

(4) 提级管辖。提级管辖是指上级人民法院审理原本属于下一级人民法院审理的案件，其目的主要是提高案件的公正性，特别是对于有影响力的案件，以此排除地方不当干预。在行政诉讼中，也存在提级管辖，即对于被告为县级以上人民政府的案件（但以县级人民政府名义办理不动产物权登记的案件除外），社会影响重大的共同诉讼、集团诉讼案件，重大涉外或者涉及香港特别行政区、澳门特别行政区、台湾地区的案件，以及其他重大、复杂案件，由中级人民法院管辖审理。另外，对于其他行政案件可以根据当事人的起诉、基层人民法院的报请或者中级人民法院以职权提级管辖或指定管辖。[①]

四、裁定管辖

裁定管辖是指法院在某些特殊情况下，以裁定的方式确定行政案件的管辖法院。裁定管辖是法定管辖的补充。裁定管辖有移送管辖、指定管辖和管辖权的转移三种类型。

---

① 参见最高人民法院《关于行政案件管辖若干问题的规定》第1条至第5条。

1. 移送管辖

这是指某一法院受理行政案件后，发现自己对该案件没有管辖权，将案件移送给有管辖权的法院审理。移送管辖必须具备下列条件：（1）移送法院已经受理了该案件；（2）移送法院对该案件没有管辖权；（3）接受移送的法院必须对该案件有管辖权。移送法院的移送裁定对接受移送的法院具有约束力，接受移送的法院不得再自行移送。接受移送的法院如果认为移送的案件也不属于自己管辖，应说明理由，报请共同上一级法院，由其指定某个下级法院管辖。移送管辖是行政案件在同级法院之间的移送，行政诉讼法设立这种管辖的目的在于保护原告的利益。

当事人提出管辖异议，应当在接到法院应诉通知之日起 10 日内以书面形式提出。对当事人提出的管辖异议，法院应当进行审查：异议成立的，裁定将案件移送有管辖权的法院；异议不成立的，裁定驳回。

2. 指定管辖

这是指上级法院以裁定的方式指定某一下级法院管辖某一行政案件。有以下两种情况：（1）由于特殊原因，有管辖权的法院不能行使管辖权。此处的“特殊原因”包括事实上的原因和法律上的原因。（2）法院之间对管辖权发生争议，协商不成的。

3. 管辖权的转移

管辖权的转移是指经上级法院决定或者同意，上级法院审理下级法院管辖的第一审行政案件，或者下级法院把自己管辖的第一审行政案件报请上级法院审理。《行政诉讼法》第 24 条规定，上级人民法院有权审理下级人民法院管辖的第一审行政案件。下级人民法院对其管辖的第一审行政案件，认为需要由上级人民法院审理或者指定管辖的，可以报请上级人民法院决定。管辖权的转移是级别管辖的补充。

问题与思考

1. 2005 年 5 月 25 日，江苏省 Y 市国土资源局（被告）针对 Y 市开发区港联村南区一组（原告）村民就江堤外侧江滩土地权属问题提出的异议，作出《关于对长江江堤外侧江滩土地权属问题的答复意见》，其中引用了相关法律、法规的规定，明确 Y 市长江大堤以及江堤外侧的江滩土地属国家所有。原告不服，向 Y 市人民法院提起行政诉讼。原告诉称请求法院撤销被告 2005 年 5 月 25 日作出的《关于对长江江堤外侧江滩土地权属问题的答复意见》，重新确定土地所属权限为集体所有，由被告承担诉讼费用。被告辩称：该局的答复意见仅是对群众上访一事的答复，不属于行政诉讼的受案范围，请求法院驳回原告的起诉。Y 市人民法院审理后认为：原告对涉讼江滩的土地权属存有异议，并向有关政府部门进行上访。针对原告的上访请求，被告对该宗土地的所有权归属，以答复意见的形式向原告作一告知，而该答复意见并未改变该宗土地原有的所有权归属，即该答复意见对原告的权利、义务不产生实际影响。依据最高人民法院《关于执行〈中华人民共和国行政诉讼法〉若干问题的解释》第 1 条第 2 款第 6 项之规定，对该答复行为不服提起诉讼的，不属于人民法院行政诉讼的受案范围。

问题：（1）确立行政诉讼受案范围的原则和方式是什么？

（2）哪些事项不属于法院受理行政诉讼案件的范围？

2. 甲县产粮大户胡某准备卖粮食，在路途中，被甲县工商局的工作人员拦住，经盘问后向胡某亮出工作证，并告诉胡某，他们是来执行任务的。根据甲县人民政府《关于夏季征粮的若干规定》，胡某的行为已违反了县政府关于征粮的若干规定，决定以县政府名义作出对胡某准备外卖的粮食予以没收的行政处罚。胡某不服，提出辩解。工商局工作人员告诉胡某有权在15日以内提出行政复议或者行政诉讼。胡某认为如果在县人民法院起诉县政府的话，肯定会败诉，于是到该市中级人民法院对处罚决定提起行政诉讼。该市中级人民法院认为：行政诉讼法将一般的行政案件归由基层人民法院管辖的主要目的是便利相对人提起行政诉讼和有利于法院提高审理行政案件的效率，但是从审判实践看，由于基层人民法院在地方党政机关中的地位不高，而且在人、财、物方面均受制于地方政府，因而基层人民法院审理以县政府或者县级行政机关为被告的行政诉讼案件，受到干扰的可能性比较大，这样非常不利于保护相对人的合法权益。为了使行政案件的审判工作进一步摆脱行政机关的干扰，尽可能保护相对人的合法权益，依据最高人民法院相关司法解释的相关规定，该市中级人民法院受理了案件。而县人民政府对此不服，认为市中级人民法院没有管辖权，于是提出管辖异议。市中级人民法院经过审查，驳回其管辖异议，同时判决撤销县工商局的没收处罚决定，并限10日内将粮食返还给胡某。

问题：(1) 行政诉讼管辖的含义是什么？

(2) 行政诉讼的确定因素有哪些？

(3) 本案中市中级人民法院受理案件是否符合我国法律对于级别管辖的规定？

相关司法考试真题

1. 当事人不服下列行为提起的诉讼，属于行政诉讼受案范围的是：(　　)。(2011年)

A. 某人保局以李某体检不合格为由取消其公务员录用资格

B. 某公安局以新录用的公务员孙某试用期不合格为由取消录用

C. 某人保局给予工作人员田某记过处分

D. 某财政局对工作人员黄某提出的辞职申请不予批准

2. 某药厂以本厂过期药品作为主原料，更改生产日期和批号生产出售。甲市乙县药监局以该厂违反《药品管理法》第49条第1款关于违法生产药品规定，决定没收药品并处罚款20万元。药厂不服，向县政府申请复议，县政府依《药品管理法》第49条第3款关于生产劣药行为的规定，决定维持处罚决定。药厂起诉。关于本案的被告和管辖，下列说法正确的有：(　　)。(2012年)

A. 被告为乙县药监局，由乙县法院管辖

B. 被告为乙县药监局，甲市中级法院对此案有管辖权

C. 被告为乙县政府，乙县法院对此案有管辖权

D. 被告为乙县政府，由甲市中级法院管辖

第十一章

行政诉讼参加人

教学目标

了解：行政诉讼参加人与行政诉讼参与人。

熟悉：行政诉讼原告、被告和共同诉讼人。

掌握：当事人的概念与特征，当事人的诉讼权利能力与诉讼行为能力，当事人的诉讼权利与诉讼义务，行政诉讼代理人。

教学要求

知识要点	能力要求	司法考试或公务员录用考试相关知识
行政诉讼参加人	（1）了解行政诉讼参加人与行政诉讼参与人 （2）了解当事人的概念与特征 （3）掌握当事人的诉讼权利能力与诉讼行为能力 （4）掌握当事人的诉讼权利与诉讼义务 （5）了解诉讼代理人的概念及类型	（1）行政诉讼参加人与行政诉讼参与人 （2）当事人的概念与特征 （3）当事人的诉讼权利能力与诉讼行为能力 （4）当事人的诉讼权利与诉讼义务 （5）诉讼代理人
行政诉讼原告、被告和共同诉讼人	（1）熟悉行政诉讼原告 （2）熟悉行政诉讼被告 （3）熟悉共同诉讼人	（1）行政诉讼原告 （2）行政诉讼被告 （3）共同诉讼人
行政诉讼第三人	（1）了解行政诉讼第三人的概念 （2）掌握行政诉讼第三人的诉讼地位	（1）行政诉讼第三人的概念 （2）行政诉讼第三人的诉讼地位

参考文献

1. 马怀德主编．行政诉讼原理．北京：法律出版社，2003

2. [德] 弗里德赫尔穆·胡芬．行政诉讼法．5版．莫光华译．北京：法律出版社，2003
3. 胡建淼．行政诉讼法学．北京：法律出版社，2005

第一节　行政诉讼参加人概述

一、行政诉讼参加人与行政诉讼参与人

行政诉讼参加人是指因与行政争议存在直接利害关系而参加行政诉讼的整个过程或者主要阶段的人及与他们的诉讼地位相类似的人，包括当事人和诉讼代理人。行政诉讼参与人是指除审判人员、书记员、执行人员以外的参与行政诉讼的人，包括当事人、诉讼代理人、证人、鉴定人和翻译人员等。他们在诉讼中所处的地位不同，享有的诉讼权利和承担的诉讼义务也不同。

行政诉讼参与人的范围比行政诉讼参加人的范围更大，前者包括了后者；行政诉讼参加人以外的诉讼参与人在诉讼中的地位和重要性要次于行政诉讼参加人。

二、当事人的概念与特征

当事人是指因行政行为发生争议，以自己的名义到法院起诉、应诉和参加诉讼，并受法律裁判约束的公民、法人或者其他组织以及行政机关，包括原告、被告和第三人。当事人在不同的诉讼程序阶段有不同的称谓：在第一审程序中，称原告、被告、第三人；在第二审程序中，称上诉人和被上诉人；在执行程序中，称申请执行人和被执行人。当事人的不同称谓，表明其在不同诉讼程序中所处的诉讼地位及享有的诉讼权利、承担的诉讼义务。

当事人具有以下特征：

(1) 参加诉讼是为了保护自己的合法权益。凡参加诉讼的目的是保护他人的合法权益，或者向法院提供客观事实及翻译活动的人，如诉讼代理人、证人、鉴定人、翻译人员等，均不是行政诉讼当事人。

(2) 以自己的名义进行诉讼。凡不以自己的名义而是以他人的名义进行诉讼的人，如诉讼代理人，都不是行政诉讼当事人。

(3) 与人民法院正在审理的行政案件有利害关系。以自己的名义参加诉讼，但与被诉具体行政行为没有利害关系的人，如证人、鉴定人等，不是行政诉讼当事人。

(4) 受人民法院的裁判拘束。法院的裁判是为了解决当事人之间的行政争议而作出的，因而对他们有拘束力。这一特征是当事人与其他诉讼参与人的重要区别。

三、当事人的诉讼权利能力与诉讼行为能力

(一) 当事人的诉讼权利能力

诉讼权利能力又称“当事人能力”，是指能够享有行政诉讼权利和承担行政诉讼义务的资格。具备了这种法律资格，才能以自己的名义到法院起诉、应诉和参加诉讼，从而成为行政诉

讼当事人。

诉讼权利能力的取得和消灭与实体权利能力的取得和消灭是相适应的：公民的诉讼权利能力自出生时开始，至死亡时消灭；法人和行政机关的诉讼权利能力，自依法成立时开始，至解散、撤销、宣告破产时消灭；其他组织的诉讼权利能力，自经主管机关许可或者批准成立时开始，至解散、撤销时消灭。

诉讼权利能力是与人身密不可分的，既不可转让，也不应受到限制，任何转让或者限制的行为都是无效的。

（二）当事人的诉讼行为能力

诉讼行为能力又称“诉讼能力”，是指以自己的行为行使诉讼权利和履行诉讼义务的资格。无诉讼行为能力的当事人，不能亲自进行诉讼活动，必须由法定代理人代为进行。在行政法上，公民的行为能力分为无行为能力、限制行为能力和完全行为能力。而在行政诉讼中，行为能力只能是有或者无，而不可能存在限制行为能力的情况。

公民的诉讼行为能力自年满 18 周岁时开始；年满 16 周岁，依靠自己的劳动收入生活的公民已具有诉讼行为能力。未满 18 周岁（上述年满 16 周岁的公民除外）和虽年满 18 周岁但患有精神病的公民无行为能力。法人和其他组织以及行政机关的诉讼行为能力和诉讼权利能力是一致的，即从它们成立时开始，至撤销、解散或者宣告破产时终止。

四、当事人的诉讼权利与诉讼义务

（一）当事人的诉讼权利

赋予当事人在诉讼过程中以一定的权利，既是其用以维护自己合法权益的诉讼手段，也是法院及时、全面地查明案件事实，正确适用法律的保证之一。当事人在行政诉讼中享有广泛的诉讼权利，主要有：（1）当事人有使用本民族语言、文字进行诉讼的权利；（2）当事人在诉讼中有进行辩论的权利；（3）当事人有委托诉讼代理人进行诉讼的权利；（4）经法院许可，当事人可以查阅本案的庭审材料，但涉及国家秘密或者个人隐私的材料除外；（5）当事人在证据可能灭失或者以后难以取得的情况下，可以向法院申请证据保全；（6）当事人有权申请财产保全；（7）当事人有申请回避权，对法院作出的回避决定不服时，可以申请复议；（8）经审判长许可，当事人有向证人、鉴定人和勘验人员发问的权利；（9）当事人有查阅并申请补正庭审笔录的权利；（10）当事人不服法院第一审裁判时，有权在法定期限内提起上诉；（11）当事人对已生效的裁判，认为有错误的，有提出申诉的权利；（12）对法院已生效的裁判，如果败诉一方当事人在法定期限内拒绝履行义务，胜诉一方当事人有权申请法院强制执行；（13）公民、法人或者其他组织有向法院提起行政诉讼的权利；（14）原告有权申请法院裁定停止行政行为的执行；（15）原告有放弃诉讼请求的权利；（16）原告有权申请先行给付；（17）被告有应诉和答辩的权利；（18）被告在第一审程序中有改变被诉行政行为的权利。

（二）当事人的诉讼义务

当事人在享有上述诉讼权利的同时，必须履行下列义务：（1）当事人不得滥用诉讼权利；（2）当事人必须遵守诉讼秩序，服从法庭的指挥，不得实施妨害诉讼秩序的行为；（3）当事人应当自觉履行法院已经生效的判决；(4) 被告行政机关在行政诉讼中负有举证责任；(5) 被告行政机关在诉讼过程中，不得自行向原告和证人收集证据。

五、诉讼代理人

根据法律规定或者当事人、法定代理人的委托，以被代理人的名义进行诉讼行为的，称为"诉讼代理"；代理当事人进行诉讼行为的权限，称为"诉讼代理权"；行使诉讼代理权的人，称为"诉讼代理人"。诉讼代理人具有以下特征：(1) 诉讼代理人只能以被代理人的名义进行诉讼活动；(2) 诉讼代理人参加诉讼的目的在于维护被代理人的合法权益；(3) 诉讼代理人在代理权限范围内所实施的诉讼行为，其法律后果由被代理人承担。

第二节　行政诉讼原告、被告和共同诉讼人

一、行政诉讼原告

(一) 原告的概念与特征

行政诉讼原告是指认为行政机关的行政行为侵犯其合法权益，而依法以自己的名义向法院起诉的公民、法人或者其他组织。原告的法律特征是：(1) 认为行政行为侵犯其合法权益；(2) 以自己的名义向法院起诉；(3) 受法院的裁判拘束。认为行政行为侵犯其合法权益，既是原告的特征之一，也是对原告资格的规定。从诉讼权利能力的角度看，公民、法人或者其他组织都具有在行政诉讼中充当原告的资格，但公民、法人或者其他组织要成为某一特定案件的原告，必须是行政行为的相对人或者其他与行政行为有法律上利害关系的人认为行政行为侵犯了自己的合法权益。行政诉讼原告有公民、法人和其他组织三类。

有下列情形之一的，公民、法人或其他组织也可依法提起行政诉讼：(1) 被诉行政行为涉及其相邻权或公平竞争权的；(2) 与被诉的行政复议决定有法律上利害关系或在复议程序中被追加为第三人的；(3) 要求主管行政机关依法追究加害人法律责任的；(4) 与撤销或变更行政行为有法律上利害关系的。

(二) 行政诉讼原告资格的转移

如果有权起诉的公民死亡，由其近亲属作为原告继续进行诉讼。近亲属包括配偶、父母、子女、兄弟姐妹、祖父母、外祖父母、孙子女、外孙子女和其他具有扶养、赡养关系的亲属。公民因被限制人身自由而不能提起诉讼的，其近亲属可依其口头或书面委托以该公民的名义提起诉讼。

法人或者其他组织作为原告参加诉讼，其诉讼行为由其法定代表人进行。有权提起诉讼的法人或者其他组织终止的，承受其权利和义务的法人或者其他组织可以继续诉讼；在合并的情况下，被合并的法人或者其他组织仍具有起诉权。属于继续诉讼的，原法人或者其他组织已进行的诉讼活动对继续诉讼的新法人或者其他组织具有约束力。

二、行政诉讼被告

（一）被告的概念与特征

行政诉讼被告是指作出被原告认为侵犯其合法权益并向法院提起诉讼的行政行为，而由法院通知应诉的行政机关。被告具有以下特征：(1) 被告只能是行使行政管理权、作出行政行为的行政机关；(2) 其作出的行政行为被原告指控侵害其合法权益；(3) 以自己的名义应诉，并受法院裁判拘束。

（二）在特定案件中，原告必须确定适当的被告，其所提起的诉讼才有可能被法院受理

确定被告的原则和标准是：(1) 公民、法人或者其他组织依法直接向法院起诉的，作出行政行为的行政机关是被告。(2) 经复议的案件，复议机关决定维持原行政行为的，作出原行政行为的行政机关和复议机关是共同被告；复议机关改变原行政行为的，复议机关是被告。"复议机关决定维持原行政行为"，包括复议机关驳回复议申请或者复议请求的情形，但以复议申请不符合受理条件为由驳回的除外；"复议机关改变原行政行为"，是指复议机关改变原行政行为的处理结果。(3) 复议机关在法定期限内未作出复议决定，公民、法人或者其他组织起诉原行政行为的，作出原行政行为的行政机关是被告；起诉复议机关不作为的，复议机关是被告。(4) 两个以上行政机关作出同一具体行政行为的，共同作出具体行政行为的行政机关是共同被告。(5) 行政机关委托的组织所作的行政行为，委托的行政机关是被告。(6) 行政机关被撤销或者职权变更的，继续行使其职权的行政机关是被告。(7) 行政机关组建并赋予行政管理职能，但不具有独立承担法律责任能力的机构，以自己的名义作出行政行为，当事人不服而提起诉讼的，应当以组建该机构的行政机关为被告。(8) 行政机关内设机构或派出机构在没有法律、法规或规章授权的情况下，以自己的名义作出行政行为，当事人不服而提起诉讼的，应当以该行政机关为被告。(9) 法律、法规或规章授权行使行政职权的行政机关内设机构、派出机构或者其他组织，超出法定职权范围实施行政行为，当事人不服而提起诉讼的，应当以实施该行为的机构或组织为被告。(10) 行政机关在没有法律、法规或规章规定的情况下，授权其内设机构、派出机构或其他组织行使行政职权的，应当视为委托。当事人不服而提起诉讼的，应当以该行政机关为被告。(11) 行政机关与非行政机关共同作出行政行为，当事人不服而向法院起诉的，应以作出决定的行政机关为被告，非行政机关不能作为被告。但在行政赔偿诉讼中，法院应通知该非行政机关作为第三人参加诉讼。(12) 由法律、法规、规章授权的组织作出行政行为的，该组织是被告；由行政机关委托的组织作出行政行为的，委托的行政机关是被告。

在行政诉讼中，原告所起诉的被告有遗漏，或者不适当时，法院在第一审程序中，征得原告的同意后，可以依职权追加或者变更被告。法院要求追加被告，原告不同意的，将应追加的被告列为第三人。应当变更被告，而原告不同意变更的，裁定驳回起诉。

三、共同诉讼人

（一）共同诉讼人的概念

共同诉讼是指当事人一方或者双方为二人以上，因同一行政行为发生的行政案件，或者因

同类行政行为发生的行政案件、人民法院认为可以合并审理并经当事人同意的，为共同诉讼。共同诉讼人是指在共同诉讼案件中，人数在两个或者两个以上的一方或者双方当事人。原告一方是两个或者两个以上主体的，称为“共同原告”；被告一方是两个或者两个以上主体的，称为“共同被告”。行政诉讼中的共同诉讼是诉讼主体的合并，即一个案件有两个或者两个以上的原告或者被告。

（二）根据共同诉讼成立的条件，可以将共同诉讼分为必要的共同诉讼和普通的共同诉讼

1. 必要的共同诉讼

必要的共同诉讼是指当事人一方或者双方为两个以上主体，因同一行政行为发生的行政案件，法院必须合并审理的诉讼。在行政诉讼中，下列情况可以引起必要共同诉讼的发生：（1）二人以上共同实施违法行为，被行政机关在同一决定中分别制裁，被制裁人均不服而起诉的；（2）行政机关在同一决定中给予法人或者其他组织及其负责人分别制裁，二者均不服而起诉的；（3）两个以上的共同被害人不服行政机关对加害人所作的行政制裁而起诉的；（4）被制裁人和被加害人双方均不服行政机关的制裁决定而起诉的；（5）两个以上行政机关作出同一具体行政行为，当事人不服而起诉的。

2. 普通的共同诉讼

普通的共同诉讼是指当事人一方或者双方为二人以上，因同类行政行为发生的行政案件、人民法院认为可以合并审理并经当事人同意的诉讼。普通共同诉讼的形成需要具备以下条件：（1）基于同类的行政行为，“同类”是指行政行为的性质相同或作出行政行为的事实和理由相同；（2）受同一法院管辖；（3）法院认为可以合并审理；（4）当事人同意。

当事人一方人数众多的共同诉讼，可以由当事人推选代表人进行诉讼。代表人的诉讼行为对其所代表的当事人发生效力，但代表人变更、放弃诉讼请求或者承认对方当事人的诉讼请求，应当经被代表的当事人同意。

必要共同诉讼与普通共同诉讼的主要区别在于：必要共同诉讼是因行政机关的同一行政行为而引起两个以上的原告或者被告，他们之间因该行政行为而有着相互联系的或者共同的利害关系，法院必须合并审理。普通共同诉讼是因行政机关的同类行政行为而引起两个以上的原告或者被告，他们之间没有相互联系的或者共同的利害关系，当法院合并审理时，形成共同诉讼；当法院分开审理时，成为各个独立的案件，因而属于可分之诉。

第三节 行政诉讼第三人和诉讼代理人

一、行政诉讼第三人

（一）行政诉讼第三人的概念

行政诉讼第三人是指与提起诉讼的行政行为有利害关系的其他公民、法人或者其他组织。《行政诉讼法》第29条规定，公民、法人或者其他组织同被诉行政行为有利害关系但没有提起诉讼，或者同案件处理结果有利害关系的，可以作为第三人申请参加诉讼，或者由人民法院通

知参加诉讼。第三人的特征是：（1）与提起诉讼的行政行为有利害关系；（2）相对于原告、被告而言，是与被诉行政行为有利害关系的其他公民、法人或者其他组织及行政机关；（3）在诉讼期间参加诉讼；（4）申请参加诉讼或者由法院通知参加诉讼。

（二）行政诉讼第三人的诉讼地位

第三人基于与被诉行政行为的直接的利害关系，以自己的名义，为维护自身的合法权益而参加诉讼，在诉讼中具有独立的地位。其既不是原告，也不是被告；既不依附于原告，也不依附于被告。从表面上看，第三人站在原告或者被告一边，维护原告或者被告的诉讼主张，但从实质上看，其最终目的是维护自己的合法权益。

第三人的诉讼地位，决定了其在诉讼中享有提供证据、进行辩论、委托他人代理诉讼、申请回避等诉讼权利。人民法院判决第三人承担义务或者减损第三人权益的，第三人有权依法提起上诉。但是，第三人无权处分原告和被告之间的实体权利和诉讼权利，不能进行放弃或者变更诉讼请求、撤诉等原告或者被告有权进行的诉讼行为。

二、行政诉讼代理人

根据诉讼代理人产生的不同基础，可将诉讼代理人分为法定代理人、委托代理人和指定代理人。在行政诉讼中存在指定代理人的可能性不大，需要由法院指定代理人，必须同时具备三个条件：（1）当事人无诉讼行为能力；（2）无诉讼行为能力的当事人没有法定代理人；（3）诉讼必须进行。对于作为原告的公民而言，前两个条件可以具备，但对原告而言，“诉讼必须进行”是不存在的；对于作为被告的行政机关而言，前两个条件是不可能的。唯一可能的是，当公民作为第三人时，其无诉讼行为能力，又无法定代理人，而诉讼又必须进行。《行政诉讼法》对指定代理人的情况没有作出规定。

（一）法定代理人

法定代理是根据法律的直接规定而产生的代理，法定代理人是根据法律的直接规定行使诉讼代理权的人。《行政诉讼法》第 30 条规定，没有诉讼行为能力的公民，由其法定代理人代为诉讼。可见，法定代理是为无诉讼行为能力的公民进行诉讼而设立的一种代理制度。

法定代理人的代理权是基于亲权或者监护权而产生的，因而法定代理人在诉讼中居于与原告相类似的地位：凡是原告享有的诉讼权利，他都有权行使；凡是原告承担的诉讼义务，他都代为履行。他所进行的行为被视为原告的行为。他不仅有权代为处分原告的诉讼权利，如起诉、上诉等，而且有权处分原告的实体权利，如放弃诉讼请求、撤诉等，即有权代替原告为一切诉讼行为。

（二）委托代理人

委托代理是根据当事人、法定代理人的委托而产生的诉讼代理，被当事人、法定代理人委托代为进行诉讼行为的人是委托代理人。当事人、法定代理人可以委托一至二人作为诉讼代理人。下列人员可以被委托为诉讼代理人：（1）律师、基层法律服务工作者；（2）当事人的近亲属或者工作人员；（3）当事人所在社区、单位以及有关社会团体推荐的公民。

当事人委托诉讼代理人，应当向人民法院提交由委托人签名或盖章的授权委托书，委托书应当载明委托事项和具体权限。公民在特殊情况下无法书面委托的，也可以口头委托，口头委托的，人民法院应当核实并记录在卷。被诉行政机关或其他有义务协助的机关拒绝人民法院向被限制人身自由的公民核实的，视为委托成立。

委托代理人的代理权是委托人授予的，其代理权限依委托人在授权委托书中所确定的授权范围而定。委托人的授权可分为一般授权和特别授权：一般授权即只在委托书上证明代理人仅有权代为进行诉讼行为；特别授权即载明委托代理人不仅有权代为进行诉讼行为，还可代为处分当事人的某些实体权利。当事人委托 2 人代理诉讼的，授权委托书中应当分别记明委托代理人各自的代理事项和权限。委托代理人在授权范围内所进行的诉讼行为，视为被代理人的诉讼行为，对被代理人发生法律效力。如果委托代理人的代理权限发生变更或者解除，当事人应当书面告知法院，并由法院通知其他当事人。

代理诉讼的律师有权按照规定查阅、复制本案有关材料，有权向有关组织和公民调查、收集与本案有关的证据。对涉及国家秘密、商业秘密和个人隐私的材料，应当依照法律规定保密。但作为被告的诉讼代理人的律师，在诉讼过程中，不得自行向原告和证人收集证据。当事人和其他诉讼代理人有权按照规定查阅、复制本案庭审材料，但涉及国家秘密、商业秘密和个人隐私的内容除外。

问题与思考

1. 施某、顾某两位老师既是南京某大学法律系的老师，也是有多年从业经验的律师。据两位老师称，他们几乎每天都要去紫金山，紫金山成为他们生活中不可或缺的内容。可是突然有一天他们发现紫金山竟然多了一个这样的“怪物”——紫金山观景台，其整体结构为“框筒七层、地下二层”，建筑面积为 2 000 平方米，位于紫金山最高峰头陀岭。施某、顾某都难以忍受。回去翻阅了相关法规后，他们决定将批准这一项目的南京市规划局告上法庭。他们在诉状中称，观景台的钢筋水泥建筑兀立于连绵起伏、绿意盎然的紫金山脉的最高处，极大地破坏了南京市民引以为荣并享誉海内外的紫金山自然景观，同时也极大地影响了凭票入园的游客的游兴。

问题：(1) 行政诉讼原告需要满足哪些条件？

(2) 本案中施某、顾某是否作为适格的原告？

(3) 在我国是否存在“行政公益诉讼”？

2. 朱甲与陈乙系同村村民，双方因故发生争吵。事后，朱甲及其子趁陈乙不备，将其扭住并进行殴打，造成陈乙头、胸等多处软组织损伤。县公安局依据《治安管理处罚法》对朱甲处以 15 日拘留，并责令其赔偿陈乙医疗费。朱甲不服，向市公安局申请复议。市公安局在法定期限届满后作出了复议决定，改变了县公安局的裁决。

问题：(1) 什么是行政诉讼被告？

(2) 市公安局的复议决定是否有效？

(3) 若陈乙对复议决定不服，能否向法院起诉？若起诉，应以谁为被告？

(4) 若朱甲不服，又应以谁为被告？

3. 龙某与胡某因土地使用权发生争议，县政府将争议土地确权给龙某。胡某不服，向县政府的上一级某市政府申请复议。某市政府以县政府的处理决定认定事实不清为由，作出撤销决定。龙某就该复议决定向人民法院提起行政诉讼。

问题：(1) 什么是行政诉讼的第三人？

(2) 目前我国行政诉讼的第三人主要有哪几类情形？

(3) 本案中谁可以第三人身份参与诉讼？

相关司法考试真题

1. 甲县政府设立的临时机构基础设施建设指挥部，认定有10户居民的小区自建的围墙及附属房系违法建筑，指令乙镇政府具体负责强制拆除。10户居民对此决定不服，起诉。下列说法正确的是：(　　)。(2011年)

A. 本案被告为乙镇政府

B. 本案应由中级法院管辖

C. 如10户居民在指定期限内未选定诉讼代表人，法院可以依职权指定

D. 如10户居民对此决定申请复议，复议机关为甲县政府

2. 村民甲带领乙、丙等人，与造纸厂协商污染赔偿问题。因对提出的赔偿方案不满，甲、乙、丙等人阻止生产，将工人李某打伤。公安局接该厂厂长举报，经调查后决定对甲拘留15日、乙拘留5日，对其他人未作处罚。甲向法院提起行政诉讼，法院受理。下列哪些人员不能成为本案的第三人？(　　)(2012年)

A. 丙　　B. 乙　　C. 李某　　D. 造纸厂厂长

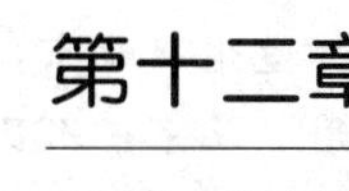

第十二章

行政诉讼程序、证据、法律适用及涉外行政诉讼

教学目标

了解：行政诉讼的审理依据，法律规范冲突及其适用规则。

熟悉：行政诉讼证据规则，行政诉讼举证责任，涉外行政诉讼的概念与种类，涉外行政诉讼的一般原则，对外送达方式与特殊时限。

掌握：行政诉讼程序。

教学要求

知识要点	能力要求	司法考试或公务员录用考试相关知识
行政诉讼程序	(1) 了解起诉与受理 (2) 掌握第一审程序 (3) 掌握第二审程序 (4) 掌握审判监督程序 (5) 了解执行程序 (6) 掌握判决、裁定与决定	(1) 起诉与受理 (2) 第一审程序 (3) 第二审程序 (4) 审判监督程序 (5) 执行程序 (6) 判决、裁定与决定
行政诉讼证据	(1) 了解行政诉讼证据的特点与种类 (2) 熟悉行政诉讼的举证责任 (3) 熟悉行政诉讼证明标准 (4) 掌握行政诉讼证据的质证 (5) 掌握行政诉讼证据的审核认定	(1) 行政诉讼证据的特点与种类 (2) 行政诉讼的举证责任 (3) 行政诉讼证明标准 (4) 行政诉讼证据的质证 (5) 行政诉讼证据的审核认定
行政诉讼的法律适用	(1) 了解行政诉讼的审理依据 (2) 了解法律规范冲突及其适用规则	(1) 行政诉讼的审理依据 (2) 法律规范冲突及其适用规则
涉外行政诉讼	(1) 熟悉涉外行政诉讼的概念与种类 (2) 了解涉外行政诉讼的一般原则 (3) 熟悉对外送达方式与特殊时限	(1) 涉外行政诉讼的概念与种类 (2) 涉外行政诉讼的一般原则 (3) 对外送达方式与特殊时限

参考文献

1. 吕立秋．行政诉讼举证责任．北京：中国政法大学出版社，2001
2. 孔祥俊．行政诉讼证据规定与法律适用．北京：人民法院出版社，2005
3. 蔡小雪．行政诉讼证据规则及运用．北京：人民法院出版社，2006
4. 杨海坤，章志远．行政诉讼法专题研究述评．北京：中国民主法制出版社，2006

第一节　行政诉讼程序

一、起诉与受理

（一）起诉

起诉是指公民、法人或者其他组织认为自己的合法权益受到行政机关的行政行为的侵害，而向法院提出诉讼请求，要求法院通过行使审判权，依法保护自己合法权益的诉讼行为。起诉是原告行使起诉权的单方诉讼行为。

公民、法人或者其他组织认为行政行为所依据的国务院部门和地方人民政府及其部门制定的规范性文件不合法，在对行政行为提起诉讼时，可以一并请求对该规范性文件进行审查。这里的“规范性文件”不含规章。

起诉有两种类型：（1）直接向法院起诉。只要法律、法规没有明确规定必须经过复议的，公民、法人或者其他组织对行政行为不服时，都可以直接向法院起诉。（2）经复议后向法院起诉。又分为两种情况：一是法律、法规明确规定必须经过复议程序才能向人民法院起诉的；二是虽然法律、法规没有规定必须经过复议，但公民、法人或者其他组织自愿选择先申请复议，对复议决定不服，再向法院起诉。

为防止公民、法人或者其他组织滥用起诉权，同时也为便于监督法院的受理工作，《行政诉讼法》对起诉设定了以下条件：第一，原告必须是认为行政行为侵犯其合法权益的公民、法人或者其他组织。《行政诉讼法》同时规定作为行政行为相对人以外的与行政行为有利害关系的其他公民、法人或者其他组织也具有原告资格，同时，行政机关当以法人身份与另一作为行政主体的行政机关发生争议时也具有原告资格。第二，有明确的被告。第三，有具体的诉讼请求和事实根据。第四，属于法院的受案范围和受诉法院管辖。第五，法律、法规规定在起诉前必须向行政机关申请复议的，应经过行政复议或者复议机关不受理复议申请或者复议机关在法定期限内不作复议决定后才能起诉。第六，必须在法定期限内起诉。

公民、法人或者其他组织直接向法院起诉的，应当在知道作出行政行为之日起 6 个月内提出（法律对期限另有规定的除外）。

行政相对人申请行政机关履行法定职责，行政机关在接到申请之日起 60 日内不履行的，行政相对人有权向人民法院起诉；行政相对人在紧急情况下请求行政机关履行保护其人身权、财产权的法定职责，行政机关不履行的，行政相对人可以随时向人民法院起诉。

公民、法人或者其他组织先向行政机关申请复议，复议机关逾期不作决定的，申请人可在复议期满之日起 15 日内向法院起诉（法律另有规定的除外）；申请人对复议决定不服的，在收到复议决定之日起 15 日内可以向法院起诉（法律另有规定的除外）。行政机关作出行政行为或复议决定时，未告知当事人诉权或者起诉期限的，其起诉期限从当事人知道或应当知道诉权或者起诉期限之日起算，但从知道或应当知道行政行为内容之日起最长不得超过 2 年。

行政相对人不知道行政机关作出的行政行为内容的，其起诉期限从知道或应当知道行政行为内容之日起计算。对涉及不动产的行政行为从作出之日起超过 20 年，对其他行政行为从作出之日起超过 5 年提起诉讼的，人民法院不予受理。

公民、法人或者其他组织申请行政机关履行保护其人身权、财产权等合法权益的法定职责，行政机关在接到申请之日起 2 个月内不履行的，公民、法人或者其他组织可以向人民法院提起诉讼。法律、法规对行政机关履行职责的期限另有规定的，从其规定。公民、法人或者其他组织在紧急情况下请求行政机关履行保护其人身权、财产权等合法权益的法定职责，行政机关不履行的，提起诉讼不受前述期限限制。

此外，公民、法人或者其他组织因不可抗力或者其他不属于其自身的原因耽误起诉期限的，被耽误的时间不计算在起诉期限内。公民、法人或者其他组织因上述原因以外的其他特殊情况耽误起诉期限的，在障碍消除后 10 日内，可以申请延长期限，是否准许由人民法院决定。

最高人民法院《关于适用〈中华人民共和国行政诉讼法〉若干问题的解释》第 4 条规定，公民、法人或者其他组织依照《行政诉讼法》第 47 条第 1 款的规定，对行政机关不履行法定职责提起诉讼的，应当在行政机关履行法定职责期限届满之日起 6 个月内提出。

起诉应当向人民法院递交起诉状，并按照被告人数提出副本。书写起诉状确有困难的，可以口头起诉，由人民法院记入笔录，出具注明日期的书面凭证，并告知对方当事人。

（二）受理

受理是指原告起诉后，受诉法院经审查，认为符合起诉条件，决定立案审理的行为。人民法院在接到起诉状时对符合行政诉讼法规定的起诉条件的，应当登记立案。对当场不能判定是否符合本法规定的起诉条件的，应当接收起诉状，出具注明收到日期的书面凭证，并在 7 日内决定是否立案。不符合起诉条件的，作出不予立案的裁定。裁定书应当载明不予立案的理由。原告对裁定不服的，可以提起上诉。

起诉状内容欠缺或者有其他错误的，应当给予指导和释明，并一次性告知当事人需要补正的内容。不得未经指导和释明即以起诉不符合条件为由不接收起诉状。对于不接收起诉状、接收起诉状后不出具书面凭证，以及不一次性告知当事人需要补正的起诉状内容的，当事人可以向上级人民法院投诉，上级人民法院应当责令改正，并对直接负责的主管人员和其他直接责任人员依法给予处分。

人民法院既不立案，又不作出不予立案裁定的，当事人可以向上一级人民法院起诉。上一级人民法院认为符合起诉条件的，应当立案、审理，也可以指定其他下级人民法院立案、审理。

起诉一经受理，即产生以下法律后果：（1）实体法上，起诉一经受理，诉讼时效中断。（2）程序法上，某法院一旦决定受理某一案件，该案件的诉讼系属即予确定：受理法院取得了依法对该案件的审判权和经过审理解决行政争议的义务，除法律规定的特殊情况外，法院不得随意解除与当事人的诉讼法律关系；起诉与应诉双方也分别相应取得了原告与被告的诉讼地位，各自依法享有诉讼权利、承担诉讼义务；原告不得自行就同一案件再向该法院或者其他法院另行起诉；被告行政机关也不得自行向原告和证人收集证据。

最高人民法院《关于适用〈中华人民共和国行政诉讼法〉若干问题的解释》第3条规定，有下列情形之一，已经立案的，应当裁定驳回起诉：(1) 不符合《行政诉讼法》第49条规定的；(2) 超过法定起诉期限且无正当理由的；(3) 错列被告且拒绝变更的；(4) 未按照法律规定由法定代理人、指定代理人、代表人为诉讼行为的；(5) 未按照法律、法规规定先向行政机关申请复议的；(6) 重复起诉的；(7) 撤回起诉后无正当理由再行起诉的；(8) 行政行为对其合法权益明显不产生实际影响的；(9) 诉讼标的已为生效裁判所羁束的；(10) 不符合其他法定起诉条件的。人民法院经过阅卷、调查和询问当事人，认为不需要开庭审理的，可以径行裁定驳回起诉。

二、第一审程序

(一) 审判组织形式和审理方式

人民法院审查起诉后，决定立案审理，引起第一审程序的开始。第一审程序是人民法院依照法定管辖权限，对案件进行的初次审理。

1. 组成合议庭

人民法院审理行政案件一律实行合议制，合议庭是实现合议制审判制度的基本组织形式。一审的合议庭有两种组织形式：一是由审判员组成合议庭，二是由审判员与陪审员组成合议庭。陪审员参加审理案件的，是合议庭的组成人员，具有与审判员同等的权利。合议庭的人数必须是3人以上的单数。

合议庭由院长或者行政审判庭庭长指定合议庭中的审判员1人担任审判长；院长或者庭长参加合议庭审理案件时，担任审判长。合议庭在审判长的组织、领导下进行活动。合议庭成员平等，对于案件的调查、审理、裁判以及其他重要问题，由全体成员共同研究，按照多数决定原则作出决定。合议庭成员对其所审理的案件负集体责任。

人民法院审理下列第一审行政案件，认为事实清楚、权利义务关系明确、争议不大的，可以适用简易程序：(1) 被诉行政行为是依法当场作出的；(2) 案件涉及款额2 000元以下的；(3) 属于政府信息公开案件的。除此以外的第一审行政案件，当事人各方同意适用简易程序的，可以适用简易程序。发回重审、按照审判监督程序再审的案件不适用简易程序。

适用简易程序审理的行政案件，由审判员一人独任审理，并应当在立案之日起45日内审结。人民法院在审理过程中，发现案件不宜适用简易程序的，裁定转为普通程序。

公民、法人或者其他组织请求一并审理《行政诉讼法》第61条规定的相关民事争议，应当在第一审开庭审理前提出；有正当理由的，也可以在法庭调查中提出。有下列情形之一的，人民法院应当作出不予准许一并审理民事争议的决定，并告知当事人可以依法通过其他渠道主张权利：(1) 法律规定应当由行政机关先行处理的；(2) 违反民事诉讼法专属管辖规定或者协议管辖约定的；(3) 已经申请仲裁或者提起民事诉讼的；(4) 其他不宜一并审理的民事争议。对不予准许的决定可以申请复议一次。

人民法院在行政诉讼中一并审理相关民事争议的，民事争议应当单独立案，由同一审判组织审理。审理行政机关对民事争议所作裁决的案件，一并审理民事争议的，不另行立案。人民法院一并审理相关民事争议，适用民事法律规范的相关规定，法律另有规定的除外。当事人在调解中对民事权益的处分，不能作为审查被诉行政行为合法性的根据。行政争议和民事争议应当分别裁判。当事人仅对行政裁判或者民事裁判提出上诉的，未上诉的裁判在上诉期满后即发生法律效力。第一审人民法院应当将全部案卷一并移送第二审人民法院，由行政审判庭审理。第二审人民法院发现未上诉的生效裁判确有错误的，应当按照审判监督程序再审。

2. 开庭审理

开庭审理是指在当事人和其他诉讼参与人共同参加下，合议庭在审判法庭上按照一定程序主持审理行政案件的整个过程。在行政诉讼的第一审程序中，人民法院不得进行书面审理，应当一律实行开庭审理。开庭审理是贯彻公开审判原则最主要的形式。

开庭审理具有以下特点：一是行政诉讼法律关系主体同时在法院的开庭地点参加诉讼活动；二是当事人可以充分行使各项诉讼权利；三是案件的事实和证据必须公开在法庭上调查、核实，凡未经法庭调查、核实的事实和证据不能作为定案根据；四是开庭审理具有一定的形式和程序，要求有一定的场所作为审判法庭，程序包括开庭前的准备、出庭情况审查、法庭调查、法庭辩论、评议判决、公开宣判等阶段。

开庭审理有两种方式：

（1）公开审理。人民法院审理行政案件的活动，除法律另有规定外，必须公开进行。公开审理有两层含义：一是对当事人和其他诉讼参与人公开，即案件的审理须在当事人、其他诉讼参与人参加下进行；二是对社会公开，即开庭审理活动允许社会上与案件无关的群众旁听，允许记者采访、报道。公开审理是开庭审理的主要形式。

（2）不公开审理。在开庭审理时，只允许当事人和人民法院通知到庭的其他诉讼参与人参加，不允许群众旁听，不准记者采访、报道。不公开审理的案件包括涉及国家秘密、个人隐私和法律另有规定的案件。涉及商业秘密的案件，当事人申请不公开审理的，可以不公开审理。

人民法院在审理行政案件时，不得以调解为必经审理程序及结案方式。但是，行政赔偿等可以适用调解。

（二）审理前的准备事项

审理前的准备是合议庭开庭审理行政案件之前必须经过的诉讼阶段。人民法院审理前的准备工作包括以下各项：（1）人民法院应当在立案之日起5日内，将起诉状副本发送被告。被告应当在收到起诉状副本之日起15日内向人民法院提交作出行政行为的证据和所依据的规范性文件，并提出答辩状。人民法院应当在收到答辩状之日起5日内，将答辩状副本发送原告。（2）初步审查诉讼文书和证据材料；（3）决定是否裁定停止行政行为的执行；（4）决定是否进行财产保全；（5）决定是否先行给付；（6）准备并研究审理本案所需要依据的法律文件。

（三）开庭审理的程序

开庭审理行政案件分以下几个方面进行：

1. 开庭前主要准备事项

（1）召开合议庭准备会议。研究确定案件能否开庭审理、是否公开审理，开庭的日期、时间、地点，应当传唤、通知的当事人和其他诉讼参与人，开庭审理时应当注意的重点或者主要问题，合议庭成员在开庭审理过程中的分工，等等。准备会议的内容由书记员记入笔录。

（2）传唤、通知当事人和其他诉讼参与人。法院在开庭审理的3日前，用传票或者通知书通知当事人和其他诉讼参与人。传票或者通知书须写明案由与开庭日期、时间、地点。

（3）公告。公开审理的案件，应当在开庭 3 日前，向社会公告，内容包括当事人的姓名、单位、案由与开庭日期、时间、地点。

2. 出庭情况审查内容

（1）查明当事人和其他诉讼参与人是否到庭。如果诉讼参与人均已到庭，则由书记员宣布法庭纪律，审判长宣布开庭；如果出现诉讼参加人没有到庭的情况，由合议庭决定是否延期、按撤诉处理或者缺席审判等。

《行政诉讼法》第 3 条第 3 款规定，被诉行政机关负责人应当出庭应诉。不能出庭的，应当委托行政机关相应的工作人员出庭。“行政机关负责人”，包括行政机关的正职和副职负责人。行政机关负责人出庭应诉的，可以另行委托一至二名诉讼代理人。

（2）核对当事人身份，审查双方诉讼代理人的授权委托书和代理权限。

（3）宣布案由，宣布合议庭和工作人员名单，告知当事人的诉讼权利和义务。

（4）当事人申请回避。申请回避应当在案件开始审理时提出；回避事由得知或者发生在审理开始以后的，也可以在法庭辩论终结前提出。申请回避可以口头提出，也可以书面提出。被申请回避的人员，应当暂停执行职务，但是，案件需要采取紧急措施的除外。

人民法院对当事人提出的回避申请，应当在申请提出的 3 日内，以口头或者书面形式作出决定。申请人对决定不服的，可以在接到决定时申请复议一次。人民法院对复议申请，应当在 3 日内作出复议决定，并通知复议申请人。

3. 法庭调查的内容

（1）明确诉讼争议。合议庭根据起诉状和答辩状的内容分别概述原告的诉讼请求和理由、被告答辩的基本观点和理由，询问原告、被告及其法定代理人、法定代表人或者诉讼代理人有无异议和补充。

（2）当事人陈述和询问当事人。

（3）询问证人，审查证人证言材料。

（4）询问鉴定人、勘验人，审查鉴定结论、勘验笔录。

（5）审查书证、物证及视听资料。

当事人在法庭上有权提出新的证据，还可以要求重新鉴定、调查或者勘验，是否准许，由人民法院决定。

如果合议庭认为案件事实已经查清，审判长即可宣布法庭调查结束，进入辩论阶段。

4. 法庭辩论

法庭辩论的顺序是：先由原告及其诉讼代理人发言，再由被告及其诉讼代理人答辩，然后双方相互辩论。第三人参加诉讼的，应在原、被告发言后再发言。

法庭辩论由审判长主持，任何人发言须经审判长许可。辩论时，当事人重复陈述、陈述与案件无关的内容，甚至侮辱、攻击、谩骂对方的，审判长有权制止。辩论中提出与案件有关的新的事实、证据，由合议庭决定停止辩论，恢复法庭调查。

当审判长认为应该查明的事实已辩论清楚，即可宣布结束辩论。审判长在按顺序征询原、被告的最后的意见后，宣布休庭，合议庭进行评议。

5. 合议庭评议

在评议时，合议庭成员可以平等地表明自己对案件的处理意见。合议庭成员意见不一致时，适用少数服从多数的原则，按多数意见作出裁决。评议过程制成评议笔录，评议中不同意见必须如实记入笔录，由合议庭全体成员签名。

6. 公开宣判

行政案件无论是否公开审理，都应当公开宣判。能够当庭宣判的，由审判长在休庭结束、恢复开庭后当庭宣判，并在一定日期内向当事人发送判决书。不能当庭宣判，需要报审判委员会讨论决定的案件，应当定期宣判。审判长可以当庭告知当事人定期宣判的时间和地点，也可以另行通知。定期宣判的，宣判后立即发给当事人判决书。

(四) 诉讼阻却

诉讼阻却是指由于某些特定的原因，诉讼过程中断或者不能按正常程序进行审理和裁判。在行政诉讼中，诉讼阻却的情形主要有以下几种：

1. 延期审理

延期审理即法院在开庭审理之前或者审理过程中，由于特殊情况，无法按预定的时间开庭审理，而将开庭审理的时间推迟。需要延期审理的情况包括：(1) 行政机关改变被诉行政行为；(2) 必须到庭的当事人和其他诉讼参与人没有到庭；(3) 当事人申请回避，不能进行审理；(4) 需要通知新的证人到庭，调取新的证据，重新鉴定、勘验或者需要补充证据；(5) 合议庭成员临时有紧急任务或者特殊、意外情况，不能出庭且无人代替；(6) 其他需要延期审理的情况。当这些情况出现时，人民法院作出延期审理的决定。下次开庭审理的时间，可以在决定延期审理时确定，也可以另行通告。

2. 延长审限

延长审限即法院在审理行政案件过程中，由于发生特殊情况而无法在规定的审理期限内结案，经高级人民法院或者最高人民法院批准而延长审理期限的诉讼行为。根据《行政诉讼法》的规定，法院应当在立案之日起 6 个月内作出第一审判决；上诉案件应当在 3 个月内作出终审判决；有特殊情况需要延长的，由高级人民法院批准；高级人民法院需要延长的，由最高人民法院批准。

3. 撤诉

撤诉即原告在法院宣告判决或者裁定前，按照法律规定的程序，放弃其起诉权的诉讼行为。撤诉经法院批准将导致诉讼终结。撤诉分为两种情况：(1) 申请撤诉，即原告自愿放弃起诉权的行为，包括原告在被告改变被诉行政行为后表示同意而申请撤诉和在被告未改变被诉行政行为的情况下自愿申请撤诉。(2) 视为申请撤诉或推定申请撤诉。有三种情况：一是经法院传票传唤，原告无正当理由拒不到庭的；二是在开庭审理期间，原告未经法庭许可中途退庭，拒不返回的；三是原告在法定期间内未预交诉讼费用，又没有提出缓交诉讼费用申请或者提交申请未获批准的。

上述两类撤诉都必须经法院准许。起诉是原告行使起诉权的诉讼行为，因而在原告申请撤诉或者有可视为申请撤诉的行为时，法院一般裁定准许。但是，当原告撤诉可能导致因无法对违法的行政行为进行司法审查而损害国家利益、集体利益或者社会利益时，法院应当裁定不准许撤诉，原告拒不到庭的，法院可以缺席判决。

考虑到法院的权威性、原告行使撤诉权的慎重性及行政诉讼法律关系的整体性，法院裁定准许原告撤诉后，原告再起诉的，法院不予受理。但是，如果原告因在法定期限内未预交诉讼费用，又没有提出缓交诉讼费用的申请，按自动撤诉处理的，原告在起诉期限内再次起诉，法院应予受理。

4. 缺席判决

缺席判决即合议庭开庭审理时，在当事人缺席的情况下，经过审理作出判决。缺席判决在行政诉讼中适用于以下三种情况：(1) 经法院传票传唤，被告无正当理由拒不到庭的；(2) 被告虽然到庭参加诉讼，但未经法庭许可中途退庭的；(3) 不准撤诉的原告拒不到庭的。《行政诉讼法》第58条规定，“经人民法院传票传唤原告无正当理由拒不到庭，或者未经法庭许可中途退庭的，可以按照撤诉处理；被告无正当理由拒不到庭，或者未经法庭许可中途退庭的，可以缺席判决。”

5. 诉讼中止

诉讼中止即在诉讼过程中，由于发生某种无法克服和难以避免的特殊情况，法院裁定暂时停止诉讼程序的进行。诉讼中止的特征是：(1) 在诉讼中止期间，法院除依法采取诉讼保全措施或者停止执行具体行政行为的措施以外，应当停止对本案的审理；(2) 在诉讼中止期间，当事人及其他诉讼参与人的诉讼活动全部停止；(3) 诉讼中止期间不计算在审理期限之内；(4) 是否结束诉讼中止、恢复诉讼程序，取决于导致诉讼中止的原因是否消除；(5) 恢复诉讼后，当事人在诉讼中止前的诉讼行为依然有效。

在行政诉讼中，导致诉讼中止的原因主要有：(1) 原告死亡，须等待其近亲属表明是否参加诉讼的；(2) 原告丧失诉讼行为能力，尚未确定法定代理人的；(3) 作为一方当事人的行政机关、法人或者其他组织终止，尚未确定权利、义务承受者的；(4) 一方当事人因不可抗力的事由，不能参加诉讼的；(5) 案件涉及法律适用问题，需要送请有权机关作出解释或确认的；(6) 案件的审判须以相关民事、刑事或其他行政案件的审理结果为依据，而相关案件尚未审结的；(7) 其他应当中止诉讼的情形。诉讼中止由法院作出裁定，当事人不服，不得申请复议和提起上诉。

6. 诉讼终结

诉讼终结即在诉讼过程中，因出现使诉讼不能继续进行且不能恢复或者诉讼继续进行已经没有实际意义的情况，法院裁定结束正在进行的诉讼程序。在诉讼终结的情况下，法院对当事人之间的争议因没有必要而没有作出实体处理。导致诉讼终结的情况有以下两类：(1) 诉讼继续进行已经没有实际意义。如原告撤诉，法院同意，就可以终结诉讼。(2) 诉讼无法继续进行。如原告丧失诉讼行为能力、死亡或者终止，等待权利、义务承受者满90天的。当事人不服终结诉讼的裁定，不得复议或者上诉。裁定一经送达即发生法律效力。诉讼终结后，当事人不得以同一事实和理由再行起诉。

7. 移送

移送即人民法院在诉讼过程中，把自己审理的案件或者案件材料全部或者部分送交有关部门处理的措施。在行政诉讼中，有必要移送的情形有：(1) 人民法院发现受理的案件不属于自己管辖，将整个案件移送给有管辖权的人民法院管辖。(2) 人民法院在审理行政案件过程中，认为行政机关的主管人员、直接责任人员违反政纪的，应将有关材料移送该行政机关或者其上一级行政机关或者监察、人事机关。(3) 人民法院对被告经传票传唤无正当理由拒不到庭，或者未经法庭许可中途退庭的，可以将被告拒不到庭或者中途退庭的情况予以公告，并可以向监察机关或者被告的上一级行政机关提出依法给予其主要负责人或者直接责任人员处分的司法建议。(4) 人民法院在审理行政案件过程中，发现被处罚人的行为构成犯罪，应当追究刑事责任的，如果对刑事责任的追究不影响本案审理，应继续审理，并应及时将有关犯罪材料移送有关机关；如果对刑事责任的追究影响本案审理，应中止诉讼，将有关犯罪材料移送有关机关处理，在有关机关作出最终处理后，再恢复诉讼。

需要移送时，合议庭应制作裁定书或者通知书，陈述对移送材料的看法和移送的理由，然后连同有关材料移送至有关部门。

三、第二审程序

（一）第二审程序的概念与意义

第二审程序是指上一级人民法院依照法律规定，根据当事人在法定期限内提起的上诉，对下一级人民法院作出的尚未生效的行政判决或者裁定进行重新审理的程序。第二审程序是根据当事人的上诉而发生的，故又称“上诉审程序”；我国实行两审终审制，故第二审程序又称“终审程序”。

第二审程序并不是每一个行政案件的必经程序。第一审人民法院作出判决、裁定后，当事人在法定上诉期内不上诉，或者被第一审人民法院的上一级人民法院驳回上诉的，都不会引起第二审程序。

设置第二审程序的意义在于：(1) 由于在行政复议制度中，实行以选择复议为原则、必经复议为补充的基本原则，故设置第二审程序，能够以比较健全的司法程序来保护公民、法人和其他组织的合法权益。(2) 通过第二审人民法院的审判活动，可以纠正第一审裁判中的错误，保护当事人的合法权益。(3) 能够帮助当事人服判息诉，减少纠纷和缠讼，增强行政审判的良性效果。

（二）上诉的提起和受理

1. 上诉的概念和条件

上诉是指当事人不服第一审人民法院所作出的未生效的行政裁判，在法定期限内声明不服，提出上诉状，请求上一级人民法院对行政案件进行第二次审理并撤销或者改变第一审裁判的行为。上诉是法律赋予当事人的一项诉讼权利，既不可被剥夺，也不可被限制。无论第一审裁判是否正确，当事人都可提起上诉。只要当事人在法定上诉期内依法提起上诉，就必然引起第二审程序。

当事人提起上诉，必须依法具备以下条件：

(1) 上诉人和被上诉人必须合格。第一审程序的当事人，包括原告、被告、第三人及其法定代理人，法人和其他组织的法定代表人，都有资格提起上诉；委托代理人必须经被代理人特别授权，才能以被代理人的名义提起上诉。诉讼当事人中一部分人提起上诉，没有提起上诉的对方当事人为被上诉人，其他当事人依原审诉讼地位列明。

(2) 存在法律允许提起上诉的对象，即未生效的第一审行政判决或者裁定。最高人民法院的第一审行政裁判是终审的裁判，不能成为上诉的对象。

(3) 上诉必须在法定期限内提起。当事人不服人民法院第一审判决的，有权在判决书送达之次日起15日内向上一级人民法院提起上诉；当事人不服人民法院第一审裁定的，有权在裁定书送达之次日起10日内向上一级人民法院提起上诉。当事人逾期不上诉的，即丧失上诉权。在上诉期间，当事人因不可抗拒的事由或者其他正当理由耽误了上诉期限的，应在障碍消除后10日内申请顺延上诉期限，是否准许由人民法院决定。

(4) 上诉必须递交上诉状。上诉状是表明当事人上诉意愿和请求的书面诉讼文书。上诉状一般包括如下内容：当事人的姓名、法人或者其他组织的名称及其法定代表人的姓名，原审人民法院的名称，案件编号和案由，上诉的请求和理由。上诉请求是上诉人通过上诉所要达到的目的，上诉理由则是上诉人提出上诉请求的具体根据。

（5）在递交上诉状的同时交纳诉讼费用。

2. 上诉的提起和受理

上诉由不服第一审人民法院未生效裁判的当事人在法定上诉期限内向原审人民法院的上一级人民法院提出。第一审并案审理的案件，判决后一人或者部分人上诉，上诉后是可分之诉的，未上诉的当事人在法律文书中可以不列；上诉后仍是不可分之诉的，未上诉的当事人可列为被上诉人。上诉状应当通过原审人民法院提出，并按照对方当事人的人数提出副本。当事人直接向第二审人民法院上诉的，第二审人民法院应当在5日内将上诉状发交原审人民法院。原审人民法院或者第二审人民法院收到上诉状后，应当立即通知对方当事人。上诉人上诉超过法定期限的，应由第一审人民法院裁定驳回上诉。

原审人民法院收到上诉状后，应在5日内将上诉状副本送交对方当事人。对方当事人收到上诉状副本后应在15日内提出答辩状。当事人不提出答辩状的，不影响法院审理。

原审人民法院应对上诉的事实和理由提出看法和意见，附在卷内，供上一级人民法院审理时参考。对不符合要求的上诉状，应由上诉人限期补正。原审人民法院收到上诉状、答辩状后，连同全部案卷和证据，应当尽快报送上一级人民法院。上一级人民法院收到全部案卷、上诉材料和证据后，经审查认为符合法律规定条件的，即按第二审程序进行审理。

3. 上诉的撤回

在第二审人民法院受理上诉至作出二审裁判之前，上诉人认为自己的上诉理由不充分，或者接受一审裁判等，可以向二审法院申请撤回上诉。撤回上诉应当递交撤诉状。撤回上诉是否准许，应由第二审人民法院裁定。法院不得准许撤回上诉的情形有：（1）发现行政机关对上诉人有胁迫的情况或者行政机关为了息事宁人对上诉人作了违法让步的；（2）在第二审程序中，行政机关不得改变原行政行为，而上诉人因行政机关改变原行政行为而申请撤回上诉的；（3）双方当事人都提出上诉，而只有一方当事人提出撤回上诉的；（4）原审人民法院的裁判确有错误，应予纠正或者发回重审的。

第二审人民法院对于当事人撤回上诉的申请应作出准予或者不准予撤回上诉的裁定，因此，应制作裁定书，由合议庭成员和书记员署名并加盖法院的印章。不准撤回上诉的裁定可以用口头形式表达，记入笔录。上诉撤回后，产生以下法律后果：一是上诉人丧失对本案的上诉权，不得再行上诉；二是第一审裁判立即发生法律效力；三是上诉费用由上诉人负担。

（三）上诉案件的审理和裁决

第二审与第一审审理的是同一诉讼案件，诉讼当事人没有改变，只是称谓发生了变化。当事人双方的诉讼主张与第一审也有密切联系：上诉人不仅要求撤销或者变更第一审裁判，而且要求第二审人民法院确认自己的合法权益。第一审是第二审的基础，第二审是第一审的继续，两者所适用的程序基本相同，但第二审有自己的特点：

（1）在审判组织形式上，第二审人民法院审理上诉案件一律由审判员组成合议庭，合议庭成员必须是3人以上的单数。

（2）第二审人民法院审理上诉案件，有开庭审理和书面审理两种方式。人民法院对上诉案件，原则上应当开庭审理。经过阅卷、调查和询问当事人，对没有提出新的事实、证据或者理由，合议庭认为不需要开庭审理的，也可以不开庭审理。

(3) 第二审人民法院对上诉案件的审理，必须全面审查第一审人民法院认定的事实是否清楚，适用的法律、法规是否正确，有无违反法定程序等，不受上诉范围的限制。《行政诉讼法》第87条规定，人民法院审理上诉案件，应当对原审人民法院的判决、裁定和被诉行政行为进行全面审查。

(4) 在第二审人民法院审理过程中，行政机关不得改变被诉行政行为。

(5) 第二审人民法院审理上诉案件，可以在本法院进行，也可以到案件发生地或者原审人民法院所在地进行。

四、审判监督程序

(一) 审判监督程序概述

1. 审判监督程序的概念

审判监督程序是指人民法院发现已经发生法律效力的判决、裁定违反法律、法规，依法对案件再次进行审理的程序。审判监督程序不是必须经过的审理程序，不具有审级的性质，是第一审、第二审以外的检验法院已结案件办案质量的一种监督程序。审判监督程序包括再审程序和提审程序两种程序。

(1) 再审程序是指人民法院为了纠正已经发生法律效力的判决、裁定的错误，依照审判监督程序对案件再次进行审判的活动。再审分为两种：一是自行再审，即人民法院自行按照审判监督程序对本院裁判已经生效的行政案件进行审理；二是指令再审，即上级人民法院按照审判监督程序，指令原审人民法院对裁判已经生效的行政案件进行审理。

(2) 提审程序是指上级人民法院按照审判监督程序对下级人民法院裁判已经生效的行政案件进行审理的活动。

2. 审判监督程序与二审程序的异同

两者的共同点在于，都是以人民法院已经作出的裁判为基础，都是对人民法院的审判工作进行监督以保证办案质量的程序。两者的区别在于：

(1) 提起的主体不同。提起审判监督程序的主体必须是法律明确规定的各级人民法院院长和上级人民法院、最高人民法院以及各级人民检察院。在审判监督程序中，当事人的申诉往往能为该程序的提起提供线索，但其自身并不能直接引起该程序的发生。而有权提起上诉的，是享有上诉权的当事人，并且当事人的上诉通常会引起第二审程序的发生。

(2) 提起的条件不同。只有发现已经生效的判决、裁定违反法律、法规，才能提起审判监督程序；而当事人只要不服一审未生效的判决、裁定，无论判决、裁定是否违反法律、法规，都可在法定期限内提起上诉，引起第二审程序的发生。

(3) 期限不同。当事人申请再审，应当在判决、裁定发生法律效力后2年内提出。当事人对已经发生法律效力的行政赔偿调解书，提出证据证明调解违反自愿原则或调解协议的内容违反法律规定的，可以在2年内申请再审。而引起第二审程序发生的上诉只能在法定的上诉期限(判决为15日、裁定为10日)内提出。

(4) 审理的主体不同。适用审判监督程序的行政案件，既可由原审人民法院审理，也可由原审人民法院的上级人民法院审理；而适用第二审程序的行政案件，只能由第一审人民法院的上一级人民法院审理。

（5）审理的对象不同。适用审判监督程序审理的是已经生效的判决、裁定，而适用第二审程序审理的是尚未生效的第一审判决、裁定。

（6）程序的性质不同。审判监督程序是为了纠正人民法院生效判决、裁定的错误而设置的一种特殊程序，不具有审级性质，是对人民法院生效裁判的一种事后监督和补救措施；而第二审程序是按照两审终审的审级制度设置的，是对第一审行政案件的继续审理。

（二）审判监督程序的提起

当事人对已经发生法律效力的判决、裁定，认为确有错误的，可以向上一级人民法院申请再审，但判决、裁定不停止执行。当事人的申请符合下列情形之一的，人民法院应当再审：（1）不予立案或者驳回起诉确有错误的；（2）有新的证据，足以推翻原判决、裁定的；（3）原判决、裁定认定事实的主要证据不足、未经质证或者系伪造的；（4）原判决、裁定适用法律、法规确有错误的；（5）违反法律规定的诉讼程序，可能影响公正审判的；（6）原判决、裁定遗漏诉讼请求的；（7）据以作出原判决、裁定的法律文书被撤销或者变更的；（8）审判人员在审理该案件时有贪污受贿、徇私舞弊、枉法裁判行为的。

有下列情形之一的，当事人可以向人民检察院申请抗诉或者检察建议：（1）人民法院驳回再审申请的；（2）人民法院逾期未对再审申请作出裁定的；（3）再审判决、裁定有明显错误的。人民法院基于抗诉或者检察建议作出再审判决、裁定后，当事人申请再审的，人民法院不予立案。

因提起审判监督程序的主体不同，分别适用以下三种提起程序：

1. 人民法院院长通过审判委员会决定再审

各级人民法院院长对本院已经发生法律效力的判决、裁定，发现有当事人提出再审申请的上述情形之一，或者发现调解违反自愿原则或者调解书内容违法，认为需要再审的，应当提交审判委员会讨论决定。

2. 上级人民法院提审或者指令再审

最高人民法院对地方各级人民法院已经发生法律效力的判决、裁定，上级人民法院对下级人民法院已经发生法律效力的判决、裁定，发现有当事人提出再审申请的上述情形之一，或者发现调解违反自愿原则或者调解书内容违法的，有权提审或者指令下级人民法院再审。

3. 人民检察院抗诉

最高人民检察院对各级人民法院已经发生法律效力的判决、裁定，上级人民检察院对下级人民法院已经发生法律效力的判决、裁定，发现有当事人提出再审申请的上述情形之一，或者发现调解书损害国家利益、社会公共利益的，应当提出抗诉。

地方各级人民检察院对同级人民法院已经发生法律效力的判决、裁定，发现有当事人提出再审申请的上述情形之一，或者发现调解书损害国家利益、社会公共利益的，可以向同级人民法院提出检察建议，并报上级人民检察院备案；也可以提请上级人民检察院向同级人民法院提出抗诉。

各级人民检察院对审判监督程序以外的其他审判程序中审判人员的违法行为，有权向同级人民法院提出检察建议。

（三）再审案件的审理程序

1. 裁定中止原裁判的执行

人民法院按照审判监督程序决定再审的案件，必须以裁定中止原判决、裁定的执行。裁定由院长署名，加盖人民法院印章。

2. 重新组成合议庭

原合议庭成员应自行回避，不再参与该案件的审理，以免先入为主，影响对案件的公正审理。

3. 分别适用第一、二审程序

只经过第一审程序审结的案件，无论是自行再审或者指令再审，都仍适用第一审程序，作出的裁判是第一审裁判，当事人不服的，可以提出上诉；凡经过第二审程序审结的案件，无论是自行再审或者指令再审，都只能适用第二审程序，所作裁判为终审判决，当事人不服的，不得上诉；凡是最高人民法院或者上级人民法院按照审判监督程序提审的案件，应按第二审程序进行审理，所作裁判为终审裁判，当事人不服的，不得上诉。

五、执行程序

（一）执行程序概述

执行是指人民法院按照法定程序，对已经生效的法律文书，在负有义务的一方当事人拒不履行义务时，强制其履行义务，保证生效法律文书的内容得到实现的活动。行政案件的执行具有司法执行的一般特征，又具有自己的一些特点：（1）执行的任务是实现生效法律文书所确定的行政法律关系；（2）申请人或者被申请人一方为行政机关；（3）对原告和被告采取不同的执行措施。

行政案件的执行分为三种类型：（1）公民、法人或者其他组织一方拒绝履行法院的生效裁判，行政机关向法院申请强制执行；（2）行政机关拒绝履行法院的生效裁判，公民、法人或者其他组织申请法院强制执行；（3）公民、法人或者其他组织拒不履行行政行为，又不在规定的期限内起诉，作出该行政行为的行政机关依法向法院申请强制执行。

人民法院对起诉行政机关没有依法支付抚恤金、最低生活保障金和工伤、医疗社会保险金的案件，权利义务关系明确、不先予执行将严重影响原告生活的，可以根据原告的申请，裁定先予执行。当事人对先予执行裁定不服的，可以申请复议一次。复议期间不停止裁定的执行。

（二）执行根据和执行条件

执行根据是指人民法院据以采取执行措施的生效法律文书。能够成为执行根据的法律文书必须具备两个条件：一是该法律文书已经发生法律效力；二是该法律文书具有执行力，即法律文书的内容需要当事人作出一定的行为才能实现。行政案件的执行根据有两大类：

1. 人民法院制作的发生法律效力并具有执行内容的法律文书

此类法律文书包括：（1）行政判决书。（2）行政裁定书。在行政诉讼中，具有或者有可能具有执行内容的裁定有三种：一是关于财产保全和先行给付的裁定，二是对行政判决书中的错误进行补正的裁定，三是人民法院制作的承认和执行外国法院行政判决的裁定。（3）行政赔偿调解书。（4）行政附带民事判决书和调解书。（5）决定书。主要有两种：一是对妨碍诉讼的行为的实施者处以罚款或者拘留的决定，二是对拒不履行判决、裁定的行政机关的罚款的决定。

2. 行政机关制作的发生法律效力并具有执行内容、依法由法院强制执行的法律文书

行政机关的法律文书作为人民法院的执行根据应具备四个条件：一是该法律文书已经生效；二是具有执行力；三是公民、法人或者其他组织在法定期限内既不起诉，又不履行；四是法律、法规规定由人民法院强制执行。

行政案件执行程序的发生，除有执行根据外，还必须同时具备以下条件：（1）当事人拒绝履行作为执行根据的法律文书所规定的义务。“拒绝履行”意味着当事人有履行能力而故意不履行义务。因不可抗力或者其他意外事件造成当事人不能履行义务的，应当延长履行期限。（2）必须在法定期限内申请执行或者移送执行。

（三）执行程序的提起与执行准备

1. 执行管辖

分为以下两种情况：

（1）发生法律效力的行政判决、裁定和行政赔偿调解书，由第一审人民法院执行。第一审人民法院认为必要时，可委托外地人民法院执行本院的判决或者裁定。

（2）行政机关申请人民法院强制执行其作出的法律文书的，由被执行人所在地的基层人民法院受理执行。基层人民法院认为需要由中级人民法院执行的，可以报请中级人民法院决定。

2. 执行程序的提起方式

执行程序的提起方式有两类：

（1）申请执行。

公民、法人或者其他组织拒绝履行法院生效法律文书的，作为被告的行政机关或者第三人可以提出执行申请；行政机关拒绝履行法院生效法律文书的，作为原告或者第三人的公民、法人和其他组织可以提出执行申请；相对人拒绝履行行政机关的法律文书，又不起诉，并且法律、法规规定应当申请人民法院强制执行的，作出该法律文书的行政机关可以向人民法院提出执行申请。

执行申请必须在法定期限内提出：其一，公民向第一审人民法院申请执行（第一审人民法院认为情况特殊，需要由第二审人民法院执行的，可以报请第二审人民法院执行；第二审人民法院可以决定由其执行，或决定由第一审人民法院执行）法院法律文书的期限为1年，行政机关、法人或其他组织申请执行的期限为180日。申请执行的期限从法律文书规定的履行期限的最后之日起计算；法律文书中没有规定履行期限的，从该法律文书生效之日起计算。逾期申请的，不予执行，但有正当理由的除外。其二，行政机关申请人民法院强制执行其法律文书的，申请执行的期限是自被执行人的法定起诉期限届满之日起180天。逾期申请的，除有正当理由外人民法院不予受理。

行政机关申请执行其行政行为，应当具备7个条件：1）行政行为依法可以由法院执行；2）行政行为已经生效并具有可执行内容；3）申请人是作出该行政行为的行政主体；4）被申请人是该行政行为所确定的义务人；5）被申请人在行政行为确定的期限内或行政主体另行指定的期限内未履行义务；6）申请人在法定期限内提出申请；7）被申请执行的案件属于受理申

请执行的法院管辖。对符合条件的申请，法院应立案受理，并通知申请人；对不符合条件的申请，应裁定不予受理。被执行的款、物交申请执行的行政机关，人民法院依法收取执行费用。

对人民法院的法律文书，一方拒绝履行的，对方当事人可依法向人民法院申请强制执行。行政机关申请执行，必须向人民法院提交申请执行书以及作为执行根据的法律文书和其他必须提交的材料。申请执行书应写明执行请求，提出执行请求所依据的理由和事实，据以执行的法律文书的年度、案号等，也可以提供被执行人的经济情况。申请执行的法律文书内容不准确、数字不清、手续不全的，经院长批准，不予执行，并将申请材料退回行政机关。法院同意执行的，行政机关应依法预交执行费用，并积极协助人民法院执行。

（2）移送执行。

移送执行是指人民法院的审判人员依职权主动将发生法律效力的法律文书交付执行人员予以执行的诉讼行为。案件是否需要移送执行，由该案的审判人员根据法律规定结合案件的实际情况而定。一般说来，下列生效法律文书可以采用移送执行的方式：一是人民法院作出的执行内容涉及国家利益和社会利益的判决，二是人民法院作出的先行给付和诉讼保全的裁定，三是人民法院作出的有执行内容的决定。移送执行时，承办案件的审判人员应填写移送执行书，经院长或者庭长批准后，连同移送执行的法律文书交给执行人员，也可将案卷材料一并移交。

人民法院执行庭负责审查和执行申请执行书或者移交执行书以及有关的法律文书，没有执行庭的，由行政审判庭负责审查和执行。审查的内容为：是否有执行根据、申请人是否是合格的当事人、提起执行的手续是否完备、申请执行是否超过法定期限等。

人民法院受理行政机关申请执行其行政行为的案件后，应当在30日内由行政审判庭组成合议庭对行政行为的合法性进行审查，并就是否准予强制执行作出裁定；需要采取强制执行措施的，由本院负责强制执行非诉行政行为的机构执行。被申请执行的行政行为明显缺乏事实依据或法律依据或明显违法、损害被执行人合法权益的，法院应裁定不予执行。

人民法院执行人员接到申请执行书或者移交执行书，应当在10日内了解案情，分不同情况作出处理：（1）符合执行条件的，应当迅速立案，并通知被执行人在指定的期限内履行，逾期不履行的，强制执行。（2）申请人不合格的，须向其说明应由符合条件的当事人申请执行。（3）申请执行的事项不符合法律文书的内容的，应说明理由，让其改正；不改正的，驳回执行申请。（4）执行根据主文不明确，有漏项或对被执行物品的名称、牌号、规格、质量、数量、颜色、特征等规定不清，双方发生争执，执行人员无法认定的，应退回原裁判或者决定机关补充裁判或者决定。如果法律文书事实不清、适用法律错误，应附加书面意见，退回原裁决法院，建议再审。如果申请执行的行政机关法律文书在认定事实或者适用法律上有错误的，应提出书面意见，报院长批准后退回申请机关复议。申请机关拒绝复议，或者复议后仍坚持错误的，不予执行。

执行人员在采取强制执行措施之前必须做好以下准备工作：（1）执行人员接到被执行书或者移交执行书，应当在10日内了解案情，明确需要执行的事项；（2）调查、了解被执行人不履行义务的原因和履行义务的能力；（3）指定被执行人履行义务的期限；（4）如果被执行人正在或者有可能隐匿、转移或者出卖财产的，经院长批准，依法先行查封、扣押；（5）制订强制执行方案，准备强制执行；（6）填写强制执行证，并报院长批准，通知当事人及协助执行的单位和个人。

（四）强制执行措施的适用

《行政诉讼法》根据当事人的不同情况，规定了不同的执行措施。

1. 对公民、法人或者其他组织适用的执行措施

主要有：第一，划拨或者转交、扣留、提取被执行人的存款或者劳动收入；第二，查封、扣押、冻结、变卖被执行人的财产；第三，强制迁出房屋、强制拆除违法建筑或者强制退出土地。人民法院在对公民、法人或者其他组织采取强制措施时，应注意下列事项：

（1）人民法院在对公民、法人或者其他组织的财产采取强制执行措施时，不得超出被执行人应当履行义务的范围；被执行人是公民的，应当保留被执行人及其所扶养家属的生活必需品和生活必需费用。

（2）人民法院查封、扣押财产时，被执行人是公民的，应当通知被执行人或者他的成年家属到场；被执行人是法人或者其他组织的，应当通知其法定代表人或者主要负责人到场。拒不到场的，不影响执行。被执行人是公民的，其工作单位或者财产所在地的基层组织应当派人参加。

（3）对于查封、扣押的财产，执行人员必须造具清单，由在场人签名或者盖章后，交被执行人一份。被执行人是公民的，也可以将清单交给他的成年家属一份。

（4）财产被查封、扣押后，执行人员应当责令被执行人在指定期间内履行法律文书确定的义务。被执行人逾期不履行的，人民法院可以按照规定交有关单位拍卖或者变卖被查封、扣押的财产；对于国家禁止自由买卖的物品，交有关单位按照国家规定的价格收购。

（5）强制迁出房屋、强制拆除违法建筑或者强制退出土地的，由院长签发公告，责令被执行人在指定的期间内履行。被执行人逾期不履行的，由执行人员强制执行。强制执行时，被执行人是公民的，应当通知被执行人或者他的成年家属到场；被执行人是法人或者其他组织的，应当通知其法定代表人或者主要负责人到场。拒不到场的，不影响执行。被执行人是公民的，其工作单位或者房屋、土地所在地的基层组织应当派人参加。执行人员应当将强制执行情况记入笔录，由在场人签名或者盖章。强制迁出房屋时被搬出的财物，由人民法院派人运至指定处所，交给被执行人；被执行人是公民的，也可以交给他的成年家属。因拒绝接收而造成的损失，由被执行人承担。

2. 对行政机关适用的执行措施

《行政诉讼法》第96条规定，行政机关拒绝履行判决、裁定、调解书的，第一审人民法院可以采取下列措施：（1）对应当归还的罚款或者应当给付的款额，通知银行从该行政机关的账户内划拨；（2）在规定期限内不履行的，从期满之日起，对该行政机关负责人按日处50元至100元的罚款；（3）将行政机关拒绝履行的情况予以公告；（4）向监察机关或者该行政机关的上一级行政机关提出司法建议，接受司法建议的机关，根据有关规定进行处理，并将处理情况告知人民法院；（5）拒不履行判决、裁定、调解书，社会影响恶劣的，可以对该行政机关直接负责的主管人员和其他直接责任人员予以拘留；情节严重，构成犯罪的，依法追究刑事责任。

（五）执行阻却

执行阻却是指在人民法院执行过程中，导致执行程序不能进行的特殊情况。不能进行包括暂时不能进行和完全不能进行。人民法院分别情况，采取执行中止、执行延期、执行终结的措施。

1. 执行中止

执行中止是指执行程序开始后，因出现特殊情况，人民法院暂时停止执行程序的实施。有下列情形之一的，人民法院可以裁定中止执行：（1）申请人表示可以延期执行的；（2）案外人对执行标的提出确有理由的异议；（3）作为一方当事人的公民死亡，需要等待继承人继承权利

或者承担义务的；（4）作为一方当事人的法人或者其他组织终止，尚未确定权利、义务承受人的；（5）人民法院认为应当中止执行的其他情形。裁定一经送达，即发生法律效力。执行中止的情形消失后，恢复执行。

2. 执行延期

执行延期是指因遇到某种特殊情况，而将法律文书确定的或者执行人员指定的执行期限延长到另一期限执行。执行延期与执行中止的区别在于：前者的恢复执行期限是确定的，而后者的恢复执行期限是不确定的。遇有下列情形之一，人民法院可以延期执行：（1）被执行人因事外出，在一定时间内可以返回的；（2）申请或者移送执行的法律文书内容不清、数字不准、手续不全，需要将法律文书退回更正或者补充的；（3）人民法院认为应当延期的其他情况。延期执行一般不必制作裁定书，制作笔录附卷即可。执行延期的原因消除后，恢复执行。

3. 执行终结

执行终结是指因发生某种特殊情况，使执行程序没有必要或者不可能继续执行，从而结束执行程序。导致执行终结的情形有：（1）申请人撤销执行申请；（2）作为执行根据的法律文书被撤销；（3）作为被执行人的公民死亡，无遗产可供执行，又无义务承担人；（4）追索抚恤金案件的权利人死亡；（5）人民法院认为应当终结执行的其他情况。执行终结的裁定一经送达即发生法律效力。当事人认为裁定有错误，可申请复议一次，但复议期间不停止裁定的执行。

（六）执行回转和再执行

1. 执行回转

执行回转是指执行程序完毕后，因据以执行的法律文书依法被撤销，或者出现其他原因，又由执行人员采取措施，恢复到执行前的状况。执行回转是纠正执行错误的一项补救制度。在审判实践中，导致执行回转的情况有：（1）第一审人民法院先行给付的裁定执行完毕后，该人民法院又裁定终结诉讼的，或者第一审人民法院的原判决被第二审人民法院撤销的；（2）人民法院的裁判执行完毕，但在再审程序中，被改判、撤销或者裁定终结诉讼的；（3）行政机关申请执行其行政行为，人民法院执行完毕后，行政机关撤销或者变更原行政行为的。需要执行回转时，人民法院应通知原权利人（申请执行人）返还所得利益，拒不履行的，可适用执行程序强制回转。

2. 再执行

执行程序结束后，因发生某些特殊情况需要再次执行的，称为“再执行”。再执行适用于应执行而没有执行的情况。例如，因被执行人死亡，无遗产可供执行而终结执行的，后发现被执行人有可以追索的遗产，即应采取再执行措施。人民法院既可依职权也可依当事人申请再执行。再执行适用一般执行程序。

六、判决、裁定与决定

（一）判决

行政案件的判决是指法院根据事实，依据法律、法规，参照规章，对具体行政行为的合法性作出的实体裁判，分为一审判决和二审判决。

1. 一审判决

第一审人民法院经过审理，根据不同情况可以作出 7 种类型的判决，即驳回诉讼请求判决、撤销判决、限期履行判决、变更判决、给付判决、确认违法判决和确认无效判决。

(1) 驳回诉讼请求判决。行政行为证据确凿，适用法律、法规正确，符合法定程序的，或者原告申请被告履行法定职责或者给付义务理由不成立的，人民法院判决驳回原告的诉讼请求。

(2) 撤销判决，即法院经过审查作出的否定被诉行政行为的判决。撤销判决分为判决全部撤销、判决部分撤销及判决撤销并责成被告重新作出具体行政行为三种情况。被诉行政行为有下列情形之一的，法院应作出撤销判决：1）主要证据不足的，即被告向法院提交的证据不能证实其作出的被诉行政行为所认定的基本事实。主要证据不足实质上就是缺乏事实根据。2）适用法律、法规错误的，主要有：应当适用甲法，却适用了乙法；应当适用甲法的某些条款，却适用了甲法的其他条款；应当同时适用两个以上法律、法规，仅适用了一个法律、法规；应当同时适用法律、法规的两个以上条款，仅适用了一个条款；适用了尚未生效的、已经失效或者无效的法律、法规；应当适用特别法，却适用了一般法。3）违反法定程序的，即违反了法律、法规规定的方式、形式、手续、步骤、时限等。4）超越职权的，即行政行为超越了法律、法规的授权范围。主要有：甲行政机关行使了应当由乙行政机关行使的职权；下级行政机关行使了应当由上级行政机关行使的职权；内部行政机关行使了应当由外部行政机关行使的职权；行政机关超出其行政辖区行使职权。5）滥用职权的，即行政行为虽然在行政机关的自由裁量权限内，但背离了法律、法规的目的和宗旨。6）明显不当的。

法院判决撤销复议机关维持的原行政行为的，复议决定自然无效。

判决重新作出行政行为是撤销判决的补充。法院在作出撤销判决的同时，可以作出要求被告重新作出行政行为的判决，被告不得基于同一事实和理由作出与原行政行为基本相同的行政行为，但是，有以下两个例外：1）被告对原行政行为所依据的事实和理由作了部分改变后作出新的行政行为的；2）法院以违反法定程序为由，判决撤销行政行为，被告经过相应的法定程序后可以同一事实和理由作出与原行政行为基本相同的行政行为。

(3) 限期履行判决，即人民法院经过对行政案件的审理，认定被告有不履行或拖延履行法定职责的情形，而作出的要求被告履行其法定职责的判决。根据《行政诉讼法》的规定，其适用于下列情形：1）符合法定条件，向被告申请颁发许可证和执照，被告拒绝颁发或不予答复的；2）被告没有依法发给抚恤金的；3）申请被告履行保护人身权、财产权的法定职责，被告拒绝履行或不予答复的。

(4) 变更判决。行政处罚明显不当，或者其他行政行为涉及对款额的确定、认定确有错误的，人民法院可以判决变更。人民法院判决变更，不得加重原告的义务或者减损原告的权益。但利害关系人同为原告，且诉讼请求相反的除外。

(5) 给付判决。人民法院经过审理，查明被告依法负有给付义务的，判决被告履行给付义务。

(6) 确认违法判决。行政行为有下列情形之一的，人民法院判决确认违法，但不撤销行政行为：1）行政行为依法应当撤销，但撤销会给国家利益、社会公共利益造成重大损害的；2）行政行为程序轻微违法，但对原告权利不产生实际影响的。行政行为有下列情形之一，不需要撤销或者判决履行的，人民法院判决确认违法：1）行政行为违法，但不具有可撤销内容的；2）被告改变原违法行政行为，原告仍要求确认原行政行为违法的；3）被告不履行或者拖延履行法定职责，判决履行没有意义的。

(7) 确认无效判决。行政行为有实施主体不具有行政主体资格或者没有依据等重大且明显违法情形，原告申请确认行政行为无效的，人民法院判决确认无效。

人民法院判决确认违法或者无效的，可以同时判决责令被告采取补救措施；给原告造成损失的，依法判决被告承担赔偿责任。

被告不依法履行、未按照约定履行或者违法变更、解除《行政诉讼法》第 12 条第 1 款第 11 项规定的协议的，人民法院判决被告承担继续履行、采取补救措施或者赔偿损失等责任。被告变更、解除《行政诉讼法》第 12 条第 1 款第 11 项规定的协议合法，但未依法给予补偿的，人民法院判决给予补偿。

人民法院对原行政行为作出判决的同时，应当对复议决定一并作出相应判决。人民法院判决撤销原行政行为和复议决定的，可以判决作出原行政行为的行政机关重新作出行政行为。人民法院判决作出原行政行为的行政机关履行法定职责或者给付义务的，应当同时判决撤销复议决定。原行政行为合法、复议决定违反法定程序的，应当判决确认复议决定违法，同时判决驳回原告针对原行政行为的诉讼请求。原行政行为被撤销、确认违法或者无效，给原告造成损失的，应当由作出原行政行为的行政机关承担赔偿责任；因复议程序违法给原告造成损失的，由复议机关承担赔偿责任。

人民法院对公开审理和不公开审理的案件，一律公开宣告判决。当庭宣判的，应当在 10 日内发送判决书；定期宣判的，宣判后立即发给判决书。宣告判决时，必须告知当事人上诉权利、上诉期限和上诉的人民法院。

2. 二审判决

第二审人民法院审理上诉行政案件后，根据不同情况，可以作出维持判决和依法改判两种类型的判决。

（1）维持判决或者裁定。第二审人民法院通过对上诉案件的审理，确认一审判决认定事实清楚，适用法律、法规正确，而作出驳回上诉人诉求、维持一审判决的判决或者裁定。一审判决具备以下三个条件，第二审人民法院才能判决维持原判：1）一审判决认定事实清楚，即第一审人民法院对行政行为是否合法的裁决有可靠的事实基础和确凿的证据支持；2）一审判决适用法律、法规正确，即第一审人民法院对行政行为是否合法的认定和据此作出的判决所依据的法律、法规正确；3）第一审人民法院的审理程序合法。

（2）依法改判。第二审人民法院通过对上诉案件的审理，确认一审判决认定事实清楚，但适用法律、法规错误。或者确认一审判决认定事实不清、证据不足及由于违反法定程序可能影响案件正确判决的，在查清事实后依法改变一审判决。依法改判有两方面的原因：1）一审判决认定事实清楚，但适用法律、法规错误。这是二审改判的一般前提条件。2）一审判决认定事实不清、证据不足，或者由于违反法定程序可能影响案件正确判决。这种情况下，第二审人民法院通常将案件发回第一审人民法院重审。如果第二审人民法院认为第一审人民法院由于主观或者客观原因，很难或者不可能查清案件事实，可以在查明事实后直接改判。

第二审人民法院审理上诉案件需要改判时，应当撤销一审判决的部分或者全部内容，并应当同时对被诉行政行为作出判决。

（二）裁定

行政案件的裁定是指在行政诉讼过程中，法院针对行政诉讼程序问题作出的裁决。裁定与判决具有同等的法律效力。裁定具有以下特点：（1）解决行政诉讼中出现的程序问题（补正判决书错误的裁定除外）；（2）适用范围广，并且不以必须开庭审理为要件；（3）不要求都以书面形式出现；（4）当事人只对部分裁定享有上诉权。

裁定适用于下列范围：（1）不予受理；（2）驳回起诉；（3）诉讼期间停止行政行为的执

行，或者驳回停止执行的申请；（4）财产保全；（5）准许或者不准许撤诉；（6）中止或者终结诉讼；（7）补正裁判文书中的笔误；（8）中止或者终结执行；（9）管辖权异议；（10）先予执行；（11）移送或指定管辖；（12）提审、指令再审或发回重审；（13）准许或不准许执行行政机关的行政行为；（14）其他需要裁定的事项。对于不予受理、管辖权异议和驳回起诉的裁定，当事人不服时，有权在接到裁定书之次日起 10 日内向上一级人民法院提起上诉。不准上诉的裁定，一经送达即发生法律效力。

第二审人民法院在审理上诉案件时，也需要作出某些裁定以解决程序问题，其中，以下两类是比较重要和常见的裁定：（1）应当立案或者审理的裁定。第二审人民法院审理不服第一审人民法院不予受理或者驳回起诉的上诉案件，如果认为原裁定确有错误，且起诉符合法定条件的，应当裁定撤销一审裁定，指令原审人民法院立案受理或者继续审理。（2）撤销原判、发回重审的裁定。撤销原判、发回重审的裁定适用于四种情况：一是一审判决认定事实不清；二是一审判决证据不足；三是一审判决违反法定程序，而且可能影响案件正确判决；四是原审判决遗漏了必须参加诉讼的当事人的。原审人民法院对发回重审的案件作出判决后，当事人提起上诉的，第二审人民法院不得再次发回重审。

（三）决定

行政案件的决定是人民法院在行政诉讼期间，对诉讼中遇到的特殊事项作出的裁决。决定是对人民法院各种命令的总称。决定在行政诉讼中主要调整人民法院自身与诉讼参与人或者其他人之间的关系，或者处理与案件程序有关而与当事人无直接关系的事项。决定与裁定一样，可以采用书面形式，也可以采用口头形式，口头决定应记入笔录。

决定一经送达即发生法律效力。当事人对人民法院的决定一律不准上诉。法律规定被决定人可以申请复议的，复议期间不停止案件的审理和决定的执行。

决定适用于下列范围：（1）指定管辖；（2）决定管辖权的转移；（3）决定回避；（4）确定第三人；（5）指定法定代理人；（6）许可律师以外的当事人和其他诉讼代理人查阅庭审材料；（7）指定鉴定；（8）确定不公开审理；（9）处理妨碍诉讼行为；（10）决定案件的移送；（11）决定强制执行生效的判决和裁定；（12）确定诉讼费用的承担；（13）其他次要的程序问题或者人民法院在行政诉讼过程中发生的内部问题。

人民法院应当公开发生法律效力的判决书、裁定书，供公众查阅，但涉及国家秘密、商业秘密和个人隐私的内容除外。

复议机关与作出原行政行为的行政机关为共同被告的案件，人民法院应当对复议决定和原行政行为一并作出裁判。

第二节　行政诉讼证据

一、行政诉讼证据的特点与种类

证据是指用以证明案件事实的一切材料和事实。可见，证据不单纯是材料和事实，这些材料和事实是要用来揭示案件事实真相的。在行政诉讼中，能够作为证据的材料和事实，包括书证、物证、视听资料、电子数据、证人证言、当事人陈述、鉴定意见、勘验笔录和现场笔录。在当事人提供的和法院收集到的上述形式的证据中，有的是真实的，有的可能是虚假的，有的可能是伪造的。只有真实、可靠的证据才可作为法院认定案件事实的根据，这部分证据称为"可定案证据"。

可定案证据具有以下三个特征：(1) 客观性。作为可定案证据的事实和材料必须是客观存在的，而不是主观捏造或者想象的。(2) 相关性。作为可定案证据的事实和材料必须与待证的案件事实有联系，它们或者是案件事实形成的条件，或者是案件事实发生的原因，或者是案件事实所导致的结果。(3) 合法性。作为可定案证据的事实和材料必须合法，包括取证的程序合法和证据的形式合法。

行政诉讼证据是指在行政诉讼中用以证明案件事实情况的一切材料和事实。由行政诉讼的性质决定，其证据制度具有如下特点：(1) 行政诉讼证据所要证明的最终事实是被诉行政行为是否合法。法院在审查被诉行政行为是否合法时，主要审查两方面的内容：一是被诉行政行为合法性的事实依据，二是被诉行政行为合法性的法律依据。相应的，当事人所提供证据的证明对象包括事实依据和法律依据两个方面。(2) 行政诉讼被告必须自始至终地承担证明被诉行政行为合法的法定举证责任。(3) 行政诉讼被告在诉讼过程中，不得自行向证人和原告收集证据，作为被告代理人的律师也不得自行向原告和证人收集证据。(4) 法院在行政诉讼中有收集证据的权力，而无收集证据的义务，其主要任务是审查、判断证据。

行政诉讼证据包括书证、物证、视听资料、证人证言、当事人的陈述、鉴定意见、勘验笔录、现场笔录。

二、行政诉讼的举证责任

(一) 行政诉讼举证责任的负担原则

举证责任，又称"证明责任"，是指当事人双方必须就应当由自己举证的事实加以证明，否则便承担败诉风险及不利诉讼后果的诉讼法律责任。举证责任包括两方面的内容：一是由谁负责提供证据证明特定的案件事实，即举证责任的分担；二是不能履行举证责任时可能引起何种法律后果。

明确举证责任的意义在于：

(1) 使当事人以及其他诉讼参加人以慎重的态度参加诉讼，积极、主动地收集证据证明自己的主张，因而有利于防止滥诉。

(2) 确定当事人的举证责任，有利于法院集中精力运用当事人提供的证据来认定案件事实，准确适用法律。

(3) 确定举证责任的前提在于对双方当事人争议标的合法与否的假定，作出何种假定取决于根据案件的性质确定保护的对象。举证责任的确定，说明已作出某种假定，因而有利于法院在难以确认事实、辨明是非的情况下，及时结案。

《行政诉讼法》第 34 条规定：被告对作出的行政行为负有举证责任，应当提供作出该行政行为的证据和所依据的规范性文件。被告不提供或者无正当理由逾期提供证据，视为没有相应证据。但是，被诉行政行为涉及第三人合法权益，第三人提供证据的除外。确定由被告行政机关负担举证责任，其基本根据是：

（1）法院审理行政案件是对行政行为的合法性进行审查，而被诉行政行为又是由行政机关作出的，因而由行政机关举证证明其所作出的行政行为合法，符合自然公正原则。

（2）依据法治原则，行政机关必须依法行政，由此产生对行政机关的两项基本要求：一是根据正当法律程序的要求。行政机关必须在有充分事实根据的基础上，才能对当事人作出行政行为，即“先取证，后决定”。二是行政机关必须根据明确的法律规定，才能对当事人作出行政行为。当公民、法人或者其他组织认为行政机关的行政行为侵犯自己的合法权益，向法院起诉时，行政机关应当有责任证明所作出的行政行为是有充分的事实根据和法律根据的。

（3）被告行政机关的举证能力比原告的强。行政机关是某一领域的专门管理部门，技术手段先进，人员素质高，特别是在环境保护、食品卫生、发明专利等专业性很强的行政案件中，行政机关的举证能力显然强于原告。

（4）与原告相比较，被告行政机关对其作出的行政行为的根据更为了解。

行政诉讼法确定由被告行政机关负担举证责任，也就意味着当法院受理原告的起诉时即假定被诉行政行为违法，需要被告提供事实根据和法律根据来证明自己的行政行为是合法的，从而推翻违法假定。如果被告不能提供事实根据和法律根据证明自己的行政行为是合法的，违法假定成立，导致以下法律后果：第一，对原告起诉是否超过起诉期限有争议的，如果被告不能举证，应当以原告提供的证据为根据；第二，被告在第一审庭审结束前，不提供或者不能提供作出行政行为的主要证据和所依据的规范性文件的，法院判决撤销被诉行政行为。

（二）原告的举证责任

我国法律规定行政诉讼举证责任由被告承担，但在特殊情况下不排除原告也承担一定的举证责任。

1. 证明起诉符合法定条件，但被告认为原告起诉超过起诉期限的除外

通常认为，当事人起诉以后、法院受理之前尚不能称当事人为原告，而当事人起诉首先必须符合《行政诉讼法》第49条规定的起诉条件，否则，法院将不予受理。最高人民法院《关于适用〈中华人民共和国民事诉讼法〉的解释》第208条规定，“立案后发现不符合起诉条件或者属于民事诉讼法第一百二十四条规定情形的，裁定驳回起诉”。所以，该规定只能适用于法院受理案件之后，被告对原告的起诉提出异议的情形。原告对起诉条件的证明是为了反驳被告提出的异议，使法院确认诉讼成立，从而使诉讼程序继续进行。如果原告不能证明其起诉符合法定条件，将承担被法院驳回起诉的法律后果。

如果被告认为原告的起诉超过起诉期限，那么被告应对自己提出的主张提供证据加以证明，此时举证责任在被告而不在原告。

2. 在起诉被告不作为的案件中，证明其提出申请的证据

这一规定是针对应申请行为而言的，是指基于被告负有法定义务，原告曾依法申请被告履行其法定义务，但被告不理睬、不答复、没有履行其法定义务，从而引起争议的情形。所以，对于此类行政机关应申请的行为，从逻辑上讲必须先有申请的存在，没有行政相对人的申请，行政机关不得或不可能主动为之，故申请是否存在就成了问题的关键。当行政相对人因行政机关不作为而提起诉讼时，不能由作为被告的行政机关来证明申请存在与否，也不能在被告不能证明申请不存在时推定申请存在；而只有作为原告的行政相对人能证明其申请存在，其才有权请求法院支持其要求被告履行法定义务或其他的诉讼请求。

要求原告证明其提出申请的事实，要求其在某些（特别是紧急的）情况下向行政机关提出

某个申请时，还要留下书面的材料证明自己的事实，确实是很难操作的。例如，李某遭到一名暴徒的追杀逃至家中，关上门后立即拨打110。暴徒在门外撬门，一小时后暴徒破门而入，将李某打成重伤后扬长而去。事后李某起诉某公安机关，但是电信局没有电话记录或因李某昏厥时间较长电话记录已消除，那么李某将无从起诉。事实上，由于不能出具这样的证据而使诉讼程序不能启动的情形在我国并不少见。因此有人认为对原告提出这样的要求实际上是不公平的。但是，这样规定虽然不无遗憾，但相对而言比不作规定或规定由被告负举证责任还是更合适一些。

被告不作为的行为并非都是应申请的行为，也可能是依职权的行为。对此，最高人民法院《关于行政诉讼证据若干问题的规定》第4条第2款作出了补充规定：在起诉被告不作为的案件中，原告应当提供其在行政程序中曾经提出申请的证据材料，但有下列情形的除外：

（1）被告应当依职权主动履行法定职责的。依职权的行政行为是行政机关应当主动实施而无须行政相对人申请的行政行为，对依职权行为的不作为提起行政诉讼时，原告当然不要提供证据证明其向被告提出申请的事实存在，因为它本来就不需要行政相对人申请。相反，如果被告不能证明其已经依法实施了该行政行为，那么被告将承担败诉的法律后果。

（2）原告因被告受理申请的登记制度不完备等正当事由不能提供相关证据材料并能够作出合理说明的。在此情形下，由于被告本身的原因致使原告无法提供证据来证明其提出申请的事实存在，只要原告能够向法院作出合理说明，法院就推定原告提出申请的事实存在，被告要反驳原告必须证明其登记制度是完善的、原告理由不正当。这样规定，一方面保护了原告的起诉权，另一方面也促使被告完善其登记制度等。当然，这一规定中的“等正当事由”还包括哪些、“合理说明”如何理解，还需要法院在司法实践中作出进一步的解释并恰当地把握适用限度。

3. 在一并提起的行政赔偿、补偿的案件中，证明因受被诉行政行为侵害而造成损失的事实

在侵权赔偿、补偿案件中，原告要提供损害事实，因为承担赔偿责任是以损害的存在为前提的，有损害才赔偿，原告没有损害，就无从要求被告予以赔偿。而证明损害事实的存在应当是受害者或请求赔偿者的责任，因为是否有损害、有多大的损害受害者最清楚，受害者可以请求有关单位（如医疗单位）作出检查、鉴定等；而被告不可能不通过受害者来了解有关情况，所以只能由原告举证，让被告来承担举证责任是不合适的。比如，警察执勤时打伤张三的案件中，打伤了头、腰还是其他地方，伤势怎样，只存在于张三的身体上，由张三掌握，医院经过检查能够给张三出具伤势证明；而不能让被告去收集证据证明打伤了张三什么地方、伤势如何，也许此时被告根本就不承认他打伤了人。

4. 其他应当由原告承担举证责任的事实

原告可以提供证明行政行为违法的证据。原告提供的证据不成立的，不免除被告的举证责任。这是一个兜底条款，实践中也许有法院恰好利用这一兜底条款而无限制地要求原告对某些事实加以证明。如此一来，这一规定便可能被人们作出扩大解释，加重原告的举证责任，进而从根本上打破行政诉讼中被告负举证责任的原则。

（三）行政诉讼的举证时限

为了充分保障当事人的权益，提高审判效率并实现司法公正，人民法院应当在向当事人送达受理案件通知书或者应诉通知书时，直接告知当事人举证范围、举证期限和逾期提供证据的法律后果，并告知因正当事由不能按期提供证据时有提出延期提供证据申请的权利。

所谓“举证期限”，是指诉讼当事人为了支持自己的主张而向法庭出具有关证据的期限。对于逾期提供的证据法院将不予接受，亦即被视为无效。因此，在行政诉讼过程中，原告、第三人或者被告在什么时间内向法院提供证据，也就成为一个非常关键的问题。如果当事人提出证据的时间太晚，必然会影响法院的审理工作的进程，因为法院就是靠这些证据来审查行政行为的合法性、解决行政争议的；如果在一审程序结束之前当事人没有提供证据而到了二审程序开始后才提供证据，显然不利于法院审理案件，所以必须对行政诉讼的举证时限作出明确规定。

1. 被告的举证期限

最高人民法院《关于行政诉讼证据若干问题的规定》第1条第1款在肯定被告对作出的行政行为负有举证责任，应当在收到起诉状副本之日起10日内提供证据的同时；进一步明确被告必须提供据以作出被诉具体行政行为的全部证据和所依据的规范性文件，强调了“全部证据”和“所依据的规范性文件”。为保证被告在某些特殊情形下也能及时向法庭提供证据而不影响案件审理，该条第2款作出了例外规定：被告因不可抗力或者客观上不能控制的其他正当事由，不能在前款规定的期限内提供证据的，应当在收到起诉状副本之日起10日内向人民法院提出延期提供证据的书面申请。人民法院准许延期提供的，被告应当在正当事由消除后10日内提供证据。逾期提供的，视为被诉行政行为没有相应的证据。因此，申请延期举证必须符合四个条件：第一，原因是不可抗力或者客观上不能控制的其他正当事由；第二，向人民法院提出申请的时间是收到起诉状副本之日起10日内；第三，前提是人民法院准许；第四，举证期限是正当事由消除后10日内。

在诉讼程序的进行中，有可能出现原告或第三人提出其在行政程序中没有提出的反驳理由或证据的情况。此时，被告由于事先不可能知道原告或第三人会在诉讼中提出什么新的反驳理由或证据，也就不可能事前准备好反驳原告或第三人提出的新证据的证据，同时我们也不可能要求被告事先将所有可能在法庭上出现的新情况都估计到。从公平的角度而言，经人民法院允许，在第一审程序中被告在遇到这种情形时可以补充相应的证据。

2. 原告或第三人的举证期限

(1) 原告在向人民法院提起行政诉讼时，必须提供符合起诉条件的相应的证据材料，否则，人民法院将裁定驳回起诉。关于这一点我们在前述内容中已经提及。

(2) 原告或第三人因正当事由不能按时提供证据时，有权向人民法院申请延期提供证据，人民法院对其提出延期的理由必须进行严格审查，经审查后人民法院准许其延期提供的，可以在法庭调查中提供。这也是针对某些特殊情形，考虑到原告或第三人逾期不能举证会对其产生极大影响，而其确有困难，不能按期提供证据的情况也是可能存在的，对此让人民法院加以灵活处理以保证案件的公正性也是十分必要的。当然，延期举证不能是任意拖延时间，只是对举证期限制度的必要补充，所以必须符合四个条件：第一，原告或第三人在法定举证期限内向法院提供有关材料证明因为出现正当事由而使举证确实存在困难；第二，申请人必须在法定举证期限内提出延期举证的申请；第三，人民法院在其自由裁量权范围内对是否“确有困难”和是否“确有正当事由”进行审查，经过法院的依法审查和综合判断后裁定是否准许其延期举证；第四，人民法院准许后，原告或第三人应在法庭调查中提供证据，而不是在任意时间提供证据，法庭调查结束后提供的证据将不被采纳。

(3) 按照最高人民法院《关于行政诉讼证据若干问题的规定》第7条的规定，逾期举证包括两种情形：一是原告或第三人在举证期限内既没有提供证据，也没有提出延期举证申请；二是人民法院准许原告或第三人延期举证，但在法庭调查结束前，原告或第三人仍然没有提供证据。逾期举证意味着当事人如果确有证据的话，那么证据失效，当事人丧失了提出证据的权利，这样的法律后果将促使当事人及时举证。

（四）行政诉讼证据的来源

行政诉讼证据的来源有三个方面：一是被告举证，二是原告举证，三是法院依职权收集和保全证据。由于被告行政机关负担举证责任，因而行政机关举证是行政诉讼证据的主要来源。

1. 被告举证

在行政诉讼中，被告举证的事项包括：（1）提供当事人行为违法的事实根据和法律根据；（2）提供被诉行政行为具有充分事实根据的证据；（3）提供被诉行政行为符合法定程序和要件的证据；（4）提供被诉行政行为的规范性文件依据等。

作出原行政行为的行政机关和复议机关对原行政行为合法性共同承担举证责任，可以由其中一个机关实施举证行为。复议机关对复议程序的合法性承担举证责任。

《行政诉讼法》第35条规定，在诉讼过程中，被告及其诉讼代理人不得自行向原告、第三人和证人收集证据。这一规定意味着被告在诉讼过程中自行向原告和证人收集的证据，以及被告在作出行政行为之后至原告起诉、法院受理之前自行向原告和证人收集的证据，无论是否合法、客观，法院均不承认其证据效力。同时，这一规定也暗含着被告可以通过法院向原告和证人收集证明行政行为合法的非实质性证据。

2. 原告举证

在行政诉讼中，原告的举证事项包括：（1）提供被诉行政行为确实存在的事实证据；（2）提供被诉行政行为侵犯其合法权益的事实证据和法律根据；（3）提供反驳被告提出的事实根据和法律根据的证据等。

3. 法院依职权收集和保全证据

在诉讼过程中，当事人负有举证责任，如果当事人提供的证据不足，法院有权要求补充证据。法院只在特殊情况下，依职权向有关行政机关以及其他组织、公民调取证据。需要由法院收集和调查的证据，主要有两类：一是原告向有关行政机关及其他组织、公民收集证据有困难的；二是法律禁止被告在诉讼期间自行向原告和证人取证，但如果被告所需要的证据确实需要在诉讼过程中收集的，法院可酌情依职权收集。在证据有可能灭失或以后难以取得的情况下，法院可以依职权或者当事人申请对证据进行保全。但是，不得为证明行政行为的合法性调取被告作出行政行为时未收集的证据。

与本案有关的下列证据，原告或者第三人不能自行收集的，可以申请人民法院调取：（1）由国家机关保存而须由人民法院调取的证据；（2）涉及国家秘密、商业秘密和个人隐私的证据；（3）确因客观原因不能自行收集的其他证据。

三、行政诉讼证明标准

所谓“证明标准”（standard of proof），也称为“证明要求”，是指依照法律规定承担证明责任的人提供证据对案件事实加以证明所必须达到的程度。在诉讼中，当事人为取胜所要完成的证明任务，不仅取决于所提供的证据的数量，更重要的是，取决于所提供的证据的质量，也就是说当事人所提供的证据必须符合法定的证明标准、达到法定的证明要求，其主张的事实才能成立，才不会因待证事实的证明问题而对裁判结果中的自身利益产生不利影响，否则，当事人的证明便告失败，其主张的事实将不成立，将会因待证事实的证明问题而对裁判结果中的自身利益产生不利影响。

在国外，不同诉讼制度大多采用不同的证明标准，对于行政诉讼证据主要采用“实质性证据标准”，“所谓实质性证据，是指能够成为审决认定事实之合理基础的证据，即基于该证据，具有理性的人通过合理考虑，就能够作出该事实认定，该证据就应称为实质性证据”①。

我国三大诉讼法有关证明标准的规定尽管在措辞上有所不同，但实际上实行的是一元化的证明标准，即要求必须达到案件事实清楚，证据确实、充分，具体表现为四个方面：首先，据以定案的证据均已查证属实；其次，案件事实均有必要的证据予以证明；再次，证据与证据之间、证据与案件事实之间的矛盾都得到了合理排除；最后，所有证据形成一条前后连贯的证据链，足以完整地说明全部事实真相，因而得出的结论是唯一的。长期以来，我国的证据制度都是建立在辩证唯物主义认识论的理论基础之上的，而根据辩证唯物主义认识论，客观世界是可以被人的主观认识的。同任何其他客观事物一样，案件既然已经发生，它就是一种客观存在，因此，案件的事实真相也是完全可以通过人们坚持辩证唯物主义的认识论并充分发挥其主观能动性而认识的。在这种思想的指导下，我国学者通常认为，只要办案人员从实际出发，充分发挥主观能动性，全面、正确地收集和审查判断证据，案件的事实真相是完全可以发现的。但是，诉讼是对已经发生的案件所涉及的有关事实加以了解、证明的一种活动，并不是一般意义上的认识活动。在多数情况下，要求所得到的案件事实达到百分之百的客观真实，对于诉讼活动而言是不可能的。实质上，我国三大诉讼法关于证明标准的规定是用希望实现的目标来代替可供操作的标准，只有同时具备前述四个方面的要求才算符合了证明标准，这种绝对确定性标准显然与人们对证据的认识能力有较大距离。因为，第一，我们必须承认人的认识能力是有限的，人对事物的认识受到诸多主、客观因素的影响，根据现有的证明材料完全“复印”已经发生的案件事实真相是十分困难甚至不可能的；第二，人们已经掌握的证明材料也具有不确定性，司法证明不是数学证明，证明材料要受证明主体的感知能力、认知能力、判断能力以及表达能力等因素的影响，难以甚至不可能达到绝对准确的程度；第三，掌握的证据材料难以甚至不可能绝对准确，这就使得证明过程中逻辑推理的前提具有不确定性，当然难以得到准确的（唯一的）结论；第四，案件已经发生不能重现，这就使得证明材料所能证明的结果难以甚至不可能得到验证，因而证明结果也不具有确定性，这就很难实现我国诉讼法所规定的证明标准。我们说目前我国三大诉讼法所确定的证明标准难以达到，并不意味着不需要或不可能确定合理且具有可操作性的证明标准。我国诉讼法应确立的证明标准既不应是现行的标准，又应该在三大诉讼法之间有所区分。

最高人民法院《关于行政诉讼证据若干问题的规定》第二部分规定了当事人提供各种不同证据的要求，但是并未直接涉及具体的证明标准问题。

四、行政诉讼证据的质证

（一）质证的概念和意义

所谓质证，一般认为有广义和狭义之分：广义的质证是指在整个行政诉讼的过程中，有关

---

① ［日］盐野宏著，杨建顺译：《行政法》，286页，北京，法律出版社，1999。

当事人（质证主体）对提交给法庭的各种证据，采用各种证明方法进行询问、质疑、辩驳、解释，进而影响法官对证据证明力的内心确信的活动。狭义的质证是指在庭审过程中，在法庭的主持下，有关当事人围绕法庭上出示的证据的关联性、合法性和真实性，针对证据有无证明力以及证明力大小进行辨认、质疑、对质、核实，以达到查明案件事实真相目的的活动。我国目前的法律规定的质证主要是从狭义角度而言的。

对行政诉讼证据进行质证，其意义在于：(1) 质证是行政诉讼当事人的一项重要的诉讼权利，也是当事人为了达到胜诉的目的所必须采取的重要手段。最高人民法院《关于行政诉讼证据若干问题的规定》第四部分对质证作出了更加全面、详细的规定，保障了当事人质证权的行使。(2) 质证是法庭审查、认定证据的重要方式。案件当事人依据其参加诉讼的目的及提出的诉讼请求的不同，提交给法庭的证据也各种各样，当事人都希望借此支持自己的诉讼主张以达到胜诉的目的。面对数量多且相互重叠、交叉甚至冲突的证据，哪些是真实的、法庭能够采信的？证据本身不足以解决这一问题，仅仅依赖法官自身也无法及时、准确地查明案件真相。而质证是让法庭准确采信证据的最可靠、最有效、最及时的方式，离开了质证，有些案件的证据将根本无法判断真伪。(3) 质证是行政诉讼的重要环节。对于任何公正的审判，具有关联性、合法性和真实性的证据都是法庭认定事实真相的基础和适用法律的前提。证据是否真实、具有多大的证明力以及能否被法庭采信，对案件的最终结局具有决定性的影响，任何一方当事人不行使质证的权利都会在很大程度上面临败诉的危险，而且若庭审没有质证，判决也必将在很大程度上失去公正性。

（二）行政诉讼中有关质证的主要内容

1. 质证的一般原则

(1) 全面质证原则。全面质证是指当事人提交的所有证据都必须在法庭上出示；所有在法庭上出示的证据，都必须在庭审过程中由当事人进行质证；所有未经庭审质证的证据，都不能作为定案的依据。对证据进行质证是法庭审查、认定证据的可采性和证明力，进而准确认定案件事实的一项基本要求，所以，除法律有特别规定以外，任何在法庭出示的证据都不能超越这一环节。《行政诉讼法》第 43 条规定，证据应当在法庭上出示，并由当事人相互质证。对涉及国家秘密、商业秘密和个人隐私的证据，不得在公开开庭时出示。人民法院应当按照法定程序，全面、客观地审查核实证据。对未采纳的证据应当在裁判文书中说明理由。

(2) 公开质证原则。为保证质证目的的实现，及时查清案件事实真相，质证应在法庭主持下公开进行，接受旁听群众以及社会各界的监督，防止对质证的非法影响致使质证徒有其名。当然，质证是为了弄清事实，尽快结案，而不能侵犯国家、社会或他人合法利益，所以，对于涉及国家机密、商业秘密和个人隐私或者法律规定的其他应当保密的证据，不得在法庭上公开质证。

(3) 合法质证原则。质证主体进行质证就其本人而言是为了使自己的证据更具有可采性和更强的证明力，就审判而言是为了弄清事实真相、准确认定案件事实，进而作出公正的裁判。但这两者之间并不总是一致的：质证主体有可能采用侵犯他人权利的方式进行质证，也有可能针对一些与本案无关的问题，还可能超越案件本身而侵犯他人权益等，以扰乱视线、混淆视听、打乱对方阵脚，也给法庭制造混乱。对此，法庭作为主持者应控制局面，防止、制止当事人以引诱、威胁、侮辱等语言或方式违法质证，保证整个质证过程在合法的轨道上进行。

(4) 一次质证原则。法庭对经过庭审质证的证据，除有必要外，一般不再进行质证。“一次质证”能够避免当事人在某一问题上久拖不决，从而节省司法成本，提高诉讼效率。但是，如遇特殊情况，法庭认为确有必要的，也可以准许有关当事人对某一证据进行再次质证。

2. 质证的内容和方式

（1）质证的内容。

对证据的质证针对证据的哪些内容进行，是研究质证的一个关键性问题。我们知道，质证的目的是确定证据是否具有可采性、有多大的证明力、能否作为认定案件事实的依据，因此，质证的关键是证据是否符合法定要求和证据本身的特性（证据能力和证明能力）。依据我们通常的认识以及相关法律规定，质证的内容主要包括三个方面：

1）是否符合法定要求，主要是指是否符合最高人民法院《关于行政诉讼证据若干问题的规定》第二部分“提供证据的要求”。《行政诉讼法》第 33 条规定了不同种类的证据，不同证据的法定要求是不一样的，因此，每一类证据都应当符合法定的特别要求。质证主体可依据法律对不同证据的不同要求对各种证据进行质证。

2）证据能力，也称证据资格或证据的可采性，是指某一证据材料在行政诉讼中是否可以作为证据使用、是否可以作为认定案件事实的依据。具体来说又包括证据的关联性、合法性和真实性三个方面。

3）证明效力，也称证据的证明力或证据力，是指证据对待证事实能否加以证明、能够在多大的程度上加以证明。案件当事人提供证据目的在于以证据证明其主张的事实，进而满足其诉讼请求，因此，证据的证明力就是问题的关键。就证据能力与证明效力的关系而言，证据能力是证明效力的前提，只有具备关联性、真实性、合法性的证据才谈得上证明效力；而一个证据是否能够证明待证事实以及能够在多大程度上证明待证事实，主要取决于证据与待证事实之间是否有关联以及联系的紧密程度如何，易言之，一个证据是否具有证明效力，在其具备了真实性和合法性之后，关键取决于是否具有关联性以及关联程度，证据与待证事实之间关联性越强，其证明效力也就越强。

（2）质证的方式。

关于质证方式，按照我国目前的法律规定主要是言词的方式，也就是当事人及其诉讼代理人按照法定规则，相互之间发问或向其他诉讼参与人发问，接受发问者作出回答。按照最高人民法院《关于行政诉讼证据若干问题的规定》第 39 条第 2 款、第 3 款的规定，有关发问涉及如下四个问题：

1）发问的主体，是指享有发问的资格的人。依照规定包括两部分：第一，当事人。当事人是受裁判结果约束的人，当然希望自己提供的证据能够被法庭采纳，因此，其自然是质证活动的主角，当然具有发问的资格。第二，当事人的诉讼代理人。当事人的诉讼代理人是依照法律规定，受当事人委托参与活动的人，其以被代理人的名义在代理权限范围之内的活动由被代理人承担法律后果。为了充分行使当事人的一切诉权、保障当事人的权益，当事人的诉讼代理人在质证过程中也具有发问资格。

2）发问的对象，是指发问主体发问所针对的人。依照规定也包括两类：第一，当事人及其诉讼代理人，他们既是发问的主体，也是发问的对象；既享有发问权，也要接受其他发问主体的发问。第二，其他诉讼参与人，主要指证人、鉴定人、勘验人，他们不享有发问权，只能接受发问。

3）发问的内容。发问主体只能就证据问题进行发问，不能对其他问题包括法律问题进行发问；而且，当事人发问的内容应当与案件事实有关联，不得就与案件事实无关的问题进行发问，以免因拖延庭审时间而影响诉讼效率和庭审的顺利进行。

4）发问方式的限制。发问者进行发问应当采用合法的方式，不得采用引诱、威胁、侮辱等语言和方式，否则，会引起一些无端的争吵，既破坏法庭秩序又可能误导法官，影响审判的顺利进行。

（3）对质证之物的要求。

对书证、物证和视听资料进行质证时，有关当事人应当出示证据的原件或原物，只有两种情况除外：一是出示原件或原物确有困难并经法庭准许，可以出示复制件或复制品；二是原件或原物已不存在的，可以出示证明复制件、复制品与原件、原物一致的其他证据。对于视听资料还应当庭播放或者显示，由当事人进行质证。

3. 证人问题

证人是亲身感受案件事实并向法庭作出说明的人。按照法律规定和司法实践，证人证言是行政诉讼中重要而又独立的证据形式，也是质证的主要对象。有关证人主要涉及下列问题：

（1）证人资格。

证人资格是指成为证人所应当具备的条件。一般而言，凡是知道案件事实的人，都有出庭作证的义务，即都具有证人资格；但是，不能正确表达自己的意志的人不能成为证人。人民法院可以根据当事人的申请就证人能否正确表达意志进行审查或者交由有关部门鉴定。必要时，人民法院也可以依职权交由有关部门鉴定。

证人是与案件有特殊关系的人，这种特殊关系是客观存在而不能改变的，因而证人对案件具有其他人所不可替代的作用，对于更好、更快地查清案件事实具有重要意义。所以，一方面，我们要尽量让知道案情的人都向法庭作证以得到更多、更全面的证据；但是另一方面，证人要将其亲身感受的案件事实向法庭作出陈述就必须具备辨别能力并能够准确表达其意志，否则，证人证言便不具有可信性，也就不能被法庭采纳。所以，具有辨别能力和准确表达意志的能力是作为证人的基本资格条件，当事人也有权就证人的资格问题提出质疑并申请法院进行审查。

综上，证人资格包括四个方面的条件：第一，在诉讼活动开始前已经知晓与案件有关的情况；第二，所知晓的情况系自身所亲历；第三，具有辨别能力和准确表达能力；第四，是自然人。

具备证人资格条件才能成为证人，对证人资格条件的规定从表面上看缩小了证人的范围，但实质上是为了保障证人证言的可信性，以免影响审判的顺利进行。

（2）作证方式。

原则上证人都要出庭作证，但有下列情形之一者，经人民法院准许，当事人可以提交书面证言：一是当事人在行政程序或者证据交换中对证人证言无异议的；二是证人因年迈体弱或者行动不便无法出庭的；三是证人因路途遥远、交通不便无法出庭的；四是证人因自然灾害等不可抗力或其他意外事件无法出庭的；五是证人因其他特殊原因确实无法出庭的。

把证人出庭作证作为一般原则，而把提交证人证言作为例外，是因为证人是亲身感受案件事实的人，具有不可选择性和不可替代性，其对事物的感知能力、辨别能力、表达能力如何以及是否诚实等对案件事实的认定有着直接的影响。只有让证人在法庭上当众陈述其所亲身感知的事实并接受有关当事人的质证，才能排除可能影响证言真实性和证明力的各种因素，经过综合分析判断、确定证人证言的可信度。如果证人不出庭，只有有关当事人提交的证人证言，由于无从了解证人的感知能力、辨别能力、表达能力、诚实性以及书写证言时的特定环境等，证人证言的可信度将大打折扣，既可能无法说服其他案件当事人，也可能无法让法庭决定是否采纳，最终将影响案件事实的认定以及裁判。

最高人民法院《关于行政诉讼证据若干问题的规定》第43条借鉴英美法系国家的做法，规定证人出庭作证是基于当事人的申请，从而增加了当事人在诉讼中的权利，强化了当事人的举证能力，弱化了法院的职权主义色彩，并在一定程度上缓解了证人出庭难的问题。

（3）对证人出庭作证的要求。

首先，证人出庭作证时应当出示证明其身份的证件，法庭应当告知其诚实作证的义务和作伪证的法律责任。出庭作证的人应当是知道案件事实的人，别人不能代替，因此，其身份必须得到确认。同时证人还应当如实陈述其亲身感知的案件事实，才有利于法庭更快、更好地查明案件真相，也是证人出庭的意义之所在，对作虚假陈述影响案件审判的证人必须加以惩罚。国外多规定证人作证前要宣誓保证其对法庭的陈述是真实的，我国没有宣誓制度，只是要求法庭告知证人有如实作证的义务及作伪证的责任，这样规定对于我国的司法现状和民众普遍的法律意识而言是十分必要的。

其次，出庭作证的证人不得旁听案件的审理，法庭询问证人时其他证人不得在场。无论英美法系还是大陆法系法庭询问证人时都以“个别询问”和“隔离询问”为原则，这样才能保障证人证言的真实性和可信度。在我国过去的司法实践中虽然一般也是安排证人分别出庭作证，但是审判人员对“单独”、“隔离”的意义认识不深，因而要求不严，证人作证前在旁听席就座或作证后又进入了旁听席的情况时有发生。证人作证前参与旁听或听取了其他证人证言，容易受其影响而修正自己的证言；而且，不同证人可能分别为不同的当事人出庭作证，事先了解为其他当事人出庭作证的证人证言，极可能成为其此后出庭作片面甚至虚假陈述的基础。这一切都不利于保证证人证言的真实性、全面性和可信性。但是，证人出庭作证还有一种特殊情形，即法庭组织证人对质。所谓对质，是指两个或两个以上的人，在法庭的组织下，对案件中的某一或某些事实或证据相互之间进行询问、辩驳，以查明案件事实的查证方式。司法实践中，当出现两个或两个以上证人对同一事实的陈述相互矛盾，难以或不能确定其中哪一位证人的陈述更为真实可信时，人民法院可以组织有关证人进行对质，以查明案件事实真相。这种对质的方式是对“个别询问”和“隔离询问”原则的违背，但却是合理的，也应当是合法的。

最后，证人在法庭上应当陈述的仅限于其亲历的具体事实，其根据亲身经历所作的判断、推测或评论，不能被法庭作为定案依据。这在英美法系国家的证据规则中被称为“意见证据规则”，即指证人只能陈述自己亲身感受和经历的事实，而不得陈述对该事实的意见或结论。证人出庭作证的目的是帮助法庭了解案件事实真相，便于法庭准确认定案件事实，因此，证人所要提供给法庭的只是案件的具体事实本身，是他本人亲身经历的可以通过其身体的器官感觉、体验、了解、认识并储存在其大脑之中的，可能再现、复制的有关案件发生的时间、地点、人物、状况以及其他与案件有关的情况，而不是从别处间接获取的信息或自己的猜测、臆断；是第一手材料，而不是第二手材料。基于证人的法律素养和角色定位，其对亲身经历的具体事实所作的判断、推理或评论难以符合法律的精神和要求，因而不能作为定案依据。因此，制订“意见证据规则”的理由主要有两个：第一，证人一般缺乏专业知识、基本专业技能，难以对所见所闻的事实作出准确评价；第二，对证人陈述的事实作出判断属于司法机关的职权。

（4）出庭作证或作出说明的特殊主体。

这类主体主要包括相关行政执法人员、鉴定人及其他专业人员。

1）相关执法人员。案件的相关执法人员具有特殊的身份，他们与被告之间有一定的利害关系，如出庭作证，其证言的真实性和可信性容易引起人们的怀疑。但是，首先，他们是了解案情的人。其次，了解案情的人是有限的并且具有不可选择性、不可替代性、不可改变性甚至唯一性。再次，他们具有证人资格和足够的证明能力。最后，尽管他们是被告行政机关的公职人员，但不是案件当事人；其行为只是受被告分配而以被告的名义所实施的，不属于个人行为。况且他们除了对本单位负责外，依照我国法律规定他们还要对民众负责。由此可见，案件的相关执法人员在某些情况下出庭作证不仅是可能的，而且是必要的。

按照最高人民法院《关于行政诉讼证据若干问题的规定》第 44 条之规定，原告或第三人可以要求相关行政执法人员作为证人出庭作证的情形有：第一，对现场笔录的合法性或真实性有异议的；第二，对扣押财产的品种或数量有异议的；第三，对检验的物品取样或保管有异议的；第四，对行政执法人员的身份的合法性有异议的；第五，需要出庭作证的其他情形。

2）鉴定人。按照《行政诉讼法》第 33 条的规定，鉴定意见是行政诉讼的证据之一。作为证据的鉴定意见除了必须接受法院依法审查以外，还必须接受有关当事人的质证。而鉴定人是鉴定意见的作出者，出庭接受有关当事人的发问、质疑，解答鉴定过程中的相关问题，回答有关当事人的发问和质疑，便成为鉴定人必须履行的法定义务。

鉴定人出庭接受询问应当注意以下几个方面：首先，必须由当事人向法庭提出要求；其次，鉴定人有正当事由不能出庭的，法庭可以准许其不出庭，当事人仅就书面鉴定意见进行质证；再次，对于出庭接受质证的鉴定人，法庭应当核实其身份、与当事人及案件的关系；最后，法庭应当告知鉴定人应如实说明鉴定情况以及作虚假说明的法律责任。

3）其他专业人员。案件审理过程中，当遇到被诉行政行为涉及某一专门性问题时，为了弄清问题、保障审判工作顺利进行，就需要专业人员的参与。专业人员出庭应注意下列问题：第一，出庭的原因可能是当事人向法庭提出申请，也可能是由法院主动通知。第二，专业人员出庭可以是单独说明某一专门性问题；必要时，法庭也可以组织专业人员进行对质。第三，出庭的专业人员应当具有相应的专业知识、学历、资历，当事人对此有异议的，可以进行询问，由法庭决定其是否可以作为专业人员出庭。第四，专业人员也可以对鉴定人进行询问。

4. 质证的其他问题

（1）证据材料的排除。所谓证据是指与案件事实有特定关系，能够说明案件事实的材料，即我们通常所说的证据应当具有关联性。如果证据材料与待证事实之间没有关系，那么就应当予以排除，也就没必要对它进行质证，以此避免当事人在一些与案件无关的证据材料上作无谓的争论、质疑和辩驳，有助于引导质证主体把质证的焦点放到有价值的证据上，从而提高审判效率、节省司法成本。因此，法庭在质证过程中，发现存在与案件无关的证据材料时，应当予以排除，但是必须说明予以排除的理由。

（2）对补充证据的质证。基于“一切证据都必须接受质证，才能被法庭所采纳”的一般原则，不管是当事人在举证期限内提供的证据，还是在质证过程中法庭准许当事人补充的证据，都必须在庭审过程中接受有关当事人的质证，所以，法庭准许当事人补充的证据仍然应该接受质证。

（3）二审、审判监督程序中的质证。在二审、审判监督程序中，对于当事人依法提供的新证据，由于在一审程序中未曾质证，根据采信证据的一般原则，第二审人民法院应当组织有关当事人进行质证，否则，新证据由于未经质证，将不能作为定案依据，那么，新证据的收集和提供将毫无意义。

依照最高人民法院《关于行政诉讼证据若干问题的规定》第 52 条之规定，在二审程序和审判监督程序中，当事人依法提供的所谓“新的证据”是指：第一，在一审程序中应当准予延期提供而未获准许的证据；第二，当事人在一审程序中依法申请调取而未获准许或未取得，人民法院在第二审程序中调取的证据；第三，原告或第三人提供的在举证期限届满后发现的证据。

最高人民法院《关于行政诉讼证据若干问题的规定》第 50 条规定：在第二审程序中，当事人对第一审认定的证据仍有争议的，法庭也应当进行质证。

在审判监督程序中，对于因原裁判认定事实的证据不足而提起再审所涉及的主要证据，法庭应当进行质证。值得注意的是，这里仅限于涉及的主要证据，而非所有证据。当然，所谓“主要证据”是相对的，并不是绝对的，根据每一案件的具体情况由人民法院确定。而所谓“认定事实的证据不足”是指已经认定的证据尚不够充分，不足据以得出现有的裁判结论。为此，对案件所涉及的主要证据再次进行质证，准确认定案件事实，才能作出正确的裁判。

五、行政诉讼证据的审核、认定

在行政诉讼中，当事人为达到胜诉的目的，往往会收集、提交大量的证据；在某些特定情形下，法庭还有权调取证据。这些数量众多的证据难免鱼龙混杂、有真有假，而且，当事人基于自己参加诉讼的目的会尽量提供对自己有利的证据，并在庭审中尽可能夸大其证据的证明力，这样更增加了出现假证的可能性。因此，法庭必须对当事人提供的证据在质证的基础上依法进行认真审查，决定是否予以采纳。

（一）行政诉讼证据审查规则

1. 依案卷审查

行政诉讼不同于民事诉讼、刑事诉讼之处主要表现在行政诉讼的审查对象是被诉行政行为，审查被诉行政行为的合法性。而被诉行政行为是作为被告的行政机关在行政程序中作出的，法院在审查被诉行政行为是否合法时主要依据的是被告在举证期限内向法院提供的作出行政行为时的全部证据和所依据的规范性文件。其中审查“全部证据”针对的是行政行为的事实问题，而审查“所依据的规范性文件”所针对的是行政行为的法律问题。因此，法院对具体行政行为的司法审查应从行政案卷入手，被诉行政行为的合法性是由行政案卷中所记载的证据和规范性文件依据来支持的：如果行政案卷中记载的证据和规范性文件依据不足以证明被诉行政行为合法，受诉法院将作出撤销被诉行政行为或确认被诉行政行为违法的判决；如果行政案卷中记载的证据和规范性文件依据足以证明被诉行政行为合法，受诉法院将驳回原告的起诉。法院在审查被诉行政行为的合法性时，原则上不接受行政机关在行政程序中没有调查、收集到的证据。所以，我国行政诉讼证据的审查大体上可以说是“依案卷审查”，虽然与一些国家实行的“行政案卷排除规则”尚有一定距离，但也吸收、借鉴了其中的一些合理内涵。

2. 在庭审中审查

《行政诉讼法》第 33 条规定，证据经法庭审查属实，才能作为认定案件事实的根据。最高人民法院《关于行政诉讼证据若干问题的规定》第 35 条第 1 款规定，证据应当在法庭上出示，并经庭审质证；未经庭审质证的证据，不能作为定案的依据。所有这些规定都表明，人民法院对证据的审查应当在庭审过程中进行，并建立在质证的基础之上。

3. 全面、客观、公正地审查

最高人民法院《关于行政诉讼证据若干问题的规定》第 54 条规定：法庭应当对经过庭审质证的证据和无须质证的证据进行逐一审查和对全部证据综合审查……进行全面、客观和公正的分析、判断，确定证据材料与案件事实之间的证明关系，排除不具有关联性的证据材料，准确认定案件事实。这就表明法院审查证据时：首先，应当将各方当事人提供的全部证据都纳入审查范围，不因证据的种类不同、来源有异、形式有别而区别对待；其次，应当站在客观的立场上对证据进行审查，防止主观臆断、弄假成真；最后，应当以公正的态度审查全部证据，避免偏袒一方、错误认定。

（二）行政诉讼的认证规则

所谓“认证”，是指对证据的证明效力的审查与认定。所谓认证规则，是指法庭在对证据进行认证时所应当遵循的规则。根据最高人民法院《关于行政诉讼证据若干问题的规定》，行政诉讼的认证规则包括以下内容：

1. 证据合法性的要求

行政诉讼证据的合法性的要求包括以下三个方面：（1）证据是否符合法定形式，即要符合《行政诉讼法》第 33 条所规定的 8 种形式，其中“现场笔录”是行政诉讼所特有的证据形式；（2）证据的取得是否符合法律、法规、司法解释和规章的要求，这里的“法律、法规、司法解释和规章”既包括行政诉讼法方面的规定，也包括行政实体法、行政程序法方面的有关规定；（3）是否有影响证据效力的其他违法情形。

2. 证据真实性的要求

行政诉讼证据的真实性的要求包括五个方面：（1）证据形成的原因，主要指证据形成的客观过程；（2）发现证据时的客观环境，指当事人收集到证据时的客观环境和人民法院依职权或依申请调取证据时的客观环境；（3）证据是否为原件、原物，复制件、复制品与原件、原物是否相符；（4）提供证据的人或者证人与当事人是否具有利害关系；（5）影响证据真实性的其他因素。

3. 证据排除规则

证据排除规则是指某些本来可以采用的证据，基于某种原因而明确加以排除的证据规则。包括：

（1）非法证据排除规则。

非法证据排除规则起源于英美法系国家，大多适用于刑事诉讼之中，是指对那些与案件事实具有关联本来可以加以使用的证据，出于人权保障或其他政策性的考虑，防止不可靠的证人非基于合法、正当的理由而取得，明确规定将其加以排除的证据规则。根据最高人民法院《关于行政诉讼证据若干问题的规定》，非法证据排除包括三个方面：

1）下列证据材料不能作为定案依据：第一，严重违反法定程序收集的证据材料。第二，以偷拍、偷录、窃听等手段获取的侵害他人合法权益的证据材料。第三，以利诱、欺诈、胁迫、暴力等不正当手段获取的证据材料。

2）以违反法律禁止性规定或者侵犯他人合法权益的方法取得的证据，不能作为认定案件事实的依据。

3）下列证据不能作为认定被诉行政行为合法的依据：第一，被告及其诉讼代理人在作出行政行为后或者在诉讼程序中自行收集的证据；第二，被告在行政程序中非法剥夺公民、法人或者其他组织依法享有的陈述、申辩或者听证权利所采用的证据；第三，原告或者第三人在诉讼程序中提供的、被告在行政程序中未作为行政行为依据的证据；第四，复议机关在复议程序中收集和补充的证据，或者作出原行政行为的行政机关在复议程序中未向复议机关提交的证据。

（2）其他不能作为定案依据的证据材料，主要包括下列五个方面：

1）超期限提供的证据材料。举证期限是举证责任制度的重要组成部分，没有举证期限，举证责任制度将形同虚设。因此，当事人无正当事由超出举证期限提供的证据材料不能作为定案依据。

2）法定证明手续缺失的证据材料。最高人民法院《关于行政诉讼证据若干问题的规定》第16条规定：当事人向人民法院提供的在中华人民共和国领域外形成的证据，应当说明来源，经所在国公证机关证明，并经中华人民共和国驻该国使领馆认证，或者履行中华人民共和国与证据所在国订立的有关条约中规定的证明手续。当事人提供的在中华人民共和国香港特别行政区、澳门特别行政区和台湾地区内形成的证据，应当具有按照有关规定办理的证明手续。根据这一规定，在我国领域以外或者在我国香港特别行政区、澳门特别行政区和台湾地区形成的未办理法定证明手续的证据材料不能作为定案的依据。

3）证明力缺失的证据材料。不能正确表达意志的证人提供的证言不能作为定案依据。

4）补强证据排除。所谓“补强证据（corroborative evidence）”是指不能单独作为认定案件事实的依据，只有在其他证据以佐证方式加以补强的条件下，才能作为定案依据的证据。我国《民事诉讼法》及其司法解释最早对补强证据作出了规定。最高人民法院《关于行政诉讼证据若干问题的规定》第57条、第71条规定的补强证据包括：第一，当事人无正当理由拒不提供原件、原物，又无其他证据印证，且对方当事人不予认可的证据的复制件或者复制品；第二，被当事人或者他人进行技术处理而无法辨明真伪的证据材料；第三，未成年人所作的与其年龄和智力状况不相适应的证言；第四，与一方当事人有亲属关系或者其他密切关系的证人所作的对该当事人有利的证言，或者与一方当事人有不利关系的证人所作的对该当事人不利的证言；第五，应当出庭作证而无正当理由不出庭作证的证人证言；第六，难以识别是否经过修改的视听资料；第七，无法与原件、原物核对的复制件或者复制品；第八，经一方当事人或者他人改动，对方当事人不予认可的证据材料；第九，其他不能单独作为定案依据的证据材料。

5）不具备合法性和真实性的其他证据材料也不能作为定案依据。

（3）案卷外证据排除规则。对于被告在行政程序中依照法定程序要求原告提供，原告依法应当提供而拒不提供，在诉讼程序中提供的证据，人民法院一般不予采纳。

4. 证据推定规则

原告确有证据证明被告持有的证据对原告有利，被告无正当事由拒不提供的，可以推定原告的主张成立。

5. 最佳证据规则

最佳证据规则是指证明同一事实的数个证据，如何认定其证明效力的规则。最高人民法院《关于行政诉讼证据若干问题的规定》第63条规定，一般可以按照下列情形分别认定：（1）国家机关以及其他职能部门依职权制作的公文文书优于其他书证；（2）鉴定结论、现场笔录、勘验笔录、档案材料以及经过公证或者登记的书证优于其他书证、视听资料和证人证言；（3）原件、原物优于复制件、复制品；（4）法定鉴定部门的鉴定结论优于其他鉴定部门的鉴定结论；（5）法庭主持勘验所制作的勘验笔录优于其他部门主持勘验所制作的勘验笔录；（6）原始证据优于传来证据；(7) 其他证人证言优于与当事人有亲属关系或者其他密切关系的证人提供的对该当事人有利的证言；(8) 出庭作证的证人证言优于未出庭作证的证人证言；(9) 数个种类不同、内容一致的证据优于一个孤立的证据。第 64 条规定，以有形载体固定或者显示的电子数据交换、电子邮件以及其他数据资料，其制作情况和真实性经对方当事人确认，或者以公证等其他有效方式予以证明的，与原件具有同等的证明效力。

6. 自认规则

所谓“自认”可分为广义和狭义两种：广义的“自认”是指在诉讼中，一方当事人就对方当事人所主张的不利于自己一方的事实，在有关诉讼文书上，或言词辩论中，承认为真实的声明或作出不予争执的表示。狭义的“自认”是指在诉讼中，一方当事人就对方当事人主张的对其不利的事实予以承认的声明或表示。这种表示可以是明确的表示，也可以是默认。最高人民法院《关于行政诉讼证据若干问题的规定》第 65 条规定：在庭审中一方当事人或者其代理人在代理权限范围内对另一方当事人陈述的案件事实明确表示认可的，人民法院可以对该事实予以认定，但有相反证据足以推翻的除外。

7. 司法认知规则

所谓“司法认知”是指法庭在庭审过程中以裁定的形式直接确认特定事实的真实性的诉讼证明方式。简言之，司法认知就是指法院对某些事实可以无须证明就认为其存在。司法认知是一种极为快捷的认证方式，能减少当事人无谓的发问、辩驳，节省司法成本，提高诉讼效率。最高人民法院《关于行政诉讼证据若干问题的规定》第 68 条规定，下列事实法庭可以直接认定：(1) 众所周知的事实；(2) 自然规律及定理；(3) 按照法律规定推定的事实；(4) 已经依法证明的事实；(5) 根据日常生活经验法则推定的事实。其中 (1)、(3)、(4)、(5) 项，当事人有相反证据足以推翻的除外。

（三）行政诉讼的认证时间

根据最高人民法院《关于行政诉讼证据若干问题的规定》第 72 条的规定，行政诉讼证据的认证时间有二：一是庭审中经过质证的证据，能够当庭认定的，应当当庭认定；二是庭审中经过质证不能当庭认定的，应当在合议庭合议时认定。

第三节　行政诉讼的法律适用

一、行政诉讼的审理依据

（一）诉讼程序法律规范的适用

行政案件的审理活动应当按照《行政诉讼法》的规定及司法机关对《行政诉讼法》的司法解释进行。同时，一些单行法律、法规中对行政复议和行政诉讼的程序问题也作了规定，《行政诉讼法》肯定其作为特别规定在行政诉讼中的适用性。但是，由于立法经验的限制及考虑到规定上的必要性问题，《行政诉讼法》在内容上显得比较简单，对于许多在诉讼过程中必然遇到的问题没有作出规定。在我国，《民事诉讼法》对诉讼程序的规定最为具体和详尽。由于行政诉讼与民事诉讼有许多共同规律，因而，尽管行政诉讼与民事诉讼性质不同，《民事诉讼法》的规定可有条件地在行政诉讼中适用，其适用条件是：

1.《民事诉讼法》的规定与《行政诉讼法》不抵触

例如，《行政诉讼法》明确规定审理行政案件不适用调解，因此，《民事诉讼法》中关于调解的规定就不能在行政诉讼中适用。

2.《行政诉讼法》对行政审判中的某些程序性问题未作规定，而《民事诉讼法》中有这样的规定

例如，《行政诉讼法》未明确规定行政案件开庭审理的程序、期间、送达、集团诉讼等，因此，《民事诉讼法》中的有关规定就可以在行政诉讼中参照适用。

《行政诉讼法》第101条规定，人民法院审理行政案件，关于期间、送达、财产保全、开庭审理、调解、中止诉讼、终结诉讼、简易程序、执行等，以及人民检察院对行政案件受理、审理、裁判、执行的监督，本法没有规定的，适用《中华人民共和国民事诉讼法》的相关规定。

（二）实体法律规范的适用

实体法律规范的适用是指法院在行政诉讼中应当选择哪些法律规范作为审判依据来判明被诉具体行政行为是否合法。根据《行政诉讼法》的规定，法院审理行政案件的实体法依据有：（1）法律；（2）行政法规；（3）地方性法规，仅适用于制定该地方性法规的国家权力机关管辖范围内发生的行政案件，被告行政机关与审理法院不在同一地区的，法院审理行政案件适用地方性法规时，应当以作出行政行为的行政机关依法所适用的地方性法规为依据；（4）自治条例和单行条例，法院审理发生在制定该自治条例和单行条例的民族自治地方的行政案件时，应当以该自治条例和单行条例作为审理依据。结合《立法法》第99条的规定，法院在审理案件过程中，如果认为行政法规、地方性法规、自治条例和单行条例违反宪法或者违反法律，有权通过最高人民法院向全国人大常委会提出审查意见。

在我国目前情况下，规章完全作为审理依据不行，完全不作为审理依据也不行，故《行政诉讼法》规定，法院审理行政案件"参照"规章。可见，规章在行政审判中的适用有其自身的特点：

（1）规章只具有参照适用的效力。所谓"参照适用"，是指法院在审理行政案件时，对符合法律、行政法规规定的规章，可以作为衡量行政行为是否合法的标准；对于不符合或者不完全符合法律、行政法规原则、精神的规章，可以有灵活处理的余地。确定规章是否合法，应视其是否符合以下条件：1）规章的制定和发布是否有相应的法律、法规依据；2）规章的内容是否与更高层次的合法、有效的规范性文件一致；3）规章的制定和发布是否符合法定程序。

（2）根据《行政诉讼法》第63条第3款的规定，法院参照适用规章有两种情况：1）法院对部门规章之间、部门规章与地方政府规章之间相抵触的情况，应由最高人民法院送请国务院作出解释和裁决。在这种情况下，法院无权选择适用。2）当某一个规章与更高层次的规范性文件是否一致存在疑问时，法院有权进行审查，并予以选择适用。对规章"参照"适用一词，即暗含赋予法院对规章的一定的审查权的意思。

（3）法院作出判决或者裁定需要参照规章时，在判决书或者裁定书中的"理由"部分应当写明"根据《中华人民共和国行政诉讼法》第六十三条，参照××规章（条、款、项）的规定……"

此外，我国地方各级人大及其常委会、地方各级人民政府还制定了地方性法规及地方政府规章以下的规范性文件，制定规章以下的规范性文件是这些国家机关行使相应权力的表现，这些规范性文件在国家管理中并不是处于可有可无的地位，对被管理者而言是具有法律效力的。因而，对这些规范性文件中合法的部分，法院应予适用；对不合法的部分，法院应不予适用。人民法院在审理行政案件中，经审查认为这些规范性文件不合法的，不作为认定行政行为合法的依据，并向制定机关提出处理建议。

二、法律规范冲突及其适用规则

人民法院在审查行政行为的合法性时，除要根据事实外，还需要依据相应的法律规范来作出判断。在适用法律规范的过程中，有时会出现同时有几个法律规范均适用于该具体行政行为，而几个法律规范之间却不相一致的情形，即法律规范之间发生某种冲突。实践中，法律规范之间发生的冲突主要有两类。

（一）不同等级的法律规范之间的冲突

我国法律体系的层级主要是法律、行政法规、地方性法规、规章、自治条例和单行条例，这种冲突如行政法规、地方性法规、规章、自治条例和单行条例与法律之间的冲突，地方性法规、规章、自治条例和单行条例与行政法规之间的冲突，地方政府规章与地方性法规之间的冲突。

这类法律规范冲突的适用规则是：因下级法律规范的法律效力低于高级法律规范，在下级法律规范与高级法律规范之间发生冲突时，下级法律规范无效，人民法院应当适用高级法律规范。我国《宪法》、《立法法》和有关法律对不同等级的法律规范之间的法律效力作了明确规定，如国务院根据宪法和法律制定行政法规，地方性法规不得与宪法、法律、行政法规相抵触，根据宪法、法律、行政法规、地方性法规制定规章等。当然，在法律另有授权的情况下，下级法律规范与高级法律规范发生冲突时，人民法院应当适用下级法律规范。

《宪法》规定，民族自治地方自治条例和单行条例的制定前提是根据本民族的政治、经济和文化特点。可见，宪法规定的精神是，只要自治条例和单行条例在制定时经过了法定国家权力机关的批准，是允许其与法律、行政法规相冲突的。换言之，自治条例和单行条例与法律、行政法规发生冲突时，应当适用自治条例和单行条例（法律、行政法规专门就民族区域自治地方作出的规定除外）。

（二）相同等级的法律规范之间的冲突

其中又分为两种情况：一是同一机关制定的法律规范之间的冲突，如法律之间、行政法规之间、地方性法规之间、规章之间、自治条例之间和单行条例之间的冲突；二是不同机关制定的法律规范之间的冲突，如部门规章之间的冲突、部门规章与地方政府规章之间的冲突、部门规章与地方性法规之间的冲突。

人民法院适用这些冲突的法律规范时的基本规则如下：

1. 适用同一机关制定的相互冲突的法律规范的规则

（1）在分为一般法和特别法的情况下，当特别法与一般法发生冲突时，依“特别法优于一般法”的原理处理，人民法院应当适用特别法。

（2）特别法之间或者一般法之间发生冲突时，依“新法优于旧法”（后法优于前法）的原理处理，人民法院适用新法。

2. 适用不同机关制定的相互冲突的法律规范的规则

应送请或者报请有权机关进行解释或者裁决。根据《宪法》和有关法律的规定，我国人民法院对于法律规范的这种冲突没有判断权，当案件的审理涉及这种冲突，又必须解决这种冲突时，法院只能将冲突提请有权机关进行解释或者裁决。

行政法规之间对同一事项的新的一般规定与旧的特别规定不一致，不能确定如何适用时，由国务院裁决。

地方性法规、规章之间不一致时，由有关机关依照下列规定的权限作出裁决：（1）同一机关制定的新的一般规定与旧的特别规定不一致时，由制定机关裁决；（2）地方性法规与部门规章之间对同一事项的规定不一致，不能确定如何适用时，由国务院提出意见，国务院认为应当适用地方性法规的，应当决定在该地方适用地方性法规的规定；认为应当适用部门规章的，应当提请全国人民代表大会常务委员会裁决；（3）部门规章之间、部门规章与地方政府规章之间对同一事项的规定不一致时，由国务院裁决。

根据授权制定的法规与法律规定不一致，不能确定如何适用时，由全国人民代表大会常务委员会裁决。

第四节　涉外行政诉讼

一、涉外行政诉讼的概念与种类

涉外行政诉讼是指人民法院受理、审理和执行具有涉外因素的行政案件所适用的诉讼程序。涉外因素是指行政案件的原告、第三人或者被执行人是外国公民、无国籍人或者外国组织：（1）外国公民，即居住在中华人民共和国境内、具有他国国籍的人；（2）无国籍人，即不具有任何国籍及国籍不明而在中国境内居住的人；（3）外国组织，即具有外国国籍的组织，包括外国法人组织和非法人组织。中外合资经营企业、中外合作经营企业及依照中华人民共和国法律在我国境内设立的外资企业均不属于外国组织。

涉外行政诉讼可以分为两大类：一是中华人民共和国法院受理并经过审理作出的行政案件；二是外国法院作出的判决要在中华人民共和国境内执行，中华人民共和国法院根据条约或者协定，以裁定的方式承认外国法院判决，并予以执行的行政案件。

因涉外行政诉讼含有涉外因素，人民法院在审理时，首先应适用特别规定，在没有特别规定时，适用一般规定。

二、涉外行政诉讼的一般原则

涉外行政诉讼的一般原则是指人民法院审理涉外行政案件的基本准则。主要有以下 5 项原则：

（一）适用行政诉讼法原则

《行政诉讼法》第98条规定：外国人、无国籍人、外国组织在中华人民共和国进行行政诉讼，适用本法；法律另有规定的除外。这一原则是国家主权原则在涉外行政诉讼中的具体体现。任何一个主权独立的国家的法院都按照本国的诉讼法审理涉外案件，除非法律按照对等原则另有规定。

（二）同等原则

同等原则又称“国民待遇原则”，是指外国人、无国籍人、外国组织在我国进行行政诉讼，享有与我国公民同等的诉讼权利和负有同等的诉讼义务。这是国家平等原则在行政诉讼中的具体体现。

人民法院在处理涉外行政案件时，应将外国公民、组织与中国公民、组织同等对待，既不应有任何限制和歧视，也不应随意扩大外国公民、组织的诉讼权利。

（三）对等原则

对等原则又称“相互原则”，是指国家之间在对待对方公民、组织的诉讼地位和诉讼权利时相互对待。“相互对待”包括两个方面的内容：（1）积极方面的对待。外国公民、组织同本国公民、组织享有同等诉讼权利、承担同等诉讼义务，不加歧视和限制。（2）消极方面的对待。外国法院如果对本国公民、组织的诉权利加以限制，本国法院也采取相应措施对外国公民、组织的诉讼权利加以限制。

实行对等原则是国家主权平等与维护国家主权尊严的必然要求，有利于促进各国在司法活动中真正实现平等互惠。

（四）适用有关国际条约原则

国际条约是国家或者国际法主体之间在政治、经济、军事、文化等方面确定、变更或者终止其相互权利义务关系的书面协议。缔约国或者参加国对生效的国际条约有义务遵照履行。但缔约国或者参加国对条约的某些条款声明持保留态度、不予接受的，该保留条款对其不产生法律效力。

凡是主权国家，在国内只执行本国法律，而不直接执行国际条约。国际条约转变为国内法，目前国际上有两种做法：一种是凡缔约或者参加一个国际条约都要在国内制定一个相应的法律，以国内法的形式确定国际条约在本国的效力；另一种是在国内法中确定确认和适用国际条约的原则，对于自己缔结或者参加并符合本国利益的国际条约予以承认和实施。中国采取的是后一种做法。

人民法院在处理涉外行政案件时，应严格遵守我国缔结或者参加的有关国际条约的规定，除我国声明保留的条款以外，行政诉讼法与国际条约相抵触的，适用国际条约的规定。

（五）委托中国律师代理诉讼原则

外国人、无国籍人、外国组织在人民法院提起或者作为第三人参加诉讼，可以亲自起诉，参加诉讼，行使行政诉讼法所赋予的诉权；也可以委托律师代理诉讼，委托律师代理诉讼的，必须委托中国律师机构的律师，即参加中国律师协会，并在律师事务所或者法律顾问处执行职务的中国律师（包括专职律师、兼职律师、特邀律师）。中国在境外设立的法律服务机构（包括派出的公司、分公司）属于所在国（地区）的法人，这些机构的成员不能在我国法院履行律师职务参与诉讼；如果境外法律服务机构的成员符合律师法规定的律师资格、有中国境内法律顾问处（或律师事务所）委派参加诉讼的证件，可以以律师身份参加诉讼。外国律师可以作为中国律师的助手，协助工作，但不能出庭进行诉讼活动。

在中国境内没有住所的外国人、无国籍人、外国组织，委托中国律师或者其他代理人进行诉讼，从境外寄交或者托交的授权委托书，应当经所在国公证机关证明，并经中国驻该国使、领馆认证，或者履行中国与该所在国订立的有关条约规定的证明手续后，才具有效力。

三、对外送达方式与特殊时限

（一）诉讼文书的对外送达方式

人民法院对在中国境内有住所的当事人送达诉讼文书适用普通送达方式。对在中国境内没有住所的当事人送达诉讼文书，采用以下方式：（1）依照受送达人所在国与中国缔结或者共同参加的国际条约中规定的方式送达；（2）通过外交途径送达；（3）对具有中国国籍的受送达人，可以委托中国驻受送达人所在国的使、领馆代为送达；（4）向受送达人委托的代其接受送达的诉讼代理人送达；（5）向受送达人在中国境内设立的代表机构或者有权接受送达的分支机构、业务代办人送达；（6）受送达人所在国的法律允许邮寄送达的，可以邮寄送达，自邮寄之日起满6个月，送达回证没有退回，但根据各种情况足以认定已经送达的，期间届满之日视为送达；（7）不能采用上述方式送达的，公告送达，自公告之日起满6个月，即视为已经送达。

（二）二审期限的特殊规定

通常情况下，当事人不服一审判决、裁定的上诉期限分别是15日和10日；对方当事人收到上诉状副本，应在10日内提出答辩状。考虑到涉外行政案件的特殊性和复杂性，在中国境内没有住所的当事人，不服一审人民法院判决、裁定的，有权在判决书、裁定书送达之日起30日内提起上诉；被上诉人收到上诉状副本后，应当在30日内提出答辩状。此外，当事人不能在法定期间提起上诉或者提出答辩状而申请延期的，由人民法院决定是否准许。

问题与思考

1. 公民武某因不服某市税务局对其的处罚决定而向人民法院提起行政诉讼。人民法院受理后，由2名审判员和2名陪审员组成合议庭进行审理，其中1名陪审员为税务局的副局长。在审理过程中，市委领导曾几次要求听取该案的审理情况，并要求人民法院作出维持市税务局处罚决定的判决。人民法院按市委领导的意见作出了维持的判决。在判决书送达原告5日后，市人民检察院以该审理的程序不合法为由提出抗诉。

问题：本案中存在哪些程序错误？

2. 薄某因与他人殴斗，被某区公安分局处以15日行政处罚。薄某不服，向市公安局申请复议，市公安局裁决维持。薄某仍不服，向区人民法院提起行政诉讼。法院受理后，要求被告提供作出行政处罚的证据。被告提供了一些证明其具体行政行为合法的证据。法院经过审理，认定被告的处罚行为主要证据不足，判决予以撤销。被告不服一审判决，向市中级人民法院提起上诉。在二审过程中，被告提供了一份在一审程序中未提供的证据，请求二审法院撤销一审判决，维持其所作出的具体行政行为。

问题：(1) 什么是行政诉讼证据？它有什么特征？

(2) 什么行政诉讼的举证责任？行政诉讼中举证责任是否有期限要求？

(3) 二审法院应如何处理这份证据？

3. 2006年6月，田某和林某商量准备年底结婚。6月13日两人一同来到湖北某市妇幼保健院做婚前医学检查，当时田某拿到了“可以结婚”的“婚前医学检查证明”，但林某没有拿到；6月14日，林某在母亲陪同下再次来到妇幼保健院，在他们一再请求下，医生在明知林某患有不宜结婚的疾病的情况下开出了“婚检合格”的证明，但要求须在治愈后才能同房。6月28日，田某在毫不知情的情况下与林某领取了结婚证。2006年12月11日，林某在自我感觉不错的情况下与田某举行了婚礼；2007年年初，田某感觉不适，去医院看病时被告知患有性病。

问题：(1) 行政诉讼中的举证责任如何分配？

(2) 本案中，如果田某提起行政诉讼，谁应当承担举证责任？如何举证？

(3) 本案中，如果田某附带提起行政赔偿诉讼，举证责任又如何分配？

4.《南方周末》2004年2月26日报道：2002年6月24日，四川东方快递服务有限公司（快递公司）重庆分公司雇员刘某在开着其公司的面包车送交快件的时候，遭重庆市邮政局执法人员拦截，被没收快件后刘某遭到邮政局执法人员的扣留，直到当天晚上快递公司负责人谭某出面领人。邮政局的理由为快递公司侵犯公民的通信自由以及隐私权，违背了宪法。随后快递公司受到罚款6 000元的行政处罚。2003年2月6日，刘某在投送快件的过程中再次遭到邮政局执法人员的拦截并没收快件，此次快递公司受到罚款7 000元的行政处罚。2003年4月21日，邮政局执法人员闯进快递公司的营业房里，四处翻查，最后将搜出的4件快件以及11份清单全部没收。同年5月23日，重庆市邮政局作出行政处罚，快递公司重庆分公司被罚款1万元，同时被责令立即停止违规经营信件和其他具有信件性质物品的寄递业务。2003年10月17日，重庆市政府作出行政复议决定，以《重庆市邮政通信管理条例》规定为依据，维持重庆市邮政局的处罚决定。该快递公司不服并于2003年11月24日向法院提起行政诉讼。2004年2月6日，法院判决快递公司败诉。

问题：(1) 我国行政诉讼中法律冲突时，如何选择适用？

(2) 本案中是否存在法律冲突？如何解决？

5. 德国游客泰莱思在我国某市游览时随地吐痰，被某区市容管理人员罚款30元。泰莱思回国后委托德国律师向某市中级人民法院起诉，中级人民法院作出维持处罚的判决后，泰莱思不服，向某省高级人民法院提出上诉。高级人民法院认为，泰莱思是在收到一审判决28日后才提起上诉，超过了上诉期限，因而作出驳回上诉的裁定。

问题：(1) 什么是涉外行政诉讼？它有什么特点？

(2) 本案中存在哪些法律错误？

相关司法考试真题

1. 县环保局以一企业逾期未完成限期治理任务为由，决定对其加收超标准排污费并处以罚款1万元。该企业认为决定违法诉至法院，提出赔偿请求。一审法院经审理维持县环保局的决定。该企业提出上诉。下列哪一说法是正确的？（ ）（2011年）

A. 加收超标准排污费和罚款均为行政处罚

B. 一审法院开庭审理时，如该企业未经法庭许可中途退庭，法院应予训诫

C. 二审法院认为需要改变一审判决的，应同时对县环保局的决定作出判决

D. 一审法院如遗漏了该企业的赔偿请求，二审法院应裁定撤销一审判决，发回重审

2. 某药厂以本厂过期药品作为主原料，更改生产日期和批号生产出售。甲市乙县药监局以该厂违反《药品管理法》第49条第1款关于违法生产药品规定，决定没收药品并处罚款20万元。药厂不服向县政府申请复议，县政府依《药品管理法》第49条第3款关于生产劣药行为的规定，决定维持处罚决定。药厂起诉。关于本案的举证与审理裁判，下列说法正确的有：（ ）。

A. 法院应对被诉行政行为和药厂的行为是否合法一并审理和裁判

B. 药厂提供的证明被诉行政行为违法的证据不成立的，不能免除被告对被诉行政行为合法性的举证责任

C. 如在本案庭审过程中，药厂要求证人出庭作证的，法院不予准许

D. 法院对本案的裁判，应当以证据证明的案件事实为依据

各章司法考试真题答案与解析*

第一章

1. 答案：AC

解析：权责一致原则包括两个方面的内容：一是行政效能原则；二是行政责任原则，即行政机关违法或不当行使职权，应当依法承担法律责任。选项A正确：该项属于权责一致中的行政责任原则的表现。选项B错误：该项属于程序正当原则中的行政公开原则，该原则的含义为：除涉及国家秘密和依法受到保护的商业秘密、个人隐私的外，行政机关实施行政活动应当公开，以实现公民的知情权。镇政府定期向公众公开本镇公款接待费用正是政务公开、实现公民知情权的表现。选项C正确：该项也属于权责统一原则中的行政责任原则。选项D错误：该项属于程序正当原则中的公众参与原则。公众参与原则是指，行政机关作出重要规定或决定，应当听取公民、法人和其他组织的意见。特别是作出对公民、法人和其他组织不利的决定，要听取他们的陈述和申辩。

2. 答案：BC

解析：高效便民原则分为两个方面：第一是行政效率原则。基本内容有二：首先是积极履行法定职责，禁止不作为或者不完全作为；其次是遵守法定时限，禁止超越法定时限或不合理延迟。第二是便利当事人原则。在行政活动中增加当事人程序负担，是法律禁止的行政侵权行为。选项A错误：依法行政原则是对行政机关及其行政公务人员从事行政管理活动的基本要求，在理论上往往作为行政法的基本原则来看待。关于依法行政原则的内容，我国行政法学界一般又将其分解为两项原则，即行政合法性原则和行政合理性原则。合法行政是行政法的首要原则，其他原则可以理解为该原则的延伸。因此，高效便民原则可以理解为合法行政原则的延伸，也就可以理解为依法行政的延伸，而非重要补充。选项B正确：该项是高效便民中行政效率原则的体现。选项C正确：该项也是高效便民中行政效率原则的体现。选项D错误：该项属于合理行政原则中考虑相关因素原则的体现。合理行政原则包括三个原则，即：公平公正原则、考虑相关因素原则和比例原则。

---

* 本书司法考试真题收录到2012年，因《行政诉讼法》及其司法解释已修改，补充2013～2014年相关真题意义不大，待根据新法的新试题有相当积累后，本书再作相应修订。故本部分中的《行政诉讼法》及《行政诉讼法解释》皆为修订前的法律及司法解释。

3. 答案：ACD

解析：合法行政原则是行政法的首要原则，其他原则可以理解为这一原则的延伸。因此，合理行政、程序正当、高效便民、诚实信用和权责统一都可以视为合法行政的延伸。我国的合法行政原则在结构上包括对现行法律的遵守和依照法律授权活动两个方面：(1) 行政机关必须遵守现行有效的法律。这一方面的基本要求是：行政机关实施行政管理，应当依照法律、法规、规章的规定进行，禁止行政机关违反现行有效的立法性规定。(2) 行政机关应当依照法律授权活动。这一方面的基本要求是：没有法律、法规、规章的规定，行政机关不得作出影响公民、法人和其他组织合法权益或者增加公民、法人和其他组织义务的决定。选项 A 违反合法行政的要求，该项违反了合法行政原则中“行政机关应当依照法律授权活动”的规定，侵犯了农民的经营自主权。选项 B 不违反合法行政的要求：市政府的规定对于促进残疾人就业有利，而且不违反国家的法律规定，因此，不违反合法行政原则的要求。选项 C 违反合法行政的要求：《治安管理处罚法》第 19 条第 3 项规定，出于他人胁迫或者诱骗而违反治安管理的，减轻处罚或者不予处罚。据此可知，对于受胁迫而伤害他人的情况，法律明确规定应当减轻处罚或者不予处罚。公安局决定对孙某从轻处罚违反了《治安管理处罚法》的规定，违反合法行政原则的要求。选项 D 违反合法行政的要求：《行政许可法》第 15 条第 2 款规定：地方性法规和省、自治区、直辖市人民政府规章，不得设定应当由国家统一确定的公民、法人或者其他组织的资格、资质的行政许可；不得设定企业或者其他组织的设立登记及其前置性行政许可。其设定的行政许可，不得限制其他地区的个人或者企业到本地区从事生产经营和提供服务，不得限制其他地区的商品进入本地区市场。据此可知，某市政府发布的文件中关于“限制其他地区的个人或者企业到本地区从事生产经营和提供服务”的内容违反合法行政法原则的要求。

第二章

1. 答案：B

解析：《公务员法》第 14 条第 2 款规定：公务员职位类别按照公务员职位的性质、特点和管理需要，划分为综合管理类、专业技术类和行政执法类等类别。国务院根据本法，对于具有职位特殊性，需要单独管理的，可以增设其他职位类别。各职位类别的适用范围由国家另行规定。

2. 答案：C

解析：选项 A 错误：《国务院行政机构设置和编制管理条例》第 11 条规定，国务院议事协调机构的设立、撤销或者合并，由国务院机构编制管理机关提出方案，报国务院决定。选项 B 错误，选项 C 正确：《国务院行政机构设置和编制管理条例》第 6 条第 7 款规定：国务院议事协调机构承担跨国务院行政机构的重要业务工作的组织协调任务。国务院议事协调机构议定的事项，经国务院同意，由有关的行政机构按照各自的职责负责办理。在特殊或者紧急的情况下，经国务院同意，国务院议事协调机构可以规定临时性的行政管理措施。选项 D 错误：《国务院行政机构设置和编制管理条例》第 13 条规定，国务院办公厅、国务院组成部门、国务院直属机构、国务院办事机构在职能分解的基础上设立司、处两级内设机构；国务院组成部门管理的国家行政机构根据工作需要可以设立司、处两级内设机构，也可以只设立处级内设机构。据此可知，可以设立司、处的机构不包括国务院议事协调机构。

第三章

1. 答案：D

解析：县政府与甲开发公司签订的《某地区改造项目协议书》属外部协议，而非属于内部协议，因此，A 项说法错误。县政府无权无故收回乙公司依法取得的第 15 号国有土地使用证，因此，B 项错误。最高人民法院《行政诉讼法解释》第 12 条规定，与具体行政行为有法律上利害关系的公民、法人或者其他组织对该行为不服的，可以依法提起行政诉讼。据此可知，与被诉具体行政行为有法律上的利害关系的公民、法人或者其他组织都可以提起行政诉讼，因此，乙公司即使不是《某地区改造项目协议书》的当事人，但是，它属于该协议的利害关系人，可以提起行政诉讼，法院不能驳回起诉。因此，C 项错误。最高人民法院《行政诉讼法解释》第 58 条规定，被诉具体行政行为违法，但撤销该具体行政行为将会给国家利益或者公共利益造成重大损失的，人民法院应当作出确认被诉具体行政行为违法的判决，并责令被诉行政机关采取相应的补救措施；造成损害的，依法判决承担赔偿责任。本题的被诉具体行政行为是关于旧城区改造的，即便法院查出该具体行政行为违法，但是如果撤销的话，将给国家利益或者公共利益造成重大损失，因此，法院应当判决确认某县政府的行为违法，并责令采取补救措施。故 D 项正确。

2. 答案：C

解析：《地方各级人民政府机构设置和编制管理条例》第 15 条规定：机构编制管理机关应当按照编制的不同类别和使用范围审批编制。地方各级人民政府行政机构应当使用行政编制，事业单位应当使用事业编制，不得混用、挤占、挪用或者自行设定其他类别的编制。因此，A 项说法错误。该条例第 18 条规定：地方各级人民政府根据调整职责的需要，可以在行政编制总额内调整本级人民政府有关部门的行政编制。但是，在同一个行政区域不同层级之间调配使用行政编制的，应当由省、自治区、直辖市人民政府机构编制管理机关报国务院机构编制管理机关审批。因此，B 项说法错误，C 项说法正确。该条例第 19 条规定，地方各级人民政府议事协调机构不单独确定编制，所需要的编制由承担具体工作的行政机构解决。因此，D 项说法错误。

第四章

1. 答案：C

解析：选项 A 错误：《行政许可法》第 2 条规定，本法所称行政许可，是指行政机关根据公民、法人或者其他组织的申请，经依法审查，准予其从事特定活动的行为。据此可知，行政许可是经典的依申请的行政行为，而非依职权的行政行为。选项 B 错误：具体行政行为可以分为要式的与不要式的具体行政行为。划分标准是具体行政行为是否需要具备法定的形式。以具备书面文字等其他特定意义符号为生效必要条件的，是要式的具体行政行为；不需要具备书面文字或者其他特定意义符号就可以生效的，是不要式的具体行政行为。选项 C 正确：法律效力是具体行政行为法律制度中的核心因素，评价具体行政行为合法与否的实际意义，就在于对其法律效力的影响。选项 D 错误：当事人不履行具体行政行为确定的义务，行政机关予以执行是具体行政行为执行力的表现。

2. 答案：B

解析：《行政许可法》第 69 条第 2 款规定，被许可人以欺骗、贿赂等不正当手段取得行政许可的，应当予以撤销。本题中，甲公司凭借伪造的申请材料而获得行政许可，因此，应予以撤销。

第五章

1. 答案：AD

解析：程序正当原则包括三个子原则：程序公开、程序参与和回避原则。选项 A 体现程序参与原则，应选。选项B是权责统一原则的子原则——行政责任的体现，故不选。选项C是合法行政原则的体现，故不选。选项D原则是程序回避原则的体现，故应选。

2. 答案：BCD

解析：最高人民法院《关于审理政府信息公开行政案件若干问题的规定》第2条规定，公民、法人或者其他组织对下列行为不服提起行政诉讼的，人民法院不予受理：（1）因申请内容不明确，行政机关要求申请人作出更改、补充且对申请人权利、义务不产生实际影响的告知行为；（2）要求行政机关提供政府公报、报纸、杂志、书籍等公开出版物，行政机关予以拒绝的；（3）要求行政机关为其制作、搜集政府信息，或者对若干政府信息进行汇总、分析、加工，行政机关予以拒绝的；（4）行政程序中的当事人、利害关系人以政府信息公开名义申请查阅案卷材料，行政机关告知其应当按照相关法律、法规的规定办理的。故A选项表述错误，不选。最高人民法院《关于审理政府信息公开行政案件若干问题的规定》第1条第1款规定，公民、法人或者其他组织认为下列政府信息公开工作中的具体行政行为侵犯其合法权益，依法提起行政诉讼的，人民法院应当受理：（1）向行政机关申请获取政府信息，行政机关拒绝提供或者逾期不予答复的；（2）认为行政机关提供的政府信息不符合其在申请中要求的内容或者法律、法规规定的适当形式的；（3）认为行政机关主动公开或者依他人申请公开政府信息侵犯其商业秘密、个人隐私的；（4）认为行政机关提供的与其自身相关的政府信息记录不准确，要求该行政机关予以更正，该行政机关拒绝更正、逾期不予答复或者不予转送有权机关处理的；（5）认为行政机关在政府信息公开工作中的其他具体行政行为侵犯其合法权益的。故B、C、D项表述正确，应选。

3. 答案：ACD

解析：选项A正确：《行政许可法》第48条第1款第1项规定，行政机关应当于举行听证的7日前将举行听证的时间、地点通知申请人、利害关系人，必要时予以公告。选项B错误：《行政许可法》第48条第1款第2项规定，听证应当公开举行。选项C正确：《行政许可法》第48条第1款第3项规定，行政机关应当指定审查该行政许可申请的工作人员以外的人员为听证主持人，申请人、利害关系人认为主持人与该行政许可事项有直接利害关系的，有权申请回避。选项D正确：《行政许可法》第48条第1款第5项规定，听证应当制作笔录，听证笔录应当交听证参加人确认无误后签字或者盖章。

第六章

1. 答案：D

解析：《国家赔偿法》第21条第4款规定，二审改判无罪，以及二审发回重审后作无罪处理的，作出一审有罪判决的人民法院为赔偿义务机关。可知，本案赔偿义务机关应为县法院。故A选项表述错误，不选。《国家赔偿法》第9条第2款规定，赔偿请求人要求赔偿，应当先向赔偿义务机关提出，也可以在申请行政复议或者提起行政诉讼时一并提出。可知，新《国家赔偿法》已经废除了“确认违法”的程序，故B选项表述错误，不选。《国家赔偿法》第39条第1款规定，赔偿请求人请求国家赔偿的时效为两年，自其知道或应当知道国家机关及其工作人员行使职权时的行为侵犯其人身权、财产权之日起计算，但被羁押等限制人身自由期间不计算在内。故C选项表述错误，不选。《国家赔偿法》第13条第1款规定，赔偿义务机关作出赔偿决定，应当充分听取赔偿请求人的意见，并可以与赔偿请求人就赔偿方式、赔偿项目和赔偿数额依照本法第四章的规定进行协商。故D选项表述正确，当选。

2. 答案：AB

解析：《国家赔偿法》第 21 条第 4 款规定：再审改判无罪的，作出原生效判决的人民法院为赔偿义务机关。二审改判无罪，以及二审发回重审后作无罪处理的，作出一审有罪判决的人民法院为赔偿义务机关。可知，本案的刑事赔偿义务机关为区法院。故 A、B 选项错误，应选。《国家赔偿法》第 22 条第 2 款规定，赔偿请求人要求赔偿，应当先向赔偿义务机关提出。故 C 选项正确，不选。《国家赔偿法》第 21 条第 3 款规定，对公民采取逮捕措施后决定撤销案件、不起诉或者判决宣告无罪的，作出逮捕决定的机关为赔偿义务机关。故 D 项正确，不选。

第七章

1. 答案：C

解析：《国家赔偿法》第 2 条第 1 款规定，国家机关和国家机关工作人员违法行使职权侵犯公民、法人和其他组织的合法权益造成损害的，受害人有依照本法取得国家赔偿的权利。可见，我国国家赔偿的归责原则是违法损害赔偿原则，即以职务违法作为国家赔偿的前提。通过这一标准，可以区别国家赔偿与国家补偿、民事赔偿的不同。国家赔偿与国家补偿的不同在于前者是违法行为导致的，而后者是合法行为导致的。国家赔偿与民事赔偿的不同在于前者是因为行使国家职权引起的国家责任，后者是国家作为平等民事主体所引起的民事责任。由上面的分析可知，A 项是错误的：两个刑警为追捕犯罪嫌疑人而租用出租车的行为是职务行为，而非个人给予民事赔偿。

B 项也是错误的：两个刑警为追击犯罪嫌疑人而租用出租车的行为是合法的职务行为，出租车的炸毁和司机受伤的损害后果是犯罪嫌疑人的犯罪行为所导致，而非刑警非法行使职务造成。对刑警的合法行为不能请求国家赔偿。

C 项是正确的：如上述所说，刑警的职务行为是合法行为，而租用出租车用来进行合法的职务行为导致该车被犯罪嫌疑人炸毁，因而合法的职务行为与损失结果有直接的因果关系，所以应该适用国家补偿的规定。该司机可以请求刑警所在的公安局给予国家补偿。

D 项错误：犯罪嫌疑人炸毁出租车的行为可以导致犯罪嫌疑人的民事赔偿责任，但现代社会已经摆脱封建社会不合理的“连带”与“株连”，而采取“责任自负”、“谁行为谁负责”的原则，因而不能由犯罪嫌疑人的家属承担民事责任，只能用犯罪嫌疑人自己的财产进行民事赔偿。

2. 答案：BD

解析：最高人民法院《关于民事、行政诉讼中司法赔偿若干问题的解释》第 1 条规定，根据《国家赔偿法》第 31 条的规定，人民法院在民事、行政诉讼过程中，违法采取对妨害诉讼的强制措施、保全措施或者对判决、裁定及其他生效法律文书执行错误，侵犯公民、法人和其他组织合法权益造成损害的，依法应由国家承担赔偿责任。根据该司法解释的规定可知，在民事诉讼过程中采取的保全措施，如果给公民、法人和其他组织的合法权益造成损害的，可以依法申请国家赔偿，A 项说法错误，不选。

最高人民法院《关于民事、行政诉讼中司法赔偿若干问题的解释》第 3 条规定，违法采取保全措施，是指人民法院依职权采取的下列行为：（1）依法不应当采取保全措施而采取保全措施或者依法不应当解除保全措施而解除保全措施的……B 项的说法属于司法解释中规定的第一项的内容，因此 B 项说法正确，应选。

最高人民法院《关于审理行政赔偿案件若干问题的规定》第 30 条规定：人民法院审理行政赔偿案件在坚持合法、自愿的前提下，可以就赔偿范围、赔偿方式和赔偿数额进行调解。调解成立的，应当制作行政赔偿调整书。此规定说的赔偿范围是关于赔偿的范围，而非是否属于国家赔偿的范围，因此，对于是否属于国家赔偿的范围不能进行调解，故C项说法错误，不选。

最高人民法院《关于民事、行政诉讼中司法赔偿若干问题的解释》第8条第1款规定，申请民事、行政诉讼中司法赔偿的，违法行使职权的行为应当先经依法确认。因此，D项说法正确，应选。

第八章

1. 答案：D

解析：行政复议的审查标准包括：具体行政行为的合法性和适当性。因为在行政系统中，上级行政机关领导下级行政机关，因此，既可以审查下级行政机关具体行政行为的合法性，也可以审查具体行政行为的适当性。故A表述错误，不选。《行政复议法实施条例》第10条规定：申请人、第三人可以委托1至2名代理人参加行政复议。公民在特殊情况下无法书面委托的，可以口头委托。口头委托的，行政复议机构应当核实并记录在卷。故B选项表述错误，不选。《行政复议法实施条例》第38条第2款规定：申请人撤回行政复议申请的，不得再以同一事实和理由提出行政复议申请。但是，申请人能够证明撤回行政复议申请违背其真实意思表示的除外。可知，C选项遗漏了但书条款，表述错误，不选。《行政复议法》第14条规定：对国务院部门或者省、自治区、直辖市人民政府的具体行政行为不服的，向作出该具体行政行为的国务院部门或者省、自治区、直辖市人民政府申请行政复议。对行政复议决定不服的，可以向人民法院提起行政诉讼，也可以向国务院申请裁决，国务院依照本法的规定作出最终裁决。故D选项表述正确，应选。

2. 答案：C

解析：选项A错误：《行政复议法》第40条第2款规定：本法关于行政复议期间有关“五日”、“七日”的规定是指工作日，不含节假日。行政复议期间只有5日、7日才是工作日，这里的10日，指的不是工作日，而是“自收到复议申请书或笔录复印件之日起”直接计算10日，中间包括休息日。选项B错误：《行政复议法实施条例》第39条规定：行政复议期间被申请人改变原具体行政行为的，不影响行政复议案件的审理。但是，申请人依法撤回行政复议申请的除外。据此可知，被申请人在行政复议期间是可以改变原具体行政行为的。选项C正确：《行政复议法实施条例》第57条第1款规定：行政复议期间行政复议机关发现被申请人或者其他下级行政机关的相关行政行为违法或者需要做好善后工作的，可以制作行政复议意见书。有关机关应当自收到行政复议意见书之日起60日内将纠正相关行政违法行为或者做好善后工作的情况通报行政复议机构。选项D错误：《行政复议法》第4条规定，行政复议机关履行行政复议职责，应当遵循合法、公正、公开、及时、便民的原则，坚持有错必纠，保障法律、法规的正确实施。据此可知，行政复议既审查具体行政行为的合法性，也审查具体行政行为的合理性。

第九章

1. 答案：AC

解析：《拆除所建房屋通知》属于行政处罚，是对违反规划之违章建筑的制裁行为。《关于限期拆除所建房屋的通知》属于行政强制执行之催告。故A表述正确，应选；B选项表述错误，不选。《拆除所建房屋通知》属于行政处罚，是具体行政行为，当然可诉，故C选项表述正确，应选。《行政处罚法》第33条规定，违法事实确凿并有法定依据，对公民处以50元以下、对法人或者其他组织处以 1 000 元以下罚款或者警告的行政处罚的，可以当场作出行政处罚决定。故 D 选项错误，不选。

2. 答案：BD

解析：根据《行政诉讼法》的规定，改变后的具体行政行为的效力及由此产生的结果一定程度上取决于原告的态度。(1) 如果原告同意被告对被诉具体行政行为的改变，并提出撤诉申请，经人民法院准许，诉讼结束。(2) 如果原告不同意被告对被诉具体行政行为的改变，不提出撤诉申请，人民法院应当继续对原具体行政行为进行审理，并就原具体行政行为作出裁判。不过，因被告曾对原具体行政行为进行改变，在判决时法院应注意判决形式：人民法院经审查认为原具体行政行为违法的，应当作出确认其违法的判决，而非撤销判决；认为原具体行政行为合法的，应当判决驳回原告的诉讼请求，而不是作出维持判决。(3) 如果原告或者第三人对改变后的行为不服而提起诉讼的，人民法院应当就改变后的具体行政行为进行审理。故选 B、D 项。

第十章

1. 答案：A

解析：选项 A 正确，因为此时李某还未完全取得公务员的身份，故他与人保局的争议为外部行政法律争议，属于人民法院行政诉讼受案范围。选项 B、C、D 错误：《公务员法》第 90 条第 1 款规定，公务员对涉及本人的下列人事处理不服的，可以自知道该人事处理之日起 30 日内向原处理机关申请复核；对复核结果不服的，可以自接到复核决定之日起 15 日内，按照规定向同级公务员主管部门或者作出该人事处理的机关的上一级机关提出申诉；也可以不经复核，自知道该人事处理之日起 30 日内直接提出申诉：(1) 处分；(2) 辞退或者取消录用；(3) 降职；(4) 定期考核定为不称职；(5) 免职；(6) 申请辞职、提前退休未予批准；(7) 未按规定确定或者扣减工资、福利、保险待遇；(8) 法律、法规规定可以申诉的其他情形。据此可知，选项 B、C、D 属于行政机关的内部人事处理行为，是不能提起行政诉讼的。

2. 答案：D

解析：《行政诉讼法》第 25 条规定，经复议的案件，复议机关决定维持原具体行政行为的，作出原具体行政行为的行政机关是被告；复议机关改变原具体行政行为的，复议机关是被告。《行政诉讼法解释》第 7 条第 2 项规定，复议决定有下列情形之一的，属于行政诉讼法规定的“改变原具体行政行为”：改变原具体行政行为所适用的规范依据且对定性产生影响的。可知，本案属于复议机关的决定已经改变了原具体行政行为的情况，故被告应为乙县政府。《行政诉讼法》第 14 条第 3 项规定，中级人民法院管辖下列第一审行政案件：本辖区内重大、复杂的案件。《最高人民法院关于行政案件管辖若干问题的规定》第 1 条第 1 项规定，有下列情形之一的，属于《行政诉讼法》第 14 条第 3 项规定的应当由中级人民法院管辖的第一审行政案件：被告为县级以上人民政府的案件，但以县级人民政府名义办理不动产物权登记的案件可以除外。可知，被告为县政府的案件，一般由中级人民法院管辖。故 A、B、C 选项错误，不选。D 选项正确，应选。

第十一章

1. 答案：BC

解析：选项 A 错误：《行政诉讼法解释》第 20 条第 1 款规定，行政机关组建并赋予行政管理职能但不具有独立承担法律责任能力的机构，以自己的名义作出具体行政行为，当事人不服而提起诉讼的，应当以组建该机构的行政机关为被告。据此可知，本案中强制拆除决定是由“甲县政府设立的临时机构基础设施建设指挥部”作出的，故应由甲县政府为被告。镇政府只是执行人，并非该决定的作出者，不能成为被告。选项 B 正确：《行政案件管辖规定》第 1 条第 1 项规定，被告为县级以上人民政府的案件，一审应当由中级人民法院管辖，但以县级人民政府名义办理不动产物权登记的案件可以除外。本题中，被告为县级人民政府，且并非为办理不动产物权登记的案件。因此，应由中级人民法院管辖。选项 C 正确：《行政诉讼法解释》第 14 条第 3 款规定，同案原告为 5 人以上，应当推选 1 至 5 名诉讼代表人参加诉讼；在指定期限内未选定的，人民法院可以依职权指定。选项 D 错误：《行政复议法》第 13 条第 1 款规定，对地方各级人民政府的具体行政行为不服的，向上一级地方人民政府申请行政复议。本题中，被告是甲县人民政府，复议机关应为其上一级人民政府，即市政府或省政府。

2. 答案：AD

解析：《行政诉讼法》第 27 条规定，同提起诉讼的具体行政行为有利害关系的其他公民、法人或者其他组织，可以作为第三人申请参加诉讼，或者由人民法院通知参加诉讼。在行政处罚案件中，加害人不服处罚，可作为原告起诉，受害人则可以作为第三人参加诉讼。如果受害人对处罚不服而以原告身份向法院起诉，则加害人可以第三人名义参加诉讼。

第十二章

1. 答案：C

解析：选项 A 错误：本题中加收超标排污费是行政强制，罚款是行政处罚。选项 B 错误：《行政诉讼法解释》第 49 条第 1 款规定，原告或者上诉人经合法传唤，无正当理由拒不到庭或者未经法庭许可中途退庭的，可以按撤诉处理。本题中，该企业作为原告，若未经法庭许可中途退庭的，按撤诉处理。选项 C 正确：《行政诉讼法解释》第 70 条规定，第二审人民法院审理上诉案件，需要改变原审判决的，应当同时对被诉具体行政行为作出判决。选项 D 错误：《行政诉讼法解释》第 71 条第 3 款规定，原审判决遗漏行政赔偿请求，第二审人民法院经审理认为依法应当予以赔偿的，在确认被诉具体行政行为违法的同时，可以就行政赔偿问题进行调解；调解不成的，应当就行政赔偿部分发回重审。

2. 答案：BD

解析：《行政诉讼法》第 5 条规定，人民法院审理行政案件，对具体行政行为是否合法进行审查。可知，对于药厂的行为法院不审理。故 A 选项错误，不选。《行政诉讼法》第 32 条规定，被告对作出的具体行政行为负有举证责任，应当提供作出该具体行政行为的证据和所依据的规范性文件。《关于行政诉讼证据若干问题的规定》第 6 条规定：原告可以提供证明被诉具体行政行为违法的证据。原告提供的证据不成立的，不免除被告对被诉具体行政行为合法性的举证责任。故 B 选项表述正确，应选。《关于行政诉讼证据若干问题的规定》第 43 条规定：当事人申请证人出庭作证的，应当在举证期限届满前提出，并经人民法院许可。人民法院准许证人出庭作证的，应当在开庭审理前通知证人出庭作证。当事人在庭审过程中要求证人出庭作证的，法庭可以根据审理案件的具体情况，决定是否准许以及是否延期审理。可知，如在本案庭审过程中，药厂要求证人出庭作证的，法院可以准许，也可以不予准许。故 C 项表述过于绝对，错误，不选。《关于行政诉讼证据若干问题的规定》第 53 条规定，人民法院裁判行政案件，应当以证据证明的案件事实为依据。故 D 选项表述正确，应选。

图书在版编目（CIP）数据

行政法与行政诉讼法/张正钊，胡锦光主编．—6 版．
—北京：中国人民大学出版社，2015.3
新编 21 世纪法学系列教材
ISBN 978-7-300-20724-7

Ⅰ.①行… Ⅱ.①张… ②胡… Ⅲ.①行政法-中国-高等学校-教材 ②行政诉讼法-中国-高等学校-教材 Ⅳ.①D922.1 ②D925.3

中国版本图书馆 CIP 数据核字（2015）第 021968 号

普通高等教育“十一五”国家级规划教材
教育部全国普通高等学校优秀教材（一等奖）
教育部推荐教材
新编 21 世纪法学系列教材
总主编　曾宪义　王利明
行政法与行政诉讼法（第六版）
主　编　张正钊　胡锦光
副主编　李元起
Xingzhengfa yu Xingzhengsusongfa

出版发行	中国人民大学出版社		
社　址	北京中关村大街 31 号	邮政编码	100080
电　话	010－62511242（总编室）		010－62511770（质管部）
	010－82501766（邮购部）		010－62514148（门市部）
	010－62515195（发行公司）		010－62515275（盗版举报）
网　址	http://www.crup.com.cn		
经　销	新华书店		
印　刷	北京市鑫霸印务有限公司	版　次	1999 年 12 月第 1 版
规　格	185 mm×260 mm　16 开本		2015 年 6 月第 6 版
印　张	20.25	印　次	2021 年 1 月第 10 次印刷
字　数	497 000	定　价	42.00 元

相关教材

书名	ISBN	作者	定价（元）	出版日期
1. 宪法				
宪法（第六版）（“十一五”国家级规划教材；教育部全国普通高等学校优秀教材一等奖）	978-7-300-18845-4	许崇德　胡锦光	32.00	2014.3
宪法练习题集（第三版）（配套辅导用书）	978-7-300-18437-1	胡锦光	28.00	2014.1
中国宪法（第四版）	978-7-300-12301-1	许崇德	29.80	2010.6
宪法学（第二版）	978-7-300-20104-7	焦洪昌	26.00	2014.10
宪法学（第二版）	978-7-300-19860-6	朱最新　杨　桦	38.00	2014.9
外国宪法（第四版）（“十二五”国家级规划教材）	978-7-300-17968-1	韩大元	45.00	2013.9
外国宪法	978-7-300-19963-4	张　震	32.00	2014.9
2. 行政法与行政诉讼法				
行政法与行政诉讼法（第六版）（“十一五”国家级规划教材；教育部全国普通高等学校优秀教材一等奖）	978-7-300-20724-7	张正钊　胡锦光	42.00	2015.6
行政法与行政诉讼法练习题集（第三版）（配套辅导用书）	978-7-300-18024-3	李元起	39.00	2013.9
行政法与行政诉讼法（第三版）		叶必丰		2015. 7
案例行政法教程（“十一五”国家级规划教材）	978-7-300-10711-0	莫于川	35.00	2009.6
行政法与行政诉讼法（北京高等教育精品教材）	978-7-300-15573-9	莫于川	39.80	2012.6
行政法学（第三版）		胡建森　江利红		2015.7
行政法案例分析（第三版）	978-7-300-13120-7	胡锦光	28.00	2010.12
国家赔偿法（第三版）	978-7-300-14502-0	胡锦光　余凌云	23.00	2011.11
警察法通论	978-7-300-16981-1	李元起　师　维	48.00	2013.6

《　　　　　　》※任课教师调查问卷

为了能更好地为您提供优秀的教材及良好的服务，也为了进一步提高我社法学教材出版的质量，希望您能协助我们完成本次小问卷，完成后您可以在我社网站中选择与您教学相关的 1 本教材作为今后的备选教材，我们会及时为您邮寄送达！如果您不方便邮寄，也可以申请加入我社的**法学教师 QQ 群：83961183（申请时请注明法学教师）**，然后下载本问卷填写，并发往我们指定的邮箱（cruplaw@163. com）。

邮寄地址：北京市海淀区中关村大街 31 号中国人民大学出版社 411 室收

邮　　编：100080

再次感谢您在百忙中抽出时间为我们填写这份调查问卷，您的举手之劳，将使我们获益匪浅！

基本信息及联系方式：※

姓名：____________ 性别：____________ 课程：____________

任教学校：____________ 院系（所）：____________

邮寄地址：____________ 邮编：____________

电话（办公）：____________ 手机：____________ 电子邮件：____________

调查问卷：※

1. 您认为图书的哪类特性对您使用教材最有影响力？（　　）（可多选，按重要性排序）

   A. 各级规划教材、获奖教材　　B. 知名作者教材

   C. 完善的配套资源　　D. 自编教材

   E. 行政命令

2. 在教材配套资源中，您最需要哪些？（　　）（可多选，按重要性排序）

   A. 电子教案　　B. 教学案例

   C. 教学视频　　D. 配套习题、模拟试卷

3. 您对于本书的评价如何？（　　）

   A. 该书目前仍符合教学要求，表现不错将继续采用。

   B. 该书的配套资源需要改进，才会继续使用。

   C. 该书需要在内容或实例更新再版后才能满足我的教学，才会继续使用。

   D. 该书与同类教材差距很大，不准备继续采用了。

4. 从您的教学出发，谈谈对本书的改进建议：____________

____

____

选题征集：如果您有好的选题或出版需求，欢迎您联系我们：

联系人：黄　强　联系电话：010-62515955

索取样书：书名：____________

书号：____________

备注：※ 为必填项。